内容简介

“寿险精算学”这门课程在中国人民大学开设了近30年。本书是作者在总结长期教学经验并关注国际精算师协会新要求的基础上专门编写的。此次改版突出了两个特色：一是增加了中国实务设计例题，让读者有更多实际操作的感觉，同时降低了例题的技巧难度，增加了实务性和可读性。二是为满足精算师对软件操作的需求，每章增加了上机辅导的内容。前8章基于R软件实现精算函数的自定义和调用，完成保费和责任准备金的计算。第9章基于Excel工作簿展示保险会计的现金流分析和利润测试。

本教材适合作为高等学校“寿险精算学”课程的教材，也适合用作精算师资格考试的参考书。

作者简介

王晓军　中国人民大学统计学院院长，中国人民大学风险管理与精算中心主任，教授，博士生导师。中国人民大学杰出学者特聘教授，入选“新世纪优秀人才支持计划”和北京市新世纪社科理论人才“百人工程”，获得北京市教育创新标兵、中国人民大学十大教学标兵、北京市高等教育教学成果奖一等奖等荣誉。主要研究方向：保险与精算管理、社会保障风险评估、养老保险偿付能力评估、社会保障预算管理等。讲授课程：保险精算学、精算管理、养老金精算管理、寿险精算实务等。

王　燕　中国人民大学统计学院讲师。曾获得北京市青年教师教学技能大赛三等奖和保险精算课程改革北京市优秀团队奖等，被评为中国人民大学十大教学标兵，讲授的“寿险精算学”被评为校级精品课程。讲授课程：统计学、高等数理统计、金融数学、寿险精算学、生存分析、应用时间序列分析、定性数据分析等。

黄向阳　博士，中国人民大学统计学院副教授。主持完成两项国家社科基金项目，曾用Excel、VBA完成多个横向项目。主要研究方向：寿险和养老金精算、保险会计、数据科学、概率统计史。

总序

精算学是保险学、统计学、经济学和金融学等多学科相互交融形成的一门交叉性学科。精算师是一种复合型人才，需要多学科的联合培养。在国际上，精算师大多通过职业资格考试的方式进行认证。国际上著名的精算师协会有国际精算师协会、北美寿险精算师协会、北美非寿险精算师协会、英国精算师协会、澳大利亚精算师协会、日本精算师协会和中国精算师协会。

精算师的资格考试通常分为两个层次：第一个层次是准精算师的资格考试，主要涉及经济学、金融学、保险学、金融数学、概率统计、寿险精算和非寿险精算等专业基础知识和基本能力的考察；第二个层次是精算师的资格考试，涉及投资、财务、全面风险管理和高级精算统计模型的应用等内容。

中国人民大学统计学院于 1992 年开设了精算专业方向，为我国培养了一大批优秀的风险管理与精算人才，他们活跃于保险公司、政府部门、咨询公司和大型企业，已经成为我国风险管理与精算行业的中坚力量。

经过多年的探索和实践，总结 20 多年的人才培养经验，中国人民大学统计学院风险管理与精算系建设了一套较为成熟的风险管理与精算系列教材，包括《金融数学》《精算学基础》《寿险精算学》《非寿险精算学》《精算模型》《风险模型》。该套教材于 2007 年第一次出版，2017 年被列入中国人民大学“十三五”规划教材项目进行重点建设。十余年来，经过多次修订和完善，内容体系日趋成熟。目前呈现在读者面前的这套教材就是中国人民大学“十三五”规划教材项目的最终成果。该套教材在编写过程中参考了国际上著名精算师协会资格考试的有关内容，既适用于普通高等学校风险管理与精算专业本科人才的培养，也可以作为精算师职业资格考试的参考用书。

该套教材从第一次出版，就得到了中国人民大学统计学院、中国人民大学应用统计科学研究中心和中国人民大学风险管理与精算中心的支持，尤其得到了袁卫、王晓军、孟生旺、肖宇谷、肖争艳、黄向阳、王燕和高光远等老师的大力支持。此外，兄弟院校的有关老师和学生，以及中国人民大学统计学院的本科生和研究生在教材使用过程中也提出了许多宝贵意见和建议，在此一并向他们表示衷心的感谢！

前言

寿险精算学是以人的寿命或身体为风险标的，以数学、统计、财务、金融等方法为分析工具，研究人身风险的评估和厘定，并进行人身风险管理和财务安排的一门学科。寿险精算学目前广泛应用于人身保险和社会保障等诸多领域，对这些领域保险业务的稳健经营发挥着重要的作用。

中国人民大学统计学院从 1992 年设立风险管理与精算学专业方向以来，已经开设“寿险精算学”这门课程近 30 年。在总结长期的教学经验，并关注国际精算师协会最新要求的基础上，我们专门编写了这本《寿险精算学》。

本教材适合作为高等学校“寿险精算学”课程的教材，也适合用作参加精算师资格考试的参考书。

本书为第 3 版。本次修订主要做了如下两个重要改进：

(1) 改写全书，尽量基于中国实务设计例题，降低了例题的技巧难度，增加了实务性和可读性。

(2) 为应对国际精算师协会对精算师不断增加的软件操作的要求，增加了每章内容的上机辅导。前 8 章基于 R 软件实现精算函数的自定义和调用，完成保费和责任准备金的计算。第 9 章基于 Excel 工作簿展示保险会计的现金流分析和利润测试。

为了便于教师授课，本书提供了配套课件与习题答案。教师可从中国人民大学出版社网站(www. crup. com. cn)下载。

最后，感谢多年来使用本书的各位师生，感谢所有来函讨论问题或者提供勘误信息的读者。尽管本着认真的态度做了本次修订，但因作者水平有限，书中谬误之处在所难免，欢迎大家继续批评指正。

编著者

目录

第1章 绪论

第2章 生存模型与生命表

第3章 趸缴净保费

第7章 多状态模型

第8章 养老金计划

第9章 寿险产品的利润核算

第1章

绪　论

精算学是以概率论和数理统计为基础的应用学科，在开始学习寿险精算具体内容之前，了解精算学建立和发展的简要过程、精算师职业领域的扩展以及寿险精算所涉及的产品类型，有助于从整体上把握寿险精算学的基本思想和实际运用，有助于加深对精算公式和模型实际意义的理解。

1.1　精算学发展概要

精算学是以概率论与数理统计为基础的，与经济学、金融学及保险理论相结合的应用与交叉性的学科。精算学是为适应寿险业发展的需要而产生和发展起来的，概率论、利息理论和生命表技术的发展为精算学奠定了理论基础。1613年，理查德·威特（Richard Witt）研究了复利理论（Lewin，1981），为保险和养老金研究奠定了基础。1657年，荷兰数学家克里斯蒂安·惠更斯（Christiaan Huygens）发表了关于概率计算的文章，奠定了精算学的概率基础。1662年，约翰·格朗特（John Graunt）使用17世纪早期伦敦的死亡数据，研究了一组人的死亡和生存概率，奠定了生命表的基础。1691年和1693年，约翰·德威特（Johan de Witt）和埃德蒙·哈雷（Edmond Halley）分别在新西兰和英国发表了用生命表分析年金问题的文章，开创了精算学在实际中的运用。

精算学从最初应用于人寿和年金保险中对人口死亡率的估计，逐步扩展到在非寿险、养老金、社会保障中的运用。在保险领域，精算学主要研究人寿、健康、财产、意外伤害、退休等事故的出险规律、损失的分布规律、保费的厘定、保险产品的设计、准备金的提取、盈余的分配、基金的投资、资产负债管理、偿付能力管理等，以确保保险公司的稳健发展。在社会保障事业中，精算学研究养老、医疗、失业、工伤、生育等保障的成本与债务分配方案以及基金投资方案等，为社会保障事业的经济安全性和财务稳定性提供定量分析依据。

精算学是评价风险和制订经济安全方案的方法体系。风险就是不确定性，包括事件是否发生，何时、何地产生何种结果的不确定性。风险发生可能带来收益，也可能带来损失。由于人们通常更关心风险造成的损失，因此风险常被定义为未来发生损失的不确定性。在社会经济各个领域和日常生活中，风险无处不有、无时不在，比如，财产损失、失业、患病、伤亡等。保险经营的对象正是风险，通过保险把风险造成的损失转移到保险人，由面临相同或类似风险的众多投保者共同分担损失，从而减少和避免风险造成的损失。

精算学之所以成为保险经营的科学基础，正是因为保险经营的对象是风险。在工商企业管理中，需要根据不变资本和可变资本的价格核算产品的生产成本。实际的生产成本发生在销售之前。保险经营的成本与一般产品生产成本发生的时间不同，保险通过投保人购买保险公司发行的保单这种特殊产品实现风险转移。保单价格由它承担风险的强度和风险损失大小决定，投保人的风险和损失大小只有在风险和损失实际发生后才能确定，它发生在保单销售之后。为应付未来成本收取的保险费，与未来实际发生的现实成本存在时间差，这就需要运用精算学方法预先估计保险成本并对保险成本依缴费时间长短进行分摊，确定保险费率。具体来说，首先，根据过去的保险统计资料，运用统计学方法研究保险事故的出险规律，如人寿保险中的死亡率，医疗保险中各种疾病的发病率和分病因死亡率，财产和灾害保险中保险事故的发生率、索赔次数的分布规律等。其次，研究保险事故发生造成损失的分布规律，如保险每次损失数额的分布规律。最后，在此基础上估计保险公司承担风险的期望值，在估入保险公司的经营费用后，计算保险产品的预计总成本。保险公司在收取保费后开始履行保险义务，其未完成的赔付责任构成了保险公司对投保人的负债，需要为这一负债提取的准备资金就是保险公司的责任准备金，根据风险和损失科学地计算保险公司的责任准备金对保险公司的正常营运无疑具有重要意义。当保险公司承担的风险增大时会给保险公司的经营带来困境，这需要通过再保险实现风险的转移。在再保险中确定合理的分出量和自留量也是保险精算的重要内容。此外，保险基金需要进行投资营运以增强保险实力，投资风险分析、投资项目选择、收益率计算、投资效益评价等都需要运用精算学的方法。在养老保险中，需要运用精算学方法估计出在承诺的退休金水平下的养老总成本，并选择合理有效的成本分摊方法，确定基金模式和缴费模式。

精算学是对未来不确定事件可能产生的财务结果进行预先评估的方法体系，包括对未来不确定事件发生规律的认识、对风险带来损失的评价、对损失分摊方案的分析等。保险精算学具体研究保险领域的风险分析、产品设计和定价、负债评估、资产与负债管理、偿付能力评价、盈利能力分析等问题。精算评估需要借助精算模型，也就是包含各种精算假设的数学模型，这些假设是对未来风险发生规律的预测，精算人员一般依据过去的经验及对假设因素发生、发展规律的研究设定精算假设。

1.2 精算师及其工作领域

精算师被称为金融、保险、投资和风险管理的工程师，他们通过对风险和损失的预先评价，对风险事件做出预先的财务安排，保证风险经营的财务稳健性。1775 年，英国公平人寿保险公司将运用数学工具为产品定价的专门人员称为精算师。此后，精算师开始出现在英国的寿险和养老金业务中。1848 年，世界上第一个精算师协会——英格兰精算师协会在伦敦成立。伴随欧洲和北美保险业的发展，精算师职业得到迅速成长和发展。1895 年，由比利时、法国、德国、英国、美国五国发起的首届国际精算师大会在布鲁塞尔召开，同时成立了国际精算师协会。之后，国际精算师协会每四年召开一次全球性精算师大会，为推动精算师向不同领域的职业扩展发挥了重要的作用。

最初，精算师只限于在寿险和养老金业务中发挥作用，他们运用数学工具，并结合利息理论和生命表技术，为保险公司的寿险和养老金产品定价提供依据。19 世纪中后期，精算师的职业领域开始向非寿险、健康保险、社会保障等扩展，其职业角色的重要特征是对各种未来发展方案建立数学模型，预测未来财务状况，并提供中立的专业意见。进入 20 世纪中后期，精算师的职业领域进一步延伸到银行、投资、公司财务、金融工程等方面。伴随精算师职业领域的不断拓宽，精算师的角色也从单纯的定价和准备金评估提升到对产品和制度的设计以及对风险相关领域业务流程的管理和控制上，从而在更高的层次上拓展了精算学的应用领域，提升了精算师的职业地位。

在保险公司，精算师主要就职于产品开发部、精算部、财务部、风险管理部等部门，工作职责包括：经验数据分析、产品设计和定价、负债评估、利润分析、价值评估、偿付能力管理、财务分析等。经验数据分析是对已生效保单的出险、费用、退保等各种状态变化趋势的分析，通过收集大量的业务和财务数据，根据一定的主题对这些数据表现出来的规律进行分析，比如分析退保率的变化、费用率、分险种索赔情况、代理人的工作能力变化等。产品设计和定价是精算师的主要工作职责，保险公司需要适应市场变化和消费者需求，不断推出新产品。新产品设计是跨部门的工作，精算部的分工是根据产品设计特征，完成产品各个参数的计算，检验该产品的盈利能力。负债评估是精算师最传统的工作，无论是否有新产品推出，都需要评估负债和测算产品应计提的准备金数额和公司的负债水平，并研究公司的资产偿付负债的能力。精算师也需要配合财务部门完成财务报表，提交利源分析报告，并对公司的盈利能力进行分析，对公司的利润分配方案提出意见。要完成上述工作职责，精算师需要了解公司运作的整体状况，需要与销售和市场、投资、财务、管理、政府监管机构等建立良好的合作关系。

1.3 寿险产品和养老金计划

对寿险产品的种类及其特点的认识是学习寿险精算技术及其应用的基础。随着社会经济的发展，为满足人们各个方面和不同层次的保险需求，保险市场上产生了不同类型的保险产品。20 世纪 80 年代前，世界各国的寿险市场以提供人寿保险和生存年金的传统保障性产品为主。随着技术进步，金融创新发展，寿险产品的设计发生了根本变化，相应的风险管理技术更加复杂。

1.3.1 传统寿险和年金产品

传统寿险和年金产品以被保险人在保险期内死亡或生存为保险赔付或给付条件，预先规定保险金额的水平及其给付方式，并根据经验生命表和预定利率等预先确定保费水平和现金价值。这种产品在美国和加拿大被称为预定产品（pre-scheduled products），在澳大利亚被称为捆绑产品（bundled products）。这些产品的保费、给付、现金价值等是固定的，或者说是预先根据精算确定的，很难从保费中清楚地区分用于保险成本补偿、费用补偿、投资收益等不同部分。在实践中，传统寿险和年金产品分为定期寿险、两全保险、终身寿险、生存年金等。

1. **定期寿险**

定期寿险（term insurance）以被保险人在保单约定的保险期内死亡为保险金赔付条件，通常保险金额在保单上载明。如果被保险人在保险期内没有死亡，则没有赔付。通常保险期为固定时期，或者从投保起到某一特定年龄。定期寿险通常只有很低的或者没有现金价值。对于没有现金价值的保单，如果在缴费期内投保人因故停缴保费，则保单自然终止，没有退保价值。由于这种保单没有现金价值或只有很少的现金价值，因而成本较低，价格便宜。

实践中，定期寿险有均衡保费定期寿险（level term insurance）、保额递减定期寿险（decreasing term insurance）、可续保定期寿险（renewable term insurance）、可转换定期寿险（convertible term insurance）等几种。

均衡保费定期寿险的保费在约定的缴费期内均衡缴付。

保额递减定期寿险的死亡赔付金额随已投保时期的延长而降低，保险费通常采取均衡方式。实践中最常见的保额递减寿险是以抵押贷款余额为死亡赔付额，以还款期为保险期的定期保险。比如被保险人为购买住房或其他商品向银行贷款，并采取在一定时期内每年或每月等额还款的方式还款，其未付贷款余额随着逐期的还款而减少，如果以未付贷款余额为保险金额，在被保险人死亡时，保险公司赔付的金额正好用于偿还贷款余额，这种保额递减定期寿险也称为抵押保护。

可续保定期寿险为保单持有人在保单期限届满时提供续保的机会，无须提供被保险人可保证明。在北美比较常见的是年度可续保定期寿险（yearly renewable term，YRT）。与每年重新投保的一年定期寿险不同的是，这种保险仅在开始出售保单时核保，并且续保的费率标准保持不变。由于死亡率随着年龄的增加而提高，从而依分年龄死亡率计算的每年更新的保费呈上升趋势。实践中，年度可续保定期寿险的保额可能恒定，也可能与某消费价格指数挂钩，还可能采取保费恒定但每年根据保费水平和死亡率水平重新调整保额等不同的形式。

可转换定期寿险为保单持有人提供在原始期限结束时转换为终身或两全保险的机会，而无须提供被保险人健康状况的证明。

2. **两全保险**

两全保险（endowment insurance）是定期寿险和纯生存保险的合险。纯生存保险是以被保险人在保险满期存活为给付条件的生存保险，如果被保险人在保险满期前死亡，则没有赔付，保险费通常采取均衡保费方式。在实践中，纯生存保险一般不单独出售。两全保险是指在规定的保险期内，如果被保险人死亡，保险人赔付死亡保险金，如果被保险人在保险满期存活，保险人给付生存保险金的保险产品。两全保险具有较高的现金价值，现金价值可以看成是累积保费减去死亡成本和费用后的累积，由于第一年的费用较高，现金价值可能没有或者很低，以后现金价值迅速增加，到满期时现金价值与生存保险金额相等。在保险期内，如果投保人退保，可以得到退保现金价值。实践中，两全保险有分红和非分红两种形式。非分红两全保险根据精算假设和规定的保险金额确定保费和现金价值，投保人不分享公司红利。为了保证保险费足以满足在死亡率、退保率、费率、利率等变动下的保险给付和费用支出并获得利润，保险定价采用的精算假设必然是保守的，如果实际经验比精算假设对保险人更有利，保险公司将获得更多的利润，这些利润不能通过红利的方式返还给投保人。分红两全保险的投保人每年以红利方式分享公司利润的一部分，实际上相当于增加了保险金额，或者在规定的保险金额下减少了保险费。红利从本质上看正是因采用保守精算假设多收取保费的返还，或者说是实际的死亡率、利率、退保率、费用、税金等比假设的水平更有利，产生的利润通过红利对投保人的再分配。由于分红产品通过调整红利处理不同的风险，而非分红产品只有通过在保费中的固定附加（即在产品定价时，将影响产品成本和利润的不确定因素通过固定数额或比例的方式附加在保费中）处理这些风险，因此在保险市场上，分红产品比非分红产品更具吸引力。

分红两全保险通常对红利提供几种不同的选择权，比如，可以定期以现金方式提取红利；可以把红利留存在保险公司，并获得利息收入，在被保险人死亡或退保时一次性提取；可以用定期红利冲抵定期保费；可以用红利购买缴清寿险，即把红利视为一次性缴费购买相应的寿险，通常这种缴清寿险具有自身的现金价值和红利，也可以退保；红利也可以用于购买一年期定期寿险，但这种定期寿险通常没有现金价值，也不再产生红利。一般情况下，保险公司对某种分红产品提供上面的一种或两种选择权，也可能把几种选择权合并，比如红利可以留存在保险公司以一定利率累计，然后用于减少未来保费。

3. 终身寿险

终身寿险（whole life insurance）为被保险人提供从投保开始的终身的死亡保险，保险金额通常为恒定的数额，保险费可以采取趸缴、在一定时期内缴付、终身均衡缴付等不同的形式。表面上看，终身寿险相当于保险期延长至生命极限年龄的定期寿险。但与定期寿险相比，终身寿险具有显著的现金价值，一个定期到100岁的定期寿险比终身寿险的保费和现金价值都低很多。终身寿险也有分红和非分红两种产品，分红终身寿险的特点与分红两全保险类似，不再赘述。

4. 生存年金

生存年金（life annuity）是以年金方式在被保险人生存期内的一系列给付，保险费通常采取在投保时一次性缴付的趸缴方式或者在一定时期内的均衡缴付方式。实践中常见的生存年金是投保人在退休时从养老金计划中获得一笔养老基金，用于购买保险公司的终身生存年金以规避长寿风险，获得有生之年的生活保障，这种年金称为趸缴保费即期年金（single premium immediate annuity，SPIA），该年金第一次支付通常从趸缴保费后的一个月开始。有时，年金在投保人年轻时通过趸缴保费方式购买，在退休时得到生存年金，这种年金称为趸缴保费延期年金（single premium deferred annuity，SPDA）。如果年金在投保人年轻时通过定期保费方式购买，在退休后得到生存年金，这种年金称为定期保费延期年金（regular premium deferred annuity，RPDA）。实践中，某些寿险、伤残保险、老年长期护理的给付也采取在受益人生存期内的年金给付方式。

除了即期年金和延期年金，生存年金还有定期确定的生存年金、指数化年金、联合年金等。

定期确定的生存年金是定期确定年金与生存年金的组合，在一定时期内给付确定年金，在确定年金给付期结束后，以被保险人存活为条件给付生存年金。定期确定年金的领取时期和数额有时规定为至少退还保单的购买价格或者在被保险人死亡时至少得到等于最初购买价格的赔付，有些年金产品在被保险人死亡后，也采取把剩余时期的年金现值一次性给付受益人的方式。

指数化年金的给付额与某指数挂钩定期调整。通常有两种调整方法，一是每年以固定指数调整，二是每年与某指数如通胀指数挂钩调整。

联合年金是在一张保单上同时承保两个或两个以上相互联系的年金领取人的年金，包括联合生存年金（joint life annuity）、最后生存年金（last survivor annuity）和继承年金（reversionary annuity）等几种。联合生存年金的被保险人通常是夫妇两人，在联合被保险人都生存的时期给付年金，当其中一个被保险人死亡时终止年金给付，保险合同终止。最后生存年金在联合被保险人都生存的时期内或其中一个被保险人生存期内给付年金，当被保险人全部死亡时终止给付。一般情况下，如果其中一个被保险人死亡，年金给付额通常降低到原来的 2/3 或 3/4，直到两个人都死亡为止。继承年金的联合被保险人通常也是夫妇两人，其中一人被设定为年金领取人，另一人设定为被保险人。在被保险人存活期，年金领取人没有年金给付，当被保险人死亡时，如果年金领取人仍存活，他（她）将在有生之年获得年金给付。

5. 收入保护保险

收入保护保险（income protection insurance）是为因疾病或伤残不能获得正常工作收入的被保险人提供定期收入的保险，通常保险期为规定的特定时期或者到被保险人达到规定年龄为止。

6. 健康和疾病保险

健康和疾病保险为被保险人因疾病的发生提供一次性给付或为被保险人因疾病花费的住院和治疗费用提供部分补偿。包括重大疾病保险、医疗费用保险和长期护理保险等几种。

重大疾病保险（critical illness insurance）为被保险人在保险期内发生重大疾病提供规定的一次性给付，通常保险合同列出规定的重大疾病名称。

医疗费用保险（medical expense insurance）为被保险人提供住院病床费、治疗费、手术费等的部分补偿，为避免风险、控制成本，通常规定一个最高的补偿限额。

长期护理保险（long-term care insurance）为需要日常护理的被保险人提供每月定期

给付。通常规定一个累积的最高给付额或者给付月数，每期的给付数额可能恒定不变，也可能依护理费用指数增长，但最大不能超过规定的数额。

1.3.2 新型寿险产品

随着保险市场竞争的日益激烈和市场风险的加大，产生了对灵活可变的新型产品的需求，同时精算技术和计算机技术的发展为新型产品的开发和发展创造了条件。20世纪70年代中后期，美国市场上先后出现了万能寿险（universal life）和变额万能寿险（variable universal life）等新型产品。英国和澳大利亚的市场上出现了投连寿险（equity-linked insurance）。在美国，与传统产品相对应，这类产品统称为动态产品（dynamic products）。在英国和澳大利亚，与传统的捆绑产品相对应，这类产品被称为非捆绑产品（unbundled products）。

1. 万能寿险

万能寿险是将投资和寿险相结合的寿险产品。在运作和管理上类似于银行账户，投保人缴付的保费被扣减一定费用后存入投资账户，投资账户余额因保费缴付和记账利息收入而增加，因部分退保而减少。保险公司在每个财务年度公布一次投资账户的记账利率。一般来说，每年公布的投资账户利率保持平稳，为了平滑实际利率与公布利率的差异，需要提取准备金。在多数情况下，保单没有固定的到期日，投保人通过退保终止其投资。如果投保人死亡，保单自动终止，死亡给付等于投资账户余额。由于投资账户实际上是一种投资产品，所以这种产品的投保人更多地被称为投资者而不是投保人或被保险人。保险人投资账户的利润来源于费用征收与实际使用的差距。

2. 投连寿险

投资连结（investment-linked）产品也称为市场连结（market-linked）或份额连结（unit-linked）产品，它实际上是一种信托基金（unit trust）。这种产品的保费扣减费用后被投资在单位信托基金中，单位价值随投资收入和资产增值或贬值而变动，投保人有选择投资组合的权利，保险人在每个业务日重新计算单位的价格以反映投资的运行状况。投资连结寿险产品是把投资连结账户与终身寿险或两全保险组合起来的保险形式，相当于在投资产品上增加了每年定期更新的寿险。死亡给付通常有两种：第一种是死亡给付等于规定的死亡保险金额与投资账户价值之和。由于投资账户价值一般随时间的延续而增加，从而在这种选择下的死亡给付额随已投保时间而递增。在美国，这种选择称为水平风险净额方式（level amount at risk），风险净额是死亡赔付金额与账户价值之差。在这种选择下扣减的死亡保险成本等于水平风险净额与被保险人死亡概率之积，因此它与每年更新寿险保费类似。第二种是死亡给付等于规定的固定数额与投资账户两者中的较大者，如果被保险人死亡时账户价值小于规定的死亡给付，则赔付规定的死亡金额，如果账户价值大于死亡给付，则赔付账户价值，这种选择在美国称为水平死亡给付方式（level death benefit）。这种方式下死亡风险净额为规定的死亡给付与账户价值之差，也就是说，随着账户价值的增加，必须购买的死亡保险降低，表现在账户上的死亡保险成本扣减随账户价值的增加而减少，当账户价值超过规定的死亡给付时，将没有死亡成本扣减。

1.3.3 养老金计划

养老金计划是以养老为目的的计划安排。一般指由雇主建立的、为其员工提供退休时一次性给付或退休后养老金待遇的计划。养老金计划最基本的类型有待遇预定计划（defined benefit pension plan，DB计划）和缴费预定计划（defined contribution pension plan，DC计划）两大类。DB计划预先规定雇员退休后可领取的养老金标准，缴费水平根据待遇标准、基金实际运营情况、雇员参加计划年数、工资增长率等决定。DC计划则预先规定缴费水平，缴费额通常为雇员工资的一个比例，缴费不断积累并获得投资收益，当参加计划的雇员退休时，以缴费及其投资收益在退休时的积累额为基础发放养老金。由于投资收益的不确定性，DC计划的未来养老金水平是不确定的。在传统的DB计划和DC计划之外，有一类计划同时具备DB计划和DC计划的特征，称为混合计划（mixture plan或hybird plan）。

1. **DB计划**

DB计划预先规定参加者获得养老金权益的公式。一般情况下，已积累的养老金权益与参加计划的年数、计算养老金权益前的过去工作期间的工资等有关。大多数DB计划的养老金待遇与参加者退休前的工资相关，养老金待遇规定为每在养老金计划下一年获得退休前工资的一个比例，这个比例称为权益计发系数。假设权益计发系数为1.5%，对于一个在退休前年工资10万元、退休前参加养老金计划30年的人，退休当年的养老金待遇为4.5万元（1.5%×30×10）。为了避免退休前几年工资波动或下降对养老金待遇的影响，养老金待遇通常与退休前 n 年的平均工资挂钩，而不仅仅与退休前一年的工资挂钩，或者直接与参加养老金计划期间的平均工资挂钩。除了养老金待遇，DB计划一般还包括退休前退出计划的待遇、死亡给付等。

DB计划预先规定退休后的养老金待遇，可以为雇员退休后提供稳定的收入替代。早期的DB计划通常由雇主单独缴费筹资，后来不少DB计划也采取由雇主和雇员共同缴费筹资的方式。无论是雇主缴费还是雇主和雇员共同缴费，都由雇主承担缴费不足的最终责任，即当养老基金的积累不足养老金支付时，雇主需要额外地增加缴费。在DB计划下，待遇水平预先规定，养老金计划的成本、债务和偿付能力由精算师测算评估，定期的缴费水平依据计划的偿付能力状况进行调整。

DB计划不建立独立的个人养老金权益账户，从而计划权益的携带性较差，当参加人从一个计划转移到另一个计划时，很难转移其既得养老金权益，即使可以依据预先设定的公式计算养老金既得权益，也很难将其合并到另一个新的DB计划中。另外，从风险管理的角度来看，DB计划承诺了终身的养老金待遇，并且待遇通常与退休前的工资挂钩，计划的长寿风险、通胀风险、利率风险、投资风险等均由雇主承担。

2. **DC计划**

DC计划预先规定缴费水平，缴费及其投资收益以个人账户的方式记录和管理，个人具有投资选择权和决策权，并承担投资风险，个人账户在退休时的累计额一次性领取或者转换为退休年金领取，转化为退休年金的数额取决于个人账户的累计额及其转化为年金的价格。

DC计划预先规定缴费水平，缴费和投资收益以个人账户的方式记录，从而养老金权益透明，易于被雇员理解和接受，也便于携带和转移。但DC计划提供的待遇无法保证，待遇水平取决于缴费、投资回报和退休后对账户基金的领取方式。投资风险和长寿风险由个人承担。

大多数DC计划可以享受税收优惠。基本做法是税收延迟，即雇主和雇员可以用税前收入向个人账户缴费，个人账户投资积累所得收益也可以享受减税或免税，到最终领取养老金时再征收个人所得税。通常政府会规定税收优惠的最高限额。

1.4 本书结构

本书分为四个部分，共九章内容。

第一部分：基础知识。

第1章主要介绍寿险精算学的发展、精算师的工作职责和寿险产品分类。第2章主要介绍生命表函数和生命表的构造，它和先修课程“金融数学”（利息理论）一起构成寿险精算学的基础知识部分。

第二部分：单生命、单损因场合下的精算模型。

第3章介绍覆盖死亡风险的寿险产品保费厘定原则与精算模型。第4章介绍覆盖生存风险的寿险产品保费厘定原则与精算模型。第5章介绍期缴净保费和期缴毛保费的厘定原则与精算模型。第6章介绍责任准备金的概念、厘定原则与精算模型。

第三部分：多状态模型。

第7章介绍多状态模型的原理与应用。其中，前6节是对多状态模型基础知识的介绍，而多生命模型和多重损因模型作为多状态模型的特例分别在7.7节和7.8节介绍。

第四部分：实务知识。

第8章主要介绍了寿险精算学在养老金领域的应用，第9章主要介绍寿险产品的利润核算。

习 题

1.1 为什么保险公司通常要求申请人寿保险而非年金的人提供健康证明？

1.2 解释为什么保险公司可能要求更为严格的证据证明保单持有人的定期保险（而不是终身保险）的健康状况。

1.3 解释为什么要提前支付保费，即第一笔保费现在支付，而不是一年之后支付。

1.4 向房主提供抵押贷款的贷款人可能要求借款人购买人寿保险以支付借款人死亡时的未偿还贷款，即使抵押财产是贷款抵押品。

(a) 解释在这种情况下贷款人可能要求定期寿险的原因。

(b) 描述该定期寿险可能与1.3.2节中描述的新型保险产品有何不同。

(c) 你是否可以看出贷款人要求借款人提供定期寿险的任何问题?

1.5 描述分红两全保险与非分红两全保险之间的差异。保险公司和保单持有人各自的利弊是什么?

1.6 保险公司通常设计终身合同，保险费仅需要支付至80岁。为什么?

1.7 安德鲁退休了。他没有养老金，但有50万美元的资金。他正在考虑使用这些钱用于以下选择：

(a) 从保险公司购买年金，该公司将在其余生中支付一定金额。

(b) 从保险公司购买年金，该年金将支付随其余生的生活费用增加的金额。

(c) 购买20年的年金。

(d) 投资并以利息收入为生。

(e) 投资，每年抽取4万美元用于生活。

每个选择的优缺点是什么?

第2章

生存模型与生命表

本章主要介绍与生命表构造相关的概念、符号和理论，重点是引入未来寿命的概念，介绍与未来寿命相关的各种概率函数及其精算符号表达，并基于寿命函数，介绍生命表的构造理论。

2.1 寿　命

2.1.1 寿命的定义

寿命（lifetime）是指一个人从出生到死亡的时间长度。有的人寿命长，有的人寿命短，所以寿命是一个随机变量。在寿险精算学中，常用 T_0 表示寿命变量。

2.1.2 寿命的分布函数

寿命的分布函数（cumulative distribution function）记作 $F_0(t)$。$F_0(t)$ 的概率意义是一个 0 岁的新生婴儿活不过 t 岁的概率。

$$F_0(t)=\Pr(T_0\leqslant t),\quad t\geqslant 0$$

人的寿命总是有限的，假设人的寿命极限为 ω，则寿命的分布函数 $F_0(t)$ 在 $t\in[0,\omega]$ 区间单调递增（如图 2-1 所示），且满足如下三个定理：

定理 1：$F_0(0)=0$

定理 2：$F_0(x)\leqslant F_0(y)$，　$x\leqslant y$

定理 3：$\lim\limits_{t\to\omega}F_0(t)=1$

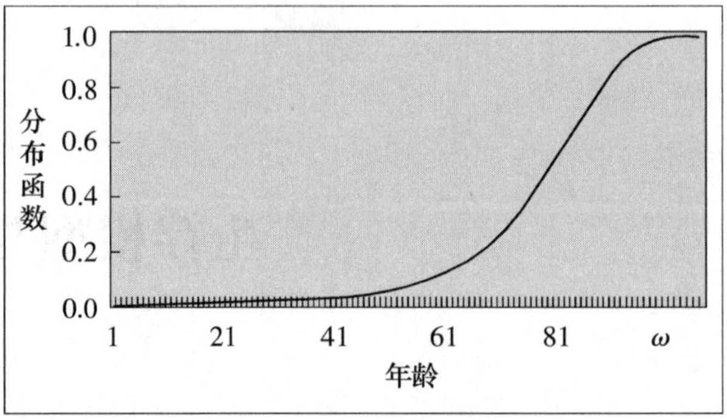

图 2-1　人类寿命的分布函数示意图

2.1.3　寿命的生存函数

寿命的生存函数（survival distribution function）记作 $S_0(t)$。$S_0(t)$ 的概率意义是一个人能活过 t 岁的概率，显然生存函数是分布函数的补函数。

$$S_0(t)=1-F_0(t)=\Pr(T_0>t),\quad t\geqslant 0$$

寿命的生存函数 $S_0(t)$ 在 $t\in[0,\omega]$ 区间单调递减（如图 2-2 所示），且满足如下三个定理：

定理 1：$S_0(0)=1$

定理 2：$S_0(x)\geqslant S_0(y),\quad x\leqslant y$

定理 3：$\lim\limits_{t\to\omega}S_0(t)=0$

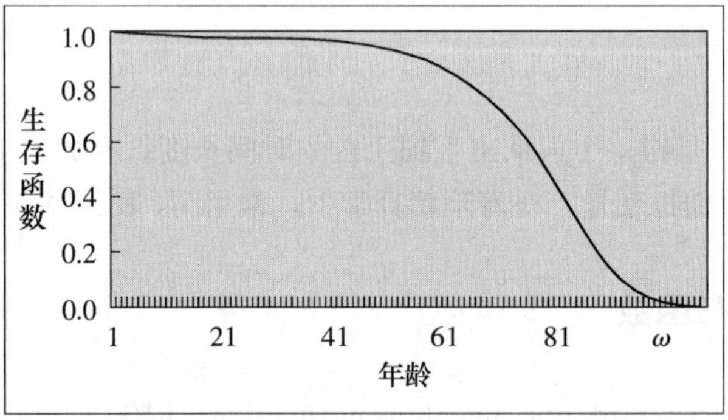

图 2-2　人类寿命的生存函数示意图

2.1.4　寿命的密度函数

对寿命的分布函数求导，就得到寿命的密度函数（probability density function）：

$$f_0(t)=\frac{\mathrm{d}}{\mathrm{d}t}F_0(t)=\lim_{\mathrm{d}t\to 0^+}\frac{F_0(t+\mathrm{d}t)-F_0(t)}{\mathrm{d}t}$$

生存函数与分布函数具有补函数关系，所以寿命的密度函数也可以表达为生存函数导函数的负数：

$$f_0(t)=-\frac{\mathrm{d}}{\mathrm{d}t}S_0(t)=\lim_{\mathrm{d}t\to 0^+}\frac{S_0(t)-S_0(t+\mathrm{d}t)}{\mathrm{d}t}$$

人类寿命的密度函数示意图如图 2-3 所示。

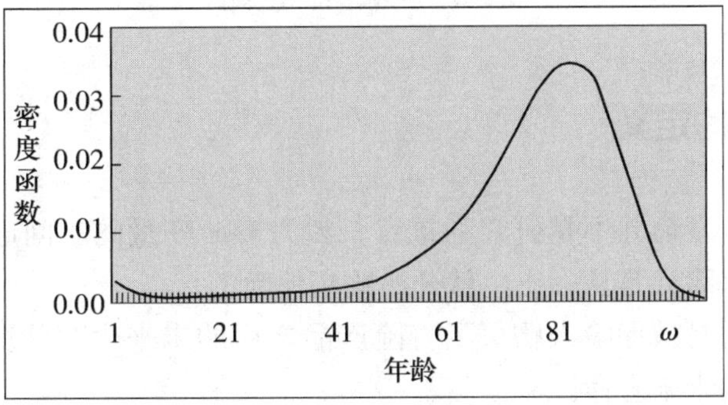

图 2-3　人类寿命的密度函数示意图

寿命的密度函数可以描绘一个新生婴儿在不同年龄的死亡概率。从图 2-3 中可以看出，人类的寿命具有如下规律：

(1) 在新生婴儿时期寿命的密度函数有一个递减趋势。这是因为新生婴儿是脆弱的，各种先天不足都会在刚出生时暴露，所以新生婴儿阶段死亡概率是偏高的。经过医学治疗和自然淘汰，婴儿死亡率迅速下降。

(2) 青少年时期是人一生中死亡率最低的一段时期。这段时期是人类的健康黄金期。

(3) 从 40 岁左右开始，随着年龄的增长，人的器官逐渐老化，开始罹患各种疾病，身体进入失效期，死亡率开始递增。60 岁前后进入加速失效期，80 岁前后达到死亡率的顶峰。

(4) 80 岁之后可以看到密度函数在递减，这不是因为高龄老人的死亡风险变小了，而是因为高龄老人的数量已经很少，每年死亡的高龄老人绝对数量越来越少。

【例 2.1】 假设某人群的生存函数为 $S_0(t)=1-\frac{t}{100}(0\leqslant t\leqslant 100)$。求：

(1) 一个新生婴儿活不过 50 岁的概率；

(2) 一个新生婴儿寿命超过 80 岁的概率；

(3) 一个新生婴儿会在 60～70 岁之间死亡的概率；

(4) 一个活到 30 岁的人活不到 60 岁的概率；

(5) 该人群寿命密度函数的表达式。

【解】

(1) $\Pr(T_0\leqslant 50)=F_0(50)=1-S_0(50)=\frac{50}{100}=0.5$

(2) $\Pr(T_0>80)=S_0(80)=1-\frac{80}{100}=0.2$

(3) $\Pr(60<T_0\leqslant 70)=\Pr(T_0>60)-\Pr(T_0>70)=S_0(60)-S_0(70)=0.1$

(4) $\Pr(T_0 \leqslant 60 \mid T_0 > 30) = \dfrac{\Pr(30 < T_0 \leqslant 60)}{\Pr(T_0 > 30)} = \dfrac{S_0(30) - S_0(60)}{S_0(30)} = \dfrac{3}{7}$

(5) $f_0(t) = -\dfrac{\mathrm{d}}{\mathrm{d}t}S(t) = -\dfrac{\mathrm{d}}{\mathrm{d}t}\left(1 - \dfrac{t}{100}\right) = \dfrac{1}{100}$，$0 \leqslant t \leqslant 100$

2.2 未来寿命

2.2.1 未来寿命的定义

在寿险业务中，寿命并不是研究的重点。因为寿命变量的时间起点是婴儿刚出生的时候，而很少有被保险人是从一出生就开始购买保险的。

寿险业务关心的是被保险人购买了寿险产品之后的未来生存状况。所以，寿险研究的变量是被保险人的未来寿命。

未来寿命（future lifetime）也称为剩余寿命（time-until-death），是指已经活到某个年龄的人还能继续存活的时间长度。在寿险精算学中，用符号（x）表示现在 x 岁的人，用符号 T_x 表示现在 x 岁的人未来寿命的长度。寿命与未来寿命图示见图 2-4。

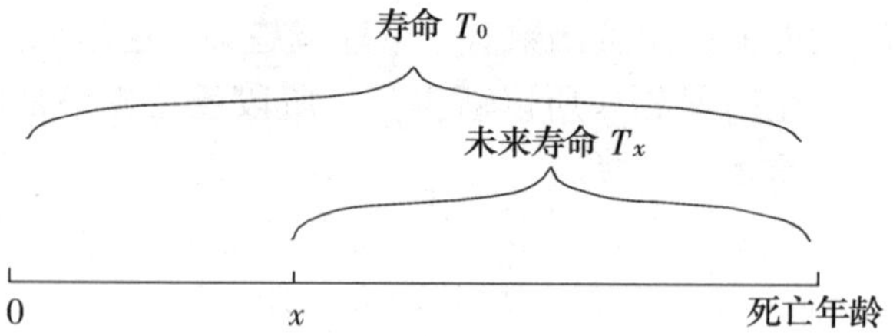

图 2-4　寿命与未来寿命图示

从统计分析的角度而言，对寿命变量和未来寿命变量的分析是不一样的。最主要的差别是：研究寿命变量的分布情况时，它的分布函数、生存函数、密度函数都是无条件概率。研究未来寿命变量时，由于附加了一个条件——被保险人首先要活到 x 岁，所以未来寿命的分布函数、生存函数、密度函数都是条件概率。

2.2.2 未来寿命的分布函数

未来寿命的分布函数记作 $F_x(t)$，它表示 x 岁的人将在未来的 t 年内死亡的概率，即

$$F_x(t) = \Pr(T_x \leqslant t)$$

在寿险精算中，对于一些常用函数，有一套独特的精算符号。未来寿命的分布函数 $F_x(t)$ 在寿险精算中常被记作 ${}_tq_x$。${}_tq_x$ 的右下标 x 代表现在的年龄，左下标 t 代表未来的时间长度，中间的 q 代表死亡概率。

未来寿命的分布函数和寿命函数之间有如下换算关系：

$$\begin{aligned}{}_{t}q_{x} &= \Pr(T_{x} \leqslant t) \\ &= \Pr(T_{0} \leqslant x+t \mid T_{0} > x) \\ &= \frac{\Pr(x < T_{0} \leqslant x+t)}{\Pr(T_{0} > x)} \\ &= \frac{S_{0}(x) - S_{0}(x+t)}{S_{0}(x)}\end{aligned}$$

特别地：

(1) ${}_{t}q_{0} = F_{0}(t)$；

(2) ${}_{1}q_{x}$ 简记为 q_{x}；

(3) ${}_{t|u}q_{x}$ 表示 x 岁的人能活到 $x+t$ 岁，但活不过 $x+t+u$ 岁的概率，即

$$\begin{aligned}{}_{t|u}q_{x} &= \Pr(x+t < T_{0} \leqslant x+t+u \mid T_{0} > x) \\ &= \frac{\Pr(x+t < T_{0} \leqslant x+t+u)}{\Pr(T_{0} > x)} \\ &= \frac{S_{0}(x+t) - S_{0}(x+t+u)}{S_{0}(x)}\end{aligned}$$

【例 2.2】 假设每 10 000 000 个新生婴儿平均有 9 919 289 人能活到 20 岁，有 7 433 513 人能活到 70 岁。请计算 20 岁的年轻人活不到 70 岁的概率。

【解】

根据已知数据计算得

$$S_{0}(20) = \frac{9\ 919\ 289}{10\ 000\ 000} = 0.991\ 928\ 9$$

$$S_{0}(70) = \frac{7\ 433\ 513}{10\ 000\ 000} = 0.743\ 351\ 3$$

所以 20 岁的年轻人活不到 70 岁的概率为：

$$\begin{aligned}{}_{50}q_{20} &= \frac{S_{0}(20) - S_{0}(70)}{S_{0}(20)} \\ &= \frac{0.991\ 928\ 9 - 0.743\ 351\ 3}{0.991\ 928\ 9} \\ &= 0.250\ 6\end{aligned}$$

2.2.3 未来寿命的生存函数

未来寿命的生存函数记作 $S_{x}(t)$，它表示 x 岁的人能活到 $x+t$ 岁的概率，即

$$S_{x}(t) = \Pr(T_{x} > t)$$

在寿险精算中，$S_{x}(t)$ 常被记作 ${}_{t}p_{x}$，其中右下标 x 代表现在的年龄，左下标 t 代表未来的时间长度，中间的 p 代表生存概率。

$$_tp_x=\Pr(T_0>x+t\,|\,T_0>x)=\frac{S_0(x+t)}{S_0(x)}$$

未来寿命的生存函数受两个变量影响，一是现在的年龄 x，二是未来的剩余寿命 t。未来寿命的生存函数有如下两个特征（如图2-5所示）：

（1）任何年龄未来寿命的生存函数都是单调递减的，即随着 t 递增，$_tp_x$ 递减。

（2）现在的年龄对未来寿命的生存函数有显著影响，即不同的年龄 x，会有显著不同的未来寿命的生存函数$_tp_x$。通常年龄越大，未来寿命的生存函数单调递减速率越快，这意味着不同年龄的人，面临的死亡风险有很大不同。所以在寿险精算中，保费厘定必须分年龄计算才公平。

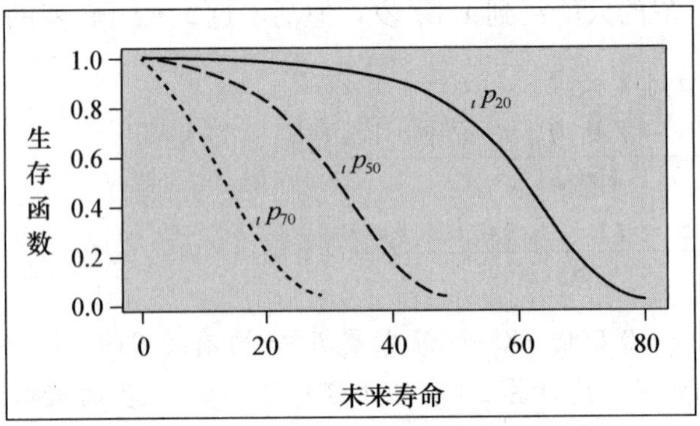

图2-5　未来寿命的生存函数示意图

容易证明，未来寿命的生存函数$_tp_x$ 和分布函数$_tq_x$ 互为补函数，即

$$_tp_x=1-{}_tq_x$$

且有

（1）$_tp_0=S_0(t)$；

（2）$_1p_x$ 简记为 p_x；

（3）$_{t|u}q_x={}_tp_x-{}_{t+u}p_x$；

（4）$_{t+u}p_x={}_tp_x\cdot{}_up_{x+t}$。

根据寿命的生存函数的三个定理，容易推导出未来寿命的生存函数满足如下三个定理：

定理1：$_0p_x=1$

定理2：$\frac{\mathrm{d}}{\mathrm{d}t}\,{}_tp_x\leqslant 0,\quad \forall t>0$

定理3：$\lim\limits_{t\to\omega-x}{}_tp_x=0$

由于死亡是必然发生的，所以还可以得到如下两个引理：

引理1：$\lim\limits_{t\to\omega-x}t\,{}_tp_x=0$

引理2：$\lim\limits_{t\to\omega-x}t^2\,{}_tp_x=0$

【例2.3】 某人群的生存函数为 $S_0=\frac{\sqrt{100-x}}{10}(0<x\leqslant 100)$，求：

（1）19岁的人至少能再活45年的概率；

(2) 36 岁的人能活到 51 岁但活不到 64 岁的概率。

【解】

(1) $_{45}p_{19}=\dfrac{S_0(64)}{S_0(19)}=\dfrac{\sqrt{100-64}}{\sqrt{100-19}}=\dfrac{2}{3}$

(2) $_{15|13}q_{36}=\dfrac{S_0(51)-S_0(64)}{S_0(36)}=\dfrac{\sqrt{100-51}-\sqrt{100-64}}{\sqrt{100-36}}=\dfrac{1}{8}$

2.2.4 未来寿命的密度函数

对未来寿命的分布函数求导函数，就得到未来寿命的密度函数：

$$f_x(t)=\frac{\mathrm{d}}{\mathrm{d}t}{}_tq_x=-\frac{\mathrm{d}}{\mathrm{d}t}{}_tp_x=-\frac{1}{S_0(x)}\frac{\mathrm{d}}{\mathrm{d}t}S_0(x+t)$$

未来寿命的密度函数示意图如图 2-6 所示。

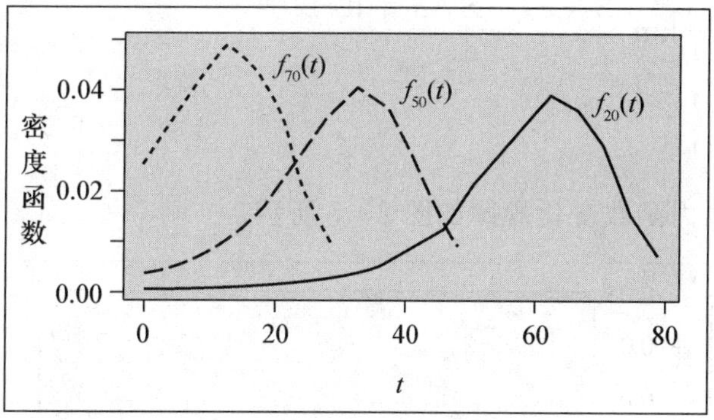

图 2-6 未来寿命的密度函数示意图

未来寿命的密度函数具有如下四个属性：

(1) $f_x(t)\geqslant 0,\quad \forall t>0$

(2) $\int_0^u f_x(t)\mathrm{d}t={}_uq_x,\quad 0\leqslant u\leqslant \omega-x$

(3) $\int_u^{\omega-x} f_x(t)\mathrm{d}t={}_up_x,\quad 0\leqslant u\leqslant \omega-x$

(4) $\int_0^{\omega-x} f_x(t)\mathrm{d}t=1$

【例 2.4】假设某人群的生存函数为 $S_0(x)=\left(1-\dfrac{x}{\omega}\right)^r(0\leqslant x\leqslant\omega)$，求$(x)$未来寿命的密度函数表达式。

【解】

$$_tp_x=\frac{S_0(x+t)}{S_0(x)}=\frac{\left(1-\dfrac{x+t}{\omega}\right)^r}{\left(1-\dfrac{x}{\omega}\right)^r}=\frac{(\omega-x-t)^r}{(\omega-x)^r}$$

$$f_x(t)=-\frac{\mathrm{d}}{\mathrm{d}t}{}_tp_x=-\frac{\frac{\mathrm{d}}{\mathrm{d}t}(\omega-x-t)^r}{(\omega-x)^r}=\frac{r(\omega-x-t)^{r-1}}{(\omega-x)^r}$$

式中，$0\leqslant x\leqslant\omega$；$0<t\leqslant\omega-x$。

2.2.5 未来寿命的死亡力函数

x 岁的死亡力（force of mortality）函数简记为 μ_x。它是指一个人能活到 x 岁，然后在 x 岁之后瞬间死亡的速率。它的概率意义如下：

$$\mu_x=\lim_{\mathrm{d}x\to0^+}\frac{1}{\mathrm{d}x}\Pr(T_0\leqslant x+\mathrm{d}x\mid T_0>x)$$

展开上式，可以得到：

$$\begin{aligned}\mu_x&=\frac{1}{S_0(x)}\lim_{\mathrm{d}x\to0^+}\frac{S_0(x)-S_0(x+\mathrm{d}x)}{\mathrm{d}x}\\&=\frac{f_0(x)}{S_0(x)}\end{aligned}$$

人类寿命的死亡力函数变化规律如图 2-7 所示。

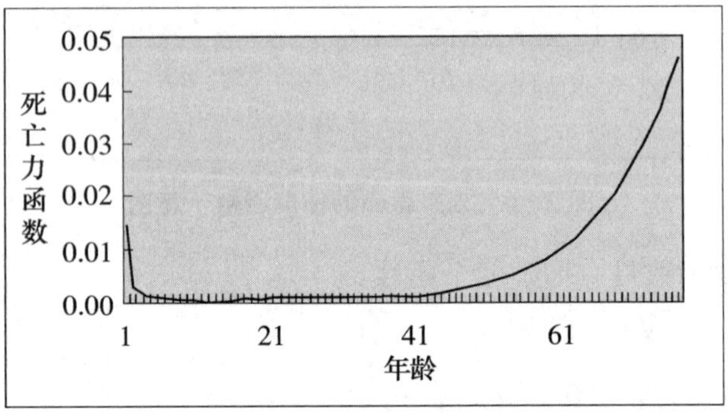

图 2-7 人类寿命的死亡力函数示意图

人类的死亡力曲线类似于一个两头高、中间低的盆状结构，它被形象地称为“浴盆曲线”。人类的“浴盆曲线”意味着：

（1）刚出生的婴儿是脆弱的，死亡力非常高。这是因为各种先天性的不足都会在这个时期暴露。经过淘汰先天不足的孩子，死亡力逐渐下降。在以前，婴儿死亡力比图 2-7 显示的数据要高很多，例如，1900 年纽约市婴儿死亡率是 140‰，而 1928—1933 年我国 101 个地区的调查显示，婴儿死亡率平均为 156‰。随着抗生素的发明和使用及围产期保健的普及，婴儿死亡率快速下降，目前在北京、上海等经济和医疗水平发达的城市，婴儿死亡率只有 3‰～5‰。这段浴盆曲线已经没有过去明显了。

（2）青少年时期是人类死亡力最低的时期。在这段时间里，身体各器官都处于良好运作阶段，身体处于偶然失效期。通常都是由意外或自杀等事件造成死亡，由疾病造成的死亡事件比例很小。

（3）中老年时期属于人类的加速失效时期。在这段时间里，身体各器官逐渐老化，开始罹患各种疾病。通常一种疾病治好了，不久又会产生另外一种疾病。人类进入加速失效期之后，健康维持成本将变得越来越大。

【例 2.5】假设某人群每 100 000 个新生婴儿，能活到 40 岁的人数为 97 369，能活到 85 岁的人数为 33 851，而在 85～86 岁这一年死亡的人数为 3 758。求 40 岁的人在 85 岁的密度函数和死亡力函数（以年为最小计量单位）。

【解】

未来寿命的密度函数和死亡力函数都是衡量死亡速率的函数，它们的分子是相同的，都是 $x+t$ 时刻单位时间内死亡的人数，分母却不同。密度函数分母使用的是 x 时刻暴露于死亡风险的人口基数，而死亡力函数使用的是 $x+t$ 时刻暴露于死亡风险的人口基数。

所以本例中，计算 40 岁的人在 85 岁时的未来寿命的密度函数使用的人口基数是期初（40 岁时）的存活人数，而未来寿命的死亡力函数使用的人口基数是死亡风险发生前一刻（85 岁时）的存活人数。

$$f_{40}(45)=\frac{3\,758}{97\,369}=0.038\,6$$

$$\mu_{85}=\frac{3\,758}{33\,851}=0.111$$

根据死亡力函数与生存函数、密度函数的关系，我们可以推导出如下公式：

(1) $f_x(t)={}_tp_x\cdot\mu_{x+t}$

(2) ${}_tq_x=\int_0^t f_x(s)\mathrm{d}s=\int_0^t {}_sp_x\cdot\mu_{x+s}\mathrm{d}s$

(3) $\mu_{x+t}=\dfrac{f_x(t)}{{}_tp_x}=-\dfrac{\frac{\mathrm{d}}{\mathrm{d}t}{}_tp_x}{{}_tp_x}=-\dfrac{\mathrm{d}}{\mathrm{d}t}\ln{}_tp_x$

(4) ${}_tp_x=\exp\left(-\int_0^t\mu_{x+s}\mathrm{d}s\right)$

【例 2.6】假设某人群的生存函数为 $S_0(x)=\left(1-\dfrac{x}{\omega}\right)^r(0\leqslant x\leqslant\omega)$。求$(x)$未来寿命的死亡力函数表达式。

【解】

方法一：

$${}_tp_x=\frac{(\omega-x-t)^r}{(\omega-x)^r},\quad f_x(t)=\frac{r(\omega-x-t)^{r-1}}{(\omega-x)^r}$$

则

$$\mu_{x+t}=\frac{f_x(t)}{{}_tp_x}=\frac{r}{\omega-x-t}$$

式中，$0\leqslant x\leqslant\omega$；$0<t\leqslant\omega-x$。

方法二：

$$\begin{aligned}\mu_{x+t} &= -\frac{\mathrm{d}}{\mathrm{d}t}\ln{}_tp_x \\ &= -\frac{\mathrm{d}}{\mathrm{d}t}\ln\left[\frac{(\omega-x-t)^r}{(\omega-x)^r}\right] \\ &= -\frac{\mathrm{d}}{\mathrm{d}t}[r\ln(\omega-x-t)-r\ln(\omega-x)] \\ &= \frac{r}{\omega-x-t}\end{aligned}$$

式中，$0\leqslant x\leqslant\omega$；$0<t\leqslant\omega-x$。

【例 2.7】 假设某人群的死亡力函数为 $\mu_x=0.05(x\geqslant0)$，求：

(1) ${}_tp_x$ 的表达式；

(2) $f_x(t)$ 的表达式。

【解】

(1) ${}_tp_x=\exp\left(-\int_0^t\mu_{x+s}\mathrm{d}s\right)=\exp\left(-\int_0^t 0.05\mathrm{d}s\right)=\mathrm{e}^{-0.05t}$，$t>0$

(2) $f_x(t)={}_tp_x\mu_{x+t}=0.05\mathrm{e}^{-0.05t}$，$t>0$

2.2.6 未来寿命的期望与方差

(x) 未来寿命的期望（complete expectation of life）简记为 $\overset{\circ}{e}_x$，表示 x 岁的人未来还能存活的平均时间长度。

$$\overset{\circ}{e}_x=E[T_x(t)]=\int_0^{\omega-x}tf_x(t)\mathrm{d}t=\int_0^{\omega-x}t\mathrm{d}(1-{}_tp_x)$$

对上式进行分步积分，得到

$$\begin{aligned}\overset{\circ}{e}_x &= t(1-{}_tp_x)\big|_0^{\omega-x}-\int_0^{\omega-x}(1-{}_tp_x)\mathrm{d}t \\ &= (t\big|_0^{\omega-x}-t\,{}_tp_x\big|_0^{\omega-x})-t\big|_0^{\omega-x}+\int_0^{\omega-x}{}_tp_x\mathrm{d}t \\ &= \int_0^{\omega-x}{}_tp_x\mathrm{d}t-t\,{}_tp_x\big|_0^{\omega-x}\end{aligned}$$

根据未来寿命的生存函数引理1：$\lim\limits_{t\to\omega-x}t\,{}_tp_x=0$，有 $t\,{}_tp_x\big|_0^{\omega-x}=0$，则 (x) 未来寿命的期望等于生存函数的积分：

$$\overset{\circ}{e}_x=\int_0^{\omega-x}{}_tp_x\mathrm{d}t$$

图2-8中递减曲线为未来寿命的生存函数 ${}_tp_x$，未来寿命的期望等于 ${}_tp_x$ 的积分，它的几何意义是生存函数曲线下的阴影面积为未来寿命的期望 $\overset{\circ}{e}_x$。

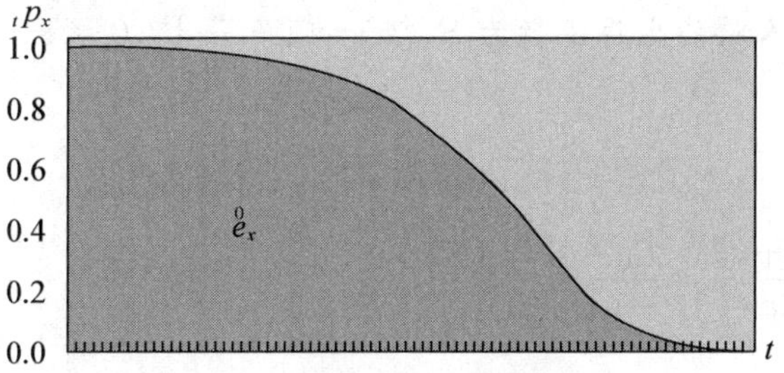

图 2－8　未来寿命的期望示意图

被保险人在未来一段时期内的平均存活时间称为定期期望寿命（term expectation of life）。（x）在未来 n 年内的定期期望寿命记作 $\overset{0}{e}_{x:\overline{n}|}$，容易证明定期期望寿命等于定期生存函数的积分：

$$\begin{aligned}\overset{0}{e}_{x:\overline{n}|}&=E[\min(T_x,n)]\\&=\int_0^n tf_x(t)\mathrm{d}t+n_np_x\\&=t_tp_x\big|_n^0+\int_0^n {}_tp_x\mathrm{d}t+n_np_x\\&=\int_0^n {}_tp_x\mathrm{d}t\end{aligned}$$

（x）未来寿命的方差（complete variance of life）记作 $\mathrm{Var}[T_x(t)]$，衡量未来寿命变量波动的大小。

$$\mathrm{Var}[T_x(t)]=E[T_x(t)^2]-E[T_x(t)]^2$$

式中：

$$E[T_x(t)^2]=\int_0^{\omega-x}t^2f_x(t)\mathrm{d}t=\int_0^{\omega-x}t^2\mathrm{d}(1-{}_tp_x)$$

对上式进行分步积分，得到

$$\begin{aligned}E[T_x(t)^2]&=t^2(1-{}_tp_x)\big|_0^{\omega-x}-\int_0^{\omega-x}2t(1-{}_tp_x)\mathrm{d}t\\&=(t^2\big|_0^{\omega-x}-t^2{}_tp_x\big|_0^{\omega-x})-t^2\big|_0^{\omega-x}+\int_0^{\omega-x}2t{}_tp_x\mathrm{d}t\\&=\int_0^{\omega-x}2t{}_tp_x\mathrm{d}t-t^2{}_tp_x\big|_0^{\omega-x}\end{aligned}$$

根据未来寿命的生存函数引理 2：$\lim\limits_{x\to\omega}t^2{}_tp_x=0$，有 $t^2{}_tp_x\big|_0^{\omega-x}=0$，则

$$E[T_x(t)^2]=\int_0^{\omega-x}2t{}_tp_x\mathrm{d}t$$

未来寿命的方差等于

$$\mathrm{Var}[T_x(t)]=\int_0^{\omega-x}2t{}_tp_x\mathrm{d}t-(\overset{0}{e}_x)^2$$

【**例 2.8**】假设某人群的生存函数为 $S_0(x)=\left(1-\frac{x}{\omega}\right)^r(0\leqslant x\leqslant\omega)$。求 (x) 未来寿命的期望与方差。

【**解**】

$$ {}_tp_x=\frac{S_0(x+t)}{S_0(x)}=\frac{(\omega-x-t)^r}{(\omega-x)^r} $$

则未来寿命的期望为：

$$ \begin{aligned} \overset{\circ}{e}_x&=\int_0^{\omega-x}{}_tp_x\mathrm{d}t=\frac{1}{(\omega-x)^r}\int_0^{\omega-x}(\omega-x-t)^r\mathrm{d}t\\ &=\frac{1}{(\omega-x)^r}\frac{(\omega-x-t)^{r+1}\big|_{\omega-x}^{0}}{r+1}\\ &=\frac{\omega-x}{r+1} \end{aligned} $$

未来寿命平方的期望为：

$$ \begin{aligned} E[T_x(t)^2]&=\int_0^{\omega-x}2t\,{}_tp_x\mathrm{d}t\\ &=\frac{1}{(\omega-x)^r}\int_0^{\omega-x}2t(\omega-x-t)^r\mathrm{d}t\\ &=\frac{1}{(\omega-x)^r}\int_0^{\omega-x}[2(\omega-x)-2(\omega-x-t)](\omega-x-t)^r\mathrm{d}t\\ &=\frac{1}{(\omega-x)^r}\left[\frac{2(\omega-x)}{r+1}(\omega-x-t)^{r+1}\big|_{\omega-x}^{0}-\frac{2}{r+2}(\omega-x-t)^{r+2}\big|_{\omega-x}^{0}\right]\\ &=\frac{1}{(\omega-x)^r}\left[\frac{2(\omega-x)^{r+2}}{r+1}-\frac{2(\omega-x)^{r+2}}{r+2}\right]\\ &=\frac{2(\omega-x)^2}{(r+1)(r+2)} \end{aligned} $$

则未来寿命的方差为：

$$ \begin{aligned} \mathrm{Var}[T_x(t)]&=E[T_x(t)^2]-E[T_x(t)]^2\\ &=\frac{2(\omega-x)^2}{(r+1)(r+2)}-\left(\frac{\omega-x}{r+1}\right)^2\\ &=\frac{r(\omega-x)^2}{(r+1)^2(r+2)} \end{aligned} $$

2.3 整值未来寿命

2.3.1 整值未来寿命的定义

由于人可能在任意时刻死亡，所以未来寿命 T_x 应该是连续型随机变量。但是大多数人口调查数据只记录被调查人死亡时的整数年龄，也就是说人口调查数据通常是离散数据。为了便于使用调查数据，我们引入整值未来寿命的概念。

整值未来寿命（curtate future lifetime）是指未来存活的完整年数。(x) 的整值未来寿命变量简记为 K_x，K_x 为未来寿命的取整变量。

$$K_x = \lfloor T_x \rfloor$$

式中，$\lfloor\ \rfloor$ 代表取整运算。

未来寿命与整值未来寿命的比较如图 2-9 所示。

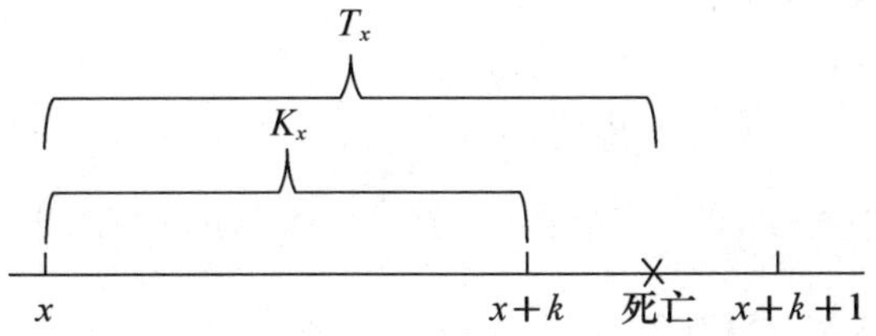

图 2-9　未来寿命与整值未来寿命的比较图示

2.3.2　整值未来寿命的密度函数

K_x 的密度函数为：

$$\Pr(K_x = k) = \Pr(k \leqslant T_x < k+1)$$

它的概率意义是一个 x 岁的人，能活到 $x+k$ 岁，但是活不到 $x+k+1$ 岁的概率。寿险精算学中把这个概率简记为 ${}_{k|}q_x$。

$$\begin{aligned} {}_{k|}q_x &= \Pr(k \leqslant T_x < k+1) \\ &= {}_kp_x - {}_{k+1}p_x \\ &= {}_kp_x - {}_kp_x \cdot p_{x+k} \\ &= {}_kp_x \cdot q_{x+k} \end{aligned}$$

2.3.3　整值未来寿命的期望与方差

(x) 整值未来寿命的期望（curtate expectation of life）记作 e_x。容易推导出整值未来寿命的期望等于未来每年的存活概率累加和。

$$\begin{aligned} e_x &= E(K_x) \\ &= \sum_{k=0}^{\omega-x} k \Pr(K_x = k) \\ &= \sum_{k=0}^{\omega-x} k({}_kp_x - {}_{k+1}p_x) \\ &= ({}_1p_x - {}_2p_x) + 2({}_2p_x - {}_3p_x) + 3({}_3p_x - {}_4p_x) + \cdots \end{aligned}$$

$$=\sum_{k=1}^{\omega-x} {}_k p_x$$

同样，整值定期期望寿命等于定期内生存函数累加和，即

$$e_{x:\overline{n}|}=\sum_{k=1}^{n} {}_k p_x$$

又因为

$$\begin{aligned}E(K_x^2)&=\sum_{k=0}^{\omega-x} k^2 \Pr(K_x=k)\\&=\sum_{k=0}^{\omega-x} k^2({}_k p_x-{}_{k+1}p_x)\\&=({}_1p_x-{}_2p_x)+2^2({}_2p_x-{}_3p_x)+3^3({}_3p_x-{}_4p_x)+\cdots\\&=\sum_{k=1}^{\omega-x}(2k-1){}_kp_x\end{aligned}$$

所以整值未来寿命的方差为：

$$\begin{aligned}\mathrm{Var}(K_x)&=E(K_x^2)-E(K_x)^2\\&=\sum_{k=1}^{\omega-x}(2k-1)\,{}_kp_x-e_x^2\end{aligned}$$

【例 2.9】 假设 K_x 为 (x) 的整值未来寿命，已知

整值未来寿命 k	0	1	2	3	4
期初存活人数	100	80	50	10	0

试求 $E(K_x)$ 和 $\mathrm{Var}(K_x)$。

【解】

$$E(K_x)=e_x=\sum_{k=1}^{3}\ {}_kp_x=\frac{80+50+10}{100}=1.4$$

$$\begin{aligned}\mathrm{Var}(K_x)&=\sum_{k=1}^{3}(2k-1){}_kp_x-e_x^2\\&={}_1p_x+3{}_2p_x+5{}_3p_x-e_x^2\\&=\frac{80+3\times 50+5\times 10}{100}-1.4^2\\&=0.84\end{aligned}$$

2.3.4 整值期望与完全期望的关系

为了区别于未来寿命的整值期望值 e_x，连续寿命情况下的期望值 $\overset{\circ}{e}_x$ 也称为未来寿命的完全期望（complete expected future lifetime）。现在借助积分的梯形公式，推导两者之间的近似函数关系。

未来寿命的完全期望可以等价转换为每一个整数年积分的累加和：

$$\overset{\circ}{e}_x = \int_0^{\omega-x} {}_t p_x \, \mathrm{d}t = \sum_{j=0}^{\omega-x-1} \int_j^{j+1} {}_t p_x \, \mathrm{d}t$$

在第 $j \sim j+1$ 年内，${}_t p_x$ 函数的积分等于函数曲线下的面积，可以用曲线下的梯形面积近似（见图 2-10）：

$$\int_j^{j+1} {}_t p_x \, \mathrm{d}t \approx \frac{1}{2}({}_j p_x + {}_{j+1} p_x)$$

于是就得到

$$\overset{\circ}{e}_x \approx \frac{1}{2} \sum_{j=0}^{\omega-x-1} ({}_j p_x + {}_{j+1} p_x) = \frac{1}{2} + \sum_{j=1}^{\omega-x-1} {}_j p_x$$

即

$$\overset{\circ}{e}_x \approx e_x + \frac{1}{2}$$

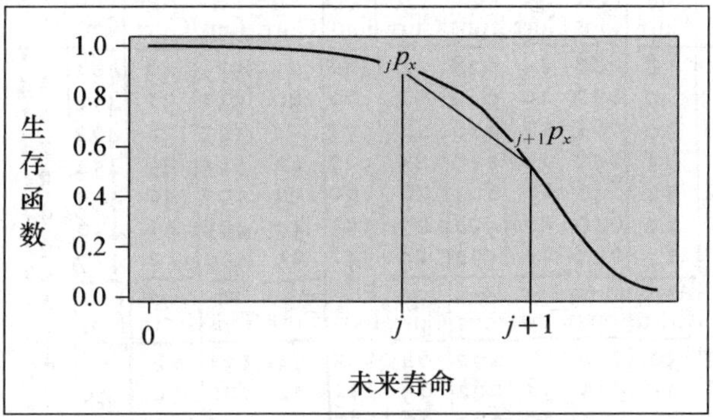

图 2-10　完全期望与整值期望计算图示

2.4　生命表

2.4.1　生命表起源

生命表（life table）是在特定的时间范围内，对特定人群进行大规模调查，经过统计分析得到的目标人群死亡过程一览表。

对特定人群进行大规模调查起源于伦敦瘟疫时期。1592 年，伦敦发生了瘟疫，黑死病造成非常严重的传染。为了掌握黑死病发病的情况，伦敦从 1593 年开始由教区定期收集并公布伦敦城每周死亡下葬人数的统计数据，该数据被称为每周死亡率表（weekly bills of mortality）。

每周死亡率表包含了非常多的信息，除了死亡人口的年龄、性别、死因，甚至包括了新生婴儿的性别、出生地等信息。1662 年，英国人口学家约翰·格朗（John Graunt）特根据已经公布的 60 年每周死亡率表进行了大量的统计分析，出版了《对死亡率表的自然和政治观察》（*Natural and Political Observations Made Upon the Bills of Mortality*）一书。

约翰·格朗特的研究显示，尽管对于每个个体而言，他会在哪个年龄因为何种原因死亡是完全不可预测的，但是对于一大群人而言，在没有传染性疾病、没有战争等重大的突发性灾难发生的情况下，他们的死亡年龄具有稳定的统计规律。约翰·格朗特统计出当时伦敦居民能活到 16 岁的概率大概是 0.4，而能活到 76 岁的概率只有 0.1。约翰·格朗特给出的不同年龄的生存概率是生命表产生的雏形，而他提出的大数人群生存概率具有稳定的统计规律这一结论，是寿险精算学最重要的理论基础。

世界上第一张完整生命表的产生要感谢英国天文学家、数学家，哈雷彗星的发现人埃德蒙·哈雷（Edmond Halley）。他于 1693 年在英国皇家协会宣读了他的论文《根据布雷斯劳市出生与下葬统计表对人类死亡程度的估计》。在这篇论文中，哈雷巧妙地构造了人类历史上第一张完整的生命表（见图 2－11）。

Age. Curt.	Persons.	Age. Curt.	Persons	Age. Curt.	Persons	Age. Curt.	Persons	Age. Curt.	Persons	Age. Curt.	Persons
1	1000	8	680	15	628	22	586	29	539	36	481
2	855	9	670	16	622	23	579	30	531	37	472
3	798	10	661	17	616	24	573	31	523	38	463
4	760	11	653	18	610	25	567	32	515	39	454
5	732	12	646	19	604	26	560	33	507	40	445
6	710	13	640	20	598	27	553	34	499	41	436
7	692	14	634	21	592	28	546	35	490	42	427
Age Curt	Persons.	Age. Curt.	Persons	Age. Curt.	Persons	Age Curt	Persons	Age. Curt.	Persons	Age. Curt.	Persons
43	417	50	346	57	272	64	202	71	131	78	58
44	407	51	335	58	262	65	192	72	120	79	49
45	397	52	324	59	252	66	182	73	109	80	41
46	387	53	313	60	242	67	172	74	98	81	34
47	377	54	302	61	232	68	162	75	88	82	28
48	367	55	292	62	222	69	152	76	78	83	23
49	357	56	282	63	212	70	142	77	68	84	20

Age.	Persons.
7	5547
14	4584
21	4270
28	3964
35	3604
42	3178
49	2709
56	2194
63	1694
70	1204
77	692
84	253
100	107
	34000
Sum Total.	

图 2－11 哈雷生命表

哈雷生命表的第 1 列 Age Curt.（Age Current）是指现在的年龄，第 2 列 Persons 是指该年龄期初的生存人数。哈雷生命表前 12 列给出了从 1 岁到 84 岁，每一年龄期初的存活人数。这 12 列数据简明而又完整地反映了以 1 000 人为基数的人群从出生直至全部死亡的统计规律。哈雷生命表的最后两列（第 13～14 列）给出的是每隔 7 岁，该年龄区间总的存活年数。比如第二行，第 13～14 列的数据分别为 7 和 5 547，指的是 1 000 个新生婴儿，在 7 岁之前这个区间，存活的时间加起来一共是 5 547 年。右下角显示的 34 000 是 1 000 个新生婴儿未来存活总年数，换言之，当年布雷斯劳市居民的平均寿命是 34 岁。

哈雷生命表的构造形式和他创造的三个生命表函数——期初生存人数、期间存活总年数、未来存活总年数一直使用到今天，哈雷因此被尊称为“生命表之父”。

2.4.2 国民生命表

哈雷生命表也称为国民生命表。所谓国民生命表，是根据全体国民或者特定地区人口的出生与死亡数据编制的生命表。现代的国民生命表通常以 10 万（或 100 万）人作为人口基数，并在哈雷生命表的基础上提供了更多的生命表函数。表 2-1 是一张国民生命表示例。

表 2-1 1979—1981 年美国人口生命表节选

年龄区间 $x \sim x+t$	死亡概率 $_tq_x$	期初生存人数 l_x	期间死亡人数 $_td_x$	期间存活总年数 $_tL_x$	未来寿命总和 T_x	未来寿命的期望 $\mathring{e}_x$
天						
0～1	0.004 63	100 000	463	273	7 387 758	73.88
1～7	0.002 46	99 537	245	1 635	7 387 485	74.22
7～28	0.001 39	99 292	138	5 708	7 385 850	74.38
年						
0～1	0.012 60	10 000	1 260	98 973	7 387 758	73.88
1～2	0.000 93	98 740	92	98 694	7 288 785	73.82
2～3	0.000 65	98 648	64	98 617	7 190 091	72.89

下面介绍生命表函数的概念及相互之间的数量关系。

1. 年龄区间 $x \sim x+t$

这表示某一期的期初年龄是 x，期末年龄是 $x+t$。后面得到的各项函数值都是指在这段时期内得到的观察值。

由于婴儿在出生后的几天死亡率的变化非常大，所以通常会对婴儿生命表特殊处理，以天或周作为考察单位，其他年龄通常以年作为考察单位。

2. 期初生存人数 l_x

l_x 表示能生存到 x 岁的期望人数。哈雷生命表的前 12 列给出的都是不同年龄的期初生存人数。表 2-1 中，l_x 这一列的数据显示，从统计学的角度而言，每 100 000 个新生婴儿中，平均有 99 537 个能活过一天，99 292 个能活过一周，98 740 个能活过 1 岁，即

$$l_0=100\,000,\quad l_{1/365}=99\,537,\quad l_{7/365}=99\,292,\quad l_1=98\,740$$

3. 期间死亡人数 $_td_x$

在 $x \sim x+t$ 岁之间死亡的期望个数记作 $_td_x$。特别地，$_1d_x$ 简记为 d_x。

$$_td_x=l_x-{}_tl_x$$

表 2-1 中，$_td_x$ 这一列的数据显示，从统计学的角度而言，每 100 000 个新生婴儿平均有 463 人会在出生第一天死亡 ，即

$$_{1/365}d_x=463$$

如果以年为单位，100 000 个新生婴儿平均有 1 260 人会在第一年死亡，92 人会在 1～2 岁之间死亡，64 人会在 2～3 岁之间死亡，即

$$d_1=1\,260,\quad d_2=92,\quad d_3=64$$

4．死亡概率$_tq_x$

这个函数上一节已经介绍过，它是指能活到 x 岁的人活不过 $x+t$ 岁的概率。

$$_tq_x=\frac{l_x-l_{x+t}}{l_x}=\frac{_td_x}{l_x}$$

表 2－1 中，$_tq_x$ 这一列的数据就等于同一行中$_td_x$除以 l_x。$_tq_x$ 这一列的数据显示，新生婴儿在出生第一天死亡的概率为 4.63‰，即

$$_{1/365}q_0=\frac{463}{100\,000}=0.004\,63$$

如果以年为单位，新生婴儿在第一年死亡的概率为 12.6‰，即

$$q_0=\frac{1\,260}{100\,000}=0.012\,6$$

5. 期间存活总年数$_tL_x$

在 $x\sim x+t$ 岁之间所有个体存活的总年数记作$_tL_x$。特别地，$_1L_x$ 简记为 L_x。

举个简单的例子解释$_tL_x$ 的概念，假设 x 期初有 5 人存活，其中 3 人能活到 $x+1$ 岁，剩下 2 人，一个活了 1 个月，一个活了 5 个月，那么

$$L_x=3+\frac{1}{12}+\frac{5}{12}=3.5$$

如果我们能获得 l_x 的连续分布，那么

$$_tL_x=\int_0^t l_{x+s}ds$$

如果无法获得每个个体在年内的具体死亡时间，通常假定死亡在年内是均匀发生的，那么

$$L_x=l_{x+1}+\frac{1}{2}d_x=l_x-\frac{1}{2}d_x$$

表 2－1 中，100 000 个新生婴儿有 99 537 个能活过第一天，有 463 个新生婴儿会在第一天死亡，假如这 463 个死亡的婴儿各自的存活时间（单位：小时）为 t_1，t_2，…，t_{463}，那么 100 000 个新生婴儿在第一天的总存活年数应该按如下公式计算：

$$_{1/365}L_0=\frac{99\,537\times 24+\sum_{i=1}^{463}t_i}{365\times 24}$$

假设新生婴儿死亡在这一天中是均匀发生的，那么我们可以认为有 99 537 个新生婴

儿活过一整天，有 463 个新生婴儿平均每人活了半天，于是 100 000 个新生婴儿在第一天的总存活年数可以近似计算为：

$$ {}_{1/365}L_0=\frac{99\,537+463\times0.5}{365}=273 $$

特别要说明的是，由于第一年的婴儿死亡率主要集中在前一个月，所以第一年的婴儿死亡时间不可以假定为均匀分布，也就是说不可以用这个近似方法计算存活总年数。但从第二年之后，死亡率在年内都很平稳，可以假定死亡服从均匀分布，比如 100 000 个新生婴儿在 1～2 岁之间的总存活年数为：

$$ L_1=98\,648+\frac{92}{2}=98\,694 $$

6. 未来寿命总和 T_x

已经活到 x 岁的所有个体，他们的未来寿命总和记作 T_x。

如果我们能获得 l_x 的连续分布，那么

$$ T_x=\int_0^{\omega-x} l_{x+s}ds $$

如果我们只能获得离散生命表，那么

$$ T_x=\sum_{k=0}^{\omega-x-1} L_{x+k} $$

哈雷生命表显示 1 000 个新生婴儿的未来寿命总和 $T_0=34\,000$。表 2-1 中，100 000 个新生婴儿未来总存活年数是 7 387 758。

7. 未来寿命的期望 $\overset{0}{e}_x$

已经活到 x 岁的个体未来还能继续存活的期望寿命记作 $\overset{0}{e}_x$。

$$ \overset{0}{e}_x=\frac{T_x}{l_x} $$

哈雷生命表显示 1 000 个新生婴儿的未来寿命总和 $T_0=34\,000$，所以当时的人均期望寿命为 34 岁。

表 2-1 显示，新生婴儿的未来寿命是 73.88 岁。而已经存活了一天的婴儿，他们未来还能继续存活的平均时间是 74.22 年。为什么已经存活了一天的婴儿未来还能继续存活的平均时间比新生婴儿的未来寿命还要长呢？

这是因为计算新生婴儿未来寿命的时候，463 个第一天就死亡的婴儿计算在平均寿命里，他们的极短寿命拉低了平均寿命。淘汰 463 个最脆弱的生命之后，对于能活过第一天的 99 537 个新生婴儿而言，他们的平均健康程度是优于最初的 100 000 个新生婴儿的。

几乎对于任何年龄段，都是活到后面的人群的平均寿命长于之前的平均寿命，即有

$$ (x+1)+\overset{0}{e}_{x+1}\geqslant x+\overset{0}{e}_x $$

等价为：

$$\overset{0}{e}_{x+1} \geqslant \overset{0}{e}_x - 1$$

【例 2.10】已知生命表如表 2－2 所示，计算：

（1）l_{40}；

（2）${}_{10}p_{30}$；

（3）q_{35}；

（4）${}_{5}q_{30}$；

（5）${}_{5|}q_{30}$。

表 2－2　生命表示例

年龄区间 x	期初生存人数 l_x	期间死亡人数 d_x
30	1 000 000	3 478
31	996 322	3 810
32	992 712	4 176
33	988 535	4 581
34	983 955	5 026
35	978 929	5 517
36	973 412	6 056
37	967 356	6 649
38	960 707	7 299
39	953 408	8 011

【解】

（1）$l_{40}=l_{39}-d_{39}=953\ 408-8\ 011=945\ 397$

（2）${}_{10}p_{30}=\dfrac{l_{40}}{l_{30}}=\dfrac{945\ 397}{1\ 000\ 000}=0.945\ 4$

（3）$q_{35}=\dfrac{l_{35}}{d_{35}}=\dfrac{5\ 517}{978\ 929}=0.005\ 6$

（4）${}_{5}q_{30}=\dfrac{l_{30}-l_{35}}{l_{30}}=\dfrac{1\ 000\ 000-978\ 929}{1\ 000\ 000}=0.021\ 1$

（5）${}_{5|}q_{30}=\dfrac{d_{35}}{l_{30}}=\dfrac{5\ 517}{1\ 000\ 000}=0.005\ 5$

【例 2.11】已知 $l_{90+k}=850-50(1+2k)$（$k=0$，1，2，3），假设死亡在年内均匀发生，请构造生命表。

【解】根据已知条件，构造生命表如表 2－3 所示：

表 2－3　例 2.11 生命表

年龄 x	期初生存人数 l_x	期间死亡人数 d_x	期间存活总年数 L_x	未来寿命总和 T_x	死亡概率 q_x	未来寿命的期望 $\overset{0}{e}_x$
90	800	50	775	2 100	0.062 5	2.625
91	750	150	675	1 325	0.200 0	1.767

续表

年龄 x	期初 生存人数 l_x	期间 死亡人数 d_x	期间 存活总年数 L_x	未来寿命 总和 T_x	死亡概率 q_x	未来寿命 的期望 $\mathring{e}_x$
92	600	250	475	650	0.416 7	1.083
93	350	350	175	175	1.000 0	0.500

2.4.3　经验生命表

最初保险公司都是使用国民生命表进行保费计算的，但实务经验显示，被保险人的真实死亡率与国民生命表有一定的差异。1766 年公平人寿的精算师理查德・普莱斯（Richard Price）在研究 1735—1770 年北安普顿教区人口数据的时候，使用了不完全正确的数据，制作了一张死亡率高于国民平均死亡率的生命表，结果这张生命表恰好与具有一定逆选择风险的保险业死亡率非常匹配，于是公平人寿开始使用北安普顿生命表作为自己公司的经验生命表。自此，保险业构造和使用经验生命表成为行业传统。

我国保险业从 1993 年开始，平均每 10 年发布一套人身保险业经验生命表。目前业界使用的经验生命表是根据 2010—2013 年行业数据编制的中国人身保险业第三套经验生命表（见附录 2）。表 2-4 是该经验生命表示例（部分）。

表 2-4　经验生命表示例（部分）

年龄	非养老类业务一表 q_x		非养老类业务二表 q_x		养老类业务表 q_x	
	男（CL1）	女（CL2）	男（CL3）	女（CL4）	男（CL5）	女（CL6）
0	0.000 867	0.000 620	0.000 620	0.000 455	0.000 566	0.000 453
1	0.000 615	0.000 456	0.000 465	0.000 324	0.000 386	0.000 289
2	0.000 445	0.000 337	0.000 353	0.000 236	0.000 268	0.000 184
3	0.000 339	0.000 256	0.000 278	0.000 180	0.000 196	0.000 124
⋮	⋮	⋮	⋮	⋮	⋮	⋮
103	0.537 558	0.433 833	0.456 906	0.298 551	0.410 710	0.262 537
104	0.568 497	0.465 447	0.487 867	0.327 687	0.440 086	0.287 859
105	1.000 000	1.000 000	1.000 000	1.000 000	1.000 000	1.000 000

如表 2-4 所示，我国的人身保险业经验生命表按照业务类型和性别分为六张表，其中：

CL1 是保障型非养老金产品男性生命表；

CL2 是保障型非养老金产品女性生命表；

CL3 是储蓄型非养老金产品男性生命表；

CL4 是储蓄型非养老金产品女性生命表；

CL5 是养老金产品男性生命表；

CL6 是养老金产品女性生命表。

在保险实务中，被保险人性别不同，购买的保险产品类型不同，使用的生命表也不同。

2.4.4 选择-终极生命表

1850年，英国精算师法伦（Farren）和海厄姆（Higham）发现，如果购买保险需要体检合格的话，那么新参保人群的死亡率在短期之内会显著低于已参保人群的死亡率。为了对新参保人群公平，需要对他们进行风险异质性处理，但是新参保人群健康状况的异质性不会持续终身，通常持续很短的几年就消失了。为了解决这个风险分类问题，1878年，英国精算师斯普拉格（Sprague）构造了世界上第一张选择-终极生命表。

选择-终极生命表（select and ultimate table）是一种特殊结构的生命表。它在常规生命表基础上设定了一个选择期。在选择期内使用死亡率相对较小的选择生命表，等选择期过了之后，又回复到常规生命表，即终极生命表状态。

假设 x 岁的人进入为期 k 年的选择期，在选择期内每年的死亡概率记作 $q_{[x]}$，$q_{[x]+1}$，…，$q_{[x]+k-1}$，出了选择期之后，就用普通的 q_x 表示终极生命表死亡概率。表2-5是5年选择期的选择-终极生命表示例。

表2-5　5年选择期的选择-终极生命表示例

$[x]$	选择表					终极表	
	$q_{[x]}$	$q_{[x]+1}$	$q_{[x]+2}$	$q_{[x]+3}$	$q_{[x]+4}$	q_{x+5}	$x+5$
60	0.017 5	0.024 9	0.031 3	0.038 8	0.047 4	0.054 5	65
61	0.019 1	0.027 2	0.034 2	0.042 4	0.051 8	0.059 6	66
62	0.020 9	0.029 7	0.037 4	0.046 3	0.056 6	0.065 2	67
63	0.022 8	0.032 4	0.040 9	0.050 7	0.062 0	0.071 4	68
64	0.024 9	0.035 4	0.044 7	0.055 4	0.067 8	0.078 1	69
65	0.027 3	0.038 7	0.048 9	0.060 7	0.074 2	0.085 5	70
66	0.029 8	0.042 4	0.053 5	0.066 4	0.081 2	0.093 6	71
67	0.032 6	0.046 4	0.058 6	0.072 7	0.088 9	0.102 4	72

【例2.12】假设有两位老人今年都是65岁。甲是今年刚刚体检合格购买的A保险，乙是10年前购买的A保险，至今仍在保障范围内。使用表2-5中的选择-终极生命表估计两位老人分别能活到73岁的概率。

【解】

甲由于刚进入保障范围，所以前5年使用死亡率相对较小的选择生命表，5年选择期满回归到终极生命表。具体死亡率查询步骤见表2-6阴影部分数据。

表2-6　选择-终极生命表（甲）

$[x]$	选择表					终极表	
	$q_{[x]}$	$q_{[x]+1}$	$q_{[x]+2}$	$q_{[x]+3}$	$q_{[x]+4}$	q_{x+5}	$x+5$
60	0.017 5	0.024 9	0.031 3	0.038 8	0.047 4	0.054 5	65
61	0.019 1	0.027 2	0.034 2	0.042 4	0.051 8	0.059 6	66
62	0.020 9	0.029 7	0.037 4	0.046 3	0.056 6	0.065 2	67
63	0.022 8	0.032 4	0.040 9	0.050 7	0.062 0	0.071 4	68

续表

$[x]$	选择表					终极表	
	$q_{[x]}$	$q_{[x]+1}$	$q_{[x]+2}$	$q_{[x]+3}$	$q_{[x]+4}$	q_{x+5}	$x+5$
64	0.024 9	0.035 4	0.044 7	0.055 4	0.067 8	0.078 1	69
65	0.027 3	0.038 7	0.048 9	0.060 7	0.074 2	0.085 5	70
66	0.029 8	0.042 4	0.053 5	0.066 4	0.081 2	0.093 6	71
67	0.032 6	0.046 4	0.058 6	0.072 7	0.088 9	0.102 4	72

甲能活到73岁的概率为：

$$
\begin{aligned}
{}_8p_{[65]} &= (1-q_{[65]})(1-q_{[65]+1})(1-q_{[65]+2})(1-q_{[65]+3}) \\
&\quad (1-q_{[65]+4})(1-q_{70})(1-q_{71})(1-q_{72}) \\
&= 0.575\,403
\end{aligned}
$$

乙进入保障范围已经10年，早已过了选择期，所以一直使用终极生命表。具体死亡率查询步骤见表2-7阴影部分数据。

表2-7 选择-终极生命表（乙）

$[x]$	选择表					终极表	
	$q_{[x]}$	$q_{[x]+1}$	$q_{[x]+2}$	$q_{[x]+3}$	$q_{[x]+4}$	q_{x+5}	$x+5$
60	0.017 5	0.024 9	0.031 3	0.038 8	0.047 4	0.054 5	65
61	0.019 1	0.027 2	0.034 2	0.042 4	0.051 8	0.059 6	66
62	0.020 9	0.029 7	0.037 4	0.046 3	0.056 6	0.065 2	67
63	0.022 8	0.032 4	0.040 9	0.050 7	0.062 0	0.071 4	68
64	0.024 9	0.035 4	0.044 7	0.055 4	0.067 8	0.078 1	69
65	0.027 3	0.038 7	0.048 9	0.060 7	0.074 2	0.085 5	70
66	0.029 8	0.042 4	0.053 5	0.066 4	0.081 2	0.093 6	71
67	0.032 6	0.046 4	0.058 6	0.072 7	0.088 9	0.102 4	72

乙能活到73岁的概率为：

$$
\begin{aligned}
{}_8p_{65} &= (1-q_{65})(1-q_{66})(1-q_{67})(1-q_{68})(1-q_{69})(1-q_{70})(1-q_{71})(1-q_{72}) \\
&= 0.529\,41
\end{aligned}
$$

2.5 分数年龄的假定

生命表提供了整数年龄上的寿命分布，这使我们可以非常清楚地知道各整数年龄死亡的概率。但死亡事件的发生是随机的，没有人可以选择正好在整数年龄死亡。这意味着使用生命表会遇到如下困难：我们可以非常清楚地知道一个人在 x 岁时的死亡概率，也知道他在 $x+1$ 岁时的死亡概率，但是在这两个整数年龄中间的任意一个时刻，譬如50岁过3个月时的死亡概率却无法确定。

因此需要建立一种函数关系，通过整数年的生存状况，估计在整数年之间的任意分数时期生存或死亡的概率。从数学角度来看，这是一个已知两端点位置，尝试确定中间某点位置的插值问题。

在分数年龄插值法中，我们最常用的是基于死亡在年内服从均匀死亡假定的线性插值法和死亡在年内服从死亡力恒定假定的几何插值法。

2.5.1 均匀死亡假定

假设我们已知 x 岁的期初生存人数为 l_x，$x+1$ 岁的期初生存人数为 l_{x+1}，现在我们想估计 l_{x+t} 的值，其中 $0<t<1$。分数期均匀死亡假定（uniform distribution of death）简记为 UDD 假定，意味着在分数期采用线性插值方法。

$$l_{x+t}=(1-t)l_x+tl_{x+1},\quad 0<t<1$$

等价公式为：

$$S_0(x+t)=(1-t)S_0(x)+tS_0(x+1),\quad 0<t<1$$

分数期均匀死亡假定下的线性插值如图 2-12 所示。

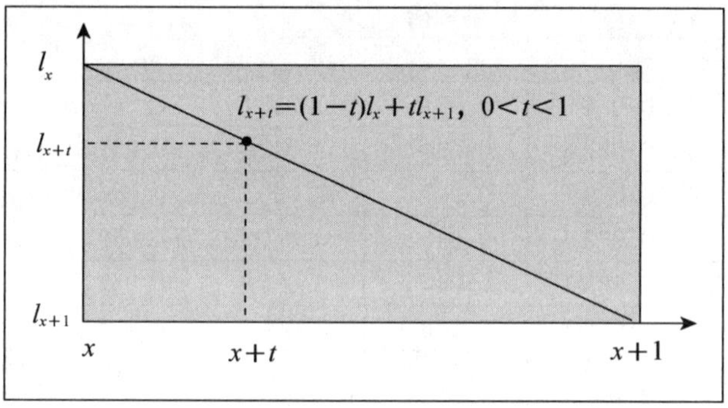

图 2-12 分数期均匀死亡假定下的线性插值图示

在该假定条件下，容易推导出常用的分数期生命表函数与整值死亡率函数 q_x 之间具有如下函数关系（$0<t<1$）：

（1）死亡概率：

$${}_tq_x=\frac{l_x-l_{x+t}}{l_x}=\frac{l_x-[(1-t)l_x+tl_{x+1}]}{l_x}=t\frac{l_x-l_{x+1}}{l_x}=tq_x$$

（2）生存概率：

$${}_tp_x=1-{}_tq_x=1-tq_x$$

（3）密度函数：

$$f_x(t)=-\frac{\mathrm{d}}{\mathrm{d}t}\,{}_tp_x=-\frac{\mathrm{d}}{\mathrm{d}t}(1-tq_x)=q_x$$

（4）死亡力：

$$\mu_{x+t}=-\frac{\mathrm{d}}{\mathrm{d}t}\ln({}_tp_x)=-\frac{\mathrm{d}}{\mathrm{d}t}\ln(1-tq_x)=\frac{q_x}{1-tq_t}$$

【例 2.13】 已知 $l_x=10\ 000\left(1-\frac{x}{100}\right)$，$x=0$，1，…，100。在分数期均匀死亡假定下，确定 ${}_{0.5}q_{30}$，$\mu_{30.5}$，${}_{5.25}q_{50}$ 的值。

【解】

先确定整数年龄的死亡率：

$$q_{30}=\frac{l_{30}-l_{31}}{l_{30}}=\frac{1}{70}$$

在分数期均匀死亡假定下，有

(1) ${}_{0.5}q_{30}=0.5q_{30}=0.5\times\frac{1}{70}=\frac{1}{140}$

(2) $\mu_{30.5}=\frac{q_{30}}{1-0.5q_{30}}=\frac{1/70}{1-1/140}=\frac{2}{139}$

(3) 由于 ${}_{5.25}q_{50}$ 中要考察的时期既包含整数期又包含分数期，所以要将考察期按照整数和分数进行分类，得

$$\begin{aligned}{}_{5.25}q_{50}&={}_{5}q_{50}+{}_{5}p_{50}\cdot{}_{0.25}q_{55}\\&=\frac{1}{10}+\frac{9}{10}\times\frac{1}{4}\times\frac{1}{45}=0.105\end{aligned}$$

2.5.2 死亡力恒定假定

分数期死亡力恒定假定（constant force of mortality）简记为 CFM 假定，意味着在分数期采用几何插值方法：

$$l_{x+t}=(l_x)^{1-t}(l_{x+1})^t,\quad 0<t<1$$

等价公式为：

$$S_0(x+t)=S_0(x)^{1-t}S_0(x+1)^t,\quad 0<t<1$$

上式做简单变换，得

$$\frac{S_0(x+t)}{S_0(x)}=\left[\frac{S_0(x+1)}{S_0(x)}\right]^t$$

推导出

$${}_tp_x=(p_x)^t=e^{-\mu t},\quad 0<t<1$$

式中，$\mu=-\ln p_x$。

分数期死亡力恒定假定下的几何插值图示见图 2-13。

在该假定条件下，容易推导出常用的分数期生命表函数与整值死亡率函数 q_x 之间具有如下函数关系（$0<t<1$）：

(1) 死亡概率：

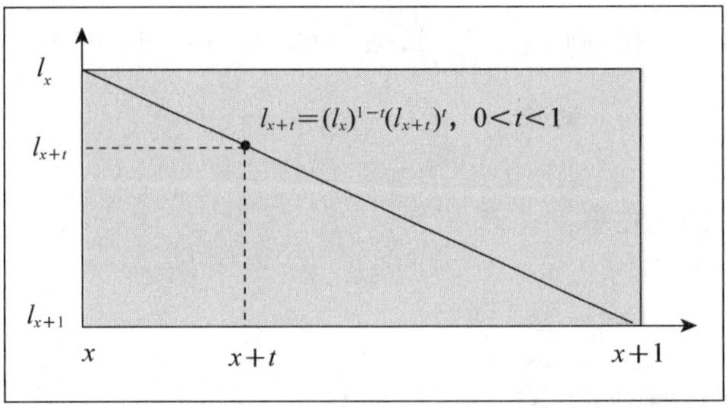

图 2－13　分数期死亡力恒定假定下的几何插值图示

$$ {}_tq_x = 1 - {}_tp_x = 1 - e^{-\mu t} = 1 - (1-q_x)^t $$

（2）生存概率：

$$ {}_tp_x = e^{-\mu t} = (p_x)^t = (1-q_x)^t $$

（3）密度函数：

$$ f_x(t) = {}_tp_x \cdot \mu_{x+t} = \mu e^{-\mu t} = -(1-q_x)^t \ln(1-q_x) $$

（4）死亡力：

$$ \mu_{x+t} = \mu = -\ln(1-q_x) $$

【例 2.14】 已知 $l_x = 10\,000\left(1-\dfrac{x}{100}\right)$，$x=0$，1，…，100。在分数期死亡力恒定假定下，确定 ${}_{0.5}q_{30}$，$\mu_{30.5}$，${}_{5.25}q_{50}$ 的值。

【解】

例 2.13 已计算出 30 岁整数年龄的死亡率 $q_{30}=\dfrac{1}{70}$，则在分数期死亡力恒定假定下，有

（1）$ {}_{0.5}q_{30} = 1-(p_{30})^{0.5} = 1-(1-q_{30})^{0.5} = 1-\sqrt{\dfrac{69}{70}} = 0.007\,2 $

（2）$ \mu_{30.5} = \mu_{30} = -\ln(p_{30}) = -\ln(1-q_{30}) = -\ln\left(1-\dfrac{1}{70}\right) = 0.014\,388\,74 $

（3）
$$ \begin{aligned} {}_{5.25}q_{50} &= {}_5q_{50} + {}_5p_{50} \cdot {}_{0.25}q_{55} = {}_5q_{50} + {}_5p_{50} \cdot (1-p_{55}^{0.25}) \\ &= \frac{1}{10} + \frac{9}{10} \times \left[1-\left(\frac{44}{45}\right)^{0.25}\right] = 0.105\,0 \end{aligned} $$

表 2－8 为两种假定下的生命表函数。

表 2－8　两种假定下的生命表函数

函数	均匀死亡假定	死亡力恒定假定
${}_tq_x$	tq_x	$1-(1-q_x)^t$
${}_tp_x$	$1-tq_x$	$(1-q_x)^t$
${}_tp_x\mu_{x+t}$	q_x	$-(1-q_x)^t\ln(1-q_x)$

续表

函数	均匀死亡假定	死亡力恒定假定
μ_{x+t}	$\dfrac{q_x}{1-tq_x}$	$-\ln(1-q_x)$

2.6　寿命分布的参数模型

生命表是离散的，而生命是连续的。用离散的生命表来拟合连续的寿命分布，需要先将生命离散化，得到整值寿命分布，然后借助各种数学近似方法，由离散值估计分数期的连续值。这给精算工作带来很多技术问题。从 18 世纪开始，有很多统计学家开始构想，能不能直接拟合寿命的连续分布。用连续的寿命分布取代离散的生命表，将会使相应的寿命风险拟合及后续的保费计算变得非常简便。在统计学家提出的所有寿命分布中，如下三个参数模型最有名。

2.6.1　De Moivre 模型

1729 年，德穆瓦夫尔（De Moivre）提出了单参数死亡力模型，用以拟合人的寿命分布。具有如下结构的参数模型被称为 De Moivre 模型：

$$\mu_x=\frac{1}{\omega-x},\quad 0\leqslant x<\omega$$

De Moivre 模型的实质是假定寿命服从均匀死亡分布，容易推导出如下公式：

$$S_0(x)=1-\frac{x}{\omega},\quad 0\leqslant x<\omega$$

$$_tp_x=\frac{\omega-x-t}{\omega-x},\quad 0\leqslant t<\omega-x$$

$$f_x(t)=\frac{1}{\omega-x},\quad 0\leqslant t<\omega-x$$

图 2-14 和图 2-15 分别是 De Moivre 模型（$\omega=100$）的死亡力函数和生存函数图示。

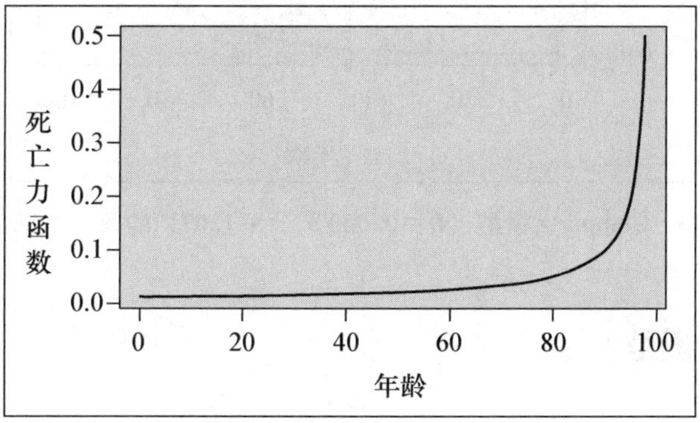

图 2-14　De Moivre 模型（ω=100）的死亡力函数图示

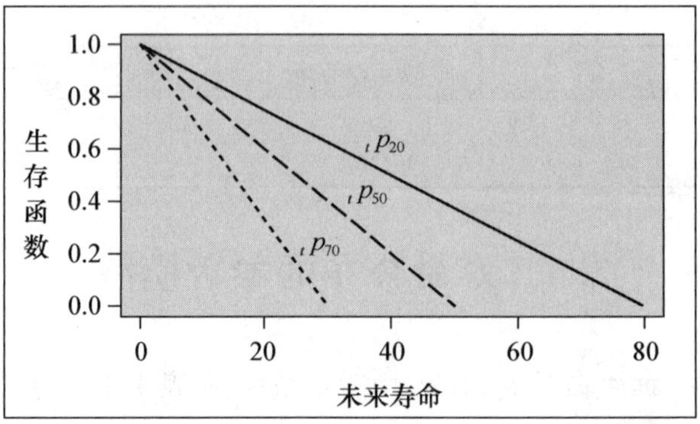

图 2-15　De Moivre 模型（$\omega=100$）的生存函数图示

2.6.2　Gompertz 模型

1825 年，冈珀茨（Gompertz）提出两参数死亡力模型，用以拟合人的寿命分布。具有如下结构的参数模型称为 Gompertz 模型：

$$\mu_x = Bc^x, \quad B>0;c>1;x\geqslant 0$$

Gompertz 模型的生存函数为：

$$S_0(x)=\exp\left[-\frac{B(c^x-1)}{\ln c}\right], \quad B>0;c>1$$

$$_tp_x=\exp\left[-\frac{Bc^x(c^t-1)}{\ln c}\right], \quad B>0;c>1$$

图 2-16 和图 2-17 分别是 Gompertz 模型（$B=0.000\,3$，$c=1.07$）的死亡力函数和生存函数图示。

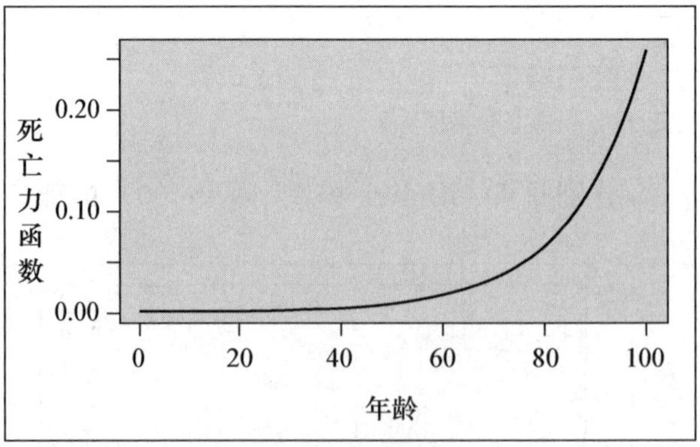

图 2-16　Gompertz 模型（$B=0.000\,3$，$c=1.07$）的死亡力函数图示

2.6.3　Makeham 模型

1860 年，梅卡姆（Makeham）在 Gompertz 模型的基础上增加了一个参数，变成三

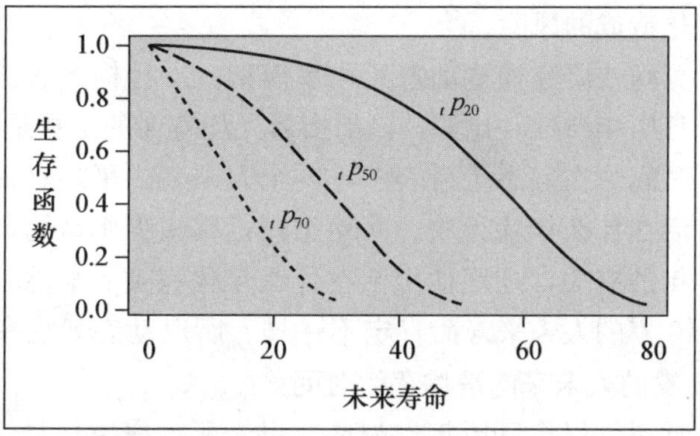

图 2-17　Gompertz 模型（B=0.000 3，c=1.07）的生存函数图示

参数死亡力模型。具有如下结构的参数模型称为 Makeham 模型：

$$\mu_x = A + Bc^x, \quad B > 0; A \leqslant -B; c > 1; x \geqslant 0$$

Makeham 模型的生存函数为：

$$S_0(x) = \exp\left[-At - \frac{B(c^x - 1)}{\ln c}\right], \quad B > 0; A \geqslant -B; c > 1$$

$$_tp_x = \exp\left[-At - \frac{Bc^x(c^t - 1)}{\ln c}\right], \quad B > 0; A \geqslant -B; c > 1$$

Makeham 模型只是在 Gompertz 模型的基础上增加了一个常数项，不改变模型的形状，所以 Makeham 模型的死亡力函数与生存函数的形状与 Gompertz 模型一致。

2.6.4　参数模型的发展方向

除了这三个著名的参数模型之外，还有很多统计学家和精算师对寿命分布进行了大量的参数模型拟合。但当年没有计算机，精算师们没有能力得到精度超过生命表的参数分布。所以，寿险精算实务中度量寿命风险主要用的还是离散型的生命表。参数模型也有使用，但主要用在生命表无法度量或者度量结果不稳健的场合，比如，分数年龄场合或超高年龄场合。

随着时代的发展，对寿命分布参数模型的研究变得越来越重要。

18 世纪人类的平均寿命为 35 岁，到 19 世纪英国的人均寿命也只有 40 岁。因为寿命分布几乎稳定，所以理查德·普莱斯构造的经验生命表用了一个世纪。那时的精算师认为，个人的存活概率会随着年龄变化，但整个人类的寿命分布是相对稳定的，接近静态的。

工业革命和技术革命带动了医学进步，导致人类平均寿命显著延长。根据世界卫生组织公布的《世界卫生统计报告 2016》，2015 年全球人均寿命为 71.4 岁。过去几十年人均寿命的迅猛变化，对静态生命表造成很大的冲击。要应对这种冲击，一种方法就是不断更新经验生命表。比如我国保险业现在就是平均十年更新一次经验生命表。但更新的经验生命表提供的还是静态死亡率，在旧生命表基础上定价和销售的产品，还是要承受未来几十年死亡率变化造成的风险。

现在，有很多精算师在研究构造动态死亡率模型。一种构造思路是在传统的寿命参数模型中，增加一个日历年参数。比如，以前衡量人均寿命的函数是 $\overset{0}{e}(x)$，它表示 x 岁的人未来的平均存活时间。在静态生命表中，一个人未来的平均存活时间只跟他现在的年龄有关，而跟他生活在什么年代无关。而动态死亡率模型则认为，一个人未来的存活时间不仅跟他现在的年龄有关，还跟他生活在什么年代有关。显然，一个 19 世纪 40 岁的人和一个 21 世纪 40 岁的人未来寿命肯定不一样。所以动态死亡率模型将用 $\overset{0}{e}(x, y)$ 表示出生在 y 年的 x 岁的人未来的平均存活时间。

还有一些精算师觉得仅仅将日历年作为参数引入死亡率模型是不够的，比如同样生于 20 世纪 70 年代，出生在工业发达国家和出生在第三世界极不发达国家，相同年龄的人未来寿命可能会相差一倍。所以精算师们认为应该把更多的风险因素引入动态死亡率研究。在这种指导思想下，1974 年布拉斯（Brass）借助 Logistic 回归模型，构造了包含多个影响因素的动态死亡率模型。该模型被称为相关模型（relational method）。之后有很多人进行死亡率相关模型研究，这使得动态死亡率研究变得更丰富。这些动态生命表都得借助参数模型来实现。

本书作为寿险精算学的基础教材，主要介绍的是经典精算方法，并不侧重于介绍生存概率是通过静态生命表获得还是通过动态生命表获得。为方便起见，本书的案例都是基于静态生命表做演示。

2.7 本章 R 指导

在寿险精算学中，我们将介绍和使用很多精算函数。在统计软件非常普及的今天，借助统计软件，自行编辑精算函数，将会使精算工作变得非常便捷。所以每章会有一节内容是本章相关内容的软件操作指导。

在前八章，我们都是基于 R 语言，介绍相关知识的软件实现。

本书的第 9 章主要介绍寿险产品的利润核算。实务中，很多精算人员喜欢用 Excel 表进行利润核算，所以第 9 章的上机指导是基于 Excel 表实现。

2.7.1 R 和 RStudio 的安装

1. R 软件的下载安装

登录 CRAN（Comprehensive R Archive Network）的官网（https://cran.r-project.org/），根据电脑的操作系统（Windows，Linux 或者 Mac OS X）选择适当的 R 版本免费下载。下载之后，根据提示安装 R 软件。安装结束后，双击 R 软件图标进入 R 操作系统。

2. RStudio 的下载安装

R 语言是一个很好的分析和绘图软件，但是它的用户界面并不友好。它的主界面称为 RGui 界面，每次只能执行一条指令，这给大型程序的编辑和修改造成不便，而且在这个界面主要是通过输入指令完成各项任务，有些常规的重复任务，比如数据的读入、存储，R 包的安装和调用等，每次都要输入指令完成，就显得比较繁琐，不够方便。

为了能更方便地使用 R 语言，人们开发了很多基于 R 的辅助工作平台。其中 RStudio 是目前应用最广的 R 语言辅助工作平台。

RStudio 支持 R 代码集成编辑、语法高亮显示，支持直接执行 R 代码，如下常规工作都已实现按键操作：R 包安装与调用、外部数据导入、绘图显示与存储、历史记录保存、程序调试以及工作区管理等等。

RStudio 的下载网址是 https://www.rstudio.com/products/rstudio/download/。它又分为免费版本和收费版本，我们的课程学习使用免费版本即可。下载之后，根据提示安装 RStudio 软件。安装结束后，双击 RStudio 图标进入 RStudio 操作界面。

RStudio 操作界面如图 2－18 所示。

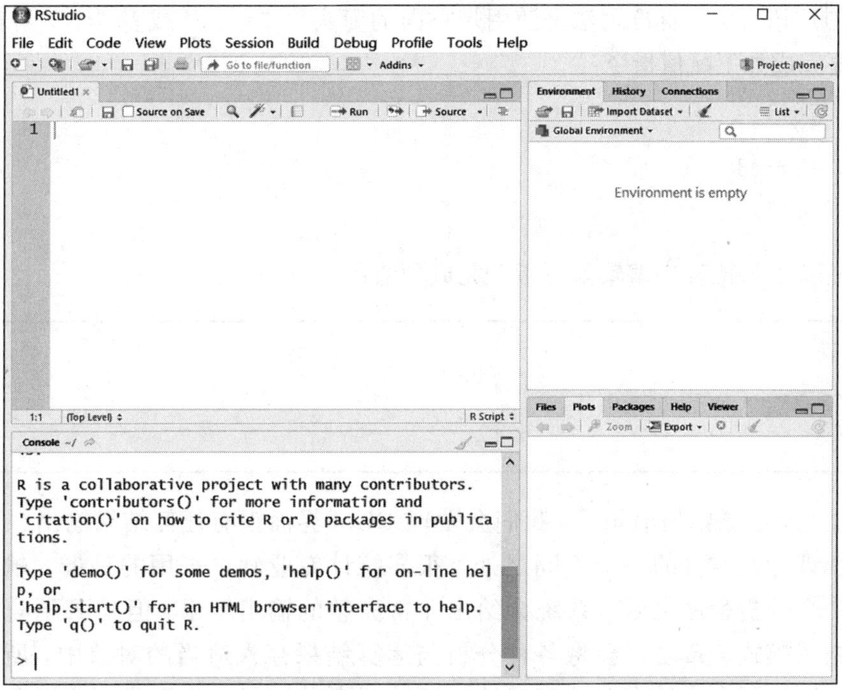

图 2－18 RStudio 操作界面

RStudio 操作界面由四个窗口构成：

（1）程序编辑窗口。

图 2－18 左上窗口为程序编辑窗口，在这个窗口可以批量编辑代码，随意移动鼠标修改代码，它还具有函数名称联想功能。选中任意代码，点击这个窗口上方的 Run 键，就可以执行指定代码。在这个窗口编辑代码和执行代码都非常便捷。

（2）RGui 界面。

图 2－18 左下窗口为 R 语言经典的 RGui 界面。所有的代码执行情况，输出的结果，错误的提示都将出现在这个窗口。这个窗口也可以进行代码的编辑和执行，但是每次只

能进行一条指令的编辑，按回车键即执行该条指令。

（3）数据窗口。

图 2－18 右上窗口为 R 语言的数据窗口。数据的读入，当前使用环境下产生的所有数据及数据结构，历史数据及代码等相关信息的展示都在这个窗口。

（4）综合窗口。

图 2－18 右下窗口为 R 语言的综合窗口。这个窗口包括多个功能。主要的功能有文件的调用与保存、R 包的安装与调用、图像的显示与保存、获取网络帮助等等。

2.7.2 R 语言基本规则

1. 赋值指令的写法

在很多软件中，通常都是以等号“＝”作为赋值符号，R 语言也认可等号赋值的写法。但是在 R 语言中，标准写法是使用带方向的箭头号“＜－”或者“－＞”表示赋值。假如我们要完成如下赋值指令：

$$x=3$$
$$y=2x+1$$
$$z=y^2$$

我们可以在 R 语言中编辑如下指令完成赋值：

```
x<-3
2*x+1->y
z<-y^2
```

在完成上面三条赋值语句后，我们会发现 RGui 界面没有任何结果输出。这是 R 语言和其他统计专业软件的一个不同之处。很多统计专业软件采用的是最大输出结果模式。运行一个分析程序之后，系统会给出非常完整的输出结果。但是 R 语言采用的是最小输出结果模式。R 语言会将各种分析与运算结果存入适当的对象中，所有对象存于软件后台，它不会主动在对话窗口输出赋值对象的结果，你需要调用对象名进行结果查询。

比如我们想知道上例中 x，y，z 的赋值结果，查询指令和输出结果如下：

```
x
[1] 3
y
[1] 7
z
[1] 49
```

2. **区分大小写**

有些软件不区分大小写，在编写程序时字母的大小写不影响程序的识别，但R语言对大小写非常敏感，所以在使用R语言时要非常注意字母录入准确。

3. **常用运算符号和函数表达式**

每种软件都有自己特定的运算符号和函数表达式，R语言常用的运算符和函数表达式如表2-9和表2-10所示。

表2-9 R语言常用运算符

运算符	描述	运算符	描述
+	加	>	大于
−	减	>=	大于等于
*	乘	==	严格等于
/	除	!=	不等于
^	幂次运算	! x	非 x
<	小于	$x \mid y$	x 或 y
<=	小于等于	x&y	x 和 y

表2-10 R语言常用函数

函数	描述	函数	描述
abs (x)	绝对值	sqrt (x)	平方根
trunc (x)	取整	factorial (x)	阶乘
sum (x)	求和	prod (x)	乘积
cumsum (x)	累加和	cumprod (x)	累乘
log (x)	自然对数	min (x)	最小值
exp (x)	指数	max (x)	最大值
mean (x)	均值	median (x)	中位数
var (x)	方差	rnorm (n)	产生 n 个标准分布随机数
sd (x)	标准差	pnorm (x)	计算标准正态分布的分位点
quantile (x, probs)	分位数	qnorm (x)	标准正态分布 q 分位数

2.7.3 读入生命表

进行寿险精算学分析，我们通常需要生命表。生命表数据通常以Excel文件格式（或其他格式）存储在我们电脑的某个文件夹里。我们需要将该生命表读入R语言，并转换为R语言数据文件才能进行分析。

读入生命表通常有如下两种方式：

1. **在RStudio中使用Import Dataset选项读入**

假设我们将生命表存在C盘Data文件夹里，文件名为lifetable. xlsx，通过如下步骤，可以将其转换为R数据文件。

第一步，点击RStudio数据窗口的Import Dataset选项。

第二步，选择输入文件格式，本例中输入文件为Excel文件格式，所以点击From Excel选项。

第三步，指定数据文件路径。

如果是第一次导入该格式的外部数据文件，首先系统会要求我们下载并调用一个数据文件转换 R 包，选择确定。等系统下载并调用数据格式转换 R 包之后，会跳出一个对话窗，让用户指定外部数据的路径，点击右上角的 Browse 键，选择数据文件所在位置，找到数据文件所在位置之后点击 Open 键，外部数据的预览就出现在主屏幕上。如果预览数据就是我们想读入的数据文件，点击该窗口右下角的 Import 键，该生命表就将读入 R。R 系统中就会产生一个文件名为 lifetable 的 R 语言数据文件。

2. **输入命令读入**

我们也可以通过编写命令，将指定生命表直接读入 R 系统。假设我们将中国人身保险业第三套经验生命表保存在 C 盘 Data 目录下，命名为 lifetable. xlsx。我们只需要编写并运行如下两条命令，就可以将中国人身保险业第三套经验生命表读入 R 系统。

```
library(readxl)
```

```
lifetable<-read_excel("C:/Data/lifetable.xlsx")
```

运行这两条命令后，数据窗口会显示一个文件名为 lifetable 的数据集已读入，该数据集包含 106 行数据，7 个变量，见图 2-19。

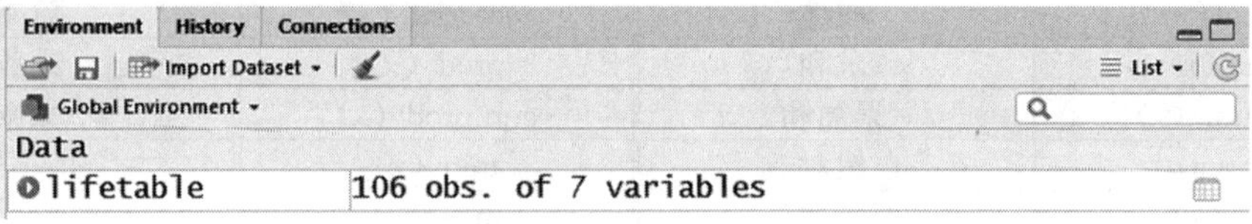

图 2-19　生命表读入后数据窗口显示的信息

点击该数据集，就可以看到中国人身保险业第三套经验生命表的 6 张表都读入了，如图 2-20 所示。

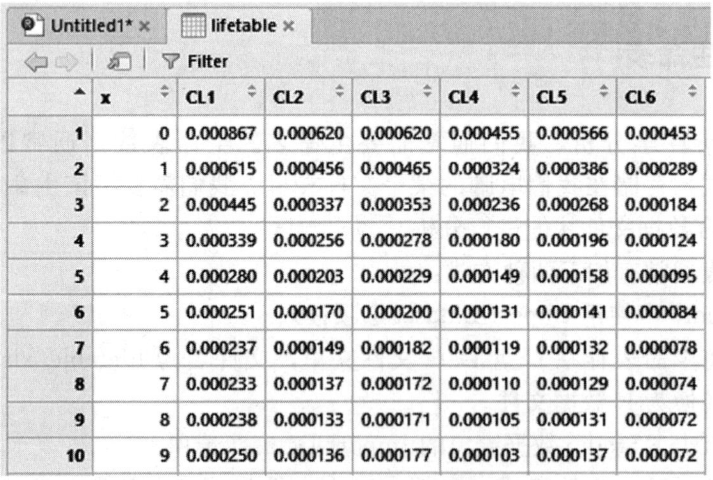

	x	CL1	CL2	CL3	CL4	CL5	CL6
1	0	0.000867	0.000620	0.000620	0.000455	0.000566	0.000453
2	1	0.000615	0.000456	0.000465	0.000324	0.000386	0.000289
3	2	0.000445	0.000337	0.000353	0.000236	0.000268	0.000184
4	3	0.000339	0.000256	0.000278	0.000180	0.000196	0.000124
5	4	0.000280	0.000203	0.000229	0.000149	0.000158	0.000095
6	5	0.000251	0.000170	0.000200	0.000131	0.000141	0.000084
7	6	0.000237	0.000149	0.000182	0.000119	0.000132	0.000078
8	7	0.000233	0.000137	0.000172	0.000110	0.000129	0.000074
9	8	0.000238	0.000133	0.000171	0.000105	0.000131	0.000072
10	9	0.000250	0.000136	0.000177	0.000103	0.000137	0.000072

图 2-20　读入的生命表部分信息显示

在 R 语言中，数据文件通常称为数据框（data. frame）。数据框中一列就是一个向量，调用数据框中的某个向量需要采用二级向量名的结构，即以“数据框.向量名”的方式调用。比如我们要调用保障型非养老金产品男性生命表（CL1 表），需要用 lifetable＄CL1 的方式调用。如果要调用该生命表（CL1 表）中任意年龄的死亡率，相关命令如下：

```
#调用该生命表0岁人群的死亡率(0岁人群是该生命表第1行数据)
lifetable$CL1[1]
#输出结果
0.000867
#调用该生命表20～25岁的人群的死亡率(20～25岁人群处于该生命表第21～26行)
lifetable$CL1[21:26]
#输出结果
[1] 0.000508 0.000527 0.000547 0.000568 0.000591 0.000615
```

2.7.3 计算生命表函数

下面我们以中国人身保险业第三套经验生命表非养老类业务一表男性生命表（CL1）为例，讲述主要生命表函数的自定义。

1. q_x 函数

把生命表读入 R 之后，每一列就是一个变量。这个变量的每一行代表一个年龄的死亡率函数。我们的生命表是从 0 岁开始记录生命的死亡率，而 R 语言中变量的指针是从 1 开始的。这就意味着 x 岁的死亡率需要查看第 $x+1$ 行的死亡率数据，即

$$q_x = \text{lifetable\$CL1}[x+1]$$

这种年龄与行错位的情况，写程序时一不小心就会犯错，所以我们可以写一个自定义函数，生成以年龄为参数的死亡率函数，这样根据年龄调用函数就不会出错。要调用任意年龄的死亡率，只需要输入 q_x（年龄）即可。q_x 函数的写法如下：

```
#自定义qx函数,该函数有一个参数,age为年龄
qx<-function(age){
  qx=q[age+1]
  return(qx)
}
#指定适当的生命表,调用qx函数可以获得任意年龄的死亡率。例如
q<-lifetable$CL1          #调用中国人身保险业经验生命表CL1表
qx(20)                    #求20岁男子的死亡率
#输出结果
[1] 0.000508
```

2. $S_0(x)$ 函数

因为

$$S_0(x)=\begin{cases}1, & x=0\\ \prod_{k=0}^{x-1}(1-q_k), & x\geqslant 1\end{cases}$$

所以 $S_0(x)$ 函数的写法如下：

```
#自定义 S0(x)函数,该函数有一个参数,age 为年龄
S0<-function(age){
  S0=1
  if (age>0)
  for(k in 0:(age-1))  S0=S0*(1-qx(k))
  return(S0)
}
#调用 S0 函数可以求任何年龄的无条件生存函数。例如求 S0(20)只需调用如下函数
S0(20)
#输出结果
[1] 0.9924331
```

3. $_kp_x$ 函数

因为

$$_kp_x=\frac{S_0(x+k)}{S_0(x)}$$

所以$_kp_x$ 函数的写法如下：

```
#自定义kpx 函数,该函数有两个参数,age 为年龄,k 为未来年数
px_k<-function(age,k){
  a<-S0(age+k)/S0(age)
  return(a)
}
#调用 px_k(x,k)函数可以得到kpx 的值,例如求40p20 只需调用如下函数
px_k(20,40)
#输出结果
[1] 0.9000546
```

4. $_{k|}q_x$ 函数

因为

$$_{k|}q_x={}_kp_x-{}_{k+1}p_x$$

或等价表达为：

$$_{k|}q_x={}_kp_xq_{x+k}$$

所以 $_{k|}q_x$ 函数的写法如下：

```
#自定义k|qx函数,该函数有两个参数,age为年龄,k为未来年数
k_qx<-function(age,k){
  a<-px_k(age,k)-px_k(age,k+1)
    return(a)
}
#调用k_qx(x,k)函数可以得到给k|qx的值,例如求40|q20只需调用如下函数
k_qx(20,40)
#输出结果
[1] 0.008245401
```

5. e_x 函数

```
#自定义ex函数,该函数有一个参数,age为年龄
w=length(q)          #求出生命表的极限年龄
ex<-function(age){
  ex=0
  for(k in (1:(w-age))) ex=ex+px_k(age,k)
  return(ex)
}
#调用ex函数可以得到任意年龄的整值剩余寿命。例如求e20只需调用如下函数
ex(20)
#输出结果
[1] 56.429
```

2.7.4　绘制生命表函数曲线

1. 绘制分布函数与生存函数曲线

```
age<-0:w                          #指定横轴范围
S=1                               #生存函数存入变量S
for(k in 1:w) S[k+1]=S0(k)
F=1-S                             #分布函数存入变量F
par(mfrow=c(1,2))                 #并排打印两个图
plot(age,F,type="l",col=1,ylab="分布函数")
plot(age,S,type="l",col=2,ylab="生存函数")
```

由以上代码得到的分布函数与生存函数图见图2-21。

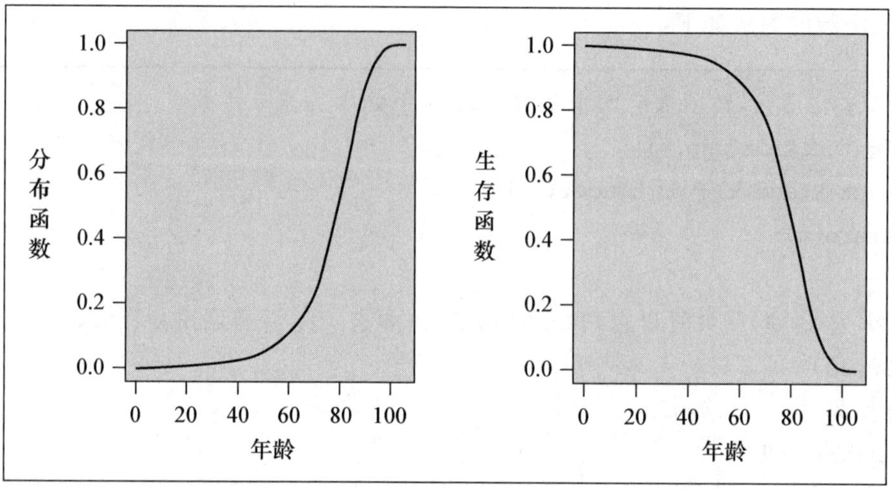

图 2-21　分布函数与生存函数图

2. **绘制不同年龄的条件生存函数图**

```
par(mfrow=c(1,1))                      #单页单图显示
plot(age,S,type="l",col=2,ylab="条件生存函数",xlab="未来寿命")
                                       #绘制tp0 图
S20=1                                  #绘制tp20 图
for(k in 1:(w-20)) S20[k+1]=px_k(20,k)
lines(0:(w-20),S20,type="l",col=3,lty=2)
                                       #tp20 图以疏虚线的格式添加在tp0 图上
S50=1                                  #绘制tp50 图
for(k in 1:(w-50)) S50[k+1]=px_k(50,k)
lines(0:(w-50),S50,type="l",col=4,lty=3)
                                       #tp50 图以密虚线的格式添加在tp0 图上
```

由以上代码得到的不同年龄的条件生存函数图见图 2-22。

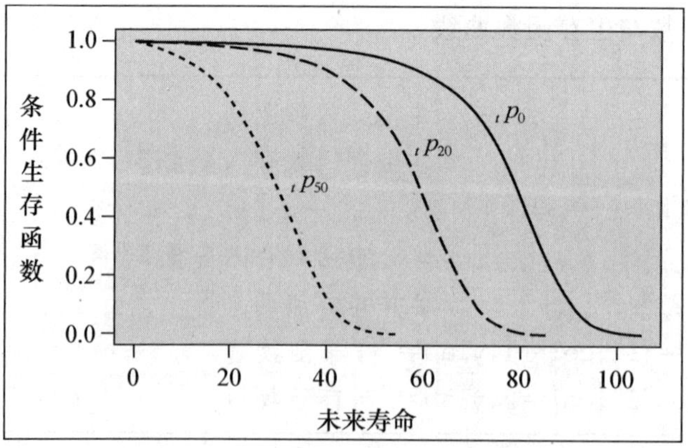

图 2-22　不同年龄的条件生存函数图

3. 绘制密度函数曲线与死亡力函数曲线

因为我们是基于生命表数据进行分析，生命表是以年为最小计量单位，所以 x 岁的人在未来第 k 年的密度函数近似等于

$$f_x(k) \approx \frac{d_{x+k}}{l_x} = {}_{k|}q_x$$

x 岁的人在未来第 k 年的死亡力函数近似等于

$$\mu_{x+k} \approx \frac{d_{x+k}}{l_{x+k}} = q_{x+k}$$

根据这两个公式，可以绘制任意年龄的密度函数曲线和死亡力函数曲线。

```
par(mfrow=c(1,2))          #两张图并列排版
x<-20                      #年龄假设为 20 岁
k<-1:(w-x)
#20 岁的人未来寿命的密度函数记作 f,f 的初始值为 0
f=0
#求 20 岁的人在未来任意年龄的未来寿命密度函数
for(iin 1:(w-x)) f[i]=k_qx(20,i)
#绘制密度函数 f20(k)曲线
plot(k,f,type="l",col=1,xlab="未来寿命",ylab="密度函数")
#绘制死亡力函数 μ20+k 曲线
plot(k,qx(20+k),type="l",col=2,xlab="未来寿命",ylab="死亡力函数")
```

由以上代码得到的密度函数曲线与死亡力函数曲线见图 2 - 23。

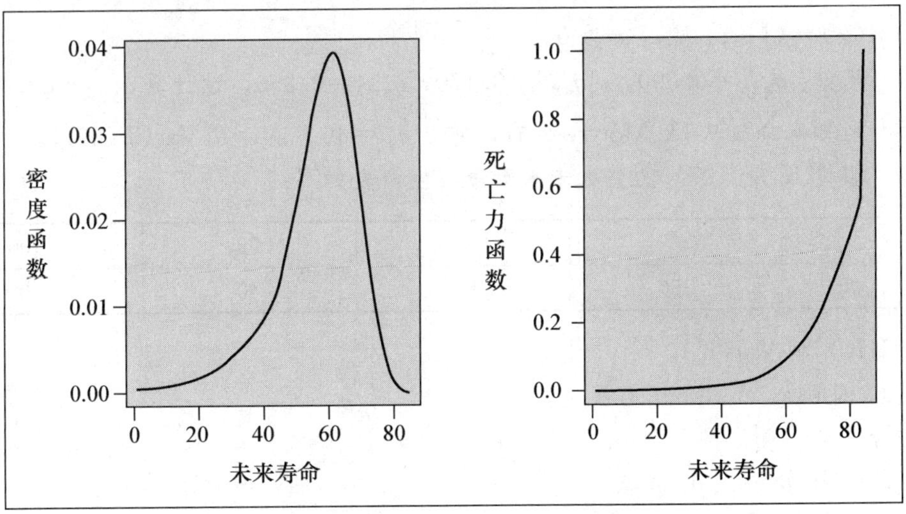

图 2 - 23　密度函数曲线与死亡力函数曲线

习　题

2.1　方程 $G(x)=\frac{18\,000-110x-x^2}{18\,000}$ 被建议作为死亡模型的生存函数 $S_0(x)$。

(1) 求极限寿命 ω。

(2) 证明方程 G 满足生存函数的标准。

(3) 计算 ${}_{10}p_0$。

(4) 计算 10 岁的人能活过 30 岁但活不过 50 岁的概率。

(5) 计算 40 岁时的死亡效力。

2.2　下面哪些函数表达式可以作为生存函数，假设 $x\geqslant 0$：

(1) $S(x)=\exp[x-0.7(2^x-1)]$；

(2) $S(x)=\frac{1}{(1+x)^2}$；

(3) $S(x)=\exp(-x^2)$。

2.3　已知生存函数 $S(x)=\frac{\sqrt{100-x}}{20}(0\leqslant x\leqslant 100)$。请计算 $F(75)$，$f(75)$ 和 $\mu(75)$。

2.4　如果 $S(x)=1-\frac{x}{100}(0\leqslant x\leqslant 100)$。请写出 (40) 的生存函数、死亡力函数和未来寿命的密度函数。

2.5　如果 $l_x=10(100-x)^2(0\leqslant x\leqslant 100)$。计算 $E[T(x)]$ 和 $\mathrm{Var}[T(x)]$。

2.6　下面的函数表达式可否作为死亡力函数的表达式?

(1) $\mu(x)=BC^x$，$B>0$，$C>1$；

(2) $\mu(x)=a(b+x)^{-1}$，$a>0$，$b>0$；

(3) $\mu(x)=(1+x)^{-3}$，$x\geqslant 0$。

2.7　已知 ${}_{1|}q_{x+1}=0.090$，${}_{2|}q_{x+1}=0.170$，$q_{x+3}=0.250$。试计算 $q_{x+1}+q_{x+2}$ 的值。

2.8　已知寿命服从 De Moivre 分布，并且 $\mathring{e}_{20}=40$。请计算 $\mathrm{Var}(T(20))$。

2.9　假设 K 是 (97) 的整数未来寿命，生命表如下：

x	97	98	99	100
l_x	150	100	40	0

求 $E(K)$ 和 $\mathrm{Var}(K)$。

2.10　证明：

(1) ${}_tp_x=1-{}_tq_x$

(2) ${}_{t|u}q_x={}_tp_x-{}_{t+u}p_x$

(3) ${}_{t|u}p_x={}_tp_x\cdot{}_up_{x+t}$

2.11　证明：

(1) $\overset{0}{e}_x \leqslant \overset{0}{e}_{x+1}+1$；

(2) $\overset{0}{e}_x \geqslant e_x$。

2.12　证明：

$$\frac{\mathrm{d}}{\mathrm{d}t}\,{}_tp_x=-{}_tp_x\mu_{x+t}$$

2.13　假设 $\mu(x)=\dfrac{x}{100}(0\leqslant x\leqslant 100)$，计算 ${}_{10|10}q_5$。

2.14　下面是一张 2 年选择期的选择-终极生命表：

$[x]$	$l_{[x]}$	l_{x+2}	$x+2$
82	…	6 400	84
83	…	5 080	85
84	…	3 036	86

对于任意的 x 都有如下两式成立：

(1) $3\cdot q_{[x]+1}=4\cdot q_{[x+1]}$；

(2) $4\cdot q_{x+2}=5\cdot q_{[x+1]+1}$。

计算 $l_{[84]}$。

2.15　下表截取自一张选择期为 2 年的选择-终极生命表：

x	$l_{[x]}$	$l_{[x]+1}$	l_{x+2}	$x+2$
75	15 930	15 668	15 286	77
76	15 508	15 224	14 826	78
77	15 050	14 744	14 310	79
⋮	⋮	⋮	⋮	⋮
81			12 576	82
82			11 928	83
83			11 250	84
84			10 542	85

计算：

(1) ${}_7q_{[76]}$；

(2) ${}_{6|2}q_{[75]+1}$。

2.16　已知：

(1) $q_{[40]}=0.016\,08$；

(2) ${}_2p_{[40]}=0.959\,77$；

(3) ${}_{2|}q_{[40]}=0.023\,83$；

(4) ${}_{2|3}q_{[40]+1}=0.089\,64$。

计算 ${}_3p_{43}$。

2.17　已知 $\mu(x)=\begin{cases}0.04, & 0<x\leqslant 40\\ 0.06, & x>40\end{cases}$，计算 $\overset{0}{e}_{25:\overline{25}|}$。

2.18　以下是一张截取的生命表：

x	52	53	54	55	56
l_x	89 948	89 089	88 176	86 181	85 093

（1）UDD 假定下，计算 ${}_{0.7}q_{52.5}$，${}_{1.7|1.2}q_{52.5}$；

（2）CFM 假定下，计算 ${}_{0.7}q_{52.5}$，${}_{1.7|1.2}q_{52.5}$。

2.19　相对于一个标准的生命表，另外一张生命表的死亡力是它的 2 倍，即 $\mu'(x)=2\mu(x)$。请问 q'_x 与 $2q_x$ 的大小关系如何？

第3章

趸缴净保费

本章主要介绍涉及单次赔付的寿险产品趸缴净保费的厘定原则和精算模型。本章涉及的净均衡原则是各种类型的保险产品厘定净保费时遵循的基本原则之一。本章构造精算模型的思路和方法是寿险精算学的核心技巧之一，它巧妙地以未来寿命变量为线索，将死亡风险、利率风险和赔付金额风险表示成未来寿命的函数形式，使多个风险因素通过单一变量有机地组合在一起，构造出了科学、简单、规范的精算模型。

3.1 趸缴净保费的厘定原则

净保费（net premium）是指只覆盖赔付风险的费用，不包含经营管理费用和附加利润。趸缴是一种缴费形式，是指将所有的费用一次性缴清。所以趸缴净保费（net single premium）是指在保单生效日，被保险人一次性缴付的、恰好覆盖保险人将来赔付风险的费用。

在厘定趸缴净保费时要遵循净均衡原则。净均衡原则的实质是在统计意义上的收支平衡原则，是在有大量参保人的场合下，保费收入等于赔付支出的原则。这体现了风险转移的公平性，即当被保险人将个人风险转移给保险人的时候，保险人收取的平均保费应该恰好等于被保险人平均转入的风险大小。这是保险业经营过程中遵循的一条基本原则。

净均衡原则很好理解，但是在保险经营过程中要落实这条原则还需要解决如下问题：

（1）什么时候会发生索赔事件？

（2）发生索赔的概率有多大？

（3）发生的索赔额等于多少？

（4）由于是被保险人先交保费，保险人日后才进行赔付，中间有一个不确定的时间长度。考虑到金钱的时间价值，未来某个时刻的赔付额等价于保单签约日被保险人应该缴纳多少保费？

对于单个被保险人而言，他何时会发生风险事故，风险发生的概率有多大，他和保险人约定的受益金额等于多少，为了覆盖他的风险，保单签订时他应该缴纳多少保费都是无法准确预测的，因为单个个体没有统计规律可循。

为了解决这些问题，构造精算模型时，通常要求满足如下三条假定：

假定一：我们能找到一些风险分类变量，将被保险人分成不同的风险人群。每个风险人群称为同质风险人群，在同质风险人群内部，被保险人的未来寿命是独立同分布的；

假定二：被保险人的未来寿命分布可以用经验生命表或某个参数模型进行拟合；

假定三：金钱的时间价值可以采用利率贴现的方式进行测算；

假定一意味着我们可以找到某些分类变量，将所有的被保险人分成若干个同质风险人群。我们现阶段的寿险产品，通常通过性别、年龄和购买的产品将被保险人分为不同的风险人群。每个风险人群都包含大量的被保险人。对单个个体而言，什么时候会发生风险事件，发生索赔的概率有多大是无法预测的。但是对于一个大数人群而言，却具有稳定的统计规律。同性别、同年龄、参保相同保险产品的被保险人形成了数量庞大的同质风险人群，他们的风险发生情况是可以进行统计测度的。

另外随着社会的发展，我们划分风险人群的分类变量也会发生改变。现在有些精算师把被保险人的婚姻状况、职业或者生活运动习惯等变量，都纳入风险人群的划分。无论引入多少分类变量，只要每一类同质风险人群数量足够多，他们的风险事件发生概率就是有统计规律的。

假定二意味着同质风险人群的寿命分布不仅是有统计规律可循的，而且这个统计规律已经通过大量的经验数据总结成经验生命表。也就是说，被保险人在任意年龄发生与寿命风险相关的索赔概率均可测算。

假定三意味着保险公司还能预测未来的利息因素的影响，使得未来的赔付金额可以通过利息贴现的方式，折算到保单签约日，得到等价的应收保费。

在20世纪70年代之前，假定三是很容易实现的一个假定条件。那时候，金融利率长期保持着相对稳定的状态，寿险产品的预定利率长期保持在4%左右。但现代金融利率波动非常剧烈，固定利率不能适应现代金融的波动性，所以现在产生了很多随机利率的新型保险产品，比如分红保险、投资连结保险等。无论是固定利率产品还是随机利率产品，它们的区别只是利率是常数还是变量，贴现方法是一样的。所以本教材主要以固定利率为例，讲述精算原理。

在满足上述三条假定的基础上，可以构造适当的数学模型，厘定寿险产品的趸缴净保费。

趸缴净保费精算模型的构造思路（如图3-1所示）是：以未来寿命变量为线索，将死亡风险、利率风险和赔付金额风险表示成未来寿命的函数形式，使多个风险因素通过单一的寿命变量有机地组合在一起，构造出简单、规范的精算模型。

记 T_x 为 (x) 的未来寿命，假设在未来的任意时刻 t 发生了赔付事件，保险受益金为 b_t，贴现函数为 v_t，那么保险受益金的现值（present value）Z_t（如图3-2所示）为：

$$Z_t = b_t \cdot v_t$$

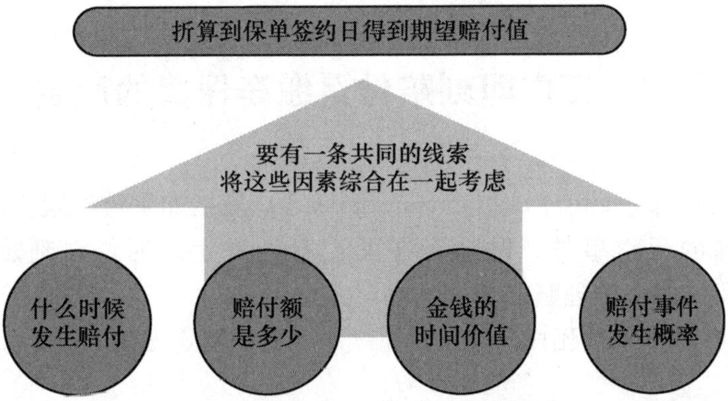

图 3-1　保费厘定模型构造思路图示

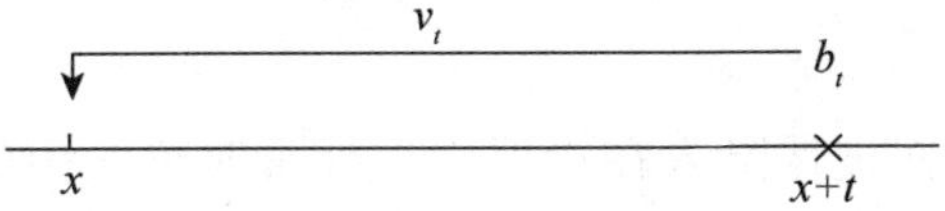

图 3-2　赔付贴现示意图

所谓保险受益金现值就是指在未来任意时刻 t 发生的保险赔付 b_t，考虑到金钱的时间价值，等价于保单签约日的 Z_t。

显然 Z_t 是变量，它是未来寿命 t 的函数。每个被保险人未来寿命都不同，赔付现值也不同。而作为同质风险人群，他们在保单签约日所缴的趸缴净保费应该是赔付风险均值。所以我们要计算 Z_t 的期望。

根据精算假定二，被保险人未来寿命分布已知，赔付事件发生在未来时刻 t 的概率不妨记作 $f_T(t)$，那么 Z_t 的期望为：

$$E(Z_t)=\int_{\text{保障期}} Z_t f_T(t)\mathrm{d}t$$

$E(Z_t)$ 衡量的是以保单签约日为时间参照点，每个被保险人的平均索赔成本。$E(Z_t)$ 称为保险精算现值。它也等于被保险人在保单签约日应该缴纳的趸缴净保费。

每个被保险人未来寿命不同，但他们每个人真实发生的索赔成本是围绕着均值波动的，赔付现值波动的大小用方差衡量：

$$\begin{aligned}\mathrm{Var}(Z_t)&=\int_{\text{保障期}}[Z_t-E(Z_t)]^2 f_T(t)\mathrm{d}t\\&=\int_{\text{保障期}} Z_t^2 f_T(t)\mathrm{d}t-[E(Z_t)]^2\end{aligned}$$

所以，净均衡原则并不是指每个被保险人个人缴纳的净保费恰好等于他个人得到的保险赔付额。它的实质是把有相同风险的人视作一个总体，这个总体在统计意义上是收支平衡的，即趸缴净保费等于同质风险人群的平均支出。

这就是趸缴净保费精算模型的基本结构。该模型的通用性非常强，险种不同，只不过是 b_t，v_t，$f_T(t)$ 的函数关系式有所变化，模型结构是一致的。

3.2 死亡即刻赔付趸缴净保费的厘定

死亡即刻赔付（payable at the moment of death）是指如果被保险人在保障期内发生保险责任范围内的死亡事件，保险人在死亡事件发生之时，立刻赔付保险受益金（insurance benefit）的一种理赔方式。

下面介绍一些基本险种死亡即刻赔付趸缴净保费的厘定方法。

3.2.1 终身寿险

1. **定义**

终身寿险是指保险人对被保险人在投保之后任意时刻发生的保险责任范围内的死亡事件，均给付保险赔付金的险种。

2. **基础模型假定条件**

（1）(x) 投保保额为 1 单位元数的终身寿险，即

$$b_t=1,\quad t\geqslant 0$$

（2）按年度实质贴现率 v 复利计息，即

$$v_t=v^t=\mathrm{e}^{-\delta t},\quad t\geqslant 0$$

式中，δ 为利息力，$\delta=-\ln v$。

3. **现值变量**

死亡即刻赔付 1 的终身寿险现值变量为：

$$Z_t=v^t=\mathrm{e}^{-\delta t},\quad t\geqslant 0$$

显然，赔付现值变量 Z_t 是未来寿命 T_x 的单调递减函数。与 Z_t 相关的事件概率，通常都可以转化为与未来寿命 T_x 相关的事件概率（见图 3-3）。

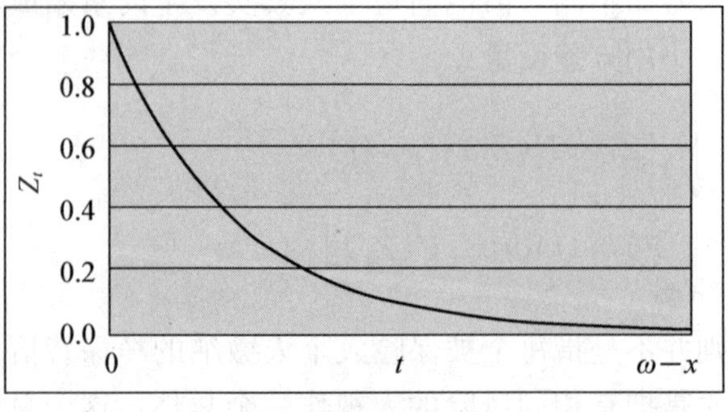

图 3-3 赔付现值变量随赔付时间变化示意图

【例 3.1】 (x)购买终身寿险，死亡即刻给付 1。假设恒定利息力为 δ（$\delta\neq 0$），寿命服从（0，ω）的 De Moivre 分布，缴纳的趸缴净保费为 P 元，求缴纳的保费大于赔付现

值的概率。

【解】

求缴纳的保费大于赔付现值的概率，即为求如下概率：

$$\Pr(Z_t < P) = \Pr(v^t < P) = \Pr(e^{-\delta t} < P)$$

不等号两边同时取对数，得

$$\Pr(Z_t < P) = \Pr(-\delta t < \ln P) = \Pr\left(t > -\frac{\ln P}{\delta}\right)$$

通过这个变换，求赔付现值分布函数的问题就转换为求未来寿命生存函数的问题。

从图 3-3 可以看到，赔付现值函数 Z_t 是未来寿命 t 的单调减函数。这意味着对于任意一个大于零小于 1 的常数 C，一定存在某个时点 t_0，当 $t \leqslant t_0$ 时，$Z_t \geqslant C$；当 $t > t_0$ 时，$Z_t < C$。

在本例中每个（x）都缴纳了金额为 P 的趸缴净保费，对保险人而言，它实现了统计学意义上的收支平衡，即 $P = E(z_t)$。而对于每个被保险人个体而言，他们是没有实现个人收支平衡的。本例中未来寿命小于 $-\dfrac{\ln P}{\delta}$ 的被保险人，他们所缴纳的趸缴净保费不足以覆盖他们获得的赔付现值；而未来寿命大于 $-\dfrac{\ln P}{\delta}$ 的被保险人，他们所缴纳的趸缴净保费会多于保险公司的赔付现值。在同质风险人群内部，未来寿命长的会补贴未来寿命短的，他们的平均赔付现值等于 P。

本例中已知寿命服从（0，ω）的 De Moivre 分布，则未来寿命 $T_x \sim U(0,\ \omega - x)$，密度函数为：

$$f_T(t) = \frac{1}{\omega - x},\quad 0 \leqslant t \leqslant \omega - x$$

于是，等价地有

$$\begin{aligned}\Pr(Z < P) &= \int_{-\frac{\ln P}{\delta}}^{\omega - x} f_T(t)\,dt \\ &= \int_{-\frac{\ln P}{\delta}}^{\omega - x} \frac{1}{\omega - x}\,dt \\ &= 1 + \frac{\ln P}{(\omega - x)\delta}\end{aligned}$$

4. Z_t 的期望

寿险精算学有一套自己的符号体系。终身寿险死亡即刻赔付 1 的趸缴净保费记作 $\overline{A}_x$，即

$$\overline{A}_x = E(Z_t) = \int_0^{\omega - x} e^{-\delta t} f_x(t)\,dt$$

5. Z_t 的方差

终身寿险现值函数的方差为：

$$\mathrm{Var}(Z_t)=\int_0^{\omega-x}(Z_t)^2 f_x(t)\mathrm{d}t-[E(Z_t)]^2$$

记

$$^2\overline{A}_x=\int_0^{\omega-x}(Z_t)^2 f_x(t)\mathrm{d}t=\int_0^{\omega-x}\mathrm{e}^{-2\delta t}f_x(t)\mathrm{d}t$$

$^2\overline{A}_x$ 相当于在 2 倍利息力下的现值期望，则终身寿险现值函数的方差等价表达为：

$$\mathrm{Var}(Z_t)={}^2\overline{A}_x-(\overline{A}_x)^2$$

【例 3.2】(30) 购买终身寿险，死亡即刻赔付 1。假设按复利计息，年实质利率为 5%，寿命服从(0，100)的 De Moivre 分布。请计算：

(1) 趸缴净保费；

(2) 赔付现值的方差；

(3) 赔付成本小于趸缴净保费的概率。

【解】

(1) 已知 $S_0(x)=1-\dfrac{x}{100}(0\leqslant x\leqslant 100)$，则

$$f_{30}(t)=\frac{1}{70},\quad 0\leqslant t\leqslant 70$$

已知复利计息，年实质利率为 5%，则 $\delta=\ln(1+i)=\ln 1.05$，所以(30)应缴纳的趸缴净保费为：

$$\overline{A}_{30}=E(Z_t)=\int_0^{70}\mathrm{e}^{-\delta t}\,\frac{1}{70}\mathrm{d}t=\frac{1-1.05^{-70}}{70\ln 1.05}=0.283\,2$$

(2) $\mathrm{Var}(Z_t)={}^2\overline{A}_{30}-(\overline{A}_{30})^2=\int_0^{70}\mathrm{e}^{-2\delta t}\,\frac{1}{70}\mathrm{d}t-0.283\,2^2=0.146\,2-0.283\,2^2=0.066$

(3) 赔付成本小于趸缴净保费的概率，即为赔付现值小于赔付现值期望的概率，即

$$\begin{aligned}\Pr(Z_t<\overline{A}_{30})&=\Pr(\mathrm{e}^{-\delta t}<\overline{A}_{30})\\&=\Pr\left(t>-\frac{\ln\overline{A}_{30}}{\delta}\right)\\&=\Pr(t>25.857\,7)\\&={}_{25.857\,7}p_{30}\\&=\frac{70-25.857\,7}{70}\\&=63.06\%\end{aligned}$$

在本例中，我们可以认为被保险人的赔付现值服从均值为 0.283 2，方差为 0.066 的正态分布 $N(0.283\,2，0.066)$。

赔付现值变量是未来寿命的单调减函数。未来寿命短的被保险人，由于贴现时期短，赔付现值会大于平均赔付成本。反之，未来寿命长的被保险人，由于贴现时期长，赔付现值会小于平均赔付成本。本例中，收支平衡的时间点出现在未来 25.857 7 年的时刻点上。因为

$$_{25.8577}p_{30}=63\%$$

所以，有 63%的被保险人因为寿命比较长，他们缴纳的趸缴净保费超过了他们的赔付成本。另外 37%寿命比较短的被保险人，他们缴纳的保费不足以覆盖保险成本。寿险寿命长的被保险人补贴了寿命短的被保险人（见图 3-4）。

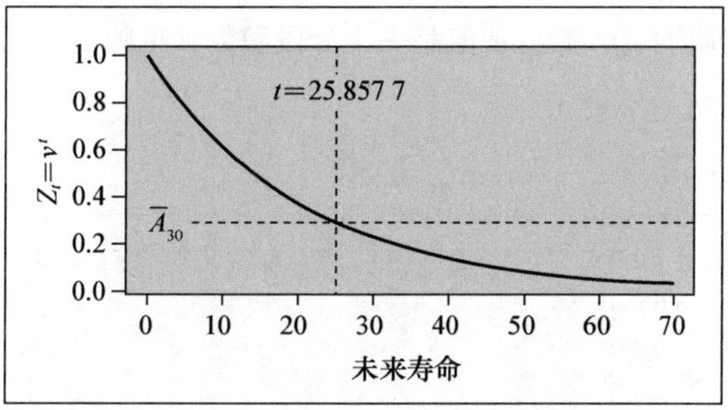

图 3-4　(30) 终身寿险现值函数示意图

图 3-4 中，实线为赔付现值函数，横向虚线为赔付现值期望（趸缴净保费），纵向虚线为收支平衡点。

3.2.2　定期寿险

(x) 的 n 年定期寿险是指被保险人在 x 岁进入保障范围，在未来 n 年内任意时刻死亡，都能获得保险受益金赔付的保险产品。

单位死亡即刻赔付 1 的定期寿险现值函数为：

$$Z_t=\begin{cases}e^{-\delta t}, & 0<t\leqslant n\\ 0, & t>n\end{cases}$$

定期寿险死亡即刻赔付趸缴保费记作 $\overline{A}^{1}_{x:\overline{n}|}$，即

$$\overline{A}^{1}_{x:\overline{n}|}=E(Z_t)=\int_0^n e^{-\delta t}f_x(t)\mathrm{d}t$$

该险种现值变量的方差为：

$$\mathrm{Var}(Z_t)={}^2\overline{A}^{1}_{x:\overline{n}|}-(\overline{A}^{1}_{x:\overline{n}|})^2$$

式中，${}^2\overline{A}^{1}_{x:\overline{n}|}=\int_0^n e^{-2\delta t}f_x(t)\mathrm{d}t$ 。

【例 3.3】(30)购买 10 年定期寿险，死亡即刻赔付 1。假设按复利计息，年实质利率

为 5%，寿命服从（0，100）的 De Moivre 分布。请计算：

（1）趸缴净保费；

（2）赔付现值的方差；

（3）被保险人赔付成本小于趸缴净保费的概率。

【解】

(1) $\bar{A}^{1}_{30:\overline{10|}}=\int_0^{10}e^{-\delta t}\frac{1}{70}dt=\frac{1-e^{-10\delta}}{70\delta}=\frac{1-1.05^{-10}}{70\ln 1.05}=0.113$

(2) $\mathrm{Var}(Z_t)={}^2\bar{A}^{1}_{30:\overline{10|}}-(\bar{A}^{1}_{30:\overline{10|}})^2=\frac{1-1.05^{-20}}{140\ln 1.05}-(0.113)^2=0.0784$

(3) 对于定期寿险而言，赔付现值是一个分段函数（见图 3-5）：

$$Z_t=\begin{cases}v^t, & 0<t\leqslant 10\\ 0, & t>10\end{cases}$$

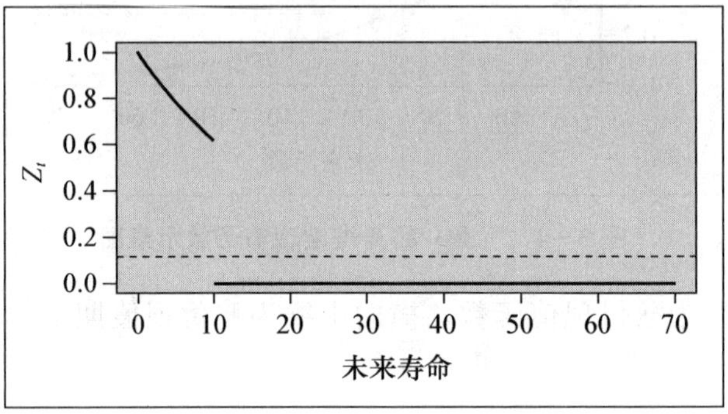

图 3-5　(30) 定期寿险现值函数示意图

说明：图中实线为现值函数，横向虚线为精算现值 $\bar{A}^{1}_{30:\overline{10|}}$。

因为 $v^{10}=1.05^{-10}=0.6139>\bar{A}^{1}_{30:\overline{10|}}$，也就是说只要被保险人在 10 年内发生理赔，获得的赔付现值都大于趸缴净保费，他们赔付成本不足的部分是由那些活过 10 年、没有发生任何赔付的被保险人补齐的，所以被保险人赔付现值小于趸缴净保费的概率为：

$$\Pr(Z_t<\bar{A}^{1}_{30:\overline{10|}})=\Pr(Z_t=0)=\Pr(t>10)={}_{10}p_{30}=\frac{6}{7}$$

对这个概率的理解是，每 7 个被保险人中，有 6 个活过 40 岁的被保险人补贴了那 1 个活不过 40 岁的被保险人。

3.2.3　定期生存保险

(x)的 n 年定期生存保险（pure endowment insurance）是指被保险人在 x 岁进入保障范围，如果被保险人在 n 年保险期满时仍存活，则在第 n 年末获得生存受益金的保险产品。

生存赔付 1 的 n 年定期生存险现值函数为：

$$Z_t=\begin{cases}0, & 0<t\leqslant n\\ v^n, & t>n\end{cases}$$

定期生存险精算现值记作 $A_{x:\overset{1}{\overline{n|}}}$，即

$$A_{x:\overset{1}{\overline{n|}}}=E(Z_t)=\int_n^{\infty}v^n f_x(t)\mathrm{d}t=v^n{}_np_x$$

该险种现值函数的方差为：

$$\mathrm{Var}(Z_t)={}^2A_{x:\overset{1}{\overline{n|}}}-(A_{x:\overset{1}{\overline{n|}}})^2$$

式中，${}^2A_{x:\overset{1}{\overline{n|}}}=v^{2n}{}_np_x$。

【例 3.4】(30) 购买 10 年定期生存保险，生存保险到期赔付 1。假设按复利计息，年实质利率为 5%，寿命服从（0，100）的 De Moivre 分布。请计算：

(1) 趸缴净保费；

(2) 赔付现值的方差；

(3) 被保险人赔付成本小于趸缴净保费的概率。

【解】

(1) $A_{30:\overset{1}{\overline{10|}}}=v^{10}{}_{10}p_{30}=1.05^{-10}\dfrac{6}{7}=0.526\,2$

(2) $\mathrm{Var}(Z_t)={}^2A_{x:\overset{1}{\overline{n|}}}-(A_{x:\overset{1}{\overline{n|}}})^2=0.323\,0-0.526\,2^2=0.046\,1$

(3) 对于定期生存险而言，赔付现值是一个分段函数（见图 3-6）：

$$Z_t=\begin{cases}0, & 0<t\leqslant 10\\ v^{10}, & t>10\end{cases}$$

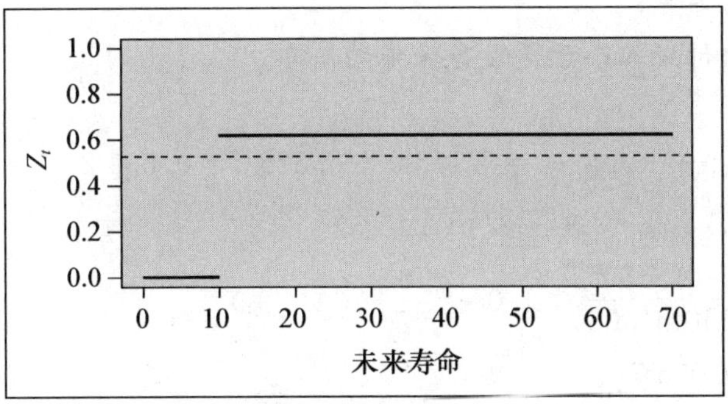

图 3-6　(30) 定期生存险现值函数示意图

说明：图中实线为现值函数，横向虚线为精算现值 $A_{30:\overset{1}{\overline{10|}}}$。

因为 $v^{10}=1.05^{-10}=0.613\,9>A_{30:\overset{1}{\overline{10|}}}$，也就是说只要被保险人能活过 10 年，他们的赔付现值都大于现值期望，他们赔付成本不足的部分是由那些活不过 10 年、没有获得生存赔付金的被保险人补齐的，所以被保险人赔付现值小于趸缴净保费的概率为：

$$\Pr(Z_t<A_{30:\overset{1}{\overline{10|}}})=\Pr(Z_t=0)=\Pr(t<10)={}_{10}q_{30}=\frac{1}{7}$$

这说明对于本例而言，每7个被保险人中有1个会在10年内死亡，然后由这1个被保险人补贴剩下6个寿命比较长的被保险人。显然，这种少数被保险人补贴多数被保险人的做法不符合风险分散原则。所以定期生存险，通常不是一个独立的商业险种，而是其他险种的一部分。

3.2.4 定期两全保险

(x)的n年定期两全保险是n年定期寿险和n年定期生存险的组合。被保险人在x岁进入保障范围，若在n年内死亡，可获得死亡即刻赔付；若生存至n年保险期满，在第n年末可获得生存受益赔付的保险产品。死亡和生存赔付金都为1的n年定期两全险现值函数为：

$$Z_t=\begin{cases}v^t, & 0<t\leqslant n\\ v^n, & t>n\end{cases}$$

定期两全险死亡即刻赔付趸缴净保费记作$\bar{A}_{x:\overline{n|}}$，即

$$\bar{A}_{x:\overline{n|}}=E(Z_t)=\int_0^n v^t f_x(t)\mathrm{d}t+\int_n^\infty v^n f_x(t)\mathrm{d}t=\bar{A}^{1}_{x:\overline{n|}}+A_{x:\overline{n|}}^{\ \ 1}$$

该险种现值函数的方差为：

$$\mathrm{Var}(Z_t)={}^2\bar{A}^{1}_{x:\overline{n|}}+{}^2A_{x:\overline{n|}}^{\ \ 1}-(\bar{A}_{x:\overline{n|}})^2$$

【例3.5】(30)购买10年定期两全保险，死亡即刻赔付和生存到期赔付都为1。假设按复利计息，年实质利率为5%，寿命服从（0，100）的De Moivre分布。请计算：

(1) 趸缴净保费；

(2) 赔付现值的方差；

(3) 被保险人赔付成本小于趸缴净保费的概率。

【解】

(1) $\bar{A}_{30:\overline{10|}}=\bar{A}^{1}_{30:\overline{10|}}+A_{30:\overline{10|}}^{\ \ 1}=0.1130+0.5262=0.6392$

(2) $$\begin{aligned}\mathrm{Var}(Z_t)&={}^2\bar{A}^{1}_{30:\overline{10|}}+{}^2A_{30:\overline{10|}}^{\ \ 1}-(\bar{A}_{30:\overline{10|}})^2\\&=\frac{1-1.05^{-20}}{140\ln 1.05}+1.05^{-20}\ \frac{6}{7}-(\bar{A}_{30:\overline{10|}})^2\\&=0.0057\end{aligned}$$

(3) 对于定期两全险而言，赔付现值是一个分段函数（见图3-7）：

$$Z_t=\begin{cases}v^t, & 0<t\leqslant 10\\ v^{10}, & t>10\end{cases}$$

因为$v^{10}=1.05^{-10}=0.6139<\bar{A}_{30:\overline{10|}}$，所以

$$\Pr(Z_t<\bar{A}_{30:\overline{10|}})=\Pr\left(t>\frac{-\ln\bar{A}_{30:\overline{10|}}}{\delta}\right)=\Pr(t>9.1727)={}_{9.1727}p_{30}=86.9\%$$

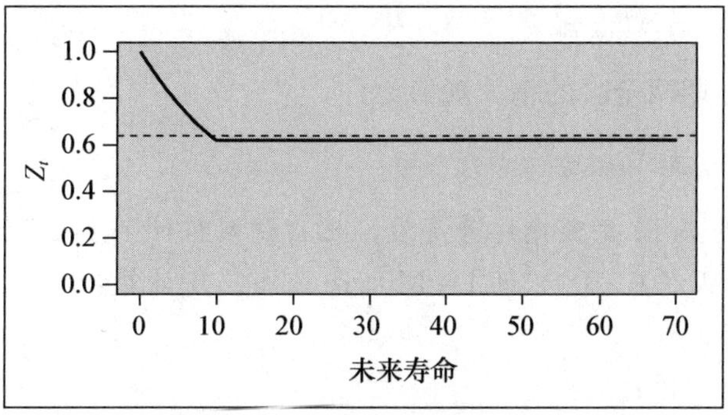

图 3－7　定期生存险现值函数示意图

说明：图中实线为现值函数，横向虚线为精算现值 $\overline{A}_{30:\overline{10}|}$。

这说明有 86.9%的被保险人未来寿命长于 9.172 7 年，他们的赔付现值小于平均赔付成本，他们会对数量比例占 13.1%的未来寿命小于 9.172 7 年的被保险人进行成本补贴。

3.2.5　延期寿险

所谓延期寿险，是指保险人只对被保险人在投保 m 年后发生的保障责任范围内的风险给予赔付的险种。

根据保障的风险类型和期限，延期寿险又可以细分为延期终身寿险、延期定期寿险、延期两全保险等。下面以(x)的 m 年延期终身寿险为例，讲述延期寿险的赔付现值厘定思想。

假设被保险人在 x 岁进入保障，在 $x \sim x+m$ 岁无须保障，在 $x+m$ 岁之后，可获得死亡即刻赔付，死亡赔付金为 1 的 m 年延期终身寿险现值函数为：

$$Z_t=\begin{cases}0, & 0<t\leqslant m\\ v^t, & t>m\end{cases}$$

m 年延期终身寿险的趸缴净保费记作${}_{m|}\overline{A}_x$，即

$${}_{m|}\overline{A}_x=E(Z_t)=\int_m^{\omega-x}v^t\, f_x(t)\mathrm{d}t=\int_m^{\omega-x}v^t\,{}_tp_x\mu_{x+t}\mathrm{d}t$$

令 $t=m+s$，对上式做积分等价变换，得

$${}_{m|}\overline{A}_x=v^m p_x\int_0^{\omega-x-m}v^s\,{}_sp_{x+m}\mu_{x+m+s}\mathrm{d}s=A_{x:\overline{m}|}^{\ \ 1}\,\overline{A}_{x+m}$$

该险种现值函数的方差为：

$$\mathrm{Var}(Z_t)={}_{m|}^{2}\overline{A}_x-({}_{m|}\overline{A}_x)^2$$

同理推导出，m 年延期 n 年定期寿险精算现值为：

$${}_{m|}\overline{A}^{1}_{x:\overline{n}|}=A_{x:\overline{m}|}^{\ \ 1}\overline{A}^{1}_{x+m:\overline{n}|}$$

m 年延期 n 年定期两全险的精算现值为：

$${}_{m|}\overline{A}_{x:\overline{n}|}=A_{x:\overline{m}|}^{\ \ 1}\overline{A}_{x+m:\overline{n}|}$$

【例 3.6】(30)购买 10 年延期终身寿险，死亡即刻赔付 1。假设按复利计息，年实质利率为 5%，寿命服从（0，100）的 De Moivre 分布。请计算：

（1）趸缴净保费；

（2）赔付现值的方差；

（3）被保险人赔付成本小于趸缴净保费的概率。

【解】

(1) ${}_{10|}\overline{A}_{30}=A_{30:\overline{10}|}^{\ \ 1}\overline{A}_{40}=0.5262\times0.3233=0.1701$

(2) $\mathrm{Var}(Z_t)={}^{2}A_{30:\overline{10}|}^{\ \ 1}\cdot{}^{2}\overline{A}_{40}-({}_{10|}\overline{A}_{30})^{2}=0.055-0.1701^{2}=0.0261$

(3) 对于 10 年延期终身寿险而言，赔付现值是一个分段函数（见图 3-8）：

$$Z_t=\begin{cases}0, & 0<t\leqslant 10\\ v^t, & t>10\end{cases}$$

所以

$$\begin{aligned}\Pr(Z_t<{}_{10|}\overline{A}_{30})&=\Pr(t\leqslant 10)+\Pr\left(t>\frac{-\ln{}_{10|}\overline{A}_{30}}{\delta}\right)\\&=\Pr(t\leqslant 10)+\Pr(t>36.3059)\\&=\frac{10}{70}+\frac{70-36.3059}{70}\\&=0.6242\end{aligned}$$

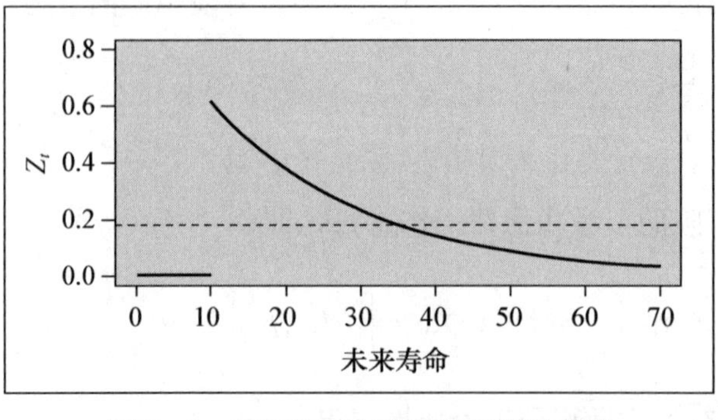

图 3-8　延期终身寿险现值函数示意图

说明：图中实线为现值函数，横向虚线为精算现值 ${}_{10|}\overline{A}_{30}$。

这说明未来寿命小于 10 年和未来寿命大于 36.305 9 年的被保险人（他们占到被保险人的 62.42%）对未来寿命大于 10 年但小于 36.305 9 年的被保险人进行了成本补贴。

3.3 死亡年末赔付趸缴净保费的厘定

在保险实务中，死亡赔付都是死亡事件一旦发生，核实清楚之后立即赔付，也就是采用了死亡即刻赔付的方式。这种赔付方式对保险受益人是最为方便合理的。但是这种赔付方式在趸缴保费厘定时，遇到了操作上的困难。为了与连续型赔付相对应，需要获得未来寿命的概率密度函数 $f_T(t)$ 。而我们知道，到目前为止，还没有哪个连续型参数分布能很好地拟合人的寿命规律。

在寿险精算中，我们通常使用生命表衡量未来寿命的分布规律，而生命表通常只记录整值寿命场合生命的存活或死亡概率，从统计上而言，生命表是离散型的概率分布表。为了使用生命表，精算人员创造了一种离散型赔付方式——死亡年末赔付（payable at the end of the year of death)。

死亡年末赔付是指如果被保险人在保障期内死亡，保险人将在死亡事件发生的当年年末进行保险受益金赔付。死亡年末赔付正好与生命表的时间计量单位相匹配，所以死亡年末赔付是实务中最便捷的保费计算方式。

记 K_x 为(x)的整值未来寿命，假设在未来的任意时刻 t 发生了赔付事件，t 时刻位于未来的第 $k\sim k+1$ 年内。那么在 $k+1$ 时刻进行死亡年末赔付，保险受益金为 $b(k+1)$，贴现函数为 $v(k+1)$，那么死亡年末赔付的保险受益金现值函数记作 Y_{k+1}（见图 3-9)：

$$Y_{k+1}=b(k+1)\cdot v(k+1)$$

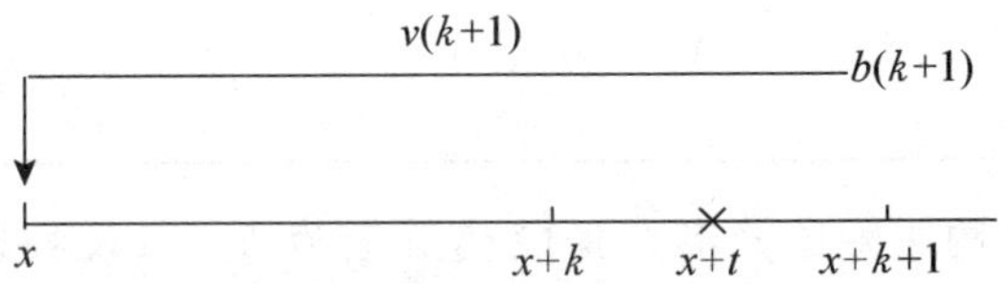

图 3-9 死亡年末赔付保险受益金贴现示意图

被保险人在未来第 k 年发生死亡事件的概率为${}_{k|}q_x$，那么死亡年末赔付现值函数的期望为：

$$E(Y_{k+1})=\sum_{\text{保障期}} b(k+1)v(k+1)_{k|}q_x$$

现值函数的方差为：

$$\text{Var}(Y_{k+1})=\sum_{\text{保障期}}[b(k+1)v(k+1)]^2{}_{k|}q_x-[E(Y_{k+1})]^2$$

假设年度实质利率 i 已知，且按复利计息，那么死亡年末赔付 1 的终身寿险现值函数为：

$$Y_{k+1}=(1+i)^{-(k+1)}=v^{k+1},\quad k\geqslant 0$$

死亡年末赔付 1 的终身寿险趸缴净保费记作 A_x，则

$$A_x = E(Y_{k+1}) = \sum_{k=0}^{\omega-x-1} v^{k+1} \cdot {}_{k|}q_x = \sum_{k=0}^{\omega-x-1} v^{k+1} \cdot {}_kp_x \cdot q_{x+k}$$

该险种现值函数的方差为：

$$\mathrm{Var}(Y_{k+1}) = {}^2A_x - (A_x)^2$$

式中：

$${}^2A_x = E(Y_{k+1}^2) = \sum_{k=0}^{\omega-x-1} v^{2(k+1)} \cdot {}_{k|}q_x = \sum_{k=0}^{\omega-x-1} v^{2(k+1)} \cdot {}_kp_x \cdot q_{x+k}$$

同理，可以推导出其他常见险种在死亡年末给付场合的现值期望和方差（见表 3-1）。

表 3-1 传统寿险产品死亡年末赔付现值期望与方差

险种	现值期望	现值方差
终身寿险	$A_x = \sum_{k=0}^{\omega-x-1} v^{k+1} \cdot {}_{k\|}q_x$	${}^2A_x - (A_x)^2$
n 年定期寿险	$A_{x:\overline{n}\|}^1 = \sum_{k=0}^{n-1} v^{k+1} \cdot {}_{k\|}q_x$	${}^2A_{x:\overline{n}\|}^1 - (A_{x:\overline{n}\|}^1)^2$
n 年定期两全险	$A_{x:\overline{n}\|} = A_{x:\overline{n}\|}^1 + A_{x:\overline{n}\|}^{\ \ 1}$	${}^2A_{x:\overline{n}\|} - (A_{x:\overline{n}\|})^2$
m 年延期终身寿险	${}_{m\|}A_x = A_{x:\overline{m}\|}^{\ \ 1} A_{x+m}$	${}_{m\|}^2A_x - ({}_{m\|}A_x)^2$

【例 3.7】（30）男子购买寿险产品，保险受益金为 1。假设按复利计息，年实质利率为 5%，寿命服从中国人身保险业经验生命表（见附录 2）的 CL1 表。请计算：

（1）10 年定期寿险死亡年末赔付的精算现值；

（2）10 年定期两全险死亡年末赔付的精算现值；

（3）终身寿险死亡年末赔付的精算现值。

【解】

（1）10 年定期寿险死亡年末赔付的精算现值计算步骤：

第 1 步：根据 CL1 表提供的 q_x 数据，计算 ${}_kp_x$ 的值。

$${}_kp_x = \begin{cases} 1, & k = 0 \\ \prod_{j=0}^{k-1}(1 - q_{x+j}), & k > 0 \end{cases}$$

第 2 步：计算各年期末贴现函数值。

$$v^{k+1} = 1.05^{-(k+1)}, \quad k \geqslant 0$$

第 3 步：计算各年赔付现值。

$$v^{k+1} \cdot {}_k p_x \cdot q_{x+k}, \quad k \geqslant 0$$

第 4 步：各年赔付精算现值累加，得到趸缴净保费（见表 3－2）。

$$A^1_{30:\overline{10|}} = \sum_{k=0}^{10-1} v^{k+1} \cdot {}_k p_x \cdot q_{x+k}$$

表 3－2　10 年定期寿险死亡年末赔付趸缴净保费计算表

x	q_x	k	${}_k p_{30}$	v^{k+1}	$v^{k+1} \cdot {}_k p_{30} \cdot q_{30+k}$
30	0.000 797	0	1.000 000	0.952 4	0.000 759
31	0.000 847	1	0.999 203	0.907 0	0.000 768
32	0.000 903	2	0.998 357	0.863 8	0.000 779
33	0.000 966	3	0.997 455	0.822 7	0.000 793
34	0.001 035	4	0.996 492	0.783 5	0.000 808
35	0.001 111	5	0.995 460	0.746 2	0.000 825
36	0.001 196	6	0.994 354	0.710 7	0.000 845
37	0.001 29	7	0.993 165	0.676 8	0.000 867
38	0.001 395	8	0.991 884	0.644 6	0.000 892
39	0.001 515	9	0.990 500	0.613 9	0.000 921
$A^1_{30:\overline{10|}} = \sum_{k=0}^{10-1} v^{k+1} \cdot {}_k p_x \cdot q_{x+k}$					0.008 257

（2）10 年定期两全险精算现值计算。

10 年定期两全险死亡年末赔付精算现值 $A_{30:\overline{10|}} = A^1_{30:\overline{10|}} + A_{30:\overline{10|}}^{\ \ \ 1}$

因为

$$A_{30:\overline{10|}}^{\ \ \ 1} = v^{-10} \cdot {}_{10}p_{30} = 1.05^{-10} \times 0.989 = 0.607\,16$$

所以

$$\begin{aligned} A_{30:\overline{10|}} &= A^1_{30:\overline{10|}} + A_{30:\overline{10|}}^{\ \ \ 1} \\ &= 0.008\,257 + 0.607\,16 = 0.615\,417 \end{aligned}$$

（3）终身寿险精算现值计算。

$$A_{30} = \sum_{k=0}^{105-1} v^{k+1} \cdot {}_k p_x \cdot q_{x+k} = 0.120\,625$$

3.4　递推方程

以死亡年末赔付终身寿险为例，展开精算现值公式，可以推导出下列递推方程：

$$A_x = vq_x + vp_x A_{x+1}$$

证明：

$$\begin{aligned}A_x &= vq_x + v^2 p_x q_{x+1} + v^3 \cdot {}_2p_x \cdot q_{x+2} + \cdots + v^{\omega-x} \cdot {}_{\omega-x-1}p_x \cdot q_{\omega-1} \\ &= vq_x + vp_x(vq_{x+1} + v^2 p_{x+1} q_{x+2} + \cdots + v^{\omega-x-1} \cdot {}_{\omega-x-2}p_{x+1} \cdot q_{\omega-1}) \\ &= vq_x + vp_x A_{x+1}\end{aligned}$$

在递推方程等号两边同时乘以 $l_x(1+i)$，可以得到以下等价方程：

$$l_x A_x (1+i) = d_x + l_{x+1} A_{x+1}$$

这个方程形象地解释了保险公司现金流动方向。

在 x 岁期初，共有 l_x 个被保险人购买终身寿险，每个被保险人缴纳保费 A_x，这笔钱合在一起，按年度实质利率 i 进行投资，到年末本利和为 $l_x A_x(1+i)$。

这笔钱将流向两个方向：

一个方向是用于支付这一年的死亡赔付。在这一年，平均有 d_x 人死亡，年末每人赔付 1，共支付死亡赔付 d_x。

另一个方向是储存起来，用来应对那些仍然存活的被保险人未来的死亡赔付。有 l_{x+1} 人能顺利活到 $x+1$ 岁，平均每人的未来赔付现值等于 A_{x+1}，这些人未来赔付的精算现值等于 $l_{x+1}A_{x+1}$。

容易证明，定期寿险有以下类似的递推方程：

$$A^1_{x:\overline{n}|} = vq_x + vp_x A^1_{x+1:\overline{n-1}|}$$
$$A_{x:\overline{n}|} = vq_x + vp_x A_{x+1:\overline{n-1}|}$$

【例 3.8】（30）男子想购买死亡赔付 100 000 元的终身寿险产品。假设死亡年末赔付，按复利计息，年实质利率为 5%，基于中国人身保险业经验生命表（见附录 2）的 CL1 表，保险业务员帮该男子计算的趸缴净保费为 12 062.7 元。假如该男子今年没买，准备明年再买，那他明年应该缴纳的趸缴净保费等于多少？是今年缴纳的保费多，还是明年缴纳的保费多？

【解】

查 CL1 表，可知 $q_{30}=0.000\,797$，则

$$\begin{aligned}&A_{30} = vq_{30} + vp_{30}A_{31} \\ \Rightarrow &A_{31} = \frac{A_{30} - vq_{30}}{vp_{30}} \\ &\quad = \frac{0.120\,627 - 0.000\,797/1.05}{0.999\,203/1.05} \\ &\quad = 0.125\,962\end{aligned}$$

$$100\,000A_{31} - 100\,000A_{30} = 125\,96.2 - 12\,062.7 = 533.5(\text{元})$$

该男子明年应该缴纳 12 596.2 元趸缴净保费，比今年多缴纳 533.5 元。

3.5 死亡年内分 m 次赔付趸缴净保费的厘定

死亡年末赔付是指死亡赔付是以一年为时间间隔进行赔付的。如果我们把死亡赔付

的时间间隔再缩短一点，比如一年分 4 期，每季度结算一次，该季度发生的死亡事件在季度末进行赔付，这种赔付方式下的保费就称为死亡年内分 4 期的保费厘定。

不失一般性，假如一年内结算 m 次，未来寿命记作 $K^{(m)}$，有

$$K^{(m)}=\frac{1}{m}\lfloor mT_x\rfloor$$

如果 $K^{(m)}=k$，就意味着 (x) 将在 $\left(x+k,\ x+k+\frac{1}{m}\right]$ 期间死亡，$k=0,\ \frac{1}{m},\ \frac{2}{m},\ \cdots$。

假设年度实质利率 i 已知，且按复利计息，赔付金额为 1，则死亡年内分 m 次赔付的终身寿险现值函数为：

$$Y_{k+1/m}=v^{k+1/m},\quad k=0,\ \frac{1}{m},\ \frac{2}{m},\ \cdots$$

该赔付方式下，终身寿险趸缴净保费记作 $A_x^{(m)}$，则

$$A_x^{(m)}=E(Y_{k+1/m})=\sum_{k=0}^{\omega-x-(m-1)/m} v^{k+1/m}\cdot {}_kp_x\cdot q_{x+k+1/m}$$

现值的方差为：

$$\operatorname{Var}(Y_{k+1/m})={}^2A_x^{(m)}-[A_x^{(m)}]^2$$

式中，${}^2A_x^{(m)}$ 相当于在 2 倍利息力下求得的趸缴净保费。

3.6 不同赔付方式之间的函数变换

前面讲了三种死亡赔付方式：死亡即刻赔付、死亡年末赔付和死亡年内分 m 次赔付。这三种赔付方式中最方便计算的是死亡年末赔付精算现值。在实务中，精算师通常都是先计算死亡年末赔付精算现值，其他两种赔付方式下的精算现值在一定的假设条件下通过函数变换求得。

3.6.1 $\bar{A}_x$ 与 A_x 的函数关系

以终身寿险为例，对于一个 x 岁的参保人，假设死亡发生在未来的 t 时刻，这个时刻位于整值未来寿命 $k\sim k+1$ 年期间。不妨记

$$t=k+s=(k+1)-(1-s)=(k+1)+(s-1),\quad 0\leqslant s<1$$

式中，k 是整值未来寿命；s 是分数寿命（如图 3-10 所示）。

假定死亡时整值寿命与分数寿命相互独立，且死亡在年内服从均匀分布（UDD 假定），则

$$f(s)=1,\quad 0\leqslant s<1$$

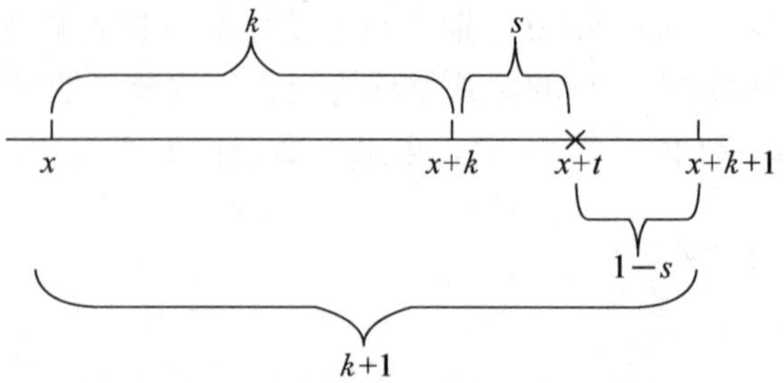

图 3-10　整值寿命与分数寿命拆分图示

在上述假定条件下，得到

$$\overline{A}_x = E(v^t) = E[v^{(k+1)+(s-1)}] = E(v^{k+1})E(v^{s-1}) = A_x E(v^{s-1}),\quad 0 \leqslant s < 1$$

根据 $1+i=\frac{1}{v}=e^{\delta}$ ，得到

$$E(v^{s-1}) = \int_0^1 e^{-(s-1)\delta} f(s)\mathrm{d}s = e^{\delta}\int_0^1 e^{-\delta s}\mathrm{d}s = e^{\delta}\ \frac{1-e^{-\delta}}{\delta} = \frac{i}{\delta}$$

所以死亡即刻赔付精算现值与死亡年末赔付精算现值之间具有如下函数关系：

$$\overline{A}_x = \frac{i}{\delta}A_x$$

同理，定期寿险的死亡即刻赔付精算现值与死亡年末赔付精算现值之间具有如下函数关系：

$$\overline{A}^{1}_{x:\overline{n|}} = \frac{i}{\delta}A^{1}_{x:\overline{n|}}$$

定期两全险要分两部分考虑，死亡赔付部分需要修正，生存赔付部分不需要修正，所以

$$\overline{A}_{x:\overline{n|}} = \frac{i}{\delta}A^{1}_{x:\overline{n|}} + A_{x:\overline{n|}}^{\ \ 1}$$

【例 3.9】（30）购买保障型传统寿险，死亡即刻赔付和生存赔付均为 1。假设按复利计息，年实质利率为 5%，寿命服从中国人身保险业经验生命表（见附录 2）的 CL1 表。假设死亡在年内服从均匀分布，请计算：

（1）10 年定期寿险死亡即刻赔付的精算现值；

（2）10 年定期两全险即刻赔付的精算现值；

（3）终身寿险死亡即刻赔付的精算现值。

【解】

在例 3.7 中，已经计算出 $A^{1}_{30:\overline{10|}}=0.0083$，$A_{30:\overline{10|}}^{\ \ 1}=0.6072$，$A_{30:\overline{10|}}=0.6154$，$A_{30}=0.1206$，且根据已知实质利率等于 5%，得到

$$\frac{i}{\delta}=\frac{0.05}{\ln 1.05}=1.0248$$

在UDD假定下，得到

(1) $\bar{A}^{1}_{30:\overline{10}|}=\frac{i}{\delta}A^{1}_{30:\overline{10}|}=1.0248\times0.0083=0.0085$

(2) $\bar{A}_{30:\overline{10}|}=\frac{i}{\delta}A^{1}_{30:\overline{10}|}+A_{30:\overline{10}|}^{\ \ \ 1}=0.0085+0.6072=0.6157$

(3) $\bar{A}_{30}=\frac{i}{\delta}A_{30}=1.0248\times0.1206=0.1236$

3.6.2 $A_x^{(m)}$ 与 A_x 的函数关系

对于一年分 m 期赔付，有两种方法推导它们之间的函数关系。

方法一：基于死亡在年内服从均匀分布假定（UDD假定）。

以终身寿险为例，对于一个 x 岁的参保人，假设死亡发生在未来的 t 时刻，这个时刻位于整值未来寿命 $k\sim k+1$ 年期间。这一年内又分为 m 期，m 期整值未来寿命不妨记作

$$k^{(m)}=k+\frac{j+1}{m}=(k+1)+\frac{j+1-m}{m},\quad 0\leqslant j\leqslant m-1$$

假定死亡时整数年龄与分数年龄相互独立，且死亡在年内服从均匀分布，则

$$\Pr(J=j)=\frac{1}{m},\quad j=0,1,\cdots,m-1$$

在上述假定条件下，得到

$$A_x^{(m)}=E[v^{K^{(m)}}]=E[v^{k+1+(j+1)/m-1}]=E(v^{k+1})E[v^{(j+1)/m-1}]=A_xE[v^{(j+1)/m-1}]$$

根据 $1+i=\frac{1}{v}=e^{\delta}$，得到

$$E[v^{(j+1)/m-1}]=\frac{1}{v}\sum_{j=0}^{m-1}\frac{1}{m}v^{(j+1)/m}=\frac{a_{\overline{1}|}^{(m)}}{a_{\overline{1}|}}=\frac{i}{i^{(m)}}$$

式中，$v=a_{\overline{1}|}^{(m)}=\frac{1-v}{i}$；$\sum_{j=0}^{m-1}\frac{1}{m}v^{(j+1)/m}=a_{\overline{1}|}^{(m)}=\frac{1-v}{i^{(m)}}$。

所以死亡年内分 m 期赔付趸缴净保费与死亡年末赔付趸缴净保费之间具有如下函数关系：

$$A_x^{(m)}=\frac{i}{i^{(m)}}A_x$$

同理有

$$A_{x:\overline{n}|}^{1(m)}=\frac{i}{i^{(m)}}A^{1}_{x:\overline{n}|}$$

$$A_{x:\overline{n}|}^{(m)}=\frac{i}{i^{(m)}}A_{x:\overline{n}|}^{1}+A_{x:\overline{n}|}^{\ \ 1}$$

方法二：基于平均赔付时间近似。

对于一年分 m 期赔付，它可能的赔付时点分别在 $\frac{1}{m}$，$\frac{2}{m}$，…，$\frac{m}{m}$，则它平均赔付时点为：

$$\bar{t}=\frac{\frac{1}{m}+\frac{2}{m}+\cdots+\frac{m}{m}}{m}=\frac{m+1}{2m}$$

赔付金额不变，赔付时平均贴现时间比在年末赔付时少了 $1-\bar{t}$ 时长，即

$$A_x^{(m)}\approx(1+i)^{1-\bar{t}}A_x=(1+i)^{\frac{m-1}{2m}}A_x$$

当 m 趋向于无穷大时，还可以得到死亡即刻赔付的近似公式：

$$\bar{A}_x=\lim_{m\to\infty}A_x^{(m)}\approx\lim_{m\to\infty}(1+i)^{\frac{m-1}{2m}}A_x=(1+i)^{\frac{1}{2}}A_x$$

【例 3.10】（30）购买保障型传统寿险产品，死亡每季度末赔付和生存年末赔付均为 1。假设按复利计息，年实质利率为 5%，寿命服从中国人身保险业经验生命表（见附录 2）的 CL1 表。假设死亡年内均匀分布，请计算：

（1）10 年定期寿险每季度末赔付的精算现值；

（2）10 年定期两全险每季度末赔付的精算现值；

（3）终身寿险每季度末赔付的精算现值。

【解】

在例 3.7 中，已经计算出 $A_{30:\overline{10}|}^{1}=0.008\ 3$，$A_{30:\overline{10}|}^{\ \ 1}=0.607\ 2$，$A_{30:\overline{10}|}=0.615\ 4$，$A_{30}=0.120\ 6$，且

$$\frac{i}{i^{(4)}}=\frac{0.05}{[(1+0.05)^{1/4}-1]\times 4}=1.018\ 56$$

方法一：在 UDD 假定下，季度赔付精算现值计算如下：

（1）$A_{30:\overline{10}|}^{1(4)}=\frac{i}{i^{(4)}}A_{30:\overline{10}|}^{1}=1.018\ 56\times 0.008\ 3=0.008\ 45$

（2）$A_{30:\overline{10}|}^{(4)}=\frac{i}{i^{(4)}}A_{30:\overline{10}|}^{1}+A_{30:\overline{10}|}^{\ \ 1}=0.008\ 45+0.6072=0.615\ 65$

（3）$A_{30}^{(4)}=\frac{i}{i^{(4)}}A_{30}=1.018\ 56\times 0.120\ 635=0.122\ 86$

方法二：根据平均赔付时间近似保费计算：

$$(1+i)^{\frac{m-1}{2m}}=1.05^{\frac{3}{8}}=1.018\ 5$$

所以

（1）$A_{30:\overline{10|}}^{1(4)} \approx 1.05^{\frac{3}{8}} A_{30:\overline{10|}}^{1} = 1.0185 \times 0.0083 = 0.00845$

（2）$A_{30:\overline{10|}}^{(4)} \approx 1.05^{\frac{3}{8}} A_{30:\overline{10|}}^{1} + A_{30:\overline{10|}}^{\ \ \ 1} = 0.00845 + 0.6072 = 0.61565$

（3）$A_{30}^{(4)} \approx 1.05^{\frac{3}{8}} A_{30} = 1.0185 \times 0.120625 = 0.12286$

3.7　变额寿险保费厘定

死亡受益函数 $b(t)$ 不再恒等于某个常数时，就构成变额寿险。理论上，被保险人可以任意决定受益函数，所以变额寿险可以是任意情况。无论受益金额怎么变，保费计算原理依然是现值函数的期望 $E[b(t)v(t)]$ 。

本节主要介绍一些特殊的变额寿险，它们的受益函数呈现递增或递减规律，这时它们的趸缴净保费也具有特殊的函数表达。

3.7.1　递增寿险

递增寿险（increasing life insurance）是变额寿险的一种特殊情况。这时受益金额为未来寿命的递增函数。由于受益金额递增的方式有很多种，所以递增寿险也有很多种类。最常见的两种递增形式是算术递增和几何递增。

1．算术递增：$b(k)=a+bk$

以死亡年末赔付终身寿险为例，假设死亡受益金额为算术递增函数 $b(k)=k$ ，此时趸缴净保费记作 $(IA)_x$。

$$(IA)_x = \sum_{k=0}^{\infty} (k+1) v^{k+1} {}_k p_x q_{x+k} = \sum_{k=0}^{\infty} {}_{k|}A_x$$

递增寿险与延期寿险的关系如图 3－11 所示。

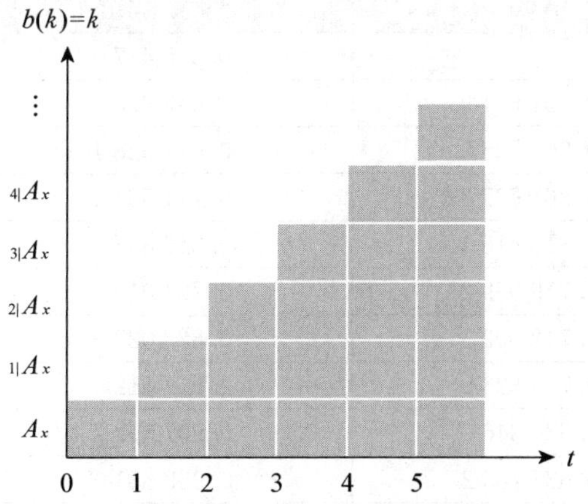

图 3－11　递增寿险与延期寿险关系示意图

死亡受益金额为算术递增函数 $b(k)=k$，这时死亡即刻赔付趸缴净保费记作 $(I\bar{A})_x$，在 UDD 假定下，

$$(I\bar{A})_x=\frac{i}{\delta}(IA)_x$$

特别地，死亡受益金额为连续型算术递增函数 $b(t)=t$，这时死亡即刻赔付趸缴净保费记作 $(\overline{IA})_x$。

$$(\overline{IA})_x=\int_0^{\infty}tv^t f_x(t)\mathrm{d}t$$

如果密度函数未知，借助离散生命表计算，在 UDD 假定下，可以推导出

$$(\overline{IA})_x=\frac{i}{\delta}(IA)_x-\frac{i}{\delta}\left(\frac{1}{d}-\frac{1}{\delta}\right)A_x$$

【例 3.11】（30）男子购买 10 年期两全寿险，死亡年末赔付。受益函数为 $b(k)=10\,000+1\,000k\,(k=1,\ 2,\ \cdots)$。

假设按复利计息，年实质利率为 5%，寿命服从中国人身保险业经验生命表（见附录 2）的 CL1 表。请计算该保险产品赔付现值期望。

【解】

根据该男子的受益函数，可以确定他购买的保险产品等价于受益金额恒定为 10 000 元的 10 年两全寿险加上每年算术递增 1 000 元的 10 年期两全寿险，即该保险产品精算现值为：

$$10\,000A_{30:\overline{10|}}+1\,000(IA)_{30:\overline{10|}}$$

（1）根据中国人身保险业经验生命表（见附录 2）的 CL1 表，计算出 $(IA)_{30:\overline{10|}}$，结果见表 3 - 3。

表 3 - 3　递增寿险计算表

k	$A_{30:\overset{1}{\overline{k|}}}$	$A_{30+k:\overline{10-k|}}$	${}_{k|}A_{30}=A_{30:\overset{1}{\overline{k|}}}A_{30+k:\overline{10-k|}}$
0		0.615 417	0.615 417
1	0.951 621 9	0.645 905 6	0.614 658
2	0.905 538 9	0.677 928 1	0.613 890 3
3	0.861 639 3	0.711 564 1	0.613 111 5
4	0.819 816 1	0.746 897 8	0.612 318 8
5	0.779 969 2	0.784 019 1	0.611 510 7
6	0.742 002 5	0.823 023 5	0.610 685 5
7	0.705 823 9	0.864 012	0.609 840 3
8	0.671 346 0	0.907 092 7	0.608 973 1
9	0.638 485 2	0.952 381	0.608 081 2
$(IA)_{30:\overline{10|}}=\sum_{k=0}^{9}A_{30:\overset{1}{\overline{k|}}}A_{30+k:\overline{10-k|}}$			6.118 486

(2) 计算 $10\,000A_{30:\overline{10|}}+1\,000(IA)_{30:\overline{10|}}$。

例 3.7 已经计算出 $A_{30:\overline{10|}}=0.615\,417$，且根据表 3-3 计算出 $(IA)_{30:\overline{10|}}=6.118\,486$，所以该险种精算现值为：

$$10\,000A_{30:\overline{10|}}+1\,000(IA)_{30:\overline{10|}}=6\,154.17+6\,118.49=12\,272.66$$

2. 几何递增：$b(k)=(1+j)^k$

以死亡年末赔付终身寿险为例，假设死亡受益金额为几何递增函数 $b(k)=(1+j)^k$，年实质利率为 i，复利计息，精算现值计算如下：

$$E(Z_t)=\sum_{k=0}^{\infty}(1+j)^{k+1}v^{k+1}\cdot{}_{k|}q_x=\sum_{k=0}^{\infty}\left(\frac{1+j}{1+i}\right)^{k+1}v^{k+1}\cdot{}_{k|}q_x$$

这相当于以新的利率 i' 复利计息的趸缴净保费，即

$$A_{x|i'}=\sum_{k=0}^{\infty}\left(\frac{1}{1+i'}\right)^{k+1}\cdot{}_{k|}q_x$$

式中，$i'=\dfrac{i-j}{1+j}$。

【例 3.12】 (30) 男子购买 10 年期两全寿险，死亡年末赔付。$b(k)=10\,000(1+0.1)^k$。假设按复利计息，年实质利率为 5%，寿命服从中国人身保险业经验生命表（见附录 2）的 CL1 表。请计算该保险产品的赔付现值期望。

【解】

根据该男子的受益函数，该产品赔付现值期望为 $10\,000A_{30:\overline{10|}i'}$，其中利率

$$i'=\frac{0.05-0.10}{1.1}=-0.045\,454\,55$$

根据中国人身保险业经验生命表的 CL1 表，计算出该保险产品的赔付现值期望为：

$$10\,000A_{30:\overline{10|}-0.045\,45}=15\,895.39$$

3.7.2 递减寿险

递减寿险（decreasing life insurance）也是变额受益保险的一种特殊情况。这时受益金额为未来寿命的递减函数。递减寿险也分为算术递减和几何递减两大类。

1. 算术递减

以 n 年算术递减寿险为例，受益函数为 $b(k)=n-k(k=0,1,2,\cdots,n-1)$，死亡年末赔付，这时趸缴净保费记作 $(DA)^1_{x:\overline{n|}}$：

$$(DA)^1_{x:\overline{n|}}=\sum_{k=0}^{n-1}(n-k)v^{k+1}\cdot{}_{k|}q_x=\sum_{k=0}^{n-1}A^1_{x:\overline{n-k|}}$$

递减寿险与定期寿险的关系如图 3-12 所示。

【例 3.13】(30) 男子购买 10 年期定期寿险，死亡年末赔付。受益函数为：

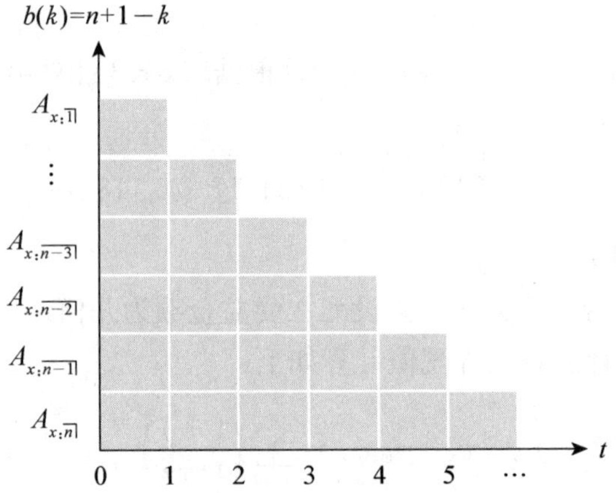

图 3-12　递减寿险与定期寿险关系示意图

$$b(k)=50\,000-1\,000k,\quad k=0,1,2,\cdots,9$$

假设按复利计息，年实质利率为 5%，寿命服从中国人身保险业经验生命表（见附录 2）的 CL1 表。请计算该产品赔付现值期望。

【解】

根据该男子的受益函数，可以确定他购买的保险产品等价于受益金额恒定为 40 000 元的 10 年定期寿险加上每年算术递减 1 000 元的 10 年递减定期寿险，即该保险产品精算现值为：

$$40\,000A^{1}_{30:\overline{10}|}+1\,000(DA)^{1}_{30:\overline{10}|}$$

根据中国人身保险业经验生命表的 CL1 表，计算出 $A^{1}_{30:\overline{k}|}$的值如表 3-4 所示。

表 3-4　定期寿险计算表

k	$A^{1}_{30:\overline{k}|}$	k	$A^{1}_{30:\overline{k}|}$
1	0.000 759	6	0.004 732
2	0.001 527	7	0.005 577
3	0.002 305	8	0.006 444
4	0.003 098	9	0.007 336
5	0.004 732	10	0.008 257

根据表 3-4 计算出 $(DA)^{1}_{30:\overline{10}|}=\sum_{k=1}^{10}A^{1}_{30:\overline{k}|}=0.043\,94$，且例 3.7 已经计算出 $A^{1}_{30:\overline{10}|}=0.008\,257$，所以该险种精算现值为：

$$40\,000A^{1}_{30:\overline{10}|}+1\,000(DA)^{1}_{30:\overline{10}|}=40\,000\times0.008\,257+1\,000\times0.04394=374.22$$

2. 几何递减

几何递减，实际上就是受益函数 $b(k)=(1-j)^{k}(j<0)$ 的情况。它和几何递增是一样处理的，寻找一个等价实质利率 i'，将几何递减趸缴净保费等价于新利率下的等额寿险趸缴净保费 $A_{x:\overline{n}|i'}$。

$$E(Z_t)=\sum_{k=0}^{\infty}(1-j)^{k+1}\cdot v^{k+1}\cdot{}_{k|}q_x=\sum_{k=0}^{\infty}\left(\frac{1-j}{1+i}\right)^{k+1}\cdot v^{k+1}\cdot{}_{k|}q_x=A_{x:\overline{n}|i'}$$

式中：

$$i'=\frac{i+j}{1-j}$$

3.8 本章R指导

3.8.1 死亡年末赔付各险种趸缴净保费的厘定

在读入生命表并调用第2章已经写好的生命表函数的基础上，我们可以写出在死亡年末赔付场合，终身寿险和三种定期寿险（定期死亡、定期生存和定期两全）的趸缴净保费函数。这是四个基本险种，其他赔付场合、其他险种的趸缴净保费都可以表达为这四个基本险种的函数。

1. 终身寿险趸缴净保费

```
#调用本章函数之前,请将生命表读入R,并调用第2章写好的死亡率函数、生存函数、条件生存函数
#自定义终身寿险趸缴净保费函数Ax,该函数有两个参数:age为年龄,i为预定利率
Ax<-function(age,i){
  v=1/(1+i)
  a=0
  w=length(q)
  for(k in (0:(w-age-1))) a<-a+v^(k+1)*k_qx(age,k)
  return(a)
}
#测试i=0.05时,20岁的人单位保额的终身寿险趸缴净保费的值
Ax(20,0.05)
#输出结果
[1] 0.07824725
```

2. 定期寿险趸缴净保费

```
#自定义定期寿险趸缴净保费函数A_{x-n},该函数有三个参数:age为年龄,n为定期,i为预定利率
Ax_n<-function(age,n,i){
  v=1/(1+i)
```

```
  A1=0
  for(k in (0:(n-1))) A1<-A1+v^(k+1) * k_qx(age,k)
  A2=v^n * px_k(age,n)
  A=A1+A2
  a<-data.frame(A1,A2,A)
  return(a)
}
#测试 i=0.05 时,20 岁的人购买 30 年定期寿险的单位保额的趸缴净保费的值
Ax_n(20,30,0.05)
#输出结果
          A1          A2          A
1  0.01681622  0.2215453  0.2383615
#其中 A1 输出的是定期死亡险趸缴净保费 A^1_{20:30|},A2 输出的是定期生存险趸缴净保费
A_{20:30|}^{1},A 输出的是定期两全险趸缴净保费 A_{20:30|}。
#如果需要单独使用定期死亡险的趸缴净保费,可以调用
Ax_n(20,30,0.05)$A1
#如果需要单独使用定期生存险的趸缴净保费,可以调用
Ax_n(20,30,0.05)$A2
#如果需要单独使用定期两全险的趸缴净保费,可以调用
Ax_n(20,30,0.05)$A
```

3. **其他寿险产品的趸缴净保费**

终身寿险和三个定期寿险是四个基本险种，其他险种基本可以表达为这四个险种的组合。所以计算其他寿险产品的趸缴净保费时，只需要调用上面四个基本函数。比如：

（1）延期 m 年的终身寿险趸缴净保费为：

$$ {}_{m}A_{x}=A_{x:\overline{m|}}^{\ \ 1}A_{x+m} $$

```
#自定义延期 m 年的终身寿险趸缴净保费函数 m_Ax,该函数有三个参数:age 为年龄,m
为延期,i 为预定利率
m_Ax<-function(age,m,i){
a<-Ax_n(age,m,i)$A2 * Ax(age+m,i)
return(a)
}
#测试 i=0.05 时,20 岁的人延期 10 年的终身寿险趸缴净保费的值
m_Ax(20,10,0.05)
#输出结果
0.07360142
```

（2）延期 m 年的 n 年定期寿险趸缴净保费。

```
#自定义延期m年的n年定期寿险趸缴净保费函数m_Ax_n,该函数有四个参数:age为年龄,m为延期,n为定期,i为预定利率
m_Ax_n<-function(age,m,n,i){
  a<-Ax_n(age,m,i)$A2*Ax_n(age+m,n,i)
  return(a)
}
#测试i=0.05时,20岁的人购买延期10年的30年定期寿险的趸缴净保费的值
m_Ax_n(20,10,30,0.05)
#输出结果
          A1          A2           A
1  0.02215783   0.1278489   0.1500067
#其中A1输出的是定期死亡险趸缴净保费${}_{10|}A^{1}_{20:\overline{30|}}$,A2输出的是定期生存险趸缴净保费${}_{10|}A_{20:\overline{30|}}^{\ \ 1}$,即$A_{20:\overline{40|}}^{\ \ 1}$,A输出的是定期两全险趸缴净保费${}_{10|}A_{20:\overline{30|}}$。各险种趸缴净保费单独调用的方法和定期寿险函数一样
```

（3）递增寿险的趸缴净保费。

```
#自定义算术递增的终身寿险产品的趸缴净保费函数IAx_n,该函数有两个参数:age为年龄,i为预定利率
IAx<-function(age,i){
  a<-0
  for(k in (0:(w-age-1))) a=a+m_Ax(age,k,i)
  return(a)
}
#测试i=0.05时,20岁的人购买每年递增1单位元数的终身递增寿险的趸缴净保费的值
IAx(20,0.05)
#输出结果
[1] 3.565285
#自定义算术递增的定期寿险产品的趸缴净保费函数IAx,该函数有三个参数:age为年龄,n为定期,i为预定利率
IAx_n<-function(age,n,i){
  a<-0
  for(k in (0:(n-1))) a=a+m_Ax_n(age,k,(n-k),i)
  return(a)
}
```

```
#测试i=0.05时,20岁的人购买每年递增1单位元数的10年定期递增寿险的趸缴净保费的值
IAx_n(20,10,0.05)
#输出结果
          A1      A2          A
1  0.02530267  6.10156  6.126863
#其中A1是递增死亡险的趸缴净保费,A2是递增生存险的趸缴净保费,A是递增两全险的趸缴净保费
#自定义几何递增寿险IAx_n_j,该函数有四个参数:age为年龄,n为定期,i为预定利率,j为年度递增比例
IAx_n_j<-function(age,n,i,j){
    i_new<-(i-j)/(1+j)
    a<-Ax_n(age,n,i_new)
    return(a)
}
#测试例3.12的结果
10000*IAx_n_j(30,10,0.05,0.1)$A
#输出结果
[1] 15895.39
```

（4）递减寿险的趸缴净保费。

```
#自定义定期算术递减产品的趸缴净保费函数DAx_n,该函数有三个参数:age为年龄,n为定期,i为预定利率
DAx_n<-function(age,n,i){
  a<-0
  for(k in (0:(n-1))) a=a+Ax_n(age,(n-k),i)
  return(a)
}
#测算(DA)^1_{30:10|}的值
DAx_n(30,10,0.05)$A1
#输出结果
[1] 0.04394063
```

3.8.2 死亡即刻赔付各险种趸缴净保费的厘定

死亡即刻赔付各险种的趸缴净保费通常都是在年内均匀死亡假定下，写成死亡年末赔付趸缴净保费的函数。

$$\overline{A}_x = \frac{i}{\delta} A_x$$

$$\overline{A}_{x:\overline{n}|} = \frac{i}{\delta} A^{1}_{x:\overline{n}|} + A_{x:\overline{n}|}^{\ \ 1}$$

```
#自定义死亡即刻赔付终身寿险趸缴净保费函数 ACx,该函数有两个参数:age 为年龄,
i 为预定利率
ACx<-function(age,i){
  trans<-i/log(1+i)
  a<-trans*Ax(age,i)
  return(a)
}
#测试 20 岁的人购买终身寿险,死亡即刻赔付,预定利率 5%的场合下,趸缴净保费的计算
ACx(20,0.05)
#输出结果
[1] 0.08018752
#自定义死亡即刻赔付定期寿险趸缴净保费函数 ACx_n,该函数有三个参数:age 为年
龄,n 为定期,i 为预定利率
ACx_n<-function(age,n,i){
  trans<-i/log(1+i)
  A1<-trans*Ax_n(age,n,i)$A1
  A2<-Ax_n(age,n,i)$A2
  A<-A1+A2
  a<-data.frame(A1,A2,A)
  return(a)
}
#测试 20 岁的人购买 30 年定期两全险,死亡即刻赔付,预定利率 5%的场合下,趸缴净
保费的计算
ACx_n(20,30,0.05)$A
#输出结果
[1] 0.2387785
```

3.8.3 死亡年内分 m 次赔付各险种趸缴净保费的厘定

死亡年内分 m 次赔付各险种的趸缴净保费通常都是在年内均匀死亡假定下，写成死亡年末赔付趸缴净保费的函数：

$$A_x^{(m)} = \frac{i}{i^{(m)}} A_x$$

$$A_{x:\overline{n}|}^{(m)}=\frac{i}{i^{(m)}}A_{x:\overline{n}|}^{1}+A_{x:\overline{n}|}^{\ \ 1}$$

```
#自定义死亡年内分m次赔付终身寿险趸缴净保费函数AMx,该函数有三个参数:age为年龄,i为利率,m为一年转换次数
AMx<-function(age,i,m){
  im<-((1+i)^(1/m)-1)*m
  trans<-i/im
  a<-trans*Ax(age,i)
  return(a)
}
#测试30岁的人购买终身寿险,死亡季度末赔付,预定利率5%的场合下,趸缴净保费的计算
AMx(30,0.05,4)
#输出结果
[1] 0.122866
#自定义死亡年内分m次赔付定期死亡险趸缴净保费函数AMx_n,该函数有四个参数:age为年龄,n为定期,i为利率,m为一年转换次数
AMx_n<-function(age,n,i,m){
  im<-((1+i)^(1/m)-1)*m
  trans<-i/im
  A1<-trans*Ax_n(age,n,i)$A1
  A2<-Ax_n(age,n,i)$A2
  A<-A1+A2
  a<-data.frame(A1,A2,A)
  return(a)
}
#测试30岁的人购买10年定期寿险,死亡季度末赔付,预定利率5%的场合下,趸缴净保费的计算
AMx_n(30,10,0.05,4)$A1
#输出结果
[1] 0.008410298
#测试30岁的人购买10年定期两全险,死亡季度末赔付,预定利率5%的场合下,趸缴净保费的计算
AMx_n(30,10,0.05,4)$A
#输出结果
[1] 0.6155702
```

习 题

3.1 对于一个 30 岁的投保人，Z 为终身寿险死亡即刻赔付 1 的现值变量。已知 $l_x=100-x$（$0\leqslant x\leqslant 100$），利息力恒定为 0.05，计算 $f_Z(0.6)$ 的值。

3.2 假设寿命 X 服从 $[0, 110]$ 的均匀分布。对于一个 40 岁的投保人，Z 为终身寿险死亡即刻赔付 1 的现值变量。已知年实质利率为 2.5%，求 Z 的 90%置信上限。

3.3 (x)投保死亡即刻赔付 1 的终身寿险，已知死亡力函数为常数 μ，利息力恒定为 0.05，趸缴净保费为 0.6。保险公司经过对风险和利率的重新评估，决定将上述精算假设调整如下：

(1) $\mu_x(t)$在原来的基础上增加 0.02；

(2) 利息力调整为 0.04。

计算经过精算假设调整后的趸缴净保费。

3.4 Z 为(x)终身寿险死亡即刻赔付 1 的现值变量。已知未来寿命 $T(x)$的密度函数为 $f_{T(x)}(t)=\dfrac{2}{5\sqrt{2\pi}}\mathrm{e}^{-t^2/50}$，$t>0$，利息力 $\delta=0.05$，求 $\overline{A}_x$ 和 $\mathrm{Var}(Z)$ 的值。

3.5 (40)投保一终身寿险，Z 为该终身寿险死亡即刻赔付的现值变量。已知：

(1) 给付金额 $b_t=1+0.2t$；

(2) 贴现 $v_t=(1+0.2t)^{-2}$；

(3) ${}_tp_{40}\mu(40+t)=0.02$，$0\leqslant t\leqslant 50$。

试计算 $\mathrm{Var}(Z)$。

3.6 已知寿命服从 $\omega=100$ 的 De Moivre 分布，利息力恒定，且在该利息力下 $\overline{a}_{\overline{60}|}=40$，终身寿险死亡即刻赔付 1 000，求(40)的趸缴净保费。

3.7 z_1 是(x)投保死亡即刻赔付 1 的 n 年定期寿险的现值变量，z_2 是(x)投保死亡即刻赔付 1 的 n 年定期两全保险的现值变量。已知：

(1) $v^n=0.200$；

(2) ${}_np_x=0.450$；

(3) $E[z_2]=0.350$；

(4) $\mathrm{Var}[z_2]=0.060$。

计算 $\mathrm{Var}(z_1)$。

3.8 (40)投保死亡即刻赔付 1 的 20 年延期的终身寿险。已知 $l_x=100-x(0\leqslant x\leqslant 100)$，利息力 $\delta=0.05$。设赔付现值变量为 Z，求 Z 变量的重概率点和该点的概率值。

3.9 (45)投保终身寿险，保险合同约定：

(1) 如果这个人在 65 岁之前死亡，保险公司年末赔付 20 000 元；

(2) 如果这个人在 65 岁之后死亡，保险公司年末赔付 10 000 元。

已知 $A_{45}=0.25$，$A_{65}=0.40$，$A_{45:\overline{20}|}=0.55$，求该终身寿险趸缴净保费。

3.10 (x)投保 15 年期的生存保险，z 为保额为 1 的现值随机变量。已知：

(1) 在这 15 年中死亡力恒定；

(2) $v=0.95$；

(3) $\mathrm{Var}(z)=0.05E(z)$。

计算 q_x。

3.11 假设死亡在年内服从均匀分布，已知：

(1) $i=0.025$；

(2) $q_{35}=0.02$；

(3) $\overline{A}_{36}=0.2$。

计算 A_{35}。

3.12 已知 $A_{76}=0.8$，$vp_{76}=0.9$，$i=0.05$，计算 A_{77}。

3.13 已知：

(1) X 是(35)投保保额为 7 的 25 年期定期寿险现值随机变量；

(2) Y 是(35)投保保额为 4 的 25 年延期、10 年定期寿险现值随机变量；

(3) $E(X)=3.5$，$E(Y)=0.25$；

(4) $\mathrm{Var}(X)=6.5$，$\mathrm{Var}(Y)=0.2$。

计算 $\mathrm{Var}(X+Y)$。

3.14 (50)投保一金额为 1 000 元的 5 年期死亡年末赔付的两全保险。设 z 为赔付现值变量，已知：

(1) $A_{50:\overline{5}|}=0.79$；

(2) ${}^2A_{55}=0.28$，${}^2A_{50}=0.22$，${}^2A_{50:\overline{5}|}^{1}=0.565$。

求 $\mathrm{Var}(z)$。

3.15 一群 x 岁的人，已知：

(1) 30%是吸烟者(s)，70%是不吸烟者(ns)；

(2) 他们未来 3 年的死亡概率分别如下：

k	q_{x+k}^{s}	q_{x+k}^{ns}
0	0.15	0.10
1	0.25	0.20
2	0.35	0.30

(3) $i=0.025$。

假设从这群人中随机抽取一人作为被保险人，计算 $10\,000A_{x:\overline{2}|}^{1}$。

3.16 已知年实质利率 $i=2.5\%$，并且 $q_x=0.10$，$q_{x+1}=0.15$。假定死亡在分数年龄服从均匀分布，求 ${}^2\overline{A}_{x:\overline{2}|}^{1}$。

3.17 (x)准备购买一份 3 年期两全寿险。已知死亡概率为 $q_{x+k}=0.05(k+1)$ ($k=0, 1, 2$)。死亡年末受益赔付为 $b_{x+k}=10\,000+500k$($k=0, 1, 2$)；到期生存赔付为 10 000。年实质利率 $i=0.05$，求趸缴净保费。

3.18 证明 $(I\overline{A})_x-(\overline{I}\overline{A})_x=\left(\frac{1}{d}-\frac{1}{\delta}\right)\overline{A}_x$。

3.19 假定死亡在年内服从均匀分布，试推导 $(I\overline{A})_x=\dfrac{i}{\delta}(IA)_x$，并在 $\delta=0.05$ 的情况下计算 $\dfrac{(I\overline{A})_x-(\overline{IA})_x}{\overline{A}_x}$ 的值。

3.20 (80)购买递减定期寿险，如果被保险人在第 k 年内死亡，赔付为 $20-k+1$，死亡年末赔付，$k=1, 2, \cdots, 19$。已知：

(1) $i=0.025$；

(2) 在一张给定的生命表中，$q_{80}=0.18$，由此计算的此险种的保费为 15；

(3) 其他生命表函数不变，但 q_{80} 变为 0.1，由此计算的保费为 P。

求 P 的值。

3.21 假设预定利率取 3.5%，使用中国人身保险业经验生命表（见附录 2）作为未来风险度量，以自己为被保险人，计算如下几款寿险产品的趸缴净保费：

(1) 终身寿险，死亡即刻赔付 100 万元；

(2) 40 年定期寿险，死亡即刻赔付 100 万元；

(3) 40 年两全寿险，到期生存给付和死亡即刻给付 100 万元。

第4章

生存年金

生存年金特指以被保险人存活为条件，一系列等时间间隔的资金给付。生存年金既可能是一种寿险产品类型，比如养老金产品就是一种典型的生存年金；也可能是被保险人选择的一种保费缴纳方式，比如期缴保费都是以生存年金的方式缴纳的。本章主要介绍生存年金的厘定方法，以及不同支付频率的生存年金之间的转换。

4.1 生存年金简介

年金（annuity）是指一系列的等时间间隔的付款行为。年金又分为两大类，一类称为确定性年金（annuities-certain），一类称为生存年金（life annuity）。

确定性年金主要用在金融借贷领域。比如甲向银行贷款 100 万元买房，采用 10 年期月度还款方式还贷，假如 10 个月后甲意外去世，那么剩余的 110 个月的未偿还贷款余额不能抹去，需要由甲的家属继续偿还，这种还款现值不能变的年金称为确定性年金。

生存年金是以人的存活为条件的等间隔系列付款行为。比如养老保险金的发放就是以被保险人存活为条件的，这就是典型的生存年金。下一章要介绍的期缴保费也属于生存年金，比如乙向保险公司购买保额为 100 万元的终身寿险，合同约定乙采用 10 年期月度缴费的方式缴纳保费。假如 10 个月后乙意外去世，乙的家人不需要再付剩下的 110 个月的剩余保费，就可以直接领取 100 万元保险受益金。这种以人的存活为缴费条件的年金也属于生存年金。

生存年金在保险里的应用非常普遍。一方面，它是一种常见的保险受益金给付方式，广泛应用在养老保险、健康保险、失能保险、抚恤保险、失业保险等保险受益金赔付场合。另一方面，它也是一种常见的保费缴纳方式，被保险人采用分期缴纳的方式缴纳保费，缴费期内，如果被保险人死亡，保费缴纳即刻终止。所以分期缴纳的保费也构成生存年金。

确定性年金和生存年金在各自的应用领域里都简称为年金。本书中简称的年金默认为生存年金。

生存年金由于赔付时点、支付频率和支付额度的不同，分为很多类型。按照支付时点的不同，可以分为期初支付年金（annuity-immediate）和期末支付年金（annuity-due）。按照支付频率的不同可以分为一年支付一次的年金、一年支付 m 次的年金，以及连续年金。按照支付额度的不同可以分为等额年金和变额年金。按照保障期限可以分为定期年金和终身年金。按照合同签订日和保障起始日之间是否有时间间隔可以分为即期年金和延期年金。

本章主要介绍生存年金精算的厘定原则和各种类型的生存年金的计算技巧。

4.2　连续生存年金

在保障期内，以被保险人生存为条件，连续支付保险受益金的保险产品称为连续生存年金。在保险实务中，连续生存年金很少见，但是在理论上，连续生存年金可以简洁地说明生存年金精算现值的厘定思想和精算技巧。

下面以终身生存年金为例，假设 (x) 投保每年连续给付 1 单位元数的终身生存年金，该险种的精算现值可以通过如下三种方法厘定。

4.2.1　当期支付技巧

当期支付技巧（current payment technique）以被保险人存活时刻为参照点，计算在未来寿命的任意 t 时刻，如果被保险人存活，当期生存给付金的精算现值（见图 4-1）。

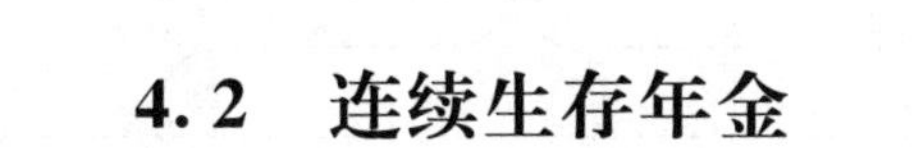

图 4-1　生存年金当期支付技巧图示

假设在未来的任意时刻 t，被保险人仍然存活，因为每年的生存年金为 1，则在 t 时刻，被保险人可以获得 $\mathrm{d}t$ 的连续生存给付金，该给付金的现值等于 $\mathrm{d}t \cdot v^t$，赔付发生的概率等于被保险人在 t 时刻的生存概率 ${}_tp_x$，这时生存年金精算现值记作 $\bar{a}_x$：

$$\bar{a}_x = \int_0^{\omega - x} v^t {}_tp_x \mathrm{d}t$$

【例 4.1】 在死亡力为 0.04，利息力为 0.06 的假定下，使用当期支付技巧，计算 (x) 终身生存年金精算现值。

【解】

在未来寿命的任意时刻 t，生存年金赔付现值等于 $v^t\mathrm{d}t = \mathrm{e}^{-\delta t}\mathrm{d}t$，该生存赔付发生概率为：

$${}_tp_x = \mathrm{e}^{-\mu t},\quad t \geqslant 0$$

使用当期支付技巧，(x) 终身生存年金的精算现值为：

$$\bar{a}_x = \int_0^{\infty} e^{-\delta t} e^{-\mu t} dt = \frac{1}{\mu + \delta} = \frac{1}{0.04 + 0.06} = 10$$

4.2.2 综合支付技巧

综合支付技巧（aggregate payment technique）是以被保险人死亡时刻为参照点，计算死亡发生时，已经支付的生存年金现值的期望（见图 4－2）。

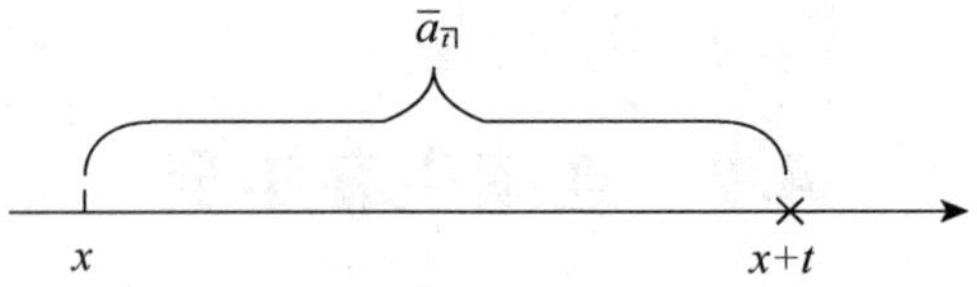

图 4－2 生存年金综合支付技巧图示

假设死亡事件发生在未来寿命的 t 时刻。死亡事件一旦发生，已经支付的生存年金就变成每年连续赔付 1、赔付时长为 t 的确定性年金了。该确定性年金的现值等于 $\bar{a}_{\overline{t}|}$，而死亡发生的概率等于 $f_x(t)$。使用综合支付技巧，(x) 终身生存年金的精算现值等于：

$$\bar{a}_x = E(\bar{a}_t) = \int_0^{\omega - x} \bar{a}_{\overline{t}|} f_x(t) dt$$

【例 4.2】 假设寿命服从 $[0, 110]$ 上的均匀分布，利息力 $\delta = 0.05$，使用综合支付技巧，计算 $\bar{a}_{30}$。

【解】

假设死亡事件发生在未来的任意时刻 t，死亡发生时，已付生存年金的现值为：

$$\bar{a}_{\overline{t}|} = \frac{1 - e^{-\delta t}}{\delta} = \frac{1 - e^{-0.05t}}{0.05}$$

死亡发生概率为：

$$f_x(t) = \frac{1}{\omega - x} = \frac{1}{110 - 30} = \frac{1}{80}, \quad 0 \leqslant t < 80$$

使用综合支付技巧，(x) 终身生存年金的精算现值为：

$$\bar{a}_{30} = \int_0^{80} \frac{1 - e^{-0.05t}}{0.05} \frac{1}{80} dt = 15.092$$

4.2.3 函数变换技巧

函数变换技巧是指寻找 $\bar{a}_x$ 与 $\bar{A}_x$ 之间的函数关系，将 $\bar{a}_x$ 表达为 $\bar{A}_x$ 的函数。

因为 $\bar{A}_x$ 的很多性质和计算方法在上一章中已经详细讲过，如果它们之间具有某种函数关系，那么 $\bar{a}_x$ 的计算和很多性质的推导基于 $\bar{A}_x$ 的已知结果或性质就相对简单了。

以终身寿险为例，因为

$$\bar{a}_x = E(\bar{a}_{\overline{t}|}) = E\left(\frac{1-v^t}{\delta}\right)$$

而对于终身寿险而言，$Z_t = v^t$，$\bar{A}_x = E(Z_t) = E(v^t)$，所以

$$\bar{a}_x = \frac{1-E(v^t)}{\delta} = \frac{1-\bar{A}_x}{\delta}$$

同理可以推导出终身生存年金现值的方差为：

$$\mathrm{Var}(\bar{a}_{\overline{t}|}) = \mathrm{Var}\left(\frac{1-v^t}{\delta}\right) = \frac{\mathrm{Var}(v^t)}{\delta^2}$$

因为

$$\mathrm{Var}(v^t) = {}^2\bar{A}_x - (\bar{A}_x)^2$$

所以连续生存年金现值的方差为：

$$\mathrm{Var}(\bar{a}_{\overline{t}|}) = \frac{{}^2\bar{A}_x - (\bar{A}_x)^2}{\delta^2}$$

【例 4.3】 在死亡力为 0.04，利息力为 0.06 的假定下，使用函数变换技巧，计算：

(1) (x)终身生存年金现值的期望 $\bar{a}_x$；

(2) (x)终身生存年金现值的方差 $\mathrm{Var}(\bar{a}_{\overline{t}|})$；

(3) 年金现值大于年金期望值的概率。

【解】

(1) 在死亡力为 μ，利息力为 δ 的场合，有

$$\bar{A}_x = \int_0^{\infty} v^t {}_tp_x \mu_{x+t} \mathrm{d}t = \int_0^{\infty} \mu \mathrm{e}^{-\delta t} \mathrm{e}^{-\mu t} \mathrm{d}t = \frac{\mu}{\mu+\delta} = \frac{0.04}{0.04+0.06} = 0.4$$

所以

$$\bar{a}_x = \frac{1-\bar{A}_x}{\delta} = \frac{1-0.4}{0.06} = 10$$

(2) 因为

$${}^2\bar{A}_x = \int_0^{\infty} v^{2t} {}_tp_x \mu_{x+t} \mathrm{d}t = \int_0^{\infty} \mu \mathrm{e}^{-2\delta t} \mathrm{e}^{-\mu t} \mathrm{d}t = \frac{\mu}{2\delta+\mu} = 0.25$$

所以

$$\mathrm{Var}(\bar{a}_{\overline{t}|}) = \frac{{}^2\bar{A}_x - (\bar{A}_x)^2}{\delta^2} = \frac{0.25-0.16}{0.0036} = 25$$

$$
\begin{aligned}
(3)\ \Pr(\bar{a}_{\overline{t|}} > \bar{a}_x) &= \Pr\left(\frac{1-v^t}{\delta} > \bar{a}_x\right) \\
&= \Pr(v^t < 1-\delta\bar{a}_x) \\
&= \Pr(v^t < \bar{A}_x) \\
&= \Pr\left(t > -\frac{\ln\bar{A}_x}{\delta}\right) \\
&= \int_{\frac{-\ln 0.4}{0.06}}^{\infty} 0.04\mathrm{e}^{-0.04t}\,\mathrm{d}t \\
&= 0.54
\end{aligned}
$$

4.3 离散生存年金

离散生存年金是指在保障期内，以被保险人生存为条件，每隔一段时间支付一次年金的保险。本节只介绍一年支付一次的离散生存年金精算现值的厘定。因为一年支付一次的频率与生命表结构正好匹配，它是实务中进行年金计算的基础。

4.3.1 终身生存年金

假定(x)投保终身生存年金，每年期初获得 1 单位元数生存赔付金，直至被保险人死亡为止。实质利率 i 已知，按复利计息。该年金称为期初支付终身生存年金。该年金精算现值记作 $\ddot{a}_x$。和连续生存年金一样，我们有三种厘定生存年金精算现值的方法。

1. 当期支付技巧

假设在未来的第 k 年期初，被保险人还存活，可以获得生存给付金 1。这 1 单位元数生存给付金的精算现值称为生存贴现因子，记作 ${}_kE_x$ ：

$$ {}_kE_x = v^k \cdot {}_kp_x $$

${}_kE_x$ 是我们研究生存年金的一个基本计量单位。终身生存年金精算现值等于保障期内生存贴现因子的累加和：

$$ \ddot{a}_x = \sum_{k=0}^{\infty} {}_kE_x = \sum_{k=0}^{\omega-x} v^k \cdot {}_kp_x $$

期初支付终身生存年金当期交付技巧如图 4－3 所示。

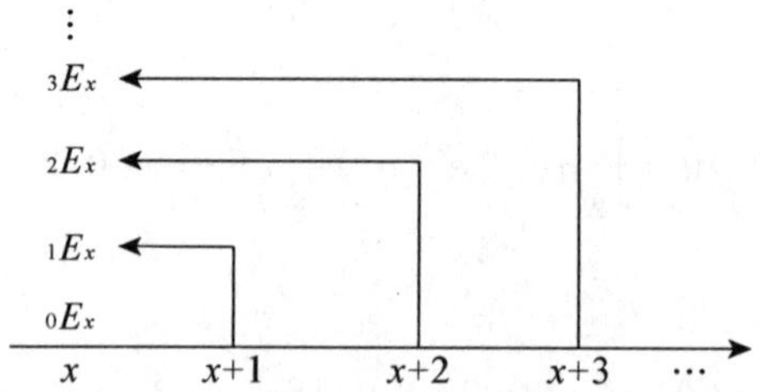

图 4－3 终身生存年金当期交付技巧示意图

【例 4.4】假设一群 90 岁的老人，生命表如表 4-1 所示，假设他们每年期初可以获得 10 000 元生存给付金，计算这群老人的终身生存年金精算现值。

表 4-1

x	90	91	92	93
l_x	100	80	50	0

【解】

$$\begin{aligned}10\,000\ddot{a}_{90} &= 10\,000\sum_{k=0}^{2}{}_{k}E_{90}\\ &= 10\,000\times\left(1+\frac{1}{1.05}\times\frac{80}{100}+\frac{1}{1.05^2}\times\frac{50}{100}\right)\\ &= 221\,50\end{aligned}$$

2. 综合支付技巧

假设死亡事件发生在未来的第 $k\sim k+1$ 年期内。这时所有缴纳的年金现值就是 $k+1$ 期的确定性年金的现值 $\ddot{a}_{\overline{k+1}|}$，而赔付发生的概率等于被保险人在第 $k\sim k+1$ 年内死亡的概率 ${}_{k|}q_x$，这时终身生存年金精算现值记作 $\ddot{a}_x$：

$$\ddot{a}_x = E(\ddot{a}_{\overline{k+1}|}) = \sum_{k=0}^{\infty}\ddot{a}_{\overline{k+1}|}\cdot{}_{k|}q_x$$

【例 4.5】某人购买了一个 3 年定期生存年金，支付方式为年初支付，生存给付金额及各年生存概率如表 4-2 所示。

表 4-2　各年生存给付金额与生存概率

第 k 年	生存给付金额	生存概率（p_{x+k}）
0	1	0.7
1	2	0.6
2	3	0.5

假设贴现因子 $v=0.5$，现值变量为 Y，求：

（1）此人所得生存年金的现值超过 $E(Y)$ 的概率；

（2）该生存年金现值变量的方差 $\mathrm{Var}(Y)$。

【解】

（1）这是一个给付金额逐年递增的定期生存年金，记该险种的精算现值为 $(I\ddot{a})_{x:\overline{3}|}$。由于该险种每年支付金额不恒定，所以上面推导的公式都不可以套用，但是无论何种类型的年金产品，计算精算现值的基本思想和方法都是一致的。

使用综合支付技巧，考察该险种在不同年份死亡发生（或到期）时已付年金现值和发生概率，如表 4-3 所示。

表 4-3　各年已付年金现值与发生概率

第 k 年	支付金额	年金现值 Y	发生概率
0	1	1	$\Pr(K=0)=1-p_x$ $=1-0.7$ $=0.3$
1	2	$1+2v=2$	$\Pr(K=1)=p_x\cdot(1-p_{x+1})$ $=0.7\times(1-0.6)$ $=0.28$
2	3	$1+2v+3v^2=2.75$	$\Pr(K\geqslant 2)=p_x\cdot p_{x+1}$ $=0.7\times 0.6$ $=0.42$

所以该生存年金精算现值为：

$$
\begin{aligned}
(I\ddot{a})_{x:\overline{3}|}&=E(Y)=1\times 0.3+(1+2v)\times 0.28+(1+2v+3v^2)\times 0.42\\
&=0.3+0.56+1.155\\
&=2.015
\end{aligned}
$$

由于此人所得生存年金现值只有三种情况：

$$
Y=\begin{cases}1, & K=0\\ 2, & K=1\\ 2.75, & K\geqslant 2\end{cases}
$$

所以，只有当未来寿命超过 2 年即 $K\geqslant 2$ 时，此人所得生存年金现值才能超过 $E(Y)$，即

$$
\Pr[Y>E(Y)]=\Pr(K\geqslant 2)=p_x p_{x+1}=0.42
$$

(2) 根据已知条件，容易计算

$$
E(Y^2)=1^2\times 0.3+(1+2v)^2\times 0.28+(1+2v+3v^2)^2\times 0.42=4.596\,25
$$

则

$$
\mathrm{Var}(Y)=E(Y^2)-[E(Y)]^2=4.596\,25-2.015^2=0.536\,025
$$

3. 函数变换技巧

根据综合支付技巧，容易推导出 $\ddot{a}_x$ 与 A_x 之间的函数变换关系：

$$
\ddot{a}_x=E(\ddot{a}_{\overline{k+1}|})=E\left(\frac{1-v^{k+1}}{d}\right)=\frac{1-A_x}{d}
$$

同理可以推导出终身生存年金现值的方差为：

$$
\mathrm{Var}(\ddot{a}_{\overline{k+1}|})=\mathrm{Var}\left(\frac{1-v^{k+1}}{d}\right)=\frac{{}^2A_x-(A_x)^2}{d^2}
$$

【例 4.6】 假设一个 29 岁的工人因公伤残，公司要一次性赔付他从 30 岁开始每年 30 000 元的伤残抚恤金。假设按复利计息，年实质利率为 5%，寿命服从中国人身保险

业经验生命表（见附录2）的CL1表。计算公司要一次性赔给这位工人多少抚恤金。

【解】

根据生命表，可以计算出 $A_{30}=0.120\,627$，且 $d=\dfrac{i}{1+i}=0.047\,6$，则公司要一次性赔给这位工人的抚恤金为：

$$30\,000\ddot{a}_{30}=30\,000\frac{1-A_{30}}{d}=30\,000\frac{1-0.120\,627}{0.047\,6}=554\,004.9(\text{元})$$

【例4.7】 现有一终身生存年金产品，每年期初生存赔付1 000元。现在，在原来生存赔付的基础上，增加死亡年末赔付 b 元。假定年实质利率为5%，按复利计息。当死亡赔付 b 定为多大时，该产品赔付现值的方差最小？

【解】

假设死亡发生在整值未来寿命第 $k\sim k+1$ 年内。死亡发生时，所有的生存赔付现值为 $1\,000\ddot{a}_{\overline{k+1}|}$。死亡发生之后，假设死亡赔付金为 b，则死亡年末赔付现值为 bv^{k+1}。则该产品赔付现值函数为：

$$Y_k=1\,000\ddot{a}_{\overline{k+1}|}+bv^{k+1}$$

Y_k 的方差为：

$$\begin{aligned}\text{Var}(Y)_t&=\text{Var}\left(1\,000\frac{1-v^{k+1}}{d}+bv^{k+1}\right)\\&=\text{Var}\left[\frac{1\,000}{d}+\left(b-\frac{1\,000}{d}\right)v^{k+1}\right]\\&=\left(b-\frac{1\,000}{d}\right)^2\text{Var}(v^{k+1})\end{aligned}$$

当 $b-\dfrac{1\,000}{d}=0$ 时，$\text{Var}(Y)_t=0$ 达到最小。这时死亡赔付金为：

$$b=\frac{1\,000}{d}=\frac{1\,000}{0.05/1.05}=21\,000(\text{元})$$

4.3.2 定期生存年金

使用当期支付技巧，每年期初支付1单位元数，n 年定期生存年金的精算现值就等于 n 年生存贴现因子的累加和：

$$\ddot{a}_{x:\overline{n}|}=\sum_{k=0}^{n-1}{}_kE_x=\sum_{k=0}^{n-1}v^k\cdot{}_kp_x$$

从综合支付技巧的角度考虑，对于 n 年定期生存年金而言，生存赔付时期数由死亡发生时间和保险期限的最小值决定。也就是说，假设整值未来寿命等于 K_x，那么年金赔付现值等于 $\ddot{a}_{\overline{\min(K_x+1,\ n)}|}$：

$$\ddot{a}_{x:\overline{n}|}=E[\ddot{a}_{\overline{\min(K_x+1,n)}|}]=E\left[\frac{1-v^{\min(K_x+1,n)}}{d}\right]$$

式中：

$$v^{\min(K_x+1,n)}=\begin{cases}v^{k+1}, & k+1\leqslant n\\ v^n, & k+1>n\end{cases}$$

显然，$v^{\min(K_x+1,\ n)}$ 是两全寿险的现值函数，即

$$E[v^{\min(K_x+1,n)}]=A_{x:\overline{n}|}$$

所以从函数变换技巧角度，得到

$$\ddot{a}_{x:\overline{n}|}=\frac{1-A_{x:\overline{n}|}}{d}$$

【例 4.8】 (x) 购买了一个 3 年定期生存年金，生存赔付金支付方式为年初生存赔付 1。未来 3 年的死亡概率为 $q_x=0.1$，$q_{x+1}=0.2$，$q_{x+2}=0.3$。假设年实质利率为 5%，求该生存年金现值的期望和方差。

【解】

（1）根据当期支付技巧，容易计算

$$\ddot{a}_{x:\overline{3}|}=1+vp_x+v^2\ {}_2p_x=1+\frac{1-0.1}{1.05}+\frac{(1-0.1)(1-0.2)}{1.05^2}=2.510\ 2$$

如果采用函数变换技巧，则先计算

$$A_{x:\overline{3}|}=vq_x+v^2p_xq_{x+1}+v^3\ {}_2p_x=\frac{0.1}{1.05}+\frac{0.9\times0.2}{1.05^2}+\frac{0.9\times0.8}{1.05^3}=0.880\ 5$$

通过函数变换，同样计算出

$$\ddot{a}_{x:\overline{3}|}=\frac{1-A_{x:\overline{3}|}}{d}=\frac{1-0.880\ 5}{0.05/1.05}=2.510\ 2$$

（2）采用函数变换技巧计算生存年金现值的方差，先计算

$$\begin{aligned}{}^2A_{x:\overline{3}|}&=v^2q_x+v^4p_xq_{x+1}+v^6\ {}_2p_x\\&=\frac{0.1}{1.05^2}+\frac{0.9\times0.2}{1.05^4}+\frac{0.9\times0.8}{1.05^6}=0.776\ 1\end{aligned}$$

则生存年金现值的方差为：

$$\mathrm{Var}[\ddot{a}_{\overline{\min(k+1,3)}|}]=\frac{{}^2A_{x:\overline{3}|}-(A_{x:\overline{3}|})^2}{d^2}=\frac{0.776\ 1-0.880\ 5^2}{(0.05/1.05)^2}=0.371\ 9$$

4.3.3 延期生存年金

现实生活中的养老金保险，大多是延期终身生存保险。比如一个 25 岁参加工作的人

购买养老保险，签订的保险合同约定保险公司从被保险人60岁开始给付养老金，这就是一个延期35年的生存年金保险。

从当期支付技巧的角度考虑，生存年金的精算现值等于每一期赔付的生存贴现因子之和：

$$_{h|}\ddot{a}_x=\sum_{k=h}^{\omega-x} {}_kE_x=\sum_{k=0}^{\omega-x-h} v^{h+k}\,{}_{h+k}p_x$$

又因为

$$\sum_{k=0}^{\omega-x-h} v^{h+k}\,{}_{h+k}p_x=\sum_{k=0}^{\omega-x-h}(v^h\,{}_hp_x)(v^k\,{}_kp_{x+h})={}_hE_x\sum_{k=0}^{\omega-x-h} v^k\,{}_kp_{x+h}$$

而

$$\sum_{k=0}^{\infty} v^k\,{}_kp_{x+h}=\ddot{a}_{x+h}$$

所以延期终身生存年金的精算现值又可以表达为：

$$_{h|}\ddot{a}_x={}_hE_x\cdot\ddot{a}_{x+h}$$

还可以推导出

$$\ddot{a}_x=\sum_{k=0}^{\omega-x-h} {}_kE_x=\sum_{k=0}^{h-1} {}_kE_x+\sum_{k=h}^{\omega-x-h} {}_kE_x=\ddot{a}_{x:\overline{h}|}+{}_{h|}\ddot{a}_x$$

即

$$_{h|}\ddot{a}_x=\ddot{a}_x-\ddot{a}_{x:\overline{h}|}$$

同理延期 h 年的定期生存年金精算现值记作 $_{h|}\ddot{a}_{x:\overline{n}|}$，有

$$_{h|}\ddot{a}_{x:\overline{n}|}=\ddot{a}_{x:\overline{h+n}|}-\ddot{a}_{x:\overline{h}|}={}_hE_x\cdot\ddot{a}_{x+h:\overline{n}|},\quad \forall\, 0<h<n$$

【例4.9】(30)男子希望从60岁开始领取养老金。为了实现这个目标，他准备购买生存年金产品。假设该年金按复利计息，年实质利率为5%，寿命服从中国人身保险业经验生命表（见附录2）的CL1表。请计算：

(1) 如果该男子准备在60岁时购买每年期初支付1单位元数的终身生存年金，请计算该年金的精算现值。

(2) 如果该男子购买30年延期终身生存年金，请计算该延期年金的精算现值。

注：这是养老金产品，实务中应该使用CL5表，本书为简化计算，都假设寿命服从CL1表。

【解】

(1) 根据已知生命表和利率，计算出

$$A_{60}=0.402\,4$$

根据函数变换技巧，得到（60）男子购买终身生存年金的精算现值为：

$$\ddot{a}_{60}=\frac{1-A_{60}}{d}=\frac{1-0.4024}{0.05/1.05}=12.55$$

（2）根据已知生命表和利率，计算出

$$_{30}E_{30}=A_{30:\overline{30}|}^{\ \ 1}=0.2095$$

则（30）男子购买 30 年延期终身生存年金的精算现值为：

$$_{30|}\ddot{a}_{30}={}_{30}E_{30}\cdot\ddot{a}_{60}=0.2095\times12.55=2.63$$

这两问的计算说明，一个人想从 60 岁开始领取养老金，如果他 60 岁才开始准备筹款，他需要筹集的趸缴净保费等于未来每年生存赔付金的 12.55 倍。而如果他从 30 岁开始为养老做准备，他在 30 岁时，需要筹集的趸缴净保费等于未来每年生存赔付金的 2.63 倍，所以购买养老金产品越早越好。

4.3.4 保证年金

养老金产品的精算现值通常很高，这使得部分投保人有一种担心，如果缴纳了很大一笔保费，结果在退休之后，没有领几次养老金就去世，那么个人损失就会很大。应对这种担心，保险人开发了保证年金（guaranteed annuities）产品。

保证年金是指无论被保险人什么时候死亡，都保证可以获得指定时间长度的确定性年金赔付。这个指定的赔付时间长度称为保证期，实务中保证期通常是 5 年、10 年或 15 年。

假设(x)购买了保证期为 n 年的保证年金，每年期初生存赔付 1，整值未来寿命为 K_x，该保证年金现值函数记作 Y，则

$$Y=\begin{cases}\ddot{a}_{\overline{n}|}, & K_x+1<n\\ \ddot{a}_{\overline{K_x+1}|}, & K_x+1\geqslant n\end{cases}$$

保证年金精算现值记作 $\ddot{a}_{\overline{x:\overline{n}|}}$，有

$$\ddot{a}_{\overline{x:\overline{n}|}}=E(Y)$$

容易证明保证期为 n 年的保证年金可以视为 n 年确定性年金和 n 年延期终身年金的组合，即

$$\ddot{a}_{\overline{x:\overline{n}|}}=\ddot{a}_{n}+{}_{n|}\ddot{a}_{x}$$

证明：

$$\begin{aligned}\ddot{a}_{\overline{x:\overline{n}|}}&=E(Y)\\&=\sum_{k=0}^{n-1}\ddot{a}_{\overline{n}|}\cdot{}_{k|}q_x+\sum_{k=n}^{\omega-x-1}\ddot{a}_{\overline{k+1}|}\cdot{}_{k|}q_x\\&=\sum_{k=0}^{n-1}\ddot{a}_{\overline{n}|}\cdot{}_{k|}q_x+\sum_{k=n}^{\omega-x-1}[(\ddot{a}_{\overline{k+1}|}-\ddot{a}_{\overline{n}|})+\ddot{a}_{\overline{n}|}]_{k|}q_x\end{aligned}$$

$$=\sum_{k=0}^{\omega-x-1}\ddot{a}_{\overline{n}|}\cdot{}_{k|}q_x+\sum_{k=n}^{\omega-x-1}(\ddot{a}_{\overline{k+1}|}-\ddot{a}_{\overline{n}|})_{k|}q_x$$
$$=\ddot{a}_{\overline{n}|}+{}_{n|}\ddot{a}_x$$

【例 4.10】 假设某终身生存年金，每年期初赔付 1，复利计息，年实质利率为 5%，寿命服从中国人身保险业经验生命表（见附表 2）的 CL1 表。请计算：

（1）（60）男子购买终身生存年金，求带 10 年保证期和不带保证期的生存年金精算现值之差。

（2）（30）男子购买 30 年延期终身寿险，求带 10 年保证期和不带保证期的延期年金精算现值之差。

【解】

（1）因为

$$\ddot{a}_{\overline{60:\overline{10}|}}=\ddot{a}_{\overline{10}|}+{}_{10}E_{60}\cdot\ddot{a}_{70}$$

根据已知生命表和利率，得

$$\ddot{a}_{\overline{10}|}=8.1078,\ {}_{10}E_{60}=0.5253,\ \ddot{a}_{70}=9.2028$$

进而求出

$$\ddot{a}_{\overline{60:\overline{10}|}}=8.1078+0.5253\times 9.2028=12.94$$

例 4.9 已经求出不带保证期的终身生存年金 $\ddot{a}_{60}=12.55$，所以带 10 年保证期和不带保证期的精算现值之差为：

$$\ddot{a}_{\overline{60:\overline{10}|}}-\ddot{a}_{60}=12.94-12.55=0.39$$
$$0.39/12.55=0.03$$

本例的测算显示，只要增加保费的 3%左右，就可以保证至少获得 10 年的养老金确定性给付。这对那些担心自己寿命不长的被保险人而言，保证年金具有很大的吸引力。

（2）因为

$${}_{30|}\ddot{a}_{\overline{30:\overline{10}|}}={}_{30}E_{30}\cdot\ddot{a}_{\overline{60:\overline{10}|}}$$

已知 ${}_{30}E_{30}=0.2095$，$\ddot{a}_{\overline{60:\overline{10}|}}=12.94$，所以

$${}_{30|}\ddot{a}_{\overline{30:\overline{10}|}}=0.2095\times 12.94=2.71$$

例 4.9 已经求出不带保证期的延期生存年金 ${}_{30|}\ddot{a}_{30}=2.63$，所以带保证期和不带保证期的精算现值之差为：

$${}_{30|}\ddot{a}_{\overline{30:\overline{10}|}}-{}_{30|}\ddot{a}_{30}=2.71-2.63=0.08$$
$$0.08/2.63=0.03$$

延期年金的计算结果和终身年金的计算结果一样，增加 10 年保证期而增加的保费约为 3%左右。这说明保证年金可以很小的成本，给被保险人很大的安全感。所以，实务中很多养老金产品会增加保证期的设计。

4.4　期末支付生存年金

在 4.3 节中介绍的离散生存年金，保险受益金都是假定在每年期初支付。如果生存年金给付时刻是在每年末，则该生存年金称为期末支付生存年金，或简称为延付年金。

期末支付终身生存年金精算现值记作 a_x。显然 $\ddot{a}_x$ 比 a_x 多了 x 岁期初的一次生存赔付，其余赔付都一样，即有

$$a_x = \ddot{a}_x - 1$$

图 4 - 4 为终身初付生存年金与延付生存年金图示。

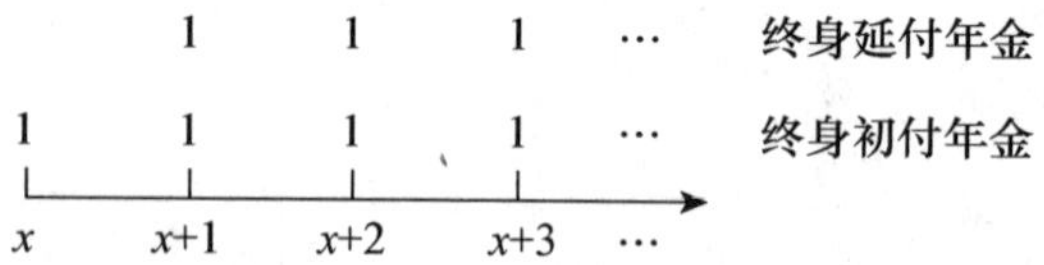

图 4 - 4　终身初付生存年金与延付生存年金图示

期末支付 n 年定期生存年金精算现值记作 $a_{x:\overline{n}|}$，它比期初支付生存年金少了 x 岁期初的一次生存赔付，但多了 n 年期末的一次生存赔付。所以

$$a_{x:\overline{n}|} = \ddot{a}_{x:\overline{n}|} - 1 + {}_nE_x$$

图 4 - 5 为 n 年定期初付生存年金与延付生存年金图示。

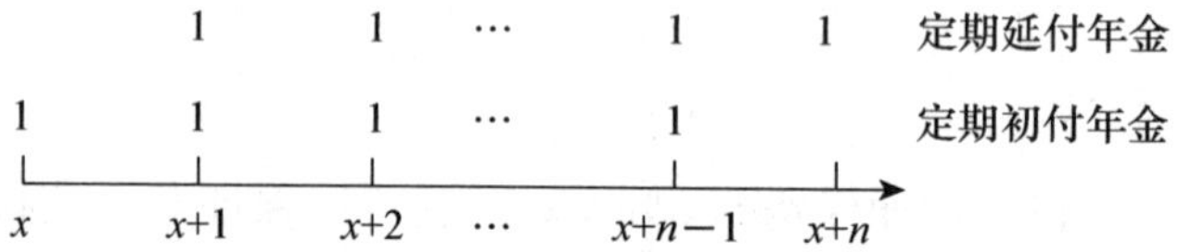

图 4 - 5　定期初付生存年金与延付生存年金图示

期末支付延期 h 年终身生存年金精算现值记作 ${}_{h|}a_x$。显然 ${}_{h|}\ddot{a}_x$ 比 ${}_{h|}a_x$ 多了未来 h 年期初的一次生存赔付，即有

$${}_{h|}a_x = {}_{h|}\ddot{a}_x - {}_hE_x$$

【例 4.11】 已知 $A_x = 0.3$，$A_{x+10} = 0.4$，$A_{x:\overline{10}|}^{\ \ 1} = 0.5$，$i = 5\%$，计算 $a_{x:\overline{10}|}$。

【解】

$${}_{10}E_x = A_{x:\overline{10}|}^{\ \ 1} = 0.5$$

根据已知条件，容易求得 10 年定期寿险的精算现值为：

$$A_{x:\overline{10}|}^1 = A_x - {}_{10}E_x \cdot A_{x+10} = 0.3 - 0.5 \times 0.4 = 0.1$$

则 10 年定期两全保险精算现值为：

$$A_{x:\overline{10}|} = A_{x:\overline{10}|}^1 + A_{x:\overline{10}|}^{\ \ 1} = 0.1 + 0.5 = 0.6$$

根据定期寿险与年金的函数转换关系，得

$$\ddot{a}_{x:\overline{10|}}=\frac{1-A_{x:\overline{10|}}}{d}=\frac{1-0.6}{0.05/1.05}=8.4$$

再由定期生存年金期初支付与期末支付之间的函数变换关系，得到

$$a_{x:\overline{10|}}=\ddot{a}_{x:\overline{10|}}-1+{}_{10}E_x=8.4-1+0.5=7.9$$

4.5　年付 *m* 次的生存年金

在保险实务中，生存年金常常按月、季度或者半年的频率给付，这时生存年金称为年付 m 次的生存年金（m-thly payment life insurance）。

一年给付 m 次的生存年金给付频率与一年转换一次的实质利率转换频率不同，给付事件的发生频率也涉及分数期概率的计算。这显然增加了生存年金精算现值的厘定难度，但它具有非常重要的实务价值，我们不能规避它。

所以，为了便于计算，我们需要借助各种数值计算方法，寻找年付 m 次的生存年金和一年支付一次的生存年金之间的函数关系。借助不同的数学技巧，可以得到多种年付 m 次的生存年金的近似计算公式。下面介绍最常用的两种方法：线性函数变换和 Woolhouse 公式。

4.5.1　线性函数变换

1. 一年给付 *m* 次的终身生存年金的厘定

假定被保险人 x 岁投保终身生存年金，每年被等分为 m 个时期，在每一期的期初可获得 $1/m$ 单位元数的生存给付金，直至被保险人死亡为止。实质利率 i 已知，按复利计息，则该终身生存年金的现值期望记作 $\ddot{a}_x^{(m)}$ 。

由当期支付技巧可知

$$\ddot{a}_x^{(m)}=\sum_{k=0}^{\infty}\frac{1}{m}v^{k/m}\cdot{}_{k/m}p_x$$

由于生命表不直接提供分数期的生存概率，${}_{k/m}p_x$ 需要借助死亡在年内服从某个已知分布进行估算。所以使用当期支付技巧计算 $\ddot{a}_x^{(m)}$ 思想简单，但计算太复杂。

换一个思路，采用函数变换技巧，一年给付 m 次的生存年金 $\ddot{a}_x^{(m)}$ 和一年给付 m 次的终身寿险 $A_x^{(m)}$ 之间具有如下函数关系：

$$\ddot{a}_x^{(m)}=E\left(\frac{1-v^{K_x^{(m)}+\frac{1}{m}}}{d^{(m)}}\right)=\frac{1-A_x^{(m)}}{d^{(m)}}$$

这意味着

$$A_x^{(m)}+d^{(m)}\ddot{a}_x^{(m)}=1$$

在一年给付一次的终身生存年金场合有

$$A_x+d\ddot{a}_x=1$$

则

$$A_x^{(m)}+d^{(m)}\ddot{a}_x^{(m)}=A_x+d\ddot{a}_x$$

推导出

$$\ddot{a}_x^{(m)}=\frac{d}{d^{(m)}}\ddot{a}_x+\frac{A_x-A_x^{(m)}}{d^{(m)}}$$

在 UDD 假定下，$A_x^{(m)}=\frac{i}{i^{(m)}}A_x$ ，则

$$\begin{aligned}\ddot{a}_x^{(m)}&=\frac{d}{d^{(m)}}\ddot{a}_x+\frac{1}{d^{(m)}}\left(1-\frac{i}{i^{(m)}}\right)A_x\\&=\frac{d}{d^{(m)}}\ddot{a}_x-\frac{i-i^{(m)}}{i^{(m)}d^{(h)}}(1-d\ddot{a}_x)\\&=\left(\frac{d}{d^{(m)}}+d\,\frac{i-i^{(m)}}{i^{(m)}d^{(m)}}\right)\ddot{a}_x-\frac{i-i^{(m)}}{i^{(m)}d^{(m)}}\\&=\frac{id}{i^{(m)}d^{(m)}}\ddot{a}_x-\frac{i-i^{(m)}}{i^{(m)}d^{(m)}}\\&=\alpha(m)\ddot{a}_x-\beta(m)\end{aligned}$$

式中，$\alpha(m)=\frac{id}{i^{(m)}d^{(m)}}$；$\beta(m)=\frac{i-i^{(m)}}{i^{(m)}d^{(m)}}$ 。

这个公式的重要意义在于，在死亡年内服从均匀分布的假定下，$\ddot{a}_x^{(m)}$ 可以表达为 $\ddot{a}_x$ 的线性函数，而参数 $\alpha(m)$ 和 $\beta(m)$ 在已知利率的假定下可以事先确定，这极大降低了求解 $\ddot{a}_x^{(m)}$ 的难度。

由于利率 i 通常很小，因此

$$\alpha(m)=\frac{id}{i^{(m)}d^{(m)}}\approx1,\quad\beta(m)=\frac{i-i^{(m)}}{i^{(m)}d^{(m)}}\approx\frac{m-1}{2m}$$

由此，还可以得到一个更为简单的近似公式：

$$\ddot{a}_x^{(m)}\approx\ddot{a}_x-\frac{m-1}{2m}$$

2. 一年给付 m 次的延期终身生存年金的厘定

一年给付 m 次的延期 h 年的终身生存年金的线性变换公式也很容易推导：

$${}_{h|}\ddot{a}_x^{(m)}={}_hE_x\cdot\ddot{a}_{x+h}^{(m)}={}_hE_x\cdot[\alpha(m)\ddot{a}_{x+h}-\beta(m)]$$

3. 一年给付 m 次的定期生存年金的厘定

一年给付 m 次的定期生存年金的线性变换公式的推导，需要将定期年金转换为终身

年金和延期年金的组合：

$$\begin{aligned}\ddot{a}_{x:\overline{n}|}^{(m)}&=\ddot{a}_{x}^{(m)}-{}_{n}E_{x}\cdot\ddot{a}_{x+n}^{(m)}\\&=[\alpha(m)\ddot{a}_{x}-\beta(m)]-{}_{n}E_{x}\cdot[\alpha(m)\ddot{a}_{x+n}-\beta(m)]\\&=\alpha(m)(\ddot{a}_{x}-{}_{n}E_{x}\cdot\ddot{a}_{x+n})-\beta(m)(1-{}_{n}E_{x})\\&=\alpha(m)\ddot{a}_{x:\overline{n}|}-\beta(m)(1-{}_{n}E_{x})\end{aligned}$$

【例 4.12】 已知 $q_{50}=0.02$，$i=5\%$，$1\,000\bar{A}_{51}=490$，假定死亡在年内服从均匀分布，计算该生存年金的精算现值 $\ddot{a}_{50}^{(2)}$。

【解】

$$A_{51}=\frac{\delta}{i}\bar{A}_{51}=\frac{\ln 1.025}{0.025}\times 0.49=0.478\,1$$

$$A_{50}=vq_{50}+vp_{50}A_{51}=\frac{0.02}{1.05}+\frac{0.98\times 0.478\,1}{1.05}=0.465\,3$$

$$\ddot{a}_{50}=\frac{1-A_{50}}{d}=\frac{1-0.465\,3}{0.05/1.05}=11.228\,7$$

由于

$$\alpha(2)=\frac{id}{i^{(2)}d^{(2)}}=1.000\,038,\quad \beta(2)=\frac{i-i^{(2)}}{i^{(2)}d^{(2)}}=0.256\,2$$

所以

$$\ddot{a}_{50}^{(2)}=\alpha(2)\ddot{a}_{50}-\beta(2)=1.000\,149\times 11.228\,7-0.256\,2=10.974\,2$$

如果用近似公式，则

$$\ddot{a}_{50}^{(2)}\approx\ddot{a}_{50}-\frac{m-1}{2m}=11.228\,7-\frac{1}{4}=10.978\,7$$

4.5.2　Woolhouse 公式

一年给付多次的生存年金和一年给付一次的生存年金之间的函数关系是年金厘定的重要技巧之一。前面，我们基于死亡在年内服从均匀分布的假定，推导出两者之间具有线性函数关系：

$$\ddot{a}_{x}^{(m)}=\alpha(m)\ddot{a}_{x}-\beta(m)$$

现在，我们要基于 Euler-MacLaurin 公式推导出一年给付多次的生存年金与一年给付一次的生存年金之间的第二种函数表达式。这种表达式叫 Woolhouse 公式。

Woolhouse 公式的优点在于，它不需要假定死亡在分数期服从均匀分布，而且如果需要，它的估计精度可以不断提高。

Euler-MacLaurin 公式是欧拉（Euler）和迈克劳林（MacLaurin）在 1735 年左右推导出的积分近似计算公式。假设 $f(x)$ 是在（a，b）区间的光滑函数（保证高次可导），记 I 为 $f(x)$ 的积分：

$$I=\int_a^b f(x)\mathrm{d}x$$

Euler-MacLaurin 公式推导出 I 能用多项式之和 S 近似：

$$S=\frac{h}{2}f(a)+hf(a+h)+hf(a+2h)+hf(a+3h)+\cdots+\frac{h}{2}f(b)$$

式中，h 为任意小的区间长度。

Euler-MacLaurin 还给出了用多项式之和 S 近似积分值 I 的误差：

$$I-S=\sum_{k=2}^{\infty}\frac{B_k}{k!}h^k[f^{(k-1)}(a)-f^{(k-1)}(b)]+R$$

式中，B_k 称为伯努利数（Bernoulli Number）。常用的低阶伯努利数为：$B_1=-\frac{1}{2}$，$B_2=\frac{1}{6}$，$B_3=0$。$k!$ 为 k 的阶乘，$k!=1\times2\times\cdots\times k$。$f^{(k-1)}(\cdot)$ 为 $f(x)$ 函数的 $k-1$ 阶导函数。R 为服从零均值的白噪声误差项。

可以通过调节误差项求导的次数，控制用多项式近似积分的精度。当误差项仅保留一阶导数时，$f(x)$ 积分的 Euler-MacLaurin 近似公式为：

$$\begin{aligned}\int_a^b f(x)\mathrm{d}x &\approx S+\frac{B_2}{2!}[f'(a)-f'(b)]\\ &=\frac{h}{2}f(a)+hf(a+h)+hf(a+2h)+hf(a+3h)+\cdots\\ &\quad+\frac{h}{2}f(b)+\frac{h^2}{12}[f'(a)-f'(b)]\end{aligned}$$

把 Euler-MacLaurin 公式应用在生存年金计算场合，就可以推出 Woolhouse 公式。下面是 Woolhouse 公式的推导。

以终身生存年金为例，单次赔付年金现值函数不妨记为 $g(t)$：

$$g(t)=v^t\cdot{}_tp_x$$

则连续生存年金的精算现值为 $g(t)$ 的积分：

$$\bar{a}_x=\int_0^{\infty}g(t)\mathrm{d}t=\int_0^{\infty}v^t\cdot{}_tp_x\mathrm{d}t$$

根据 Euler-MacLaurin 公式，我们可以用多项式之和 S 近似 $\bar{a}_x$：

$$\begin{aligned}S&=\frac{h}{2}g(0)+hg(h)+hg(2h)+hg(3h)+\cdots+\frac{h}{2}g(\infty)\\ &=[hg(0)+hg(h)+hg(2h)+hg(3h)+\cdots]-\frac{h}{2}g(0)\end{aligned}$$

$$=h\sum_{k=0}^{\infty}g(kh)-\frac{h}{2}g(0)$$

式中，$g(0)=v^0\,{}_0p_x=1$。则

$$S=h\sum_{k=0}^{\infty}g(kh)-\frac{h}{2}$$

误差项取一阶导函数 $\frac{h^2}{12}[g'(a)-g'(\infty)]$，其中 $g'(t)$ 为：

$$\begin{aligned}g'(t)&=\frac{\mathrm{d}}{\mathrm{d}t}(v^t\cdot{}_tp_x)\\&=\frac{\mathrm{d}}{\mathrm{d}t}(v^t)\cdot{}_tp_x+\frac{\mathrm{d}}{\mathrm{d}t}({}_tp_x)\cdot v^t\\&=\frac{\mathrm{d}}{\mathrm{d}t}(\mathrm{e}^{-\delta t})\cdot{}_tp_x+\frac{\mathrm{d}}{\mathrm{d}t}({}_tp_x)\cdot v^t\\&=-\delta\mathrm{e}^{-\delta t}\cdot{}_tp_x-{}_tp_x\cdot v^t\cdot\mu_{x+t}\end{aligned}$$

因为 $g'(0)=-(\delta+\mu_x)$，$g'(\infty)=0$，所以保留一阶导函数的近似误差为：

$$\frac{h^2}{12}[g'(a)-g'(\infty)]=-\frac{h^2}{12}(\delta+\mu_x)$$

而连续年金精算现值可以近似为：

$$\bar{a}_x\approx h\sum_{k=0}^{\infty}g(kh)-\frac{h}{2}-\frac{h^2}{12}(\delta+\mu_x)$$

如果 $h=1$，则有

$$\begin{aligned}\bar{a}_x&\approx\sum_{k=0}^{\infty}v^k\cdot{}_kp_x-\frac{1}{2}-\frac{1}{12}(\delta+\mu_x)\\&=\ddot{a}_x-\frac{1}{2}-\frac{1}{12}(\delta+\mu_x)\end{aligned}$$

如果 $h=\frac{1}{m}$，则有

$$\begin{aligned}\bar{a}_x&\approx\frac{1}{m}\sum_{k=0}^{\infty}g\left(\frac{k}{m}\right)-\frac{1}{2m}-\frac{1}{12m^2}(\delta+\mu_x)\\&=\ddot{a}_x^{(m)}-\frac{1}{2m}-\frac{1}{12m^2}(\delta+\mu_x)\end{aligned}$$

上面两式都是 $\bar{a}_x$ 的近似，有

$$\ddot{a}_x^{(m)}-\frac{1}{2m}-\frac{1}{12m^2}(\delta+\mu_x)\approx\ddot{a}_x-\frac{1}{2}-\frac{1}{12}(\delta+\mu_x)$$

整理得

$$\ddot{a}_x^{(m)} \approx \ddot{a}_x - \frac{m-1}{2m} - \frac{m^2-1}{12m^2}(\delta + \mu_x)$$

上式称为终身生存年金三项式 Woolhouse 公式。

如果保留等号右边的两项，则称为两项式 Woolhouse 公式，即

$$\ddot{a}_x^{(m)} \approx \ddot{a}_x - \frac{m-1}{2m}$$

显然两项式 Woolhouse 公式就是线性变换公式的近似公式。

【例 4.13】 证明定期年金和延期年金的三项式 Woolhouse 公式为：

$$\ddot{a}_{x:\overline{n}|}^{(m)} = \ddot{a}_{x:\overline{n}|} - \frac{m-1}{2m}(1 - {}_nE_x) - \frac{m^2-1}{12m^2}[(\delta + \mu_x) - {}_nE_x(\delta + \mu_{x+n})]$$

$${}_{n|}\ddot{a}_x^{(m)} = {}_{n|}\ddot{a}_x - \left[\frac{m-1}{2m} + \frac{m^2-1}{12m^2}(\delta + \mu_{x+n})\right]{}_nE_x$$

【解】

(1) 定期年金场合。

$$\bar{a}_{x:\overline{n}|} = \int_0^n g(t)\mathrm{d}t = \int_0^n v^t \cdot {}_tp_x \mathrm{d}t$$

根据 Euler-MacLaurin 公式，我们可以用多项式之和 S 近似 $\bar{a}_{x:\overline{n}|}$：

$$S = \frac{h}{2}g(0) + hg(h) + hg(2h) + hg(3h) + \cdots + \frac{h}{2}g(n)$$
$$= h\sum_{k=0}^{(n-h)/h} g(kh) - \frac{h}{2}[g(0) - g(n)]$$

误差项取一阶导函数 $\frac{1}{12}[g'(0) - g'(n)]$，其中

$$g'(0) = -(\delta + \mu_x)\ ,\ g'(n) = -(\delta + \mu_{x+n})v^t{}_tp_x = -(\delta + \mu_{x+n})\,{}_nE_x$$

所以

$$\bar{a}_{x:\overline{n}|} \approx h\sum_{k=0}^{(n-h)/h} g(kh) - \frac{h}{2}[g(0) - g(n)] - \frac{h^2}{12}[(\delta + \mu_x) - {}_nE_x(\delta + \mu_{x+n})]$$

如果 $h = 1$，则有

$$\bar{a}_{x:\overline{n}|} \approx \ddot{a}_{x:\overline{n}|} - \frac{1}{2}(1 - {}_nE_x) - \frac{1}{12}[(\delta + \mu_x) - {}_nE_x(\delta + \mu_{x+n})]$$

如果 $h = \frac{1}{m}$，则有

$$\bar{a}_{x:\overline{n}|} \approx \ddot{a}_{x:\overline{n}|}^{(m)} - \frac{1}{2m}(1 - {}_nE_x) - \frac{1}{12m^2}[(\delta + \mu_x) - {}_nE_x(\delta + \mu_{x+n})]$$

上面两式都是 $\bar{a}_x$ 的近似，整理得

$$\ddot{a}_{x:\overline{n}|}^{(m)} \approx \ddot{a}_{x:\overline{n}|} - \frac{m-1}{2m}(1-{}_nE_x) - \frac{m^2-1}{12m^2}[(\delta+\mu_x) - {}_nE_x(\delta+\mu_{x+n})]$$

(2) 延期年金场合。

$${}_{n|}\bar{a}_x = \int_n^\infty g(t)\,\mathrm{d}t = \int_n^\infty v^t \cdot {}_tp_x\,\mathrm{d}t$$

根据 Euler-MacLaurin 公式，我们可以用多项式之和 S 近似${}_{n|}\bar{a}_x$：

$$S = \frac{h}{2}g(n) + hg(n+h) + hg(n+2h) + hg(n+3h) + \cdots$$
$$= h\sum_{k=0}^{\infty} g(n+kh) - \frac{h}{2}g(n)$$

误差项取一阶导函数 $\frac{1}{12}[g'(n) - g'(\infty)]$，其中

$$g'(n) = -(\delta+\mu_{x+n})\,{}_nE_x, \quad g'(\infty) = 0$$

所以

$${}_{n|}\bar{a}_x \approx h\sum_{k=0}^{\infty} g(n+kh) - \frac{h}{2}\,{}_nE_x - \frac{h^2}{12}(\delta+\mu_{x+n})\,{}_nE_x$$

如果 $h=1$，则有

$${}_{n|}\bar{a}_x \approx {}_{n|}\ddot{a}_x - \frac{1}{2}\,{}_nE_x - \frac{1}{12}(\delta+\mu_{x+n})\,{}_nE_x$$

如果 $h=\frac{1}{m}$，则有

$${}_{n|}\bar{a}_x \approx {}_{n|}\ddot{a}_x^{(m)} - \frac{1}{2m}\,{}_nE_x - \frac{1}{12m^2}(\delta+\mu_{x+n})\,{}_nE_x$$

上面两式都是 ${}_{n|}\bar{a}_x$ 的近似，整理得

$${}_{n|}\ddot{a}_x^{(m)} \approx {}_{n|}\ddot{a}_x - \left[\frac{m-1}{2m} + \frac{m^2-1}{12m^2}(\delta+\mu_{x+n})\right]{}_nE_x$$

【例 4.14】 已知 $A_{x:\overline{n}|}=0.693$，${}_nE_x=0.566$，$\mu_x=0.008$，$\mu_{x+n}=0.025$，$\delta=0.04$，使用三项式 Woolhouse 公式估计 $\ddot{a}_{x:\overline{n}|}^{(4)}$。

【解】

$$d = 1-\mathrm{e}^{-\delta} = 1-\mathrm{e}^{-0.04} = 0.039$$
$$\ddot{a}_{x:\overline{n}|} = \frac{1-A_{x:\overline{n}|}}{d} = \frac{1-0.693}{0.039} = 7.830$$
$$\ddot{a}_{x:\overline{n}|}^{(4)} \approx \ddot{a}_{x:\overline{n}|} - \frac{m-1}{2m}(1-{}_nE_x) - \frac{m^2-1}{12m^2}[(\delta+\mu_x) - {}_nE_x(\delta+\mu_{x+n})]$$

$$= 7.830-\frac{3}{8}(1-0.566)-\frac{15}{12\times16}[(0.04+0.008)-0.566\times(0.04+0.025)]$$
$$=7.666$$

4.6 变额年金

每期生存给付不再恒等于常数时，就构成变额年金。现实生活中最常见的有两种变额年金：一种是每年递增固定额度的算术递增年金，一种是每年递增一定比例的几何递增年金。

4.6.1 算术递增年金

以每年期初支付终身生存年金为例，假设生存赔付金每年递增 1，此时递增年金精算现值记作 $(I\ddot{a})_x$：

$$(I\ddot{a})_x=\sum_{k=0}^{\infty}(k+1)\cdot {}_kE_x$$

这种赔付方式也可以视为一系列延期年金的组合：

$$(I\ddot{a})_x=\sum_{k=0}^{\infty}{}_{k|}\ddot{a}_x$$

【例 4.15】（30）购买延期 30 年终身生存年金，60 岁退休时每月生存给付 5 000 元，月初给付。之后每年递增一次养老金，每年月度递增 100 元。假设按复利计息，年实质利率为 5%，寿命服从中国人身保险业经验生命表（见附录 2）的 CL1 表。假设死亡在年内均匀分布，请计算该终身生存年金的精算现值。

【解】

该养老金产品可以视为一个每月 4 900 元的等额延期终身年金，再加上每年递增一次、每月递增 100 元的算术递增年金。该年金的精算现值为：

$$4\,900\times12\times{}_{30|}\ddot{a}_{30}^{(12)}+100\times12\times{}_{30|}(I\ddot{a})_{30}^{(12)}$$

根据利率信息，计算出

$$\alpha(12)=1.000\,197,\quad \beta(12)=0.466\,508$$

再根据生命表和利率信息可以计算出

$${}_{30|}\ddot{a}_{30}^{(12)}={}_{30}E_{30}[\alpha(12)\ddot{a}_{60}-\beta(12)]$$
$$=0.209\,534\,7\times(1.000\,197\times12.550\,27-0.466\,508)$$
$$=2.532\,486$$

同理可以计算出

$$ {}_{31|}(I\ddot{a})_{30}^{(12)} = \sum_{k=1}^{\omega-61} {}_{30+k}E_{30}\left[\alpha(12)\ddot{a}_{60+k} - \beta(12)\right] = 21.747\,35 $$

该递增年金精算现值为：

$$ 5\,000 \times 12 \times 2.532\,486 + 100 \times 12 \times 21.747\,35 = 178\,043.3(\text{元}) $$

4.6.2 几何递增年金

以终身生存年金为例，假设每年期初生存赔付金为几何递增函数 $(1+j)^k$，几何递增的生存年金等于按照利率 i' 计息的同类型生存年金。几何递增终身生存年金的精算现值记作 $\ddot{a}_{x|i'}$：

$$ \ddot{a}_{x|i'} = \sum_{k=0}^{\infty}(1+j)^k v^k {}_kp_x = \sum_{k=0}^{\infty}\left(\frac{1+j}{1+i}\right)^k {}_kp_x = \sum_{k=0}^{\infty}(1+i')^{-k} {}_kp_x $$

式中，$i' = \dfrac{i-j}{1+j}$。

【例 4.16】假设一个 29 岁的工人因公伤残，公司要一次性赔付他从 30 岁开始的终身生存年金。年金给付标准是第一年年初给付 30 000 元，考虑到通货膨胀等因素，以后每年在前一年基础上递增 4%。假设按复利计息，年实质利率为 5%，寿命服从中国人身保险业经验生命表（见附录 2）的 CL1 表。请计算公司要一次性赔给这个工人多少抚恤金。

【解】

几何递增终身生存年金的精算现值记作 $\ddot{a}_{x|i'}$，其中

$$ i' = \frac{5\% - 4\%}{1 + 4\%} = 0.009\,615 $$

根据生命表和利率信息可以计算出每年抚恤金递增 4%时，公司要一次性赔给这个工人的抚恤金为：

$$ 30\,000\ddot{a}_{30|i'} = 1\,141\,212(\text{元}) $$

我们在例 4.6 中，曾经计算过每年 30 000 元固定抚恤金的精算现值是 554 006.2 元。现在考虑通货膨胀等因素，抚恤金每年递增 4%，将会使抚恤金的精算现值增长到 1 141 212 元，精算现值直接翻倍。

4.7 本章 R 指导

4.7.1 离散生存年金精算现值的厘定

构造本章函数之前，请将生命表读入 R，并调用第 2 章和第 3 章写好的各个函数。

1. 终身生存年金

```
#自定义终身生存年金精算现值函数 ax,该函数有两个参数:age 为年龄,i 为预定利率
ax<-function(age,i){
  d=i/(1+i)
  a=(1-Ax(age,i))/d
  return(a)
}
#测试 i=0.05 时,60 岁的人购买终身生存年金的精算现值
ax(60,0.05)
#输出结果
[1] 12.55027
```

2. 定期生存年金

```
#自定义定期生存年金精算现值函数 ax_n,该函数有三个参数:age 为年龄,n 为定期,i 为预定利率
ax_n<-function(age,n,i){
  d=i/(1+i)
  a=(1-Ax_n(age,n,i)$A)/d
  return(a)
}
#测试 i=0.05 时,60 岁的人购买 20 年定期生存年金的精算现值
ax_n(60,20,0.05)
#输出结果
[1] 11.37736
```

3. 延期生存年金

```
#自定义延期终身生存年金精算现值函数 m_ax,该函数有三个参数:age 为年龄,m 为延期,i 为预定利率
m_ax<-function(age,m,i){
    a=ax(age,i)-ax_n(age,m,i)
  return(a)
}
#测试 i=0.05 时,30 岁的人购买 30 年延期终身生存年金的精算现值
m_ax(30,30,0.05)
#输出结果
[1] 2.629718
```

4.7.2 保证年金精算现值的厘定

```
#自定义保证年金精算现值函数 ga_n,该函数有三个参数:age 为年龄,n 为保证期长度,i 为预定利率
ga_n<-function(age,n,i){
  v=1/(1+i)
  d=1-v
  a=(1-v^n)/d+m_ax(age,n,i)
  return(a)
}
#测试 i=0.05 时,60 岁的人购买带 10 年保证期的终身生存年金的精算现值
ga_n(60,10,0.05)
#输出结果
[1] 12.94217
```

4.7.3 期末支付生存年金精算现值的厘定

1. 期末支付终身生存年金

```
#自定义期末支付终身生存年金精算现值函数 ax_d,该函数有两个参数:age 为年龄,i 为预定利率
ax_d<-function(age,i){
  a=ax(age,i)-1
  return(a)
}
#测试 i=0.05 时,60 岁的人购买每年末支付的终身生存年金的精算现值
ax_d(60,0.05)
#输出结果
[1] 11.55027
```

2. 期末支付定期生存年金

```
#自定义期末支付定期生存年金精算现值函数 ax_n_d,该函数有三个参数:age 为年龄,n 为定期,i 为预定利率
ax_n_d<-function(age,n,i){
  a=ax_n(age,n,i)-1+Ax_n(age,n,i)$A2
```

```
  return(a)
}
#测试 i=0.05 时,60 岁的人购买每年末支付的 20 年定期生存年金的精算现值
ax_n_d(60,20,0.05)
#输出结果
[1] 10.57395
```

3. 期末支付延期终身生存年金

```
#自定义期末支付延期终身生存年金精算现值函数 m_ax_d,该函数有三个参数:age 为年龄,m 为延期,i 为预定利率
m_ax_d<-function(age,m,i){
  a=m_ax(age,m,i)-Ax_n(age,m,i)$A2
  return(a)
}
#测试 i=0.05 时,30 岁的人购买 30 年延期每年末支付终身生存年金的精算现值
m_ax_d(30,30,0.05)
#输出结果
[1] 2.420138
```

4.7.4 一年 *m* 次给付年金精算现值的厘定

1. 一年 *m* 次给付终身生存年金

```
#自定义一年 m 次给付终身生存年金精算现值函数 am,该函数有三个参数:age 为年龄,m 为一年给付次数,i 为预定利率
am<-function(age,m,i){
  d=i/(1+i)
  im=((1+i)^(1/m)-1)*m
  dm=(1-(1-d)^(1/m))*m
  alpha=i*d/im/dm
  beta=(i-im)/im/dm
  a=alpha*ax(age,i)-beta
  return(a)
}
#测试 i=0.05 时,60 岁的人购买每月初给付的终身生存年金的精算现值
am(60,12,0.05)
```

```
#输出结果
[1] 12.08602
```

3. **一年 *m* 次给付延期终身生存年金**

```
#自定义一年m次给付延期终身生存年金精算现值函数h_am,该函数有四个参数:age为年龄,h为延期,m为一年给付次数,i为预定利率
h_am<-function(age,h,m,i){
  a=Ax_n(age,h,i)$A2*am(age+h,m,i)
  return(a)
}
#测试i=0.05时,30岁的人购买30年延期每月初给付的终身生存年金的精算现值
h_am(30,30,12,0.05)
#输出结果
[1] 2.532486
```

3. **一年 *m* 次给付定期生存年金**

```
#自定义一年m次给付定期生存年金精算现值函数am_n,该函数有四个参数:age为年龄,n为定期,m为一年给付次数,i为预定利率
am_n<-function(age,n,m,i){
  a=am(age,m,i)-h_am(age,n,m,i)
  return(a)
}
#测试i=0.05时,60岁的人购买每月初给付的20年定期生存年金的精算现值
am_n(60,20,12,0.05)
#输出结果
[1] 11.0048
```

4.7.5 变额年金精算现值的厘定

1. **算术递增年金**

```
#自定义一年I次给付、每年递增1单位元数的终身生存年金精算现值函数Ia,该函数有两个参数:age为年龄,i为预定利率
Ia<-function(age,i){
  Ia=0
```

```
  for(k in(1:(w-age-1)))
    Ia=Ia+m_ax(age,k,i)
  return(Ia)
}
```

实务中碰到的算术递增年金，通常需要进行险种分解，将一个算术递增年金分解为多个基础年金的组合。然后根据分解情况，调用前面给出的基础年金函数，就能算出算术递增年金的精算现值。下面以例 4.15 为背景，介绍算术递增年金的计算步骤。

```
#计算31|(Ia)(12)30
a=0
for(k in(1:(w-60-1))) a=a+Ax_n(30,30+k,0.05)$A2*(1.000197*ax(60+k,
0.05)-0.466508)
a
#输出31|(Ia)(12)30 的结果
[1] 21.74735
#计算递增年金精算现值(5000×12×30|ä(12)30 +100×12×31|(Ia)(12)30)
5000*12*h_am(30,30,12,0.05)+100*12*a
#输出结果
[1] 178043.3
```

2. **几何递增年金**

```
#自定义几何递增终身年金现值函数 Iax,该函数有三个参数:age 为年龄,i 为预定利
率,j 为几何递增率
Iax_j<-function(age,i,j){
  i_new<-(i-j)/(1+j)
  a<-ax(age,i_new)
}
#调用几何递增函数,计算例 4.16 的值
30000*Iax_j(30,0.05,0.04)
#输出结果
[1] 1141212
```

4.7.6 精算自定义函数汇总

在第 2 章、第 3 章和第 4 章中我们自定义了很多精算函数，这些函数是风险度量、

保费计算、责任准备金厘定和利润测试的基础。在使用 R 语言进行寿险精算分析时，可以把这些自定义函数作为一个整体先运行一下。之后，只要给定参数值就可以直接调用这些函数了。精算自定义函数汇总见表 4-1。

表 4-1　精算自定义函数汇总表

精算函数	自定义函数	自定义函数参数说明	
q_x	qx(age)	age	年龄
$S_0(x)$	S0(age)	age	年龄
${}_kp_x$	px_k(age, k)	age k	年龄 未来年数
${}_{k\|}q_x$	k_qx(age, k)	age k	年龄 未来年数
e_x	ex(age)	age	年龄
A_x	Ax(age, i)	age i	年龄 预定利率
$A^{1}_{x:\overline{n}\|}$ $A_{x:\overline{n}\|}^{\ \ 1}$ $A_{x:\overline{n}\|}$	Ax_n(age, n, i)$A1 Ax_n(age, n, i)$A2 Ax_n(age, n, i)$A	age n i	年龄 定期 预定利率
${}_{m\|}A_x$	m_Ax(age, m, i)	age m i	年龄 延期 预定利率
${}_{m\|}A^{1}_{x:\overline{n}\|}$ ${}_{m\|}A_{x:\overline{n}\|}^{\ \ 1}$ ${}_{m\|}A_{x:\overline{n}\|}$	m_Ax_n(age, m, n, i)$A1 m_Ax_n(age, m, n, i)$A2 m_Ax_n(age, m, n, i)$A	age m n i	年龄 延期 定期 预定利率
$(IA)_x$	IAx(age, i)	age i	年龄 预定利率
$(IA)^{1}_{x:\overline{n}\|}$ $(IA)_{x:\overline{n}\|}^{\ \ 1}$ $(IA)^{1}_{x:\overline{n}\|}$	IAx_n<-function(age, n, i)$A1 IAx_n<-function(age, n, i)$A2 IAx_n<-function(age, n, i)$A	age n i	年龄 定期 预定利率
几何递增寿险	IAx_n_j<-function(age, n, i, j)	age n i j	年龄 定期 预定利率 年度递增比率
$(DA)^{1}_{x:\overline{n}\|}$ $(DA)_{x:\overline{n}\|}^{\ \ 1}$ $(DA)_{x:\overline{n}\|}$	DAx_n(age, n, i)$A1 DAx_n(age, n, i)$A2 DAx_n(age, n, i)$A	age n i	年龄 定期 预定利率
$\overline{A}_x$	ACx (age, i)	age i	年龄 预定利率
$\overline{A}^{1}_{x:\overline{n}\|}$ $\overline{A}_{x:\overline{n}\|}$	ACx_n(age, n, i)$A1 ACx_n(age, n, i)$A	age n i	年龄 定期 预定利率

续表

精算函数	自定义函数	自定义函数参数说明	
$A_x^{(m)}$	AMx(age，i，m)	age i m	年龄 预定利率 一年内支付次数
$A_{x:\overline{n}\vert}^{1(m)}$ $A_{x:\overline{n}\vert}^{(m)}$	AMx_n(age，n，i)$A1 AMx_n(age，n，i)$A	age n i m	年龄 定期 预定利率 一年内支付次数
$\ddot{a}_x$	ax(age，i)	age i	年龄 预定利率
$\ddot{a}_{x:\overline{n}\vert}$	ax_n(age，n，i)	age n i	年龄 定期 预定利率
${}_{m\vert}\ddot{a}_x$	m_ax(age，m，i)	age m i	年龄 延期 预定利率
$\ddot{a}_{\overline{x:\overline{n}\vert}}$	ga_n(age，n，i)	age n i	年龄 保证期 预定利率
a_x	ax_d(age，i)	age i	年龄 预定利率
$a_{x:\overline{n}\vert}$	ax_n_d(age，n，i)	age n i	年龄 定期 预定利率
${}_{m\vert}a_x$	m_ax_d(age，m，i)	age m i	年龄 延期 预定利率
$\ddot{a}(m)_x$	am(age，m，i)	age m i	年龄 一年给付次数 预定利率
${}_{h\vert}\ddot{a}_x^{(m)}$	h_am(age，h，m，i)	age h m i	年龄 延期 一年给付次数 预定利率
$\ddot{a}_{x:\overline{n}\vert}^{(m)}$	am_n(age，n，m，i)	age n i	年龄 定期 预定利率
$(I\ddot{a})_x$	Ia(age，i)	age i	年龄 预定利率
几何递增年金	Iax_j<-function(age，i，j)	age i j	年龄 预定利率 年度递增比率

习　题

4.1　(x)购买终身生存年金，每年连续给付1。已知死亡力与利息力恒定，且$\delta=3\mu$，又知$\bar{a}_x=12.50$。求该生存年金现值变量的方差$\mathrm{Var}(\bar{a}_{\overline{T|}})$。

4.2　已知在恒定死亡力μ及恒定利息力δ的条件下，$\mathrm{Var}(\bar{a}_{\overline{T|}})=\frac{1}{180}$且$\delta=2\mu$，求$\mu$的值。

4.3　一组x岁的人投保终身连续生存年金，已知其中60%的人体重正常，另外40%的人超重。对于体重正常的人来说$\mu_1=0.02$，对超重的人来说$\mu_2=0.05$。假定$\delta=0.05$，每年连续生存给付1，求这一群组的赔付现值变量的方差。

4.4　(x)购买了一个连续型终身年金，已知死亡力与利息力相同，$\mu=\delta=0.05$，求赔付现值超过赔付精算现值的概率。

4.5　已知$\delta=0.05$，且当$0\leqslant T\leqslant 10$时，$\mu_1=0.02$；当$T>10$时，$\mu_2=0.03$，计算$\bar{a}_x$。

4.6　建立一笔基金，用以支付1 000人的终身生存年金，每人每年将获得10 000元连续生存给付，直至死亡。假设这1 000人未来寿命相互独立，且已知$\delta=0.05$，$\bar{A}_x=0.50$，${}^2\bar{A}_x=0.30$。问：要有95%的概率保证基金足够支付生存给付，基金现值至少等于多少？

4.7　(x)购买每年期初付1的终身生存年金，年金的现值变量记作Y。已知$A_x=0.5$，${}^2\ddot{a}_x=6$，$i=\frac{1}{19}$，求$\mathrm{Var}(Y)$。

4.8　有一寿险产品，在每年期初给付1 000元生存年金，并在死亡年末给付H元死亡赔付金。假定贴现率$d=5\%$，问：K等于多少可以使该寿险产品赔付现值变量的方差最小？

4.9　(x)购买期初支付3年定期生存年金，已知$i=0.025$，每年期初支付金额和存活概率如下表所示。

k	生存给付	p_{x+k}
0	5	0.90
1	15	0.95
2	10	0.90

计算此年金现值变量的期望和方差。

4.10　甲30岁时继承一笔10万元的遗产，该遗产的给付方式是前10年以确定性年金的方式每年年初给付K元，10年之后以生存年金的方式每年年初给付K元，直至甲生命终止。已知$i=2.5\%$，$A_{40}=0.3$，$A_{30}=0.25$，$A_{30:\overline{10|}}^{\ 1}=0.08$，计算$K$值。

4.11　(40)购买10年延期终身生存年金。已知每年年初支付1，死亡服从$\omega=100$的De Moivre分布，且利率为零。计算被保险人获得的实际受益金额现值超过此年金精算现值的概率。

4.12 (30) 买了一份5年定期寿险，第一年年初付款1，以后每年各付款3，5，7，9，已知 $\ddot{a}_{30:\overline{4}|}=3.5$，$a_{30:\overline{4}|}=3.1$，$(I\ddot{a})_{30:\overline{4}|}=8.4$，$(Ia)_{30:\overline{4}|}=7.2$，计算趸缴净保费。

4.13 (20) 购买一寿险产品，该产品约定在被保险人存活期内每年连续给付1 000元，死亡即刻给付3 000元。已知 $A_{20}=0.15$，${}^{2}A_{20}=0.33$，$i=2.5\%$，假定在分数期死亡服从均匀分布，计算该寿险产品的精算现值和现值变量的方差。

4.14 (x) 购买初付型终身年金，每年年初付1，已知 $q_x=0.02$，$q_{x+1}=0.03$，$i=0.025$，$\ddot{a}_{x+1}=8.12$。若 p_{x+1} 减小了0.02，计算生存概率改变前后精算现值的差别。

4.15 已知 $\ddot{a}_{x:\overline{10}|}=7.25$，${}_{n}p_x=0.8$，$\mu_x=0.011$，$\mu_{x+10}=0.032$，$\delta=0.05$，使用三项式 Woolhouse 公式估计 $\ddot{a}^{(2)}_{x:\overline{10}|}$。

第5章

期缴保费

在前两章中，我们分别介绍了死亡给付和生存年金给付的精算现值厘定。这个精算现值实际上是以保单生效日为时间坐标，计算被保险人未来保险受益金现值的期望。如果被保险人选择在保单生效日一次性缴纳所有的保费，那么这个精算现值就是该被保险人的趸缴净保费。

有时风险责任大或者受益金额高，会使得趸缴净保费的数额非常庞大，对于被保险人而言，要一次性缴纳这么多钱会有困难。为了分散被保险人一次性缴费的压力，保险公司允许被保险人分期缴纳这笔保费，这时的保费称为期缴保费。

期缴保费可以分为两大类：一是只覆盖赔付风险的期缴净保费；二是既覆盖赔付风险又包括经营费用的期缴毛保费。本章引入损失函数，介绍期缴净保费的厘定和期缴毛保费的厘定。

5.1　期缴净保费的厘定

5.1.1　未来损失

期缴净保费是被保险人缴纳净保费的一种方式，它有如下两个特点。

1. 期缴净保费的实质是被保险人采用生存年金的方式缴纳保费

期缴净保费是被保险人采用分期缴纳的方式支付保费，被保险人缴纳保费的前提是在缴费时刻依然存活。例如，某被保险人购买终身寿险，采用 20 年每年初分期缴费。如果被保险人在购买保险之后的第 5 年去世，那么他的保险受益人不仅可以获得死亡赔付金，还不用再缴纳剩余 15 年的期缴保费。

2. 期缴净保费和趸缴净保费一样，都要符合净均衡原则

无论是趸缴净保费还是期缴净保费都属于净保费，它们都要符合保费厘定的净均衡原则。用统计语言表达，就是保险人在保单签约日的未来损失的期望为零。为了讲清楚这个原理，我们引入未来损失（future loss）的概念，t 时刻的未来损失记作 L_t：

$$L_t = \text{未来支出贴现到 } t \text{ 时刻的现值} - \text{未来收入贴现到 } t \text{ 时刻的现值}$$

如果 $L_t>0$，意味着对保险人而言未来收不抵支，将会产生亏损（loss）。

如果 $L_t<0$，意味着对保险人而言未来收入会大于支出，将会产生利润（profit）。

如果 $L_t=0$，意味着对保险人而言未来恰好收支平衡。

在净保费场合，损失变量记作 L_t^n。

在毛保费场合，损失变量记作 L_t^g。

【例 5.1】甲在 2006 年 1 月 1 日买了一份 10 年定期寿险，死亡即刻赔付 10 000 元，保费为前 5 年每年初缴费 500 元，假设年实质利率为 5%，按复利计息。求保险公司在如下两种情况下的未来损失：

（1）甲在 2008 年 6 月 30 日死亡；

（2）甲在 2015 年 12 月 31 日保障期结束时，仍然存活。

【解】

（1）甲在 2008 年 6 月 30 日死亡：

$$\begin{aligned} L_0^n &= 10\,000 \cdot v^{2.5} - 500 \cdot \ddot{a}_{\overline{3}|} \\ &= 10\,000 \cdot v^{2.5} - 500 \cdot \frac{1-v^3}{d} \\ &= 10\,000 \times 1.05^{-2.5} - 500 \times \frac{1-1.05^{-3}}{0.05/1.05} \\ &= 7\,422 \end{aligned}$$

（2）甲在保障期结束时仍然存活：

$$\begin{aligned} L_0^n &= -500 \cdot \ddot{a}_{\overline{10}|} \\ &= -500 \cdot \frac{1-v^{10}}{d} \\ &= -500 \times \frac{1-1.025^{-10}}{0.025/1.025} \\ &= -4\,054 \end{aligned}$$

这个例子说明被保险人的未来寿命不同，保险人的未来损失也不同。如果被保险人在未来 2.5 年时死亡，保险人会损失 7 422 元。如果被保险人能活过 10 年保障期，那么保险人会获利 4 054 元。

【例 5.2】假设(x)购买终身寿险，死亡年末赔付 B，请写出如下两种情况下的未来损失变量的表达式：

（1）在保单签约日缴纳趸缴净保费 A；

（2）在保单签约之后，每年期初缴纳净保费 P，缴费期 20 年。

【解】

假设死亡发生在未来寿命的任意时刻 t，此时整值未来寿命等于 K_x，则

(1) 趸缴情况下，未来损失变量为：

$$L_0^n = Bv^t - A$$

(2) 期缴情况下，未来损失变量为：

$$L_0^n = Bv^t - P\ddot{a}_{\overline{\min(K_x+1,20)}|}$$

【例 5.3】 假设 (x) 购买 n 年两全寿险，死亡年末赔付和期初生存赔付均为 B 元，请写出如下情况下的未来损失变量的表达式：

(1) n 年缴费期，每年期初缴纳 P_1 元净保费；

(2) 5 年缴费期，每年期初缴纳 P_2 元净保费（$n>5$）。

【解】

假设死亡发生在未来寿命的任意 t 时刻，此时整值未来寿命等于 K_x，则

(1) 缴费期为整个保障期时，未来损失变量的表达式为：

$$L_0^n = \begin{cases} v^{K_x+1} - P_1\ddot{a}_{\overline{K_x+1}|}, & K_x < n \\ v^n - P_1\ddot{a}_{\overline{n}|}, & K_x \geqslant n \end{cases}$$

(2) 缴费期为 5 年（$n>5$），未来损失变量的表达式为：

$$L_0^n = \begin{cases} v^{K_x+1} - P_2\ddot{a}_{\overline{K_x+1}|}, & K_x < 5 \\ v^{K_x+1} - P_2\ddot{a}_{\overline{5}|}, & 5 \leqslant K_x < n \\ v^n - P_2\ddot{a}_{\overline{5}|}, & K_x \geqslant n \end{cases}$$

5.1.2 期缴净保费的厘定

净保费的厘定要满足净均衡原则，即实现统计意义上的收支平衡，也就是说以保单签约日（$t=0$）作为时间参照点，要满足

$$E(L_0^n) = 0$$

即

$$E(\text{赔付现值}) = E(\text{净保费现值})$$

不同的保费缴纳方式不影响该等式的成立，所以又有

$$E(\text{趸缴净保费现值}) = E(\text{期缴净保费现值})$$

净均衡原则下的期缴净保费的厘定就是在 $E(L_0^n)=0$ 的条件下，计算期缴净保费的值。

1. 缴费期与保障期一致时，期缴净保费的厘定

以 (x) 投保终身寿险为例，假设死亡年末赔付 1，终身缴费，每年期初缴纳净保费

P 元，则未来净保费损失函数为：

$$L_0 = v^{K_x+1} - P\ddot{a}_{\overline{K_x+1}|}, \quad K_x \leqslant T_x \leqslant K_x + 1$$

按净均衡原则，有

$$E(L_0^n) = E(v^{K_x+1} - P\ddot{a}_{\overline{K_x+1}|}) = 0$$

即

$$E(v^{K_x+1}) = PE(\ddot{a}_{\overline{K_x+1}|}) \Rightarrow A_x = P\ddot{a}_x$$

则期缴净保费为：

$$P = \frac{A_x}{\ddot{a}_x}$$

这时，未来损失变量的方差为：

$$\begin{aligned}
\mathrm{Var}(L_0^n) &= \mathrm{Var}\left(v^{K_x+1} - P\,\frac{1-v^{K_x+1}}{d}\right) \\
&= \mathrm{Var}\left[v^{K_x+1}\left(1+\frac{P}{d}\right) - \frac{P}{d}\right] \\
&= \left(1+\frac{P}{d}\right)^2 \mathrm{Var}(v^{K_x+1}) \\
&= \left(1+\frac{P}{d}\right)^2 [{}^2A_x - (A_x)^2]
\end{aligned}$$

2. 缴费期与保障期不一致时，期缴净保费的厘定

缴费期与保障期不一致时，损失函数是分段函数。

以(x)投保终身寿险为例，假设死亡年末赔付 1，n 年定期缴费，每年期初缴纳净保费 π，则未来净保费损失函数为：

$$\begin{aligned}
L_0^n &= v^{K_x+1} - \pi\ddot{a}_{\overline{\min(K_x+1,n)}|} \\
&= \begin{cases} v^{K_x+1} - \pi\ddot{a}_{\overline{K_x+1}|}, & t < n \\ v^{K_x+1} - \pi\ddot{a}_{\overline{n}|}, & t \geqslant n \end{cases}
\end{aligned}$$

按净均衡原则，有

$$E(L_0^n) = E(v^{K_x+1} - P\ddot{a}_{\overline{\min(K_x+1,n)}|}) = 0$$

即

$$A_x = P\ddot{a}_{x:\overline{n}|}$$

则期缴净保费为：

$$P = \frac{A_x}{\ddot{a}_{x:\overline{n}|}}$$

这时，未来损失变量的方差为：

$$\begin{aligned}\text{Var}(L_0^n) &= \text{Var}_{\{t<n\}}\left(v^{K_x+1}-\pi\frac{1-v^{K_x+1}}{d}\right)+\text{Var}_{\{t\geqslant n\}}\left(v^{K_x+1}-\pi\frac{1-v^n}{d}\right)\\ &= \text{Var}_{\{t<n\}}\left[v^{K_x+1}\left(1+\frac{\pi}{d}\right)\right]+\text{Var}_{\{t\geqslant n\}}\left(v^{K_x+1}\right)\\ &= \left(1+\frac{\pi}{\delta}\right)^2\left[{}^2A_{x:\overline{n|}}^1-(A_{x:\overline{n|}}^1)^2\right]+\left[{}_{n|}^2A_x-({}_{n|}A_x)^2\right]\end{aligned}$$

【例 5.4】(30)购买10年定期两全寿险，死亡年末赔付和生存赔付均为1。假设按复利计息，年实质利率为5%，寿命服从中国人身保险业经验生命表（见附录2）的CL1表。请计算：

(1) 保障期内，每年期初缴纳保费，计算期缴净保费。

(2) 5年缴费期，每年期初缴纳保费，计算期缴净保费。

【解】

(1) 已知生命表和预定利率，容易算出 $A_{30:\overline{10|}}=0.615\,4$，$d=0.047\,6$，则10年缴费期的期缴净保费为：

$$P=\frac{A_{30:\overline{10|}}}{\ddot{a}_{30:\overline{10|}}}=\frac{dA_{30:\overline{10|}}}{1-A_{30:\overline{10|}}}=\frac{0.047\,6\times 0.615\,4}{1-0.615\,4}=0.076\,2$$

(2) 根据生命表和已知利率，容易求出 $\ddot{a}_{30:\overline{5|}}=4.538\,6$，则5年缴费期的期缴净保费为：

$$\pi=\frac{A_{30:\overline{10|}}}{\ddot{a}_{30:\overline{5|}}}=\frac{0.615\,4}{4.538\,6}=0.135\,6$$

【例 5.5】一个为期两年的两全寿险，保险赔付金为死亡年末赔付1 000元，此保险有两种缴费方案：

方案一：第一年期初缴纳净保费600元，第二年期初缴纳净保费400元。

方案二：每年期初缴纳均衡净保费 π 元。

已知 $d=0.05$，计算期缴净保费 π。

【解】

保险赔付金的精算现值为：

$$1\,000(vq_x+v^2p_x)=1\,000[0.95\times(1-p_x)+0.95^2p_x]=950-47.5p_x$$

按照方案一缴纳的保费精算现值为：

$$600+400vp_x=600+380p_x$$

根据净均衡原则，保险赔付金精算现值应该等于方案一缴纳的保费精算现值，即

$$950-47.5p_x=600+380p_x$$

$$p_x=0.818\,7$$

依然根据净均衡原则，保险赔付金精算现值也应该等于方案二缴纳的保费精算现值，即

$$\pi(1+vp_x)=950-47.5p_x$$

$\pi=512.5$(元)

3. **缴费频率与赔付频率不一致时，期缴净保费的厘定**

实务中，有时保费的缴纳频率会和赔付的给付频率不一致，比如有可能保费每年期初缴纳，但死亡即刻给付；再比如保费每年缴纳 m 次，而死亡年末赔付或死亡即刻赔付。这时期缴净保费的厘定，通常需要借助不同频率之间精算函数的变换来实现。

【例 5.6】 假设(x)购买 n 年定期两全保险，每年初缴纳保费 P，死亡即刻给付 1 000 元。已知：$i=0.025$，${}_nE_x=0.5$，$\bar{A}_{x:\overline{n}|}=0.75$，假设死亡在年内服从均匀分布，求期缴净保费 P 。

【解】

本例缴费是离散的，死亡给付是连续的，根据净均衡原则有

$$P\ddot{a}_{x:\overline{n}|}=1\,000\bar{A}_{x:\overline{n}|}$$

已知 $\bar{A}_{x:\overline{n}|}=0.75$，如果能求出 $\ddot{a}_{x:\overline{n}|}$，就可以求出期缴净保费 P 。

由于

$$\begin{aligned}A_{x:\overline{n}|}&=A^{1}_{x:\overline{n}|}+{}_nE_x=\frac{\delta}{i}(\bar{A}^{1}_{x:\overline{n}|})+{}_nE_x=\frac{\delta}{i}(\bar{A}_{x:\overline{n}|}-{}_nE_x)+{}_nE_x\\&=\frac{\ln 1.025}{0.025}(0.75-0.5)+0.5\\&=0.247+0.5=0.747\end{aligned}$$

得

$$\ddot{a}_{x:\overline{n}|}=\frac{1-A_{x:\overline{n}|}}{d}=\frac{1-0.747}{0.025/1.025}=10.373$$

所以

$$P=\frac{1\,000\bar{A}_{x:\overline{n}|}}{\ddot{a}_{x:\overline{n}|}}=\frac{1\,000\times 0.75}{10.373}=72.303$$

【例 5.7】 已知 $i=0.05$，$\ddot{a}_x=1.68$，被保险人在每一个分数年内死亡服从均匀分布，求 $P^{(4)}(\bar{A}_x)$。

【解】

$$P^{(4)}(\bar{A}_x)=\frac{\bar{A}_x}{\ddot{a}_x^{(4)}}$$

式中：

$$\bar{A}_x=\frac{i}{\delta}A_x=\frac{i}{\delta}(1-d\ddot{a}_x)=\frac{0.05}{\ln 1.05}\left(1-\frac{0.05}{1.05}\times 1.68\right)=0.942\,8$$

$$\begin{aligned}\ddot{a}_x^{(4)}&=\alpha(4)\ddot{a}_x-\beta(4)=\frac{id}{i^{(4)}d^{(4)}}\ddot{a}_x-\frac{i-i^{(4)}}{i^{(4)}d^{(4)}}\\&=1.000\,187\times 1.68-0.382\,733\,5=1.297\,6\end{aligned}$$

所以

$$P^{(4)}(\overline{A}_x)=\frac{\overline{A}_x}{\ddot{a}_x^{(4)}}=\frac{0.942\ 8}{1.297\ 6}=0.726\ 6$$

5.2 均衡原则下毛保费的厘定

5.2.1 毛保费的构成

购买寿险产品时，应该支付的所有费用称为毛保费（gross premium），因为它是保险公司公布的官方价格，所以毛保费也称为官方保费（official premium）。

理论上，寿险产品的毛保费由性质不同的两部分组成，一部分是恰好覆盖赔付风险的净保费；另一部分是覆盖经营费用和安全附加的保费，如图 5－1 所示。

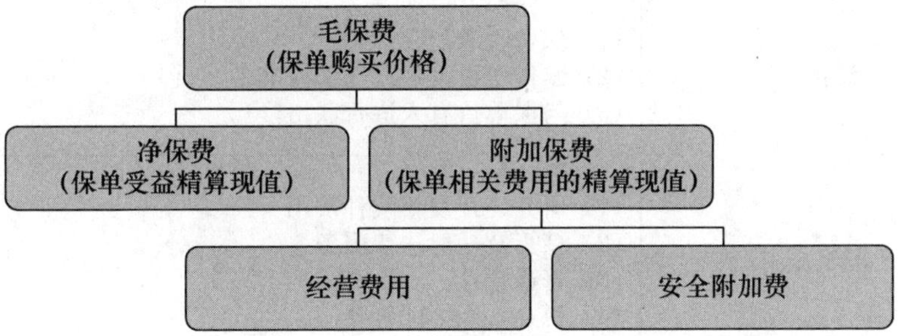

图 5－1 毛保费构成

经营费用主要满足由于开发、维护和管理该险种所支出的费用。经营费用具体又分为管理费和佣金（在个人业务中称为佣金，在团体业务中称为手续费）两部分。

安全附加费是为了有足够的把握保证所收取的保费足够覆盖真实赔付而收取的一笔安全附加金。由于安全附加费主要由各公司所要求的安全系数确定，所以本章的附加保费主要考虑经营费用，而不考虑安全附加费。

5.2.2 经营费用的构成与分类

所谓经营费用是指保险公司支出的除了风险赔付之外，其他维持保险公司正常运作的所有费用支出的统称。经营费用包括管理费用和佣金两大部分，其中，管理费用通常由投资费用和保险费用两部分构成。

投资费用包括与投资相关的分析、购买、销售及服务成本。由于这些费用直接与投资收入的产生有关，所以投资费用通常从总投资收入中扣除，在传统寿险产品保费计算时通常不单独考虑。

保险费用是指不具有投资功能的费用。对许多企业来说，费用的归集与分配是一项很困难的工作。对保险机构而言，这项工作的难度更大，因为保险费用涵盖的范围非常广，它包括税金、许可证、保险产品生存费用、保单销售服务费用、合同成立后的维持费用以及索赔时的赔付服务费用等等。在实务中，和保险费用相关的数据主要由保险公司的会计部门收集汇总完成。为了便于统计，会计部门会对经营活动中的主要费用进行分类，内容庞杂的保险费用可以有多种不同的分类方式。表5-1提供了保险机构经营费用的一种分类方案。

表5-1　保险机构费用开支的一种分类方案

<table>
<tr><th colspan="2">费用分类</th><th>具体类型</th></tr>
<tr><td colspan="2">投资费用</td><td>(1) 分析
(2) 购买、销售及服务成本</td></tr>
<tr><td rowspan="4">保险费用</td><td>新契约费</td><td>(1) 销售费用（包括代理人佣金及宣传广告费）
(2) 风险分类（包括体检费用）
(3) 准备新保单及会计</td></tr>
<tr><td>维持费</td><td>(1) 保费收取及会计
(2) 赔付变更及理赔选择权准备
(3) 与保单持有人进行联络</td></tr>
<tr><td>营业费用</td><td>(1) 研究、开发新险种费用
(2) 精算及一般法律服务
(3) 普通会计
(4) 税金、许可证等费用</td></tr>
<tr><td>理赔费用</td><td>(1) 理赔调查和辩护费
(2) 各种赔付的费用</td></tr>
</table>

为了便于将各种费用分摊到每一张保单上，精算师会在会计分类的基础上再进行一次分类，精算师通常将所有的保险费用分为三类：

(1) 初年费用（initial expense）。它是指研发和销售一款保险产品，分摊在第一年的费用。它又具体分为每份保单分摊的初年费用、每千元保额（benefit）分摊的初年费用和保费分摊的初年费用（毛保费的百分比）。

(2) 续年费用（renewal expense）。它是指保单销售之后，除第一年之外，以后各年的维持费用。和初年费用一样，它也分为每份保单分摊的续年费用、每千元保额分摊的续年费用和保费分摊的续年费用（毛保费的百分比）。

(3) 终止费用（termination expense）。它是指保单终止时，可能涉及赔付，与赔付相关的服务、鉴定、调查、辩护等费用。它通常分为每份保单分摊的终止费用和每千元保额分摊的终止费用。

表5-2给出的是基于表5-1的保险费用分类进行的精算费用分类示例。

表5-2 保险费用精算分类示例

分类	第1年			续年				
	每份保单	每千元保额	保费百分比(%)	每份保单	每千元保额	保费百分比(%)		
						第2~9年	第10~15年	第16年及以上
1. 新契约费								
(1) 销售费用								
佣金	—	—	50	—	—	5	5	3
销售事务	—	—	25	—	—	2.5	1.5	1
其他	12.5	4	—	—	—	—	—	—
(2) 风险分类	18	0.5	—	—	—	—	—	—
(3) 准备新保单及会计	4	—	—	—	—	—	—	—
2. 维持费	2	0.25	—	2	0.25	—	—	—
3. 营业费用								
(1) 研究、开发新险种费用 (2) 精算及一般法律服务 (3) 普通会计	4	0.25	—	4	0.25	—	—	—
(4) 税金、许可证	—	—	3	—	—	2	2	2
小计	40.5	5	78	6	0.5	9.5	8.5	6
4. 理赔费用	每份保单18元加上每千元保额0.1元							

通过这三种费用分类，精算师就把分门别类的各种费用整理成三种类型：每张保单费用、每千元保额费用和毛保费比例费用，便于将这些费用纳入毛保费计算。

5.2.3 均衡原则下毛保费的厘定

所谓均衡原则就是收支平衡原则。在均衡原则下进行毛保费计算，就是要求未来赔付现值和未来费用支出现值之和恰好等于未来毛保费收入现值，即

$$E(L_0^g)=E(\text{未来赔付现值}+\text{未来费用支出现值}-\text{未来毛保费收入现值})=0$$

等价公式为：

$$\text{毛保费精算现值}=\text{净风险给付精算现值}+\text{各种经营费用支出的精算现值}$$

【例5.8】(30)购买了保险金额为20 000元的死亡即刻赔付终身寿险保单，保险费用按表5-2所列。已知$\ddot{a}_{30}=15.856$，$\ddot{a}_{30:\overline{15|}}=10.1767$，$\ddot{a}_{30:\overline{9|}}=7.1648$。假设年实质利率为6%，按复利计息。根据均衡原则计算终身缴费场合每年期初缴纳的净保费和毛保费。

【解】

(1) 年缴净保费计算。

因为

$$\bar{A}_{30}=\frac{i}{\delta}A_{30}=\frac{i}{\delta}(1-d\ddot{a}_{30})=0.1055$$

所以

$$20\,000P(\overline{A}_{30})=20\,000\frac{\overline{A}_{30}}{\ddot{a}_{30}}=133.07$$

（2）年缴毛保费计算。

该保单所有的支出可以分为如下四部分：

1）死亡事件发生时产生的支出现值。死亡事件发生时主要涉及两部分支出：一是死亡赔付金额 20 000 元；二是与赔付相关的费用（每份保单 18 元，以及每千元保额 0.1 元）。这些支出的精算现值为：

$$(20\,000+18+0.1\times 20)\overline{A}_{30}$$

2）与每张保单相关的费用现值。第一年保费费用为 40.5 元，以后各年保费费用都为 6 元，与每张保单相关的费用精算现值为：

$$34.5+6\ddot{a}_{30}$$

3）与保额相关的费用现值。第一年每千元保额提取费用 5 元，以后各年每千元保额提取费用 0.5 元，本例保额为 2 万元，所以与保额相关的费用精算现值为：

$$20\times(4.5+0.5\ddot{a}_{30})$$

4）与毛保费相关的费用现值。第一年由于佣金等因素，一共需要提取毛保费的 78%作为保险费用，续年这个费用阶梯式递减：第 2～9 年是毛保费的 9.5%，第 10～15 年是毛保费的 8.5%，第 16 年及以后是毛保费的 6%，所以与毛保费相关的费用精算现值为：

$$(6\%\ddot{a}_{30}+2.5\%\ddot{a}_{30:\overline{15|}}+1\%\ddot{a}_{30:\overline{9|}}+68.5\%)G$$

根据公平原则，这些费用现值之和应该等于毛保费现值之和，即

$$\begin{aligned}G\ddot{a}_{x}=&(20\,000+18+0.1\times 20)\overline{A}_{30}+34.5+6\ddot{a}_{30}+20\times(4.5+0.5\ddot{a}_{30})\\&+(6\%\ddot{a}_{x}+2.5\%\ddot{a}_{30:\overline{15|}}+1\%\ddot{a}_{30:\overline{9|}}+68.5\%)G\end{aligned}$$

整理上式，得

$$G(\ddot{a}_{x}-6\%\ddot{a}_{30}-2.5\%\ddot{a}_{30:\overline{15|}}-1\%\ddot{a}_{30:\overline{9|}}-68.5\%)=20\,020\overline{A}_{30}+16\ddot{a}_{30}+124.5$$

最后得到期缴毛保费为：

$$G=178.470\,5(\text{元})$$

通过例 5.8 的演算，我们可以看到初年费用要比续年费用高很多。这不是特例，而是寿险产品的惯例。以例 5.8 进行讲解，每年的净保费等于 133.07 元，每年的毛保费等于 178.47 元，也就是说每年缴纳的毛保费里面有 45.4 元是覆盖费用的费用保费。但实际上第一年的真实费用为：

$$40.5+20\times 5+78\%\times 178.47=279.71(\text{元})$$

第一年收取的费用 45.4 元是完全不够支付第一年的真实费用的。费用不够的部分是由保险公司现行垫付。这就产生了寿险产品的新业务压力（new business strain）。也就是说，寿险公司只要新卖出一份保险产品，第一年就要承担初年费用不够的资金压力。

而被保险人续年的费用通常都比较低，以例 5.8 为例，第 2～9 年的续年费用为：

$$6+20\times 0.5+9.5\%\times 178.47=32.95(\text{元})$$

而第 10～15 年的续年费用等于 31.17 元，第 16 年以后的续年费用等于 26.71 元。它们都比每年缴纳的保费 45.4 元低。也就是说，被保险人是通过以后各年的多缴费用来弥补第一年费用不够的部分。这种现象称为延期购置成本（deferred acquisition cost）。

【例 5.9】(30)男子购买 30 年延期的终身生存年金，生存年金从 60 岁退休开始，每月领取 5 000 元。缴费方式是从现在开始直到退休，每月等额缴纳保费。假设该产品按复利计息，年实质利率为 5%，寿命服从中国人身保险业经验生命表（见附录 2）的 CL1 表，初年费用是毛保费的 50%，续年费用是毛保费的 10%。请计算该男子每月应该缴纳的毛保费。

【解】

根据已知条件，可以写出该险种的均衡方程：

$$12G\times 90\%\ddot{a}_{30:\overline{30}|}^{(12)}-12G\times 40\%\ddot{a}_{30:\overline{1}|}^{(12)}=12\times 5\,000\,{}_{30|}\ddot{a}_{30}^{(12)}$$

根据生命表和利率，容易求得

$$\ddot{a}_{30:\overline{30}|}^{(12)}=15.471\,52,\ \ddot{a}_{30:\overline{1}|}^{(12)}=0.977\,628\,2,\ {}_{30|}\ddot{a}_{30}^{(12)}=2.532\,486(\text{元})$$

把相关年金代入均衡方程，则该男子每月应该缴纳的毛保费为：

$$G=\frac{12\times 5\,000\,{}_{30|}\ddot{a}_{30}^{(12)}}{12\times 90\%\ddot{a}_{30:\overline{30}|}^{(12)}-12\times 40\%\ddot{a}_{30:\overline{1}|}^{(12)}}=935.65(\text{元})$$

5.3　组合百分数原则下毛保费的厘定

均衡原则是保费厘定的一种传统原则，但并不是唯一原则。从统计学的角度而言，均衡原则遵循未来支出的期望等于未来保费收入的期望，它追求统计理论上的收支平衡。但实际上，真实损失不会恰好为零。一群具有同质风险的被保险人真实的未来损失应该是围绕在 $E(L_0^g)$ 附近，以 $\mathrm{Var}(L_0^g)$ 为方差做正态波动。如果以 $E(L_0^g)=0$ 为毛保费定价标准，那么意味着保险公司理论上有 50%的概率会出现亏损。这个亏损概率太高了，不符合保险经营的安全性要求。

当然，实际上保险公司会采取比较苛刻的假定条件，使得 $E(L_0^g)=0$ 时，保费现值通常比支出现值大一些。但是因为假设条件太隐晦，我们根本无法确定这种情况下保险公司真实的安全边际。

组合百分数原则（portfolio percentile principle）就是为了克服均衡原则的这个不足而提出的一种新的保费厘定原则。它的理论基础是中心极限定理，是以控制损失发生概率为目标的保费定价方法。

我们将具有相同风险、相同保险受益、相同保障期且未来寿命相互独立的一群被保险人称为一个组合（portfolio）。该组合中的任意一个个体 i 在保单签约日的未来损失变量记作 $L_0^{(i)}$：

$$L_0^{(i)} = \text{第 } i \text{ 个个体的未来支出现值} - \text{第 } i \text{ 个个体的保费收入现值}$$

由于组合内每个个体具有相同风险且相互独立，所以他们可以视为一系列独立同分布的随机变量，他们有相同的均值和方差，不妨记

$$E(L_0) = \mu$$
$$\mathrm{Var}(L_0) = \sigma^2$$

当一个组合的参保人数 n 很大时，根据中心极限定理，平均损失变量 $\bar{L}_0$ 将服从均值为 μ，方差为 $\frac{\sigma^2}{n}$ 的正态分布：

$$\bar{L}_0 \sim N\left(\mu, \frac{\sigma^2}{n}\right)$$

根据正态分布的性质，总损失 $L_{agg} = n\bar{L}_0$ 将服从均值为 $n\mu$，方差为 $n\sigma^2$ 的正态分布：

$$L_{agg} \sim N(n\mu, n\sigma^2)$$

有了总损失的分布，根据保险公司要求的安全边际，可以计算出保费水平。这就是组合百分数原则的构造思想。

假设 α 是保险公司能够接受的损失发生概率（也称为风险容忍程度），即

$$\Pr(L_{agg} > 0) < \alpha$$

等价的含义是保险人要求保费收入能够覆盖所有支出的概率至少要达到 $1-\alpha$：

$$\Pr(L_{agg} \leqslant 0) \geqslant 1 - \alpha$$

等价变换，有

$$\Pr(L_{agg} \leqslant 0) = \Pr\left(\frac{L_{agg} - n\mu}{\sqrt{n\sigma^2}} \leqslant -\frac{n\mu}{\sqrt{n\sigma^2}}\right) \geqslant 1 - \alpha$$

因为 $L_{agg} \sim N(n\mu,\ n\sigma^2)$，所以

$$\frac{L_{agg} - n\mu}{\sqrt{n\sigma^2}} \sim N(0,1)$$

即 $-\frac{n\mu}{\sqrt{n\sigma^2}}$ 是标准正态分布的 $1-\alpha$ 分位点($z_{1-\alpha}$)：

$$-\frac{n\mu}{\sqrt{n\sigma^2}}=z_{1-\alpha}$$

根据上式，只要风险容忍程度 α 确定，就可以厘定相应的保费收取标准。

【例 5.10】假设 90 岁的参保组合生存情况如表 5-3 所示。

表 5-3　参保组合生存情况

x	l_x	d_x
90	100	28
91	72	33
92	39	39
93	0	—

假设年实质利率为 6%，按复利计息，求：

(1) 死亡年末赔付 1 的趸缴净保费。

(2) 要求有 95%的把握保障保费收入覆盖真实赔付，所收保费等于净保费加风险附加系数 R，求 R。

【解】

(1) 求趸缴净保费。

$$\begin{aligned}A_{90}&=E(v^{K+1})\\&=\sum_{k=0}^{2}v^{k+1}\frac{d_{90+k}}{l_{90}}\\&=1.06^{-1}\frac{28}{100}+1.06^{-2}\frac{33}{100}+1.06^{-3}\frac{39}{100}\\&=0.885\,3\end{aligned}$$

(2) 对于该组合内的任意被保险人而言，损失函数为：

$$L_0^{(i)}=v^{K_{90}^{(i)}+1}-(A_{90}+R),\quad i=1,2,\cdots,100$$

则

$$\mu=E(L_0^{(i)})=E[v^{K_{90}^{(i)}+1}-(A_{90}+R)]=-R$$

$$\sigma^2=\mathrm{Var}(L_0^{(i)})=\mathrm{Var}[v^{K_{90}^{(i)}+1}-(A_{90}+R)]={}^2A_{90}-(A_{90})^2$$

因为

$$\begin{aligned}{}^2A_{90}&=\sum_{k=0}^{2}v^{2(k+1)}\frac{d_{90+k}}{l_{90}}\\&=1.06^{-2}\frac{28}{100}+1.06^{-4}\frac{33}{100}+1.06^{-6}\frac{39}{100}\\&=0.785\,525\end{aligned}$$

所以

$$\sigma^2 = {}^2A_{90} - (A_{90})^2 = 0.001\,766$$

则总损失变量服从正态分布，即

$$L_{agg} = \sum_{i=1}^{100} L_i \sim N(-100R, 0.176\,6)$$

要求有 95%的把握保证保费收入覆盖真实赔付，即要求

$$\Pr(L_{agg} \leqslant 0) = \Phi\left(\frac{100R}{\sqrt{0.176\,6}}\right) \geqslant 95\%$$

等价于

$$\frac{100R}{\sqrt{0.176\,6}} = z_{0.95} = 1.645$$

推导出

$$R = \frac{1.645 \times \sqrt{0.176\,6}}{100} = 0.006\,9$$

在组合百分数原则下，忽略保险费用，要保证有 95%的安全边际，要收取的趸缴毛保费等于趸缴净保费加安全附加费，等于 0.885 3+0.006 9=0.892 2。

【例 5.11】 保险人面向(30)发行一款终身寿险产品，死亡年末赔付 10 万元，被保险人每年初等额缴纳保费。初年费用为第一年保费的 19%，续年费用为每年保费的 4%。已知 $A_{30}=0.075$，${}^2A_{30}=0.038$，年贴现率为 5%。

(1) 使用公平原则计算毛保费。

(2) 假设一个组合有 1 万人，要有 95%的把握覆盖赔付风险，使用组合百分数原则计算毛保费。

【解】

(1) 已知 $A_{30}=0.075$，$d=0.05$，可以求得年金为：

$$\ddot{a}_{30} = \frac{1-\mathrm{A}_{30}}{\mathrm{d}} = \frac{1-0.075}{0.05} = 18.5$$

记 G 为使用均衡原则计算的毛保费，则有

$$G\ddot{a}_{30} = 100\,000A_{30} + 15\%G + 4\% \times G\ddot{a}_{30}$$

$$\begin{aligned} G &= \frac{100\,000A_{30}}{\ddot{a}_{30}(1-4\%)-15\%} \\ &= \frac{100\,000 \times 0.075}{0.96 \times 18.5 - 0.15} \\ &= 425.89(\text{元}) \end{aligned}$$

(2) 假设组合有 1 万人，每个个体的单位受益毛保费为 π 元，则任意个体损失变量的均值和方差为：

$$E(L_i)=E(v^{K+1}+0.15\pi-0.96\pi\ddot{a}_{\overline{K+1}|})=A_{30}+0.15\pi-0.96\pi\ddot{a}_{30}$$
$$=0.075-17.61\pi$$
$$\mathrm{Var}(L_i)=\mathrm{Var}(v^{K+1}+0.15\pi-0.96\pi\ddot{a}_{\overline{k+1}|})$$
$$=\left(1+\frac{0.96\pi}{d}\right)^2\mathrm{Var}(v^{K+1})$$

式中，$\mathrm{Var}(v^{K+1})={}^2A_{30}-(A_{30})^2=0.038-0.075^2=0.0324$。

则总损失变量服从如下正态分布：

$$L_{agg}=\sum_{i=1}^{10\,000}L_i\sim N(750-176\,100\pi,324(1+19.2\pi)^2)$$

要有95%的把握覆盖赔付风险，即

$$\Pr(L_{agg}\leqslant 0)=\Phi\left(\frac{176\,100\pi-750}{(1+19.2\pi)\sqrt{324}}\right)\geqslant 95\%$$

等价于

$$\frac{176\,100\pi-750}{(1+19.2\pi)\sqrt{324}}=z_{0.95}=1.645$$

求得

$$\pi=\frac{750+1.645\times\sqrt{324}}{176\,100-1.645\times 19.2\times\sqrt{324}}=0.004\,44$$

因为受益金额为100 000元，所以组合百分数原则下，毛保费为100 000元，即每年444元。

5.4 本章R指导

期缴保费的计算通常是在给定预定利率、生命表和保费厘定原则的基础上，根据具体的缴费安排、赔付安排，得到具体情况下期缴保费的表达式，然后调用现值函数和年金函数进行计算。

下面以(30)购买终身寿险为例，假设被保险人寿命服从中国人身保险业经验生命表（见附录2）的CL1表，该产品预定利率为5%，死亡即刻给付10万元，缴费20年，每年初给付保费。初年费用为毛保费的30%，续年费用为毛保费的5%。求：

(1) 该产品均衡净保费等于多少?

(2) 在均衡定价原则下，该产品毛保费等于多少?

(3) 假定有1万个同质风险人群，在组合百分数原则下，亏损的概率要控制在5%以内，则该产品毛保费等于多少?

(1) 净保费的计算。

根据该产品的具体条件，净保费为：

$$P=B\frac{\overline{A}_{30}}{\ddot{a}_{30:\overline{20|}}}$$

其中 B 为赔付收益金。调用前两章写的相关函数，计算净保费 P 的值，相关 R 指令如下：

```
B=100000
i=0.05
p=B*ACx(30,i)/ax_n(30,20,i)
P
#输出结果
954.132
```

（2）均衡原则下，毛保费的计算。

根据该产品的具体条件，均衡原则下，毛保费为：

$$G=\frac{B\overline{A}_{30}}{0.95\ddot{a}_{30:\overline{20|}}-0.25}$$

调用前两章写的相关函数，计算均衡原则下毛保费 G 的值，相关 R 指令如下：

```
G=B*ACx(30,i)/(0.95*ax_n(30,20,i)-0.25)
G
#输出结果
[1] 1025.172
```

（3）组合百分数原则下，毛保费的计算。

根据该产品的具体条件，保单签约日损失函数为：

$$L_0=v^t+0.25\pi-0.95\pi v^{K+1},\quad t>0;0\leqslant K\leqslant 19$$

则

$$\mu=E(L_0)=\overline{A}_{30}-(0.95\ddot{a}_{30:\overline{20|}}-0.25)\pi$$

$$\sigma^2=\mathrm{Var}(L_0)\approx\left(1+\frac{0.95\pi}{d}\right)^2V_1+V_2$$

式中，$V_1\approx{}^2\overline{A}^{1}_{30:\overline{20|}}-(\overline{A}^{1}_{30:\overline{20|}})^2$；$V_2={}_{20|}^{2}\overline{A}_{30}-({}_{20|}\overline{A}_{30})^2$

注：σ^2 是近似解，为便于计算，本例将离散型保费缴纳直接用连续型缴纳近似处理。

根据组合百分数原则，95%的安全边界满足

$$-\frac{n\mu}{\sqrt{n\sigma^2}}=z_{0.95}$$

上式等号两边平方，移项化简后得

$$n\mu^2 = z_{0.95}^2 \sigma^2$$

将损失函数的均值和方差代入上式，得

$$n[\overline{A}_{30} - (0.95\ddot{a}_{30:\overline{20}|} - 0.25)\pi]^2 = z_{0.95}^2\left[\left(1+\frac{0.95\pi}{d}\right)^2 V_1 + V_2\right]$$

整理后毛保费就是一元二次方程 $ax^2+bx+c=0$ 的最大值解，其中：

$$a = z_{0.95}^2 f_3^2 V_1 - nf_2^2$$

$$b = 2z_{0.95}^2 f_3 V_1 + 2nf_1 f_2$$

$$c = z_{0.95}^2 (V_1 + V_2) - nf_1^2$$

$$f_1 = \overline{A}_{30}$$

$$f_2 = 0.95\ddot{a}_{30:\overline{20}|} - 0.25$$

$$f_3 = \frac{0.95}{d}$$

相关求解的 R 指令如下：

```
n=10000
z=qnorm(0.95)^2
i_2=(1+i)^2-1
V1<-ACx_n(30,20,i_2)$A1-ACx_n(30,20,i)$A1^2
V2<-(ACx(30,i_2)-ACx_n(30,20,i_2)$A1)-(ACx(30,i)-ACx_n(30,20,i)$A1)
^2
f1=ACx(30,i)
f2=0.95*ax_n(30,20,i)-0.25
f3<-0.95*(1+i)/i
a=z*V1*f3^2-n*f2^2
b=2*z*V1*f3+2*n*f1*f2
c=z*(V1+V2)-n*f1^2
root1=(-b+sqrt(b^2-4*a*c))/2/a
root2=(-b-sqrt(b^2-4*a*c))/2/a
Pi<-B*max(root1,root2)
Pi
#输出结果
[1] 1045.23
```

习 题

5.1 假设寿命服从 $\omega=110$ 的均匀分布，$\delta=0.05$，保额为 1，求：

(1) 10 年定期寿险年缴均衡净保费 $\overline{P}(\overline{A}^{1}_{40:\overline{10}|})$；

(2) 10 年两全险 5 年缴费期的均衡净保费 ${}_5\overline{P}(\overline{A}_{40:\overline{10}|})$。

5.2 (x)购买一份完全连续型终身寿险，死亡赔付为 2，年缴保费为 0.09。已知 $\mu(x+t)=0.06$ $(t\geqslant 0)$，$\delta=0.04$，计算保险人亏损现值变量的方差 $\mathrm{Var}(L)$。

5.3 已知 $A^{1}_{30:\overline{20}|}=0.15$，$\ddot{a}_{30:\overline{20}|}=2.0$，求 $P^{1}_{30:\overline{20}|}$。

5.4 已知 $P_{30:\overline{20}|}^{\ \ 1}=0.5$，$P^{1}_{30:\overline{20}|}=0.075$，$i=0.025$，求 $P(\overline{A}_{30:\overline{20}|})$。

5.5 设一个 0 岁生命的整值未来寿命死亡概率如下：

$$_{k|}q_0=\frac{1}{4},\quad k=0,1,2,3$$

假设为他购买一终身寿险，死亡年末赔付 1，每年年初缴纳保费 P。当保费按净均衡原则厘定时，计算保险人亏损现值变量的期望与方差 $(i=6\%)$。

5.6 一个 30 岁的人投保 20 年延期终身年金，保险金给付为生存年初给付 1，如果此人在延期内死亡，那么在死亡年末退还所缴纳的保费（不计利息）。已知 $\ddot{a}_{50}=10$，$A_{30:\overline{20}|}=0.2$，$A^{1}_{30:\overline{20}|}=0.05$，计算此险种的趸缴净保费。

5.7 一个 40 岁的人购买了一份完全离散的 3 年定期寿险，保额为 1 000 元。已知各年龄死亡概率如下表所示。

x	q_x
40	0.01
41	0.02
42	0.03
43	0.04

假如在第 3 年时，发现此人买保险时的真实年龄是 41 岁，公司根据净均衡原则和此人所缴保费重新确定了保额，计算修正后的保额。

5.8 (x)投保 3 年延期的终身初付年金，首次给付 10 000 元，以后每年的给付额递增 2.5%。已知 $i=0.025$，前 3 年的生存概率如下表所示，且整值未来寿命 $e_x=12.10$。

k	1	2	3
${}_kp_x$	0.99	0.98	0.97

假设缴费方式为 3 年延期每年年初缴付等额保费 π，计算 π 的值。

5.9 (40)投保终身寿险，死亡年末给付 1 000 元并返还所缴保费（不计利息），被保险人每年年初缴纳均衡净保费 π，缴费期 10 年。已知 $A_{40}=0.12$，${}_{10|}A_{40}=0.08$，$(IA)^{1}_{40:\overline{10}|}=0.08$，$\ddot{a}_{40:\overline{10}|}=7.83$，计算 π 的值。

5.10 已知 $i=0.025$，${}_{10}E_{30}=0.5$，$1\,000A_{30}=150$，$1\,000A_{40}=240$，计算 $1\,000\,{}_{10}P(A_{30})$ 的值。

5.11 (40)投保 20 年的定期寿险，前 10 年死亡年末给付 2 000 元，后 10 年死亡年末给付 1 000 元，假设寿命服从 $\omega=110$ 的均匀分布，$v=0.9$，保障期内每年年初缴纳均衡净保费 π，计算 π 的值。

5.12　(60)投保一个两次缴清的终身寿险。净保费缴纳方式为第1年和第3年年初缴纳保费P。死亡赔付方式为：如果此人在第1年或第3年死亡，死亡年末赔付$1\,000+P/2$；其他时刻死亡，死亡年末赔付1 000元。已知$q_{60}=0.027$，$q_{61}=0.031$，$q_{62}=0.033$，$A_{60}=0.35$，$i=0.025$，计算P的值。

5.13　(50)购买完全连续型终身寿险，L为亏损现值变量，已知$\delta=0.04$，$l_x=100-x(0\leqslant x\leqslant 100)$，计算$\mathrm{Var}(L)$的值。

5.14　(35)购买一份终身寿险，保费分20年缴清，若死亡，在死亡年末赔付10 000元并退还已缴的各年保费，写出此险种年缴均衡净保费的公式。

5.15　(25)购买一份保险金额为10万元的40年期死亡年末给付两全险。该保单第一年的费用为100元加上毛保费的25%，续年的费用为25元加上毛保费的10%。发生死亡给付时的理赔费用为100元，生存给付时不发生理赔费用。已知$A_{25:\overline{40|}}=0.114\,592$，$A^{\ \,1}_{25:\overline{40|}}=0.081\,167\,5$，$i=6\%$，求该保单年缴净保费和年缴毛保费。

5.16　有一20年缴费的终身寿险，每年年初缴纳保费，死亡年末给付。每年的保险费用结构如下表所示。

	第1年	第2～10年	11年以后
每张保单	50	20	20
保费百分比	110%	10%	5%

已知$d=0.04$，$\ddot{a}_x=16.25$，$\ddot{a}_{x:\overline{10|}}=8$，$\ddot{a}_{x:\overline{20|}}=12$。假设总保费可以写成$fb+h$的形式，其中$b$为保额，$f$为与保额相关的保费比例，$h$是保单费用，请计算$f$和$h$的值。

5.17　有一终身寿险每年期初均衡缴费，死亡即刻给付。每年的保险费用结构如下表所示。

	保费比例	每1 000元保额	每张保单
第一年	30%	3	150
续年	10%	0	50

已知$\bar{A}_x=0.247$，$\ddot{a}_x=13$。计算最低保额，使得保单费用不超过期缴总保费的50%。

第6章

责任准备金

在日常生活中，我们见到的大多数商品都是在成交时刻钱货两讫的实物商品。比如买卖一件衣服，买方给钱，卖方给衣服，成交结束，两不相欠。但保险产品不属于这种即刻交付的实物商品，它是一种特殊的信用商品。通常被保险人预先缴纳保费，保险人后来履行风险赔付责任，这意味着对于一个保险产品而言，在保障期内并不是任意时刻都钱货两讫、收支平衡。

对于保险人而言，通常保障前期收入大于支出，保障后期支出大于收入。为了将来有足够的资金覆盖赔付支出，保险人不能把前期收到的保费都用掉，必须留下足够多的保费收入用以支付将来的风险赔付。这笔预留的经费就属于责任准备金的范畴。

责任准备金的测算是寿险精算学中一项非常重要的内容，它直接关系到被保险人的利益、保险公司的诚信和整个保险业的正常运转秩序。它是保险公司内部最重要的管理内容，也是监管者最核心的监管指标。

6.1 责任准备金产生的原因

下面以一个简单的案例，解释责任准备金产生的原因。

【例 6.1】假设保险公司发行了一张 3 年定期保单，死亡年末给付 10 000 元，年实质利率 5%，假设有 100 个 x 岁的人投保，这群人的未来寿命分布如表 6-1 所示。

表 6-1 未来寿命数据

k	l_{x+k}	d_{x+k}
0	100	5
1	95	10
2	85	15

(1) 根据净均衡原理，厘定趸缴净保费和 3 年期均衡净保费；

（2）在趸缴净保费场合，分析各年资金流动的状况；

（3）在均衡净保费场合，分析各年资金流动的状况。

【解】

（1）以保单发行日为时间参照点，未来死亡赔付精算现值为：

$$10\,000(d_x v + d_{x+1} v^2 + d_{x+2} v^3) = 10\,000(5/1.05 + 10/1.05^2 + 15/1.05^3) = 267\,897.6(\text{元})$$

根据净均衡原理，保费的厘定是要保证在保单发行日，未来保费收入的精算现值和未来死亡赔付的精算现值相等。

记趸缴净保费为 NSP，则根据 $l_x \cdot NSP = 10\,000(d_x v + d_{x+1} v^2 + d_{x+2} v^3)$ 计算出趸缴净保费为：

$$NSP = \frac{10\,000(d_x v + d_{x+1} v^2 + d_{x+2} v^3)}{l_x} = \frac{267\,897.6}{100} = 2\,678.976(\text{元})$$

记均衡净保费为 P，则根据 $(l_x + l_{x+1} v + l_{x+2} v^2)P = 10\,000(d_x v + d_{x+1} v^2 + d_{x+2} v^3)$ 计算出每年年初缴纳的均衡净保费为：

$$P = \frac{10\,000(d_x v + d_{x+1} v^2 + d_{x+2} v^3)}{l_x + l_{x+1} v + l_{x+2} v^2} = \frac{267\,897.6}{100 + 95/1.05 + 85/1.05^2} = 1\,001.211(\text{元})$$

（2）趸缴净保费场合资金流分析（见表 6 - 2）。

表 6 - 2　趸缴净保费场合资金流分析　　单位：元

k	l_{x+k}	期初人均保费收入	基金期初净值	基金年末积累值	d_{x+k}	基金年末赔付支出	基金年末净值	年末人均基金净值
0	100	2 678.976	267 897.6	281 292.48	5	50 000	231 292.48	2 434.658
1	95	0	231 292.48	242 857.1	10	100 000	142 857.1	1 680.672
2	85	0	142 857.1	150 000	15	150 000	0	0

第 1 年年初，共有 100 个被保险人，每人缴纳趸缴净保费 2 678.976 元，这笔保费构成一个总额为 267 897.6 元（100×2 678.976）的保障基金。该基金以 5%的年利率积累到第 1 年末，本利和为 281 292.48 元（100×2 678.976×1.05）。而这一年共有 5 个被保险人死亡，每人年末赔付 10 000 元，即总赔付支出为 50 000 元。扣除赔付支出，整个基金在第 1 年末还剩余 231 292.48 元。这时，除去 5 个死亡的被保险人，还剩 95 个被保险人在保障计划中，相当于人均拥有基金 2 434.658 元（231 292.48÷95）。

由于是趸缴保费，第 2 年年初没有被保险人缴费，所以第 2 年年初基金净值为第 1 年年末剩余值 231 292.48 元。这笔基金积累到第 2 年年末本利和为 242 857.1 元。这一年共有 10 个被保险人死亡，年末共赔付支出 100 000 元，于是第 2 年年末扣除支出基金剩余 142 857.1 元。这时还有 85 个被保险人在保障计划中，相当于人均拥有基金 1 680.672 元。

第 3 年期初依然没有保费收入，整个基金积累到第 3 年年末共有本利和 150 000 元（142 857.1×1.05），这一年共有 15 个被保险人死亡，年末共赔付支出 15 万元，扣除赔付支出，基金净值为零。保险计划结束。

通过这个资金流分析，可以很清楚地知道在趸缴净保费场合，保险是一种先收保费后履行赔付义务的特殊商品。被保险人在保单发行日一次性缴纳了所有的保费，未来各年对于保险人而言就只有责任而不再有保费收入了。为了有效地履行对被保险人的保障承诺，保险人需要在第 1 年年末，为每一位仍然存活的被保险人预留 2 434.658 元；在第 2 年年末，为每一位仍然存活的被保险人预留 1 680.672 元；第 3 年年末所有责任履行完毕，不需要预留费用。

任意时刻为每一位仍然存活的被保险人预留的经费就是该时刻的责任准备金。在趸缴净保费场合，2 434.658 元就是第 1 年年末的责任准备金，1 680.672 元是第 2 年年末的责任准备金，第 3 年年末的责任准备金为零。

（3）均衡净保费场合资金流分析（见表 6－3）。

表 6－3 均衡净保费场合资金流分析 单位：元

k	l_{x+k}	期初人均保费收入	基金期初净值	基金年末积累值	d_{x+k}	基金年末赔付支出	基金年末净值	年末人均基金净值
0	100	1 001.211	100 121.1	105 127.155	5	50 000	55 127.155	580.286
1	95	1 001.211	150 242.2	157 754.31	10	100 000	57 754.31	679.46
2	85	1 001.211	142 857.25	150 000	15	150 000	0	0

第 1 年年初，共有 100 个被保险人，每人缴纳净保费 1 001.211 元，这笔经费以 5% 的年利率积累到第 1 年末，本利和为 105 127.155 元。这一年有 5 个被保险人死亡，死亡赔付共支出 50 000 元，收支相抵，年末基金余额 55 127.155 元。等价于 95 个仍然存活的被保险人，人均剩余 580.286 元。

这笔基金转移到第 2 年年初，同时第 2 年年初仍然有 95 个被保险人在保障计划中，每人缴纳保费 1 001.211 元，这两笔钱共同积累到第 2 年年末，本利和为 157 754.31 元。这一年死亡赔付共支出 10 万元，于是第 2 年年末基金余额为 57 754.31 元。等价于 85 个仍然存活的被保险人，人均剩余 679.46 元。

第 3 年年初基金总额等于上一年年末基金余额加上当期的保费收入，共等于 142 857.25 元，整个基金积累到第 3 年年末共有本利和 150 000 元，这一年共有 15 个被保险人死亡，年末共赔付支出 15 万元，扣除赔付，基金净值为零。保险计划结束。

通过这个资金流动分析可以很清楚地知道，即使是在均衡净保费场合，当期支付的保费也并不会恰好等于当期的赔付支出。这是由于死亡风险并不是每年均衡发生的，死亡风险通常随着寿命的递增而递增。所以在均衡净保费场合，依然是前期保费收入多于赔付支出，后期保费收入少于赔付支出。基于这种情况，保险公司依然要严格管理前期的剩余保费，用前期的基金余额填补以后各年的收支缺口。

在本例中，保险人需要在第1年年末，为每一位仍然存活的被保险人预留的580.286元就是第1年年末的责任准备金；在第2年年末，为每一位仍然存活的被保险人预留的679.46元就是第2年年末的责任准备金；在第3年年末，为每一位仍然存活的被保险人预留的金额为零，即第3年年末的责任准备金为零。

收支缺口的存在说明，除了保单发行日以外，以保障期内任意某个时刻为参照点，未来收支的现值都有可能不平衡，通常未来赔付责任要比未来保费收入的精算现值大，这种收支缺口就是责任准备金产生的原因（见图6-1）。

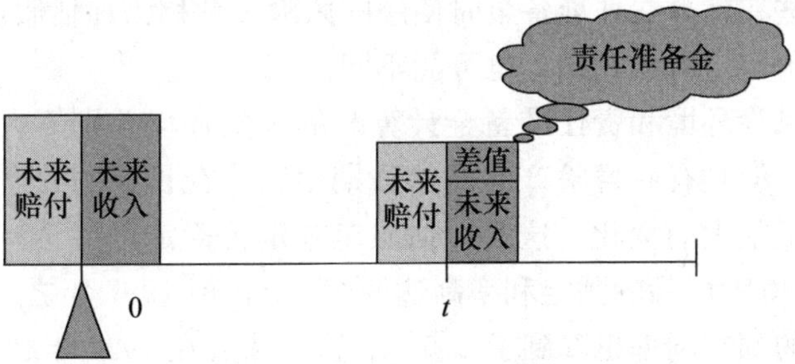

图6-1 责任准备金图示

6.2 责任准备金的定义

在保障期内的任意时刻，对每个仍在保障范围内的被保险人，保险人未来支出与未来收入的现值之差的期望，称为责任准备金（reserve）。

我们把时刻 t 保险人未来支出与未来收入的现值之差称为保险人在时刻 t 的前瞻损失（prospective loss），记作 L_t：

$$L_t = \text{未来支出现值} - \text{未来收入现值}$$

责任准备金即为前瞻损失函数的期望，记作：

$$_tV = E(L_t)$$

根据保费类型的不同，责任准备金又可以分为净保费责任准备金和毛保费责任准备金。

净保费责任准备金记作 $_t^nV$，它是未来净风险赔付支出和净保费收入之差的期望 $E(L_t^n)$：

$$_t^nV = E(L_t^n) = E(\text{未来赔付现值}) - E(\text{未来净保费收入现值})$$

毛保费责任准备金记作 $_t^gV$，它是未来总支出（含赔付支出和费用支出）和毛保费收入之差的期望 $E(L_t^g)$：

$$_t^gV = E(L_t^g) = E(\text{未来赔付与费用支出现值}) - E(\text{未来毛保费收入现值})$$

6.3 责任准备金的评估假定

我们在进行保险产品定价时，需要对预定利率、费用率、死亡率等风险参数进行估计，这些在定价时假定的风险参数值称为定价假定。

现在我们要计算责任准备金，也需要对未来的死亡率、费用率、投资收益率等风险参数进行假定。这些在计算责任准备金时使用的风险参数称为评估假定。

评估假定和定价假定可能相同，也可能不同。

如果定价时的风险环境和责任准备金计算时的风险环境差别不大，那评估假定可能直接使用定价假定。但是有些寿险产品的保障期很长，在长期的社会发展过程中，可能风险环境已经发生了很大的变化。这时评估假定和定价假定可能会有很大差异。比如说在 1997 年之前我国寿险产品的预定利率高达 8%以上，但 1997 年之后，国家连续多次降息，相应的寿险业的预定利率也降到了 2.5%。这意味着在 1997 年之前销售的寿险产品，定价利率是 8%左右，但在 1997 年之后，在计算责任准备金时，使用的评估利率大概在 2.5%。这时定价利率和评估利率相差很大。

所以在计算责任准备金时，首先需要根据当时的社会经济发展情况和对未来风险的综合评估，给出随时间和宏观环境变化的评估假定。

评估假定对准确测算保险人的负债水平，保护被保险人的利益，维护保险业安全平稳运行至关重要。基于这种重要性，我国保险行业协会通常会组成专家咨询委员会，在社会政治、经济环境发生变化时，给出评估假定的调整意见。银保监会也会出台相关政策，对重要的评估假定做出规定。比如 2019 年银保监会发布《关于完善人身保险业责任准备金评估利率形成机制及调整责任准备金评估利率有关事项的通知》，对评估利率的规定如下：（1） 2013 年 8 月 5 日及以后签发的普通型人身保险保单评估利率上限为年复利 3.5%和预定利率的较小者；2013 年 8 月 5 日以前签发的普通型人身保险保单评估利率继续执行原规定。（2） 分红型人身保险责任准备金的评估利率上限为年复利 3%和预定利率的较小者。（3） 万能型人身保险责任准备金的评估利率上限为年复利 3%。

本教材侧重于寿险精算学理论和计算技巧的教学，后续案例讲解时都默认已知评估假定，对评估假定如何设置和调整这类实务问题不展开讨论。

6.4 责任准备金的计算方法

6.4.1 完全连续场合责任准备金的计算

由于未来支出和未来收入的支付频率有多种组合，所以责任准备金的计算又分为三种情况：（1） 完全连续场合责任准备金的计算；（2） 完全离散场合责任准备金的计算；(3) 半连续场合责任准备金的计算。本节基于完全连续场合介绍责任准备金的计算。

完全连续场合是指赔付支出和保费缴纳都是连续型的。

1. 将来法

将来法（prospective formula）是计算责任准备金最常用的方法，它是从责任准备金的定义出发，计算保险人未来支出与未来保费收入的精算现值之差。

以 (x) 购买完全连续终身寿险为例，$\bar{P}$ 为该产品终身连续缴纳净保费，U 为 $x+t$ 岁的未来寿命，则净保费前瞻损失函数为：

$$L_t^n = v^U - \bar{P}\bar{a}_{\overline{U|}}$$

任意时刻 t 的净保费责任准备金为：

$$\begin{aligned}{}_t^nV &= E(L_t^n) \\ &= E(v^U - \bar{P}\bar{a}_{\overline{U|}}) \\ &= \bar{A}_{x+t} - \bar{P}\bar{a}_{x+t}\end{aligned}$$

前瞻损失函数的方差为：

$$\begin{aligned}\mathrm{Var}(L_t^n) &= \mathrm{Var}(v^U - \bar{P}\bar{a}_{\overline{U|}}) \\ &= (1+\bar{P}/\delta)^2\mathrm{Var}(v^U) \\ &= (1+\bar{P}/\delta)^2[{}^2\bar{A}_{x+t} - (\bar{A}_{x+t})^2]\end{aligned}$$

【例6.2】 已知 $l_x = 100 - x(0 \leqslant x \leqslant 100)$，$i=0.05$，定价假定与评估假定相同，(30)购买完全连续终身寿险，请计算：

(1) 完全连续均衡净保费 $\bar{P}(\bar{A}_{30})$；

(2) 被保险人 40 岁时的净保费责任准备金 ${}_{10}V(\bar{A}_{30})$ 和前瞻损失变量的方差 $\mathrm{Var}({}_{10}L)$。

【解】

(1) 对于 De Moivre 分布，$l_x = \omega - x(0 \leqslant x \leqslant \omega)$，容易推导出

$${}_tp_x = \frac{\omega - x - t}{\omega - x}, \quad 0 \leqslant t < \omega - x$$

$$f_T(t) = {}_tp_x\mu_{x+t} = \frac{1}{\omega - x}, \quad 0 \leqslant t < \omega - x$$

所以

$$\bar{A}_x = \int_0^{\omega-x} v^t f_T(t)\mathrm{d}t = \int_0^{\omega-x} \mathrm{e}^{-\delta t}\frac{1}{\omega-x}\mathrm{d}t = \frac{1-\mathrm{e}^{-(\omega-x)\delta}}{(\omega-x)\delta}$$

$$\bar{a}_x = \frac{1-\bar{A}_x}{\delta}$$

$$\bar{P}(\bar{A}_x) = \frac{\bar{A}_x}{\bar{a}_x} = \frac{\delta\bar{A}_x}{1-\bar{A}_x}$$

本例中 $\omega=100$，$x=30$，$\delta=\ln 1.05$，所以

$$\bar{A}_{30}=\frac{1-1.05^{-70}}{70\ln 1.05}=0.283\,176$$

$$\bar{P}(\bar{A}_{30})=\frac{\delta\bar{A}_{30}}{1-\bar{A}_{30}}=\frac{0.0138}{0.717}=0.019\,274$$

（2）因为

$$\bar{A}_{40}=\frac{1-1.05^{-60}}{60\ln 1.05}=0.323\,311$$

$$\bar{a}_{40}=\frac{1-\bar{A}_{40}}{\delta}=\frac{1-0.323}{\ln 1.05}=13.869\,37$$

$$^{2}\bar{A}_{40}=\frac{1-1.05^{-2\times 60}}{2\times 60\ln 1.05}=0.170\,31$$

所以被保险人 40 岁时的净保费责任准备金 ${}_{10}V(\bar{A}_{30})$ 为：

$${}_{10}V(\bar{A}_{30})=\bar{A}_{40}-\bar{P}(\bar{A}_{30})\bar{a}_{40}=0.323\,311-0.019\,274\times 13.869\,37=0.056$$

前瞻损失的方差为：

$$\begin{aligned}\mathrm{Var}({}_{10}L)&=\left[1+\frac{\bar{P}(\bar{A}_{30})}{\delta}\right]^{2}({}^{2}\bar{A}_{40}-\bar{A}_{40}^{2})\\&=\left(1+\frac{0.019}{\ln 1.05}\right)^{2}(0.170\,3-0.323^{2})=0.127\end{aligned}$$

完全连续场合在现实中是很少见的，因为保费很少会以连续的方式缴纳。但基于完全场合进行的一些公式推导会比较简单，会让我们对责任准备金的实质有更深的了解。下面基于将来法推导出责任准备金的其他计算公式。

2. 保费差公式

以完全连续终身寿险为例推导保费差公式（premium difference formula）。

对于一个完全连续终身寿险，基于将来法，在未来任意时刻 t，它的净保费责任准备金为：

$${}_{t}^{n}V=\bar{A}_{x+t}-\bar{P}(\bar{A}_{x})\bar{a}_{x+t}$$

等号右边提取公因子 $\bar{a}_{x+t}$，则上式等价于

$${}_{t}^{n}V=\left[\frac{\bar{A}_{x+t}}{\bar{a}_{x+t}}-\bar{P}(\bar{A}_{x})\right]\bar{a}_{x+t}$$

因为

$$\bar{P}(\bar{A}_{x+t})=\frac{\bar{A}_{x+t}}{\bar{a}_{x+t}}$$

所以

$$ {}_t^nV=[\bar{P}(\bar{A}_{x+t})-\bar{P}(\bar{A}_x)]\bar{a}_{x+t} $$

这就是责任准备金的保费差公式。

它可以理解为被保险人在 x 岁时进入保障计划，需要每年连续缴纳 $\bar{P}(\bar{A}_x)$，以保证未来收支平衡。在被保险人 $x+t$ 岁时，则需要每年连续缴纳 $\bar{P}(\bar{A}_{x+t})$，才能保证被保险人未来收支平衡。$\bar{P}(\bar{A}_{x+t})$ 大于 $\bar{P}(\bar{A}_x)$，这就出现了 $x+t$ 岁之后保费持续不足的问题。之所以会出现保费不足的部分，是因为 x 岁到 $x+t$ 岁期间的死亡风险小于保费缴纳水平 $\bar{P}(\bar{A}_x)$，前期保险公司多收了保费，后期保费不足的部分就变成了保险公司需要补足的责任。这个保费差的精算现值就是责任准备金。

【例 6.3】 已知 $l_x=100-x(0\leqslant x\leqslant 100)$，$i=0.05$，定价假定与评估假定相同，(30)购买完全连续终身寿险，请计算：

(1) (40)购买完全连续终身寿险的均衡净保费 $\bar{P}(\bar{A}_{40})$；

(2) 基于保费差公式，计算30岁的被保险人在40岁时的净责任准备金 ${}_{10}V(\bar{A}_{30})$。

【解】

(1) 因为

$$ \bar{A}_{40}=\frac{1-1.05^{-60}}{60\ln 1.05}=0.323\ 311 $$

所以

$$ \bar{P}(\bar{A}_{40})=\frac{\delta\bar{A}_{40}}{1-\bar{A}_{40}}=0.023\ 311 $$

40岁和30岁，每年的保费差为：

$$ \bar{P}(\bar{A}_{40})-\bar{P}(\bar{A}_{30})=0.023\ 311-0.019\ 274=0.004\ 037 $$

(2) 基于保费差公式，30岁的被保险人在40岁时的净责任准备金 ${}_{10}V(\bar{A}_{30})$ 为：

$$ \begin{aligned} {}_{10}^{n}V&=[\bar{P}(\bar{A}_{40})-\bar{P}(\bar{A}_{30})]\bar{a}_{40}\\ &=0.004\ 037\times 13.869\ 37=0.056 \end{aligned} $$

3. **缴清保险公式**

依然以完全连续终身寿险为例推导缴清保险公式（paid up insurance formula）。

对于一个完全连续终身寿险，基于将来法，在未来任意时刻 t，它的净责任准备金为：

$$ {}_t^nV=\bar{A}_{x+t}-\bar{P}(\bar{A}_x)\bar{a}_{x+t} $$

等号右边提取公因子 $\bar{A}_{x+t}$，则上式等价于

$$ {}_t^nV=\left[1-\frac{\bar{P}(\bar{A}_x)}{\bar{A}_{x+t}/\bar{a}_{x+t}}\right]\bar{A}_{x+t} $$

$$=\left(1-\frac{\bar{P}(\bar{A}_x)}{\bar{P}(\bar{A}_{x+t})}\right)\bar{A}_{x+t}$$

这就是责任准备金的缴清保险公式。

它可以理解为被保险人在 x 岁时进入保障计划，在被保险人 $x+t$ 岁时，未来的所有赔付责任现值是 $\bar{A}_{x+t}$ 。但保险公司并不需要在 $x+t$ 时刻预留所有的 $\bar{A}_{x+t}$ ，因为被保险人每年还需要缴纳保费 $\bar{P}(\bar{A}_x)$ 。被保险人每年缴纳的保费，能冲抵掉一部分赔付支出。能由保费冲抵掉的部分是：

$$\frac{\bar{P}(\bar{A}_x)}{\bar{P}(\bar{A}_{x+t})}\bar{A}_{x+t}$$

冲抵不掉的部分才是净保费责任准备金：

$${}^n_tV=\left(1-\frac{\bar{P}(\bar{A}_x)}{\bar{P}(\bar{A}_{x+t})}\right)\bar{A}_{x+t}$$

【例 6.4】 已知 $l_x=100-x(0\leqslant x\leqslant 100)$，$i=0.05$，定价假定与评估假定相同，(30)购买完全连续终身寿险，请计算：

(1) (40)未来的总赔付风险现值；

(2) (30)购买终身寿险，缴纳的净保费在 40 岁时能覆盖未来总赔付风险的比例；

(3) 基于缴清保险公式，计算 30 岁的被保险人在 40 岁时的净保费责任准备金 ${}_{10}V(\bar{A}_{30})$ 。

【解】

(1) (40)未来的总赔付风险现值为：

$$\bar{A}_{40}=\frac{1-1.05^{-60}}{60\ln 1.05}=0.323\,311$$

(2) (30)购买终身寿险，缴纳的净保费在 40 岁时能覆盖未来总赔付风险的比例为：

$$\frac{\bar{P}(\bar{A}_{30})}{\bar{P}(\bar{A}_{40})}=\frac{0.019\,274}{0.023\,311}=82.68\%$$

(3) 基于缴清保险公式，30 岁的被保险人在 40 岁时的净责任准备金 ${}_{10}V(\bar{A}_{30})$ 为：

$${}^n_tV=\left[1-\frac{\bar{P}(\bar{A}_x)}{\bar{P}(\bar{A}_{x+t})}\right]\bar{A}_{40}=(1-0.826\,8)\times 0.323\,311=0.056$$

4. 过去法

过去法（retrospective formula）是计算责任准备金常用的一种方法，它也可以从将来法推导出来。依然以完全连续终身寿险为例，推导责任准备金厘定的过去法。

对于一个完全连续终身寿险，基于将来法，在未来任意时刻 s，它的净保费责任准备金为：

$${}_{s}^{n}V=\bar{A}_{x+s}-\bar{P}(\bar{A}_{x})\bar{a}_{x+s}$$

时刻 $x+s$ 之后任取一个时间长度 t，以时刻 $x+s+t$ 为分界线，把未来的赔付和收入都分解为两个部分：

$$\bar{A}_{x+s}=\bar{A}_{x+s:\overline{t}|}^{1}+{}_{t}E_{x+s}\bar{A}_{x+s+t}$$
$$\bar{P}(\bar{A}_{x})\bar{a}_{x+s}=\bar{P}(\bar{A}_{x})\bar{a}_{x+s:\overline{t}|}+\bar{P}(\bar{A}_{x})\,{}_{t}E_{x+s}\bar{a}_{x+s+t}$$

则时刻 s 的净保费责任准备金为：

$$\begin{aligned}{}_{s}^{n}V&=\bar{A}_{x+s:\overline{t}|}^{1}+{}_{t}E_{x+s}\bar{A}_{x+s+t}-\bar{P}(\bar{A}_{x})\bar{a}_{x+s:\overline{t}|}-{}_{t}E_{x+s}\bar{P}(\bar{A}_{x})\bar{a}_{x+s+t}\\&=(\bar{A}_{x+s:\overline{t}|}^{1}-\bar{P}(\bar{A}_{x})\bar{a}_{x+s:\overline{t}|})+{}_{t}E_{x+s}(\bar{A}_{x+s+t}-\bar{P}(\bar{A}_{x})\bar{a}_{x+s+t})\\&=(\bar{A}_{x+s:\overline{t}|}^{1}-\bar{P}(\bar{A}_{x})\bar{a}_{x+s:\overline{t}|})+{}_{t}E_{x+s}\cdot{}_{s+t}^{n}V\end{aligned}$$

上式等价变换为：

$${}_{s+t}^{n}V=\frac{{}_{s}^{n}V+\bar{P}(\bar{A}_{x})\bar{a}_{x+s:\overline{t}|}-\bar{A}_{x+s:\overline{t}|}^{1}}{{}_{t}E_{x+s}}$$

由于 s 是任取的一个时刻，不妨取 $s=0$，则上式为：

$${}_{t}^{n}V=\frac{{}_{0}^{n}V+\bar{P}(\bar{A}_{x})\bar{a}_{x:\overline{t}|}-\bar{A}_{x:\overline{t}|}^{1}}{{}_{t}E_{x}}$$

因为在保单签约时刻，满足净均衡原则，即

$${}_{0}^{n}V=0$$

所以时刻 $x+t$ 的净保费责任准备金为：

$${}_{t}^{n}V=\frac{\bar{P}(\bar{A}_{x})\bar{a}_{x:\overline{t}|}-\bar{A}_{x:\overline{t}|}^{1}}{{}_{t}E_{x}}$$

这个公式称为责任准备金过去法公式。

它意味着被保险人 x 岁购买保险，到 $x+t$ 岁为止，被保险人已经缴纳的保费现值为 $\bar{P}(\bar{A}_{x})\bar{a}_{x:\overline{t}|}$，保险公司已经支付的赔付现值为 $\bar{A}_{x:\overline{t}|}^{1}$，通常前期保费收入大于赔付支出，也就是说，在被保险人 x 岁到 $x+t$ 岁期间，保险公司多收取的保费现值为 $\bar{P}(\bar{A}_{x})\bar{a}_{x:\overline{t}|}-\bar{A}_{x:\overline{t}|}^{1}$，这笔钱积累到时刻 $x+t$，人均积累值是 $\dfrac{\bar{P}(\bar{A}_{x})\bar{a}_{x:\overline{t}|}-\bar{A}_{x:\overline{t}|}^{1}}{{}_{t}E_{x}}$。这部分钱是被保险人前期多缴纳的保费积累值，是保险公司在时刻 t 的责任准备金。

【例 6.5】 已知 $l_x=100-x(0\leqslant x\leqslant 100)$，$i=0.05$，定价假定与评估假定相同，(30)购买完全连续终身寿险，请计算：

(1) 到被保险人 40 岁时，保险人支付的赔付现值；

(2) 到被保险人 40 岁时，被保险人缴纳的保费现值；

(3) 基于过去法公式，计算 30 岁的被保险人在 40 岁时的净保费责任准备金

${}_{10}V(\overline{A}_{30})$。

【解】

（1）到被保险人 40 岁时，保险人支付的赔付现值为：

$$\overline{A}^{1}_{30:\overline{10|}}=\int_0^{10}v^t f_T(t)\mathrm{d}t=\int_0^{10}\mathrm{e}^{-\delta t}\ \frac{1}{70}\mathrm{d}t=\frac{1-1.05^{-10}}{70\delta}=0.113\ 05$$

（2）因为

$$ {}_{10}E_{30}=v^{10}\ {}_{10}p_{30}=\frac{6}{7}1.05^{-10}=0.526\ 21$$

$$\overline{A}_{30:\overline{10|}}=\overline{A}^{1}_{30:\overline{10|}}+{}_{10}E_{30}=0.639\ 26$$

$$\bar{a}_{30:\overline{10|}}=\frac{1-\overline{A}_{30:\overline{10|}}}{\delta}=\frac{1-0.639\ 26}{\ln 1.05}=7.393\ 7$$

所以到被保险人 40 岁时，被保险人缴纳的保费现值为：

$$\overline{P}(\overline{A}_{30})\bar{a}_{30:\overline{10|}}=0.019\ 274\times 7.393\ 7=0.142\ 5$$

（3）显然在前 10 年，被保险人的保费缴纳现值大于赔付现值：

$$\overline{P}(\overline{A}_{30})\bar{a}_{30:\overline{10|}}-\overline{A}^{1}_{30:\overline{10|}}=0.142\ 5-0.113=0.029\ 5$$

这笔赔付现值积累到 10 年末的人均额度，就是被保险人 40 岁时的净保费责任准备金：

$${}^{n}_{10}V=\frac{\overline{P}(\overline{A}_{30})\bar{a}_{30:\overline{10|}}-\overline{A}^{1}_{30:\overline{10|}}}{{}_{10}E_{30}}=\frac{0.029\ 5}{0.526}=0.056$$

将来法和过去法都是常用的责任准备金计算方法。通常在责任准备金考察时刻超过缴费期的场合，使用将来法更为方便，因为这时只有将来的赔付责任，而没有保费收入。在尚未提供受益的延期内计算责任准备金，使用过去法更为方便，因为这时只有保费积累值，还没有产生赔付。

【例 6.6】已知 $l_x=100-x(0\leqslant x\leqslant 100)$，$i=0.05$，定价假定与评估假定相同，(30)购买 10 年延期终身寿险，缴费期为 10 年延期内连续缴费。请计算：

（1）期缴保费；

（2）被保险人 35 岁时的净保费责任准备金；

（3）被保险人 45 岁时的净保费责任准备金。

【解】

（1）该延期寿险的期缴保费满足下列等式：

$$\overline{P}({}_{10}\overline{A}_{30})\bar{a}_{30:\overline{10|}}={}_{10}\overline{A}_{30}$$

则 10 年缴费期，每年的期缴保费为：

$$\overline{P}({}_{10}\overline{A}_{30})=\frac{{}_{10}\overline{A}_{30}}{\bar{a}_{30:\overline{10|}}}=\frac{{}_{10}E_{30}\cdot\overline{A}_{40}}{\bar{a}_{30:\overline{10|}}}=\frac{0.536\times 0.323}{7.394}=0.023$$

(2) 因为

$$\overline{A}_{30:\overline{5}|}^{1}=\frac{1-1.05^{-5}}{70\delta}=0.063$$

$$_5E_{30}=v^5\ {}_5p_{30}=\frac{65}{70}1.05^{-5}=0.728$$

$$\overline{A}_{30:\overline{5}|}=\overline{A}_{30:\overline{5}|}^{1}+{}_5E_{30}=0.063+0.728=0.791$$

$$\overline{a}_{30:\overline{5}|}=\frac{1-\overline{A}_{30:\overline{5}|}}{\delta}=\frac{1-0.791}{\ln 1.05}=4.284$$

基于过去法，被保险人35岁时的净保费责任准备金为：

$$_5^nV=\frac{\overline{P}({}_{10}\overline{A}_{30})\,\overline{a}_{30:\overline{5}|}}{_5E_{30}}=\frac{0.023\times 4.284}{0.728}=0.135$$

(3) 基于未来法，被保险人45岁时的净保费责任准备金为：

$$_{15}^{n}V=\overline{A}_{45}=\frac{1-1.05^{-55}}{55\times\ln 1.05}=0.347$$

6.4.2 完全离散场合责任准备金的计算

所谓完全离散场合，就是指赔付支出和保费缴纳都是离散型的。这是基于生命表最方便计算的一种情况。

以完全离散终身寿险为例，第 k 年的前瞻损失变量为：

$$_kL=v^J-P(A_x)\ddot{a}_{\overline{J}|}$$

式中，$P(A_x)$ 为终身寿险均衡净保费，如果终身缴费，则 $P(A_x)=A_x/\ddot{a}_x$，J 为时刻 $x+k$ 的整值未来寿命变量。

这时净保费责任准备金记作 $_k^nV$，它等于前瞻损失变量的期望，即

$$\begin{aligned}_k^nV&=E({}_kL)\\&=E(v^J)-E[P(A_x)\ddot{a}_{\overline{J}|}]\\&=A_{x+k}-P(A_x)\ddot{a}_{x+k}\end{aligned}$$

前瞻损失变量的方差为：

$$\begin{aligned}\mathrm{Var}({}_kL_x)&=\mathrm{Var}[v^J-P(A_x)\ddot{a}_{\overline{J}|}]\\&=\left[1+\frac{P(A_x)}{d}\right]^2\mathrm{Var}(v^J)\\&=\left[1+\frac{P(A_x)}{d}\right]^2({}^2A_{x+k}-A_{x+k}^2)\end{aligned}$$

表6-4是用将来法确定的完全离散情况下常见险种的净保费责任准备金。

表 6－4　用将来法确定的完全离散情况下常见险种的净保费责任准备金

终身寿险，终身缴费	${}_kV_x = A_{x+k} - P_x\ddot{a}_{x+k}$，$0 \leqslant k < n$
n 年定期寿险，n 年缴费	${}_kV^1_{x:\overline{n}\rvert} = \begin{cases} A^1_{x+k:\overline{n-k}\rvert} - P^1_{x:\overline{n}\rvert}\ddot{a}_{x+k:\overline{n-k}\rvert}, & k < n \\ 0, & k = 1 \end{cases}$
n 年两全险，n 年缴费	${}_kV_{x:\overline{n}\rvert} = \begin{cases} A_{x+k:\overline{n-k}\rvert} - P(A_{x:\overline{n}\rvert})\ddot{a}_{x+k:\overline{n-k}\rvert}, & k < n \\ 1, & k = n \end{cases}$
h 次缴费终身寿险	${}^h_kV_x = \begin{cases} A_{x+k} - {}_hP_x \cdot \ddot{a}_{x+k:\overline{h-k}\rvert}, & k < h \\ A_{x+k}, & k \geqslant h \end{cases}$
n 年两全险，h 次缴费($h \leqslant n$)	${}^h_kV_{x:\overline{n}\rvert} = \begin{cases} A_{x+k:\overline{n-k}\rvert} - {}_hP_{x:\overline{n}\rvert}\ddot{a}_{x+k:\overline{h-k}\rvert}, & k < h < n \\ A_{x+k:\overline{n-k}\rvert}, & h \leqslant k < n \\ 1, & k = n \end{cases}$
m 年延期的终身生存年金，延期内缴费	${}_kV({}_{n\rvert}\ddot{a}_x) = \begin{cases} {}_{m-k\rvert}\ddot{a}_{x+k} - {}_{m\rvert}P_x \cdot \ddot{a}_{x+k:\overline{m-k}\rvert}, & k < m \\ \ddot{a}_{x+k}, & k \geqslant m \end{cases}$

【例 6.7】（50）购买 20 年两全保险，保险受益是死亡年末或生存期末赔付 50 万元。被保险人每年期初缴纳保费，缴费期 20 年，评估利率为 5%，复利计息。已知 $\ddot{a}_{50:\overline{20}\rvert} = 12.3872$，$\ddot{a}_{60:\overline{10}\rvert} = 7.7157$，计算：

（1）该保险产品的期缴净保费；

（2）计算第 10 年末的净保费责任准备金；

（3）计算第 20 年末的净保费责任准备金。

【解】

（1）期缴净保费的计算。

$$A_{50:20} = 1 - d\ddot{a}_{50:\overline{20}\rvert} = 1 - \frac{0.05}{1.05} \times 12.3872 = 0.4101$$

$$P = 500\,000\frac{A_{50:\overline{20}\rvert}}{\ddot{a}_{50:\overline{20}\rvert}} = 500\,000 \times \frac{0.4101}{12.3872} = 16\,553.38(\text{元})$$

（2）第 10 年末的净保费责任准备金的计算。

$${}^n_{10}V = E({}_{10}L^n_{50}) = 500\,000A_{60:\overline{10}\rvert} - P\ddot{a}_{60:\overline{10}\rvert}$$

其中：

$$A_{60:\overline{10}\rvert} = 1 - d\ddot{a}_{60:\overline{10}\rvert} = 1 - \frac{0.05}{1.05} \times 7.7157 = 0.6326$$

所以

$${}^n_{10}V = E({}_{10}L^n_{50}) = 500\,000 \times 0.6326 - 16\,553.38 \times 7.7157 = 188\,579(\text{元})$$

（3）对于两全保险，无论被保险人最后一年内是生是死，都要在第 20 年末赔付 50 万元，所以第 20 年末的净保费责任准备金为：

$${}^n_{20}V = E({}_{20}L^n_{50}) = 500\,000(\text{元})$$

【例 6.8】(30)购买死亡年末给付10万元的终身寿险，寿命服从中国人身保险业经验生命表（见附录2）的CL1表，请完成如下计算：

(1) 假设以3.5%复利计息，每年费用率为毛保费的15%，20年缴费期，每年期初缴纳保费，在公平原则下，计算毛保费；

(2) 在评估利率上升为5%、费用率降到10%的评估假定下，计算被保险人在40岁时的毛保费责任准备金。

【解】

(1) 毛保费的计算。

基于CL1表和3.5%的定价利率，计算出

$$A_{30}=0.213\,745,\quad \ddot{a}_{30:\overline{20|}}=14.553\,86$$

保单签约时刻，损失函数为：

$$L_0^g=100\,000v^{K_{30}+1}-(1-15\%)G\ddot{a}_{\overline{\min(K_{30}+1,20)|}}$$

基于保单签约时刻收支平衡原则，计算出毛保费为：

$$E(L_0^g)=100\,000A_{30}-0.85G\ddot{a}_{30:\overline{20|}}=0$$

$$\Rightarrow G=\frac{100\,000A_{30}}{0.85\ddot{a}_{30:\overline{20|}}}=1\,729.68(\text{元})$$

(2) 毛保费责任准备金的计算。

在评估利率调整为5%时，计算出

$$A_{40}=0.185\,075,\quad \ddot{a}_{40:\overline{10|}}=8.037\,198$$

则该被保险人40岁时的毛保费损失函数为：

$${}_{10}L_{30}^g=100\,000v^{K_{40}+1}-0.9G\ddot{a}_{\overline{\min(K_{40}+1,10)|}}$$

被保险人40岁时的毛保费责任准备金为：

$$\begin{aligned}{}_{10}^{g}V&=E({}_{10}L_{30}^g)=100\,000A_{40}-0.9G\ddot{a}_{40:\overline{10|}}\\&=100\,000\times0.185\,075-0.9\times1\,729.68\times8.937\,198\\&=5\,995.95(\text{元})\end{aligned}$$

6.4.3 半连续场合责任准备金的计算

赔付为死亡即刻赔付，而保费是按年或月离散缴纳的保险产品称为半连续产品。半连续场合的责任准备金计算原理是一样的，它等于连续的未来赔付精算现值与离散的未来保费收入精算现值之差。

【例 6.9】某公司为它的一台已经使用30年的大型机器买了一份10年期定期保险。已知每年年初公司缴纳均衡净保费5 500元，如果机器损坏，公司即刻得到35万元赔付

金，赔偿一次，合同结束。

假如机器的寿命服从 De Moivre 分布，$l_x=100-x(0\leqslant x\leqslant 100)$，年度实质利率 $i=0.025$，计算第 7 年年末的责任准备金。

【解】

这是一个典型的半连续定期寿险责任准备金的问题。根据将来法，该定期保险第 7 年年末的责任准备金为：

$$_7V(\bar{A}^{1}_{30:\overline{10|}})=350\ 000\bar{A}^{1}_{37:\overline{3|}}-5\ 500\ddot{a}_{37:\overline{3|}}$$

因为

$$\begin{aligned}350\ 000\bar{A}^{1}_{37:\overline{3|}}&=350\ 000\int_0^3 v^t f(t)\mathrm{d}t\\&=350\ 000\int_0^3\frac{1.025^{-t}}{63}\mathrm{d}t\\&=16\ 064.32\end{aligned}$$

$$\begin{aligned}5\ 500\ddot{a}_{37:\overline{3|}}&=5\ 500(1+p_{37}v+{}_2p_{37}v^2)\\&=5\ 500\left(1+\frac{62}{63}\times\frac{1}{1.025}+\frac{61}{63}\times\frac{1}{1.025^2}\right)\\&=15\ 849.47\end{aligned}$$

所以

$$_7V(\bar{A}^{1}_{30:\overline{3|}})=16\ 064.32-15\ 849.47=214.85$$

有时，精算人员喜欢先算出相同保险条件下完全离散场合的责任准备金，再根据死亡年末给付与死亡即刻给付之间的函数关系，以及半连续保费与完全离散保费之间的函数关系，推导出半连续责任准备金的数值。

【例 6.10】(50)购买 20 年两全保险，保险受益是死亡即刻或生存期末赔付 50 万元。被保险人每年期初缴纳保费，缴费期 20 年，评估利率为 5%，按复利计息。已知 $\ddot{a}_{50:\overline{20|}}=12.387\ 2$，$\ddot{a}_{60:\overline{10|}}=7.715\ 7$，$_{20}E_{50}=0.303\ 2$，$_{10}E_{60}=0.525\ 3$，计算：

（1）该保险产品的期缴净保费；

（2）计算第 10 年末的净保费责任准备金；

（3）计算第 20 年末的净保费责任准备金。

【解】

（1）期缴净保费的计算。

$$A_{50:\overline{20|}}=1-d\ddot{a}_{50:\overline{20|}}=1-\frac{0.05}{1.05}\times 12.387\ 2=0.410\ 1$$

$$A^{1}_{50:\overline{20|}}=A_{50:\overline{20|}}-{}_{20}E_{50}=0.410\ 1-0.303\ 2=0.106\ 9$$

$$\bar{A}_{50:\overline{20|}}=\frac{i}{\delta}A^{1}_{50:\overline{20|}}+{}_{20}E_{50}=\frac{0.05}{\ln 1.05}\times 0.106\ 9+0.303\ 2=0.412\ 8$$

$$P(\bar{A}_{50:\overline{20|}})=500\ 000\frac{\bar{A}_{50:\overline{20|}}}{\ddot{a}_{50:\overline{20|}}}=500\ 000\times\frac{0.412\ 8}{12.387\ 2}=16\ 662.36(\text{元})$$

（2）第 10 年末净保费责任准备金的计算。

$$ {}_{10}^{n}V = 500\,000\bar{A}_{60:10} - P(\bar{A}_{50:20})\ddot{a}_{60:10} $$

式中：

$$ A_{60:\overline{10|}} = 1 - d\ddot{a}_{60:\overline{10|}} = 1 - \frac{0.05}{1.05} \times 7.715\,7 = 0.632\,6 $$

$$ A^{1}_{60:\overline{10|}} = A_{60:\overline{10|}} - {}_{10}E_{60} = 0.632\,6 - 0.525\,3 = 0.107\,3 $$

$$ \bar{A}_{60:\overline{10|}} = \frac{i}{\delta}A^{1}_{60:\overline{10|}} + {}_{10}E_{60} = \frac{0.05}{\ln 1.05} \times 0.107\,3 + 0.525\,3 = 0.635\,3 $$

所以

$$ {}_{10}^{n}V = E({}_{10}L^{n}_{50}) = 500\,000 \times 0.635\,3 - 16\,662.36 \times 7.715\,7 = 189\,088.2(\text{元}) $$

（3）对于两全保险，无论是连续、离散还是半连续场合，被保险人最后一刻无论是生是死，都要在第 20 年末赔付 50 万元，所以第 20 年末净保费责任准备金为：

$$ {}_{20}^{n}V = E({}_{20}L^{n}_{50}) = 500\,000(\text{元}) $$

6.5　责任准备金的递推公式

6.5.1　递推公式一

上一节介绍了责任准备金的计算方法。通常时刻不同，责任准备金的数值也不同，而这些不同时刻的责任准备金之间是具有一定的内在关系的。责任准备金的递推公式，就是为了揭示相邻两个时刻，责任准备金之间的变动关系。

下面以完全离散终身寿险为例，介绍责任准备金的递推公式。为了叙述方便，引入的相关符号和含义如表 6－5 所示。

表 6－5　责任准备金相关符号与含义

符号	含义
${}_{k-1}V$	第 $k-1$ 年年末的责任准备金
${}_{k}V$	第 k 年年末的责任准备金
G_k	第 k 年年初缴纳的保费
e_k	第 k 年年初要提取的保险费用
i_k	第 k 年评估利率
B_k	第 k 年年末死亡赔付额
q_x	第 k 年的评估死亡率
E_k	与第 k 年死亡赔付相关的费用

对于终身寿险而言，可以证明有如下递推公式成立：

$$({}_{k-1}V+G_k-e_k)(1+i_k)=q_{x+k}(B_k+E_k)+p_{x+k}\cdot{}_kV$$

证明：

根据责任准备金的定义，第 $k-1$ 年年末的责任准备金应该等于未来各年赔付精算现值和保费收入精算现值之差，即

$${}_{k-1}V=\sum_{j=0}^{\infty}(B_{k+j}+E_{k+j})v^{j+1}\cdot{}_{j|}q_{x+k}-\sum_{j=0}^{\infty}(G_{k+j}-e_{k+j})v^{j}\cdot{}_{j}p_{x+k}$$

将 $j=0$ 项单独分离出来，则上式等价于

$$\begin{aligned}{}_{k-1}V=&(B_k+E_k)vq_{x+k}-(G_k-e_k)+\Big[\sum_{j=1}^{\infty}(B_{k+j}+E_{k+j})v^{j+1}\cdot{}_{j|}q_{x+k}\\&-\sum_{j=1}^{\infty}(G_{k+j}-e_{k+j})v^{j}\cdot{}_{j}p_{x+k}\Big]\end{aligned}$$

令 $l=j-1$，则上式等价于

$$\begin{aligned}{}_{k-1}V=&(B_k+E_k)vq_{x+k}-(G_k-e_k)+vp_{x+k}\Big[\sum_{l=0}^{\infty}(B_{k+1+l}+E_{k+1+l})v^{l+1}\cdot{}_{l|}q_{x+k+1}\\&-\sum_{l=0}^{\infty}(G_{k+1+l}-e_{k+1+l})v^{l+1}\cdot{}_{l}p_{x+k+1}\Big]\end{aligned}$$

根据责任准备金的定义，上式中中括号内的表达式恰好为第 k 年末的责任准备金，则上式可以简写为：

$${}_{k-1}V+G_k-e_k=(B_k+E_k)vq_{x+k}+vp_{x+k}\cdot{}_kV$$

等号两边同时乘以 $1+i_k$，即得到递推公式：

$$({}_{k-1}V+G_k-e_k)(1+i_k)=q_{x+k}(B_k+E_k)+p_{x+k}\cdot{}_kV$$

该递推公式解释了每年保险资金的流动和分配规律，它可以这样来理解：

等号左边表示，在第 k 年年初，保险人为每个仍然在保障计划中的被保险人预留的资金等于第 $k-1$ 年年末的责任准备金 ${}_{k-1}V$，加上第 k 年年初被保险人缴纳的保费 G_k，再减去期初提取的保险费用 e_k，即在第 k 年年初，每位仍然在保障计划中的被保险人有 ${}_{k-1}V+G_k-e_k$ 可用于投资。这笔资金以年实质利率 i_k 进行投资，到第 k 年年末本利和等于 $({}_{k-1}V+G_k-e_k)(1+i_k)$。

等号右边表示，第 k 年年末这笔积累资金的分配方案如下：

（1）如果被保险人在第 k 年死亡，它将用于支付死亡年末受益金 B_k 和与死亡赔付相关的费用 E_k；

（2）如果被保险人能活到第 k 年年末，它将给每个仍然存活的被保险人准备 ${}_kV$ 的责任准备金以应对未来收支缺口。

根据这个递推公式，只要知道某一年的责任准备金，根据评估利率、评估死亡率和评估费用率，就可以递推出以后各年的责任准备金：

$${}_{k+1}V=\frac{({}_kV+G_{k+1}-e_{k+1})(1+i_{k+1})-q_{x+k}(B_{k+1}+E_{k+1})}{p_{x+k}}$$

【例 6.11】 (30)购买死亡年末给付 10 万元的终身寿险，年缴毛保费 1 729.68 元。未来寿命服从中国人身保险业经验生命表（见附录2）的 CL1 表。在利率为 5%、费用率为 10%的评估假定下，已经计算出被保险人在 40 岁时的毛保费责任准备金为 5 995.95 元。请分别用将来法和递推公式计算被保险人在 41 岁时的毛保费责任准备金。

【解】

(1) 基于将来法计算毛保费责任准备金。

基于 CL1 表，在 5%的评估利率下，计算出

$$A_{41}=0.1929964,\quad \ddot{a}_{41:\overline{9}|}=7.401277$$

则 41 岁时的毛保费责任准备金为：

$$\begin{aligned}{}_{11}^{g}V&=E(L_{11}^{g})\\&=100\,000A_{41}-0.9G\ddot{a}_{41:\overline{9}|}\\&=100\,000\times 0.1929964-0.9\times 1\,729.68\times 7.401277\\&=7\,778(\text{元})\end{aligned}$$

(2) 基于递推公式计算毛保费责任准备金。

CL1 表显示 $q_{40}=0.001651$，$p_{40}=0.998349$，根据递推公式有

$$\begin{aligned}{}_{11}^{g}V&=\frac{({}_{10}^{g}V+G-e)(1+i)-100\,000q_{40}}{p_{40}}\\&=\frac{(5\,995.95+1\,729.68\times 0.9)\times 1.05-100\,000\times 0.001\,651}{0.998\,349}\\&=7\,778(\text{元})\end{aligned}$$

6.5.2 递推公式二

对递推公式一进行等价变换，可以得到递推公式二：

$$\begin{aligned}({}_{k-1}V+G_k-e_k)(1+i_k)&=q_{x+k}(B_k+E_k)+p_{x+k}\cdot{}_kV\\&=q_{x+k}(B_k+E_k-{}_kV)+p_{x+k}\cdot{}_kV+q_{x+k}\cdot{}_kV\\&={}_kV+q_{x+k}(B_k+E_k-{}_kV)\end{aligned}$$

递推公式二换了一个角度解释保险资金的流向：

等号左边意义不变，表示每一个期初存活的被保险人前一年末的责任准备金加上本年保费减去保险费用之后，积累到本年度末的本利和。

等号右边换了一种资金分配方案，它等于：

(1) 为每个期初存活的被保险人，无论本年度是生是死，先预留本年度末的责任准备金 ${}_kV$；

(2) 对于那些本年度末仍然存活的被保险人，预留 ${}_kV$ 就足够补偿未来收支缺口了。

但是对于本年度死亡的那些被保险人，预留的 ${}_kV$ 不足以支付他们的死亡赔付费用 $B_k + E_k$ 。所以对于本年度死亡的被保险人还需要为他们额外准备一笔钱，金额为 $B_k + E_k - {}_kV$ ，这笔钱被称为死亡风险压力（death strain at risk 或 sum at risk 或 net amount at risk）。

【例 6.12】(50)购买 20 年两全保险，死亡年末给付和到期生存给付均为 700 000 元，保费缴纳期为整个保险期，已知每年期初缴纳毛保费 23 500 元。评估假定为：

(1) $i = 3.5\%$；

(2) 每年期初的保险费用为毛保费的 10%，死亡给付费用为 200 元；

(3) 70 岁时死亡概率为 0.008。

求该保险产品第 19 年末的责任准备金。

【解】

对于两全保险，最后一年的责任准备金等于生存给付金，即有 ${}_{20}V = B_{20} = 700\ 000$，那么第 19 年末的责任准备金与第 20 年末的责任准备金之间具有如下递推关系：

$$({}_{k-1}V + G_k - e_k)(1 + i_k) = {}_kV + q_{x+k}(B_k + E_k - {}_kV)$$

把本例相关信息 $e_k = 10\% G_k$ ，$E_k = 200$，$i = 3.5\%$代入该递推公式，则有

$$({}_{19}V + 0.9 \times 23\ 500) \times 1.035 = 700\ 000 + 0.008 \times 200$$

求出第 19 年末的责任准备金为：

$${}_{19}V = \frac{700\ 000 + 0.008 \times 200}{1.035} - 0.9 \times 23\ 500 = 655\ 180(\text{元})$$

6.6 分数期责任准备金的计算

6.6.1 Thiele's 差分方程法

前面介绍的都是在整数年末责任准备金的计算方法。然而，被保险人可能会在任意时刻购买保险产品，但保险公司通常会在每年的特定时刻，比如每季度末或每日历年度末，计算责任准备金。这意味着，在计算责任准备金时，很多被保险人对应的是分数期责任准备金。

我们通常借助 Thiele's 差分方程（Thiele's differential equation）推导任意分数期责任准备金的递推方程。

下面以完全连续终身寿险产品为例进行分数期责任准备金递推方程的推导。分数期责任准备金的计算原理不变，依然等于未来损失变量的期望，只是时间 t 可能是分数而已：

$${}_tV = E(L_t), \quad t > 0$$

假设 (x) 未来寿命变量为 T，死亡即刻给付为 B_T，与死亡给付相关的费用为 E_T，毛保费为 G_T，期初费用为 e_T，则任意时刻 t 的责任准备金为：

$$
\begin{aligned}
{}_tV &= \int_0^{\infty} v^s (B_{t+s} + E_{t+s})\,{}_sp_{x+t}\,\mu_{x+t+s}\,\mathrm{d}s - \int_0^{\infty} v^s (G_{t+s} - e_{t+s})\,{}_sp_{x+t}\,\mathrm{d}s \\
&= \int_0^{\infty} \frac{v^{t+s}}{v^t} (B_{t+s} + E_{t+s})\,{}_sp_{x+t}\,\mu_{x+t+s}\,\mathrm{d}s - \int_0^{\infty} \frac{v^{t+s}}{v^t} (G_{t+s} - e_{t+s})\,{}_sp_{x+t}\,\mathrm{d}s
\end{aligned}
$$

令 $r = t + s$，则上式等价变换为：

$$
\begin{aligned}
{}_tV &= \frac{1}{v^t}\left[\int_t^{\infty} v^r (B_r + E_r)\,{}_{r-t}p_{x+t}\,\mu_{x+r}\,\mathrm{d}r - \int_t^{\infty} v^r (G_r - e_r)\,{}_{r-t}p_{x+t}\,\mathrm{d}r\right] \\
&= \frac{1}{{}_tp_x v^t}\left[\int_t^{\infty} v^r (B_r + E_r)\,{}_rp_x\,\mu_{x+r}\,\mathrm{d}r - \int_t^{\infty} v^r (G_r - e_r)\,{}_rp_x\,\mathrm{d}r\right]
\end{aligned}
$$

整理上式，得

$$
{}_tp_x \cdot v^t \cdot {}_tV = \int_t^{\infty} v^r (B_r + E_r)\,{}_rp_x\,\mu_{x+r}\,\mathrm{d}r - \int_t^{\infty} v^r (G_r - e_r)\,{}_rp_x\,\mathrm{d}r \tag{6.1}
$$

式（6.1）等号右边对 t 求导，得

$$
\begin{aligned}
&\frac{\mathrm{d}}{\mathrm{d}t}\left[\int_t^{\infty} v^r (B_r + E_r)\,{}_rp_x\,\mu_{x+r}\,\mathrm{d}r - \int_t^{\infty} v^r (G_r - e_r)\,{}_rp_x\,\mathrm{d}r\right] \\
&= -v^t (B_t + E_t)\,{}_tp_x\,\mu_{x+t} + v^t (G_t - e_t)\,{}_tp_x \\
&= v^t\,{}_tp_x\left[(G_t - e_t) - (B_t + E_t)\,\mu_{x+t}\right] \qquad (6.2)
\end{aligned}
$$

式（6.1）等号左边对 t 求导，得

$$
\frac{\mathrm{d}}{\mathrm{d}t}({}_tp_x \cdot v^t \cdot {}_tV) = {}_tp_x \cdot v^t \frac{\mathrm{d}}{\mathrm{d}t}{}_tV + {}_tV \cdot {}_tp_x \frac{\mathrm{d}}{\mathrm{d}t}v^t + {}_tV \cdot v^t \frac{\mathrm{d}}{\mathrm{d}t}{}_tp_x \tag{6.3}
$$

式中：

$$
\begin{aligned}
\frac{\mathrm{d}}{\mathrm{d}t}v^t &= \frac{\mathrm{d}}{\mathrm{d}t}\exp\left(-\int_0^t \delta_s\,\mathrm{d}s\right) \\
&= -\delta_t \exp\left(-\int_0^t \delta_s\,\mathrm{d}s\right) \\
&= -\delta_t \cdot v^t \quad \frac{\mathrm{d}}{\mathrm{d}t}{}_tp_x \\
&= -{}_tp_x \cdot \mu_{x+t}
\end{aligned}
$$

将 $\frac{\mathrm{d}}{\mathrm{d}t}v^t = -\delta_t \cdot v^t$，$\frac{\mathrm{d}}{\mathrm{d}t}{}_tp_x = {}_tp_x \cdot \mu_{x+t}$ 代入式（6.3），整理得

$$
\frac{\mathrm{d}}{\mathrm{d}t}({}_tp_x \cdot v^t \cdot {}_tV) = {}_tp_x \cdot v^t\left(\frac{\mathrm{d}}{\mathrm{d}t}{}_tV - {}_tV\delta_t - {}_tV\mu_{x+t}\right) \tag{6.4}
$$

式（6.1）等号左边关于 t 求导等于等号右边关于 t 求导，即式（6.4）等于式（6.2）：

$$ {}_tp_x \cdot v^t\left(\frac{\mathrm{d}}{\mathrm{d}t}{}_tV - {}_tV\delta_t - {}_tV\mu_{x+t}\right) = {}_tp_x \cdot v^t[(G_t - e_t) - (B_t + E_t)\mu_{x+t}] $$

整理得

$$ \frac{\mathrm{d}}{\mathrm{d}t}{}_tV = {}_tV\delta_t + (G_t - e_t) - (B_t + E_t - {}_tV)\mu_{x+t} \tag{6.5} $$

式（6.5）就是完全连续终身寿险产品的 Thiele's 差分方程。

这个差分方程说明任意时刻责任准备金的变动，主要是由该时刻瞬间的收支变化导致的，具体而言就是责任准备金的瞬间变动 $\frac{\mathrm{d}}{\mathrm{d}t}{}_tV$ 等于瞬间利息收入 ${}_tV\delta_t$ ，加上保费收入 G_t 减去费用支出 e_t ，减去瞬间死亡成本 $(B_t + E_t - {}_tV)\mu_{x+t}$ 。

Thiele's 差分方程不仅说明了责任准备金增量的构成，还有一个重要的运用，即可以进行任意分数期责任准备金的递推计算。

因为

$$ \frac{\mathrm{d}}{\mathrm{d}t}{}_hV \approx \frac{1}{h}({}_{t+h}V - {}_tV) $$

所以责任准备金增量过程可以近似表达为：

$$ \frac{1}{h}({}_{t+h}V - {}_tV) \approx {}_tV\delta_t + (G_t - e_t) - (B_t + E_t - {}_tV)\mu_{x+t} $$

等号两边同时乘以 h ，得

$$ {}_{t+h}V - {}_tV \approx h \cdot {}_tV\delta_t + h(G_t - e_t) - h(B_t + E_t - {}_tV)\mu_{x+t} $$

由此可以得到以 h 为步长的责任准备金的递推公式：

$$ {}_{t+h}V \approx (1 + h\delta_t){}_tV + h(G_t - e_t) - h(B_t + E_t - {}_tV)\mu_{x+t} $$

通过设置 h 的长度，可以进行任意分数期责任准备金的递推计算。

【例 6.13】 假设 (x) 购买完全连续终身寿险，已知死亡即刻赔付 100 000 元，死亡给付相关费用为 100 元，年度毛保费 2 500 元，年度管理费用支出 150 元，已知 ${}_0V = 0$，$p_x = 0.98$，$\delta = 0.05$，假设年内死亡力恒定，以季度长度为步长（$h = 0.25$），计算第一年每季度末的责任准备金。

【解】

根据 $p_x = 0.98$，以及年内死亡力恒定假设，得到

$$ \mu_{x+t} = -\ln 0.98 = 0.020\,2 $$

将 $B_{x+t} = 100\,000$，$E_{x+t} = 100$，$G_{x+t} = 2\,500$，$e_{x+t} = 150$，$\delta = 0.05$，$\mu_{x+t} = 0.020\,2$，$h = 0.25$ 代入如下责任准备金递推公式：

$$ {}_{t+h}V \approx (1 + h\delta_t){}_tV + h(G_t - e_t) - h(B_t + E_t - {}_tV)\mu_{x+t} $$

得到各分数期责任准备金近似估计值如表 6 - 6 所示。

表 6-6 分数期责任准备金近似估计值

t	${}_{t}V$	${}_{t+0.25}V$
0	0	81.995
0.25	81.995	165.429
0.50	165.429	250.327
0.75	250.327 1	336.716

6.6.2 线性插值法

分数期责任准备金还可以用线性插值法近似计算。

假设已知两个整数时刻的责任准备金，这两个已知责任准备金不妨记作 ${}_{k}V$ 与 ${}_{k+1}V$。那么任意的 $k+s$（$0<s<1$）时刻的责任准备金都可以借助已知的 ${}_{k}V$ 和 ${}_{k+1}V$ 进行线性插值近似计算（见图 6-2）。线性插值公式如下：

$${}_{k+s}V=(1-s)({}_{k}V+G-e)+s\cdot{}_{k+1}V,\quad 0<s<1$$

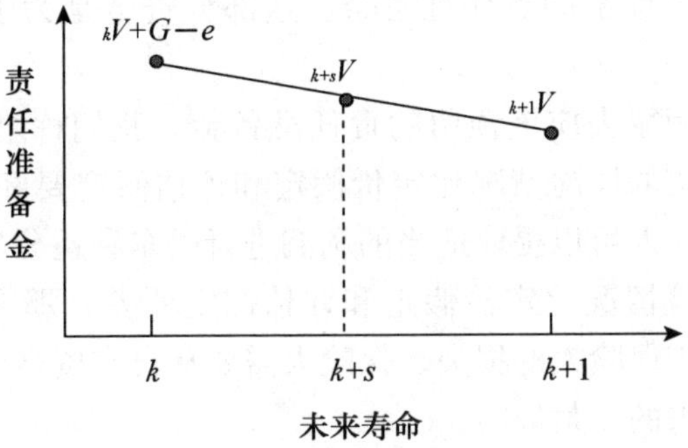

图 6-2 分数期责任准备金线性插值法图示

【例 6.14】 假设 (x) 购买完全离散终身寿险。已知死亡年末赔付 100 000 元，死亡给付相关费用为 100 元，每年年初缴纳毛保费 2 500 元，年度管理费用支出 150 元。已知年实质利率为 0.05，$p_x=0.98$，使用线性插值法，计算第一年每季度末的责任准备金。

【解】

首先使用递推公式计算第一年年末的责任准备金

$$\begin{aligned}V_1&=\frac{({}_{0}V+G-e)(1+i)-q_x(B+E)}{p_x}\\&=\frac{(2\,500-150)\times1.05-(100\,000+100)\times0.02}{0.98}\\&=475\end{aligned}$$

然后根据线性插值法，求得

$${}_{0.25}V=0.75(0+2\,500-150)+0.25\times475=1\,881$$

$${}_{0.5}V=0.5(0+2\,500-150)+0.5\times475=1\,413$$

$$_{0.75}V=0.25(0+2\,500-150)+0.75\times 475=943.75$$

6.7 年度利润

我们在前面介绍了两种情况下的风险假定，一种是定价时使用的定价假定，另一种是计算责任准备金时使用的评估假定。而在寿险产品真实运作时，面临真实的风险情况，又有了第三套风险参数：真实的投资收益率、真实的风险发生概率以及真实的费用率。

这意味着：保险人是在第一种风险假定下厘定的保费，在第二种风险假定下估算未来的收支缺口，而真实的保险运行环境却是第三种。

站在保险人的角度分析它的收支现金流：它收取了被保险人缴纳的保费，由保费构成的基金进行投资并支付各项开支和赔付。无论现金流入流出有多复杂，在任意时刻，基金余额都可以分解为两部分：

一部分是为被保险人预留的责任准备金。这部分资金是为了覆盖未来的收支缺口，必须足额保留在基金里。

另一部分是基金余额减去应该预留的责任准备金，我们称之为利润（profit）。利润可正可负。如果今年真实的风险情况比定价假定和评估假定要好，那么今年的利润通常为正。利润为正时，保险人可以提取适当的利润进行股东利益分配。

如果今年真实的风险情况比定价假定和评估假定要差，那么今年的利润可能为负。利润为负，表明这是属于保险人的损失。保险人需要从自有资金中调配资金填补该亏损，以确保基金足够覆盖未来的支付风险。

保险人为了解自己的偿付能力情况和利润分配额度，通常每年都会计算当年年末的基金余额和未尽责任（责任准备金总和），两者之差就是年度利润。

为了讲清楚年度利润的计算原理，我们先把问题简化。假设：

（1）已经基于定价假定，计算出毛保费；

（2）已经基于评估假定，计算出未来任意时刻的责任准备金；

（3）保险人每年都把当年的利润取走，如果当年亏损也每年都填补了亏损额；

（4）不考虑被保险人享有的分红等投资收益，这意味着每年期初的基金余额就等于上一年末的责任准备金。

在这些简化假定下，我们以两全保险为例，演示年度利润是怎么计算的。

【例 6.15】(30)男子购买死亡年末给付 100 000 元的终身寿险，已知：

（1）在 3.5%复利计息、每年费用率为毛保费的 15%、未来寿命服从中国人身保险业经验生命表（见附录 2）的 CL1 表的假定下，20 年缴费期的期缴毛保费为 1 729.625 元；

（2）在评估利率上升为 5%、费用率降到 10%、死亡率假定不变的评估假定下，(30)男子在 40 岁的责任准备金为 5 995.948 元，41 岁的责任准备金为 7 777.983 元。

假设有 1 000 个男子在 40 岁时还在保障范围内。这一年的真实收益率为 5.5%，真实费用率为毛保费的 12%，有 1 人在这一年内发生死亡赔付。计算这个产品的年度利润。

【解】

年度利润等于年末的基金余额减去年末的责任准备金总和，即

$$
\begin{aligned}
profit_{10} &= l'_{40}({}_{10}V + G - e')(1+i') - d'_{40}B - l'_{41} \cdot {}_{11}V \\
&= 1\,000 \times (5\,995.948 + 0.88 \times 1\,729.625) \times 1.055 - 100\,000 \\
&\quad - 99.9 \times 7\,777.983 \\
&= 61\,304.5(\text{元})
\end{aligned}
$$

保险人通常不满足于只计算出年度利润，还会进一步分析利润或损失是由哪些风险因素导致的，不同风险因素产生的利润或损失等于多少，这种分析称为利源分析。

本例中，我们很容易发现利润来源为如下三个风险因素：

利息（interest）：评估利率为 5%，实际利率为 5.5%，实际利率高于评估利率，说明真实投资收益高于评估收益，产生了利差益。

费用（expense）：评估假定中年度费用为毛保费的 10%，真实费用情况是年度费用为毛保费的 12%，真实费用高于评估费用，产生了费差损。

死亡率（mortality）：评估死亡率用到指定生命表，根据该表 41 岁死亡率为 1.8‰，真实死亡率为 1‰，真实死亡率低于评估死亡率，产生了更低的死亡成本，产生了死差益。

这是对利润或损失来源的粗浅分析，如果要具体计算各利源的大小，就需要对年末基金余额进行比较和分解。

我们引入如表 6－7 所示的符号代表不同场合的风险参数。

表 6－7　风险参数对应符号

	评估假定条件下	真实风险条件下
利率	i	i'
年度费用率	e	e'
索赔发生费用	E	E'
第 $k+1$ 年死亡人数	d_{x+k}	d'_{x+k}

真实情况下，第 $k+1$ 年末的基金余额为：

$$
l_{x+k}[{}_kV + G - e'](1+i') - l_{x+k} \cdot {}_{k+1}V - d'_{x+k}(B + E' - {}_{k+1}V)
$$

评估假定下，第 $k+1$ 年末的基金余额为：

$$
l_{x+k}[{}_kV + G - e](1+i) - l_{x+k} \cdot {}_{k+1}V - d'_{x+k}(B + E' - {}_{k+1}V)
$$

两者之差即为第 $k+1$ 年的利润，该利润可以分解为利差、费差、死差三部分，即

$$
\begin{aligned}
& l_{x+k}[{}_kV + G - e'](1+i') - l_{x+k} \cdot {}_{k+1}V - d'_{x+k}(B + E' - {}_{k+1}V) \\
& - l_{x+k}[{}_kV + G - e](1+i) - l_{x+k} \cdot {}_{k+1}V - d_{x+k}(B + E - {}_{k+1}V)
\end{aligned}
$$

$$
\begin{aligned}
&= l_{x+k}[{}_kV + G - e](i' - i) && \text{利差} \\
&\quad - [l_{x+k}(e' - e)(1 + i') + d_{x+k}(E' - E)] && \text{费差} \\
&\quad - (d'_{x+k} - d_{x+k})(B + E' - {}_{k+1}V) && \text{死差}
\end{aligned}
$$

对例 6.15 进一步分析，可以求得该保险产品这一年的利差益为：

$$
\begin{aligned}
l_{41}[{}_{10}V + G - e](i' - i) &= 1\,000 \times (5\,995.948 + 0.9 \times 1\,729.625) \times 0.005 \\
&= 37\,763.05(\text{元})
\end{aligned}
$$

费差损为：

$$
\begin{aligned}
-[l_{41}(e' - e)(1 + i') + d_{41}(E' - E)] &= -1\,000 \times (0.12 - 0.1) \times 1\,729.625 \times 1.055 \\
&= -36\,495.1(\text{元})
\end{aligned}
$$

死差益为：

$$
\begin{aligned}
-(d'_{x+k} - d_{x+k})(B + E' - {}_{k+1}V) &= -(1 - 1.651) \times (100\,000 - 7\,777.983) \\
&= 60\,036.53(\text{元})
\end{aligned}
$$

各利源合并起来构成当年利润：

$$
\begin{aligned}
profit_{10} &= \text{利差} + \text{费差} + \text{死差} \\
&= 37\,763.05 - 36\,495.1 + 60\,036.53 \\
&= 61\,304.48
\end{aligned}
$$

6.8 修正责任准备金

6.8.1 修正责任准备金产生的原因

在实践中，被保险人所缴纳的真实保费是毛保费 G，它通常由均衡净保费 P 和均衡费用保费 e 构成，即

$$G = P + e$$

由于净保费是每期均衡缴纳的，而生命风险却通常是随着寿命的增加而递增的，这导致每一期的净保费不会恰好等于当期风险赔付。通常前期缴纳的净保费超过了风险赔付净值，而后期缴纳的净保费会小于风险赔付净值，这种收入与支出的不匹配就产生了净责任准备金的概念。

站在费用保费的角度来看，也同样存在收入和支出的不完全匹配。在收取保费时，为了操作方便通常采用每年均衡的方式收取保费 e，但是由于保险业的特殊性，第一年的真实费用支出要远远高于以后各年的费用支出。这就意味着在均衡保费场合，实际上是保险人为被保险人事先垫付了第一年的部分保险费用，而被保险人是通过以后各年的等

额偿还来陆续还清这笔首年垫付的费用。用责任准备金的思想来考虑，在费用责任准备金场合，一直是被保险人负有未尽责任，等价于保险人的费用责任准备金实际上一直是负的。

【例6.16】 向(x)发行完全离散3年定期两全险，保额为1 000元，每年年初缴费，已知$q_x=0.1$，$q_{x+1}=0.111\,1$，$q_{x+2}=0.5$，$i=15\%$，保险费用明细如表6-8所示。

表6-8 保险费用明细 单位：元

费用类别	时间			
	第一年		续年	
	保费	每千元保额费用	保费	每千元保额费用
推销佣金	10%	—	2%	—
营业费用	4%	3	—	1
税金、许可证费用	2%	—	2%	—
保单维持	2%	1	2%	1
发行与等级分类	2%	4	—	—
总计	20%	8	6%	2

分析该保险产品每年的保费情况和责任准备金情况。

【解】

(1) 净保费和净责任准备金分析。

首先计算该保险产品的均衡净保费。根据已知条件容易算出

$$A_{x:\overline{3}|}=0.688\,583,\quad \ddot{a}_{x:\overline{3}|}=2.387\,531$$

则均衡净保费等于

$$P=1\,000\frac{A_{x:\overline{3}|}}{\ddot{a}_{x:\overline{3}|}}=1\,000\times\frac{0.688\,583}{2.387\,531}=288.408$$

那么每一年年初，保险人对每个仍在保障范围内的被保险人收取的保费和支出的赔付现值如表6-9和图6-3所示。

表6-9 均衡净保费收入与本年赔付支出现值 单位：元

时间	均衡净保费收入现值	本年赔付支出现值
第1年年初	288.408	86.956 5
第2年年初	288.408	96.608 7
第3年年初	288.408	869.565 2

收支的不匹配，导致了净责任准备金的产生。基于将来法

$$1\,000\,{}_kV=1\,000A_{x+k:\overline{3-k}|}-P\ddot{a}_{x+k:\overline{3-k}|}$$

计算该产品的净责任准备金如表6-10所示。

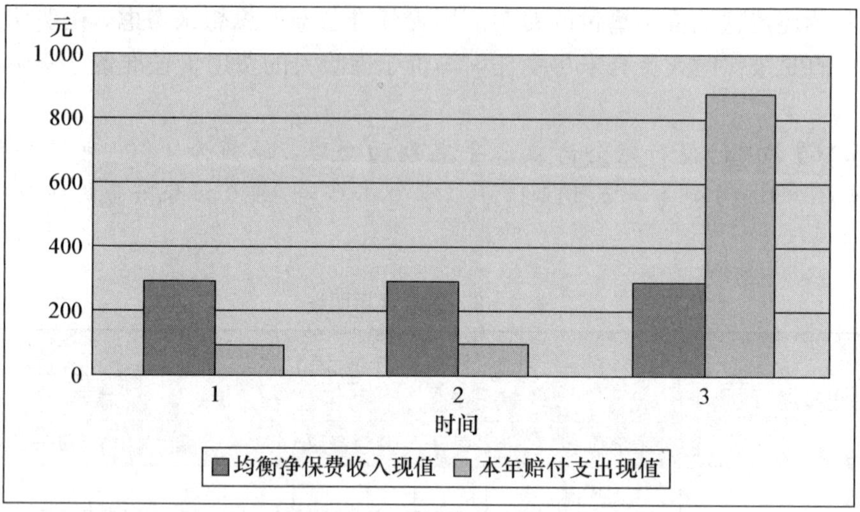

图 6－3　均衡净保费收入与本年赔付支出现值图示

表 6－10　净责任准备金计算结果　　单位：元

时间	$1\,000A_{x+k:\overline{3-k}\rceil}$	P	$\ddot{a}_{x+k:\overline{3-k}\rceil}$	净责任准备金 $1\,000_kV$
签约日	688.58	288.408	2.388	0
第 1 年年末	768.745		1.773	257.410
第 2 年年末	869.565		1	581.157
第 3 年年末	1 000.000		0	1 000.000

（2）均衡费用保费和费用责任准备金分析。

首先根据费用结构，列出毛保费收支平衡方程：

$$G\ddot{a}_{x:\overline{3}\rceil}=1\,000A_{x:\overline{3}\rceil}+(14\%G+6)+(6\%G+2)\ddot{a}_{x:\overline{3}\rceil}$$

解出均衡毛保费的值：

$$G=\frac{1\,000A_{x:\overline{3}\rceil}+6+2\ddot{a}_{x:\overline{3}\rceil}}{(1-6\%)\ddot{a}_{x:\overline{3}\rceil}-14\%}=332.35(\text{元})$$

均衡毛保费减去均衡净保费就等于均衡费用保费：

$$e=G-P=332.35-288.408=43.942(\text{元})$$

每一年年初，保险人对每个仍在保障范围内的被保险人收取的均衡费用现值和支出的真实费用现值如表 6－11 和图 6－4 所示。

表 6－11　均衡费用保费与本年真实支出费用现值　　单位：元

时间	均衡费用保费现值	本年真实支出费用现值
第 1 年年初	43.942	74.470
第 2 年年初	43.942	21.941
第 3 年年初	43.942	21.941

初年费用的巨大缺口，导致费用责任准备金如下：

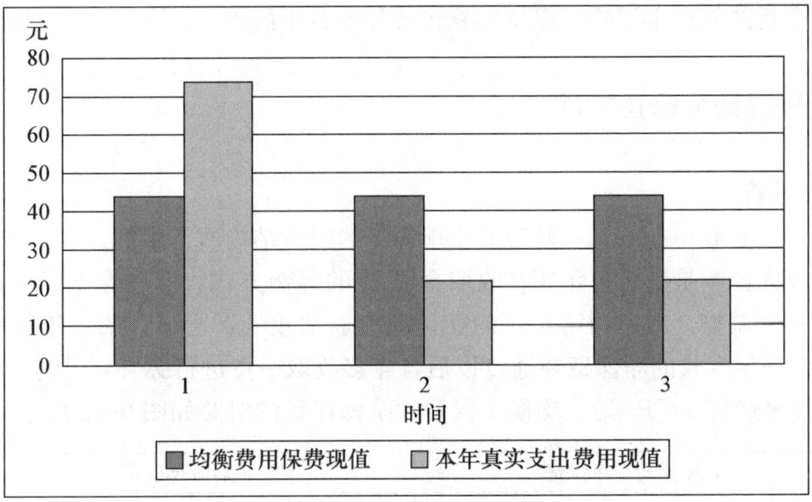

图 6-4 均衡费用保费与本年真实支出费用现值图示

$$
{}_kV_e=\begin{cases}(e'_0-e')+e'\ddot{a}_{x+k:\overline{3-k|}}-e\ddot{a}_{x+k:\overline{3-k|}}, & k=0\\(e'-e)\ddot{a}_{x+k:\overline{3-k|}}, & k=1,2,3\end{cases}
$$

式中，e'_0 为初年真实费用；e'为续年真实费用；e 为均衡费用。

本例费用责任准备金具体计算结果如表 6-12 所示。

表 6-12 费用责任准备金的计算结果 单位：元

时间	各年真实费用	均衡费用 e	$\ddot{a}_{x+k:\overline{3-k|}}$	净责任准备金 $1\,000{}_kV_e$
签约日	74.470	43.942	2.388	0
第 1 年年末	21.941		1.773	−39
第 2 年年末	21.941		1	−22
第 3 年年末	0		0	0

考察各年的净责任准备金和费用责任准备金的情况，可以看出由于均衡收费的原因，第一年收取的净保费远远多于该年赔付支出现值，产生了净责任准备金，这是保险公司欠被保险人的钱，该笔费用理论上必须专款专用，用于弥补将来的收支缺口。另外，保险公司在保险初年为被保险人垫付了大量的保险费用，而被保险人初年缴纳的费用保费不足以覆盖这笔费用，所以需要以后各年多支付一点费用保费来分期偿还这笔欠款，由此产生了费用责任准备金。从保险人的角度而言，费用责任准备金是负数，说明这是被保险人欠保险人的债务。

通过上面的分析，我们知道保险人和被保险人之间有着复杂的债务关系。如果不考虑费用责任准备金因素，始终以净责任准备金为准计算保险公司的债务，会使保险公司保险初年的负担很重，不利于公司拓展新保单，也不利于公司资金的平稳流动。于是就有人提出在充分保障被保险人利益的前提下，对各年的均衡毛保费分配结构做一个调整，调低第一年净保费所占比例（等价于调高第一年费用保费所占比例），再相应调高以后各年净保费所占比例（相应调低以后各年费用保费所占比例），以缓解保险公司初年费用压力，基于这个目的就产生了阶梯保费和修正责任准备金的概念。

6.8.2 责任准备金修正方法

1. 阶梯保费

阶梯保费（step premium）是为了修正初年的保费结构而产生的。

假设保险人原本是采用每年年初收取金额 P 的等额方式收取净保费，现在对净保费的结构进行一个调整。考虑到第一年的赔付现值通常较低，所以，第一年收取的净保费减小到 α，第一年少收的净保费要通过以后各年多收取一点进行弥补，记续年收取的均衡净保费为 β，显然有 $\alpha \leqslant P \leqslant \beta$。均衡净保费和阶梯保费的对照如图 6－5 所示。

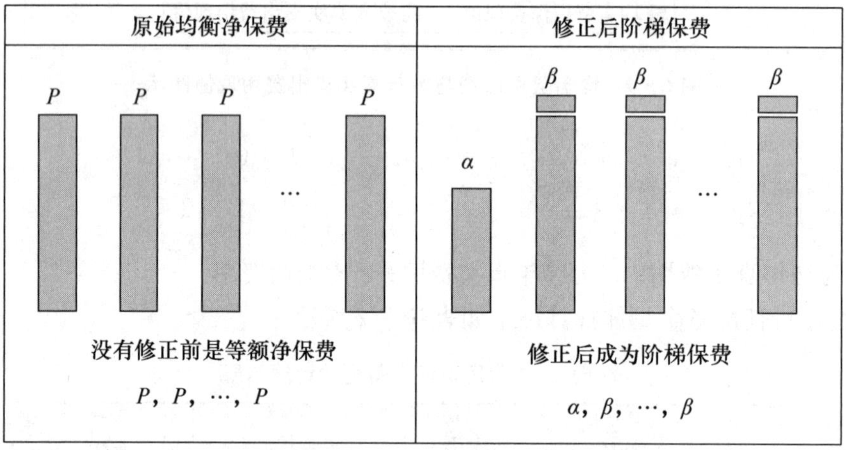

图 6－5 均衡净保费和阶梯保费对照图示

无论是均衡净保费还是阶梯保费，它们都要遵守净保费收入现值等于风险赔付现值的收支平衡原则。所以它们有如下恒等关系：

$$P\ddot{a}_{x:\overline{j}|} = \alpha + \beta a_{x:\overline{j-1}|}$$

2. 修正责任准备金

在阶梯保费场合计算的责任准备金称为修正责任准备金（modified reserve），简记 V^{MOD}。以 n 年定期两全寿险为例，第 k 年的修正责任准备金为：

$${}_kV^{MOD} = A_{x+k:\overline{n-k}|} - \beta\ddot{a}_{x+k:\overline{n-k}|}$$

责任准备金的修正主要取决于第一年净保费的调整，所以所谓的修正责任准备金方法，就是对 α 取值的不同规定。

(1) 完全初年修正方法（full preliminary term）。完全初年修正方法简记为 FPT 方法，它规定第一年的阶梯保费等于第一年的赔付现值，以 h 年缴费终身寿险为例，即

$$\alpha = A^{1}_{x:\overline{1}|}$$

这时续年的阶梯保费为：

$$\beta=\frac{P\ddot{a}_{x:\overline{h}|}-A^{1}_{x:\overline{1}|}}{a_{x:\overline{h-1}|}}$$

【例 6.17】(30)购买死亡即刻赔付 100 000 元的终身寿险。保费每年期初缴纳，缴费期 20 年。假设寿命服从中国人身保险业经验生命表（见附录 2）的 CL1 表。定价利率和评估利率都等于 5%，按复利计息。

(1) 计算第 5 年末的净责任准备金；

(2) 使用完全初年修正法，计算第 5 年末的修正责任准备金。

【解】

(1) 根据已知条件，可以得到

$$\bar{A}_{30}=0.123\,618\,4,\quad \ddot{a}_{30:\overline{20}|}=12.956\,11,\quad \bar{A}_{35}=0.153\,358\,9,\quad \ddot{a}_{30:\overline{19}|}=10.792\,08$$

则净保费为：

$$P=100\,000\frac{\bar{A}_{30}}{\ddot{a}_{30:\overline{20}|}}=954.13(\text{元})$$

第 5 年末的净责任准备金为：

$${}_5V=100\,000\bar{A}_{35}-P\ddot{a}_{35:\overline{15}|}=5\,039(\text{元})$$

(2) 根据完全初年修正法，阶梯保费为：

$$\alpha=100\,000\bar{A}^{1}_{30:\overline{1}|}=77.79(\text{元})$$

$$\beta=\frac{P\ddot{a}_{30:\overline{20}|}-\alpha}{\ddot{a}_{30:\overline{20}|}-1}=1\,027.42(\text{元})$$

第 5 年末的修正责任准备金为：

$${}_5V^{MOD}=100\,000\bar{A}_{35}-\beta\ddot{a}_{35:\overline{15}|}=4\,248(\text{元})$$

(2) 美国保险监督官标准（Commissioner's valuation standard）。美国保险监督官标准简记为 Com，它产生的原因是，美国监管人士认为 FPT 标准主要适用于高费率保单，如果是低费率保单，第一年冲销的费用就过多了，为此制定了美国自己的修正标准：

如果 $\beta^{FPT}\leqslant{}_{19}P_{x+1}$，采用 FPT 修正方法。

如果 $\beta^{FPT}>{}_{19}P_{x+1}$，则 $\beta^{Com}-\alpha^{Com}={}_{19}P_{x+1}-A^{1}_{x:\overline{1}|}$。

(3) 加拿大修正法（Can）。加拿大保险法对本国责任准备金的修正规定称为加拿大修正法，简记为 Can。Can 具体规定如下：

定义 $\alpha^{Can}=P-E^{Can}$，其中 E^{Can} 为第一年保险费用补充提取额，则 E^{Can} 要满足

$$E^{Can}=\min(a,b,c)$$

式中，a 为 150%均衡净保费；b 为新契约费；c 为仍然提供的管理费用及保单持有人分红时在第二年及以后年中可收回费用的精算现值。

6.9 本章R指导

责任准备金的计算通常是在定价假定下，先计算出保费，然后在评估假定下，调用现值函数和年金函数计算责任准备金。

下面以(30)购买终身寿险为例，假设死亡即刻给付100 000元，20年缴费，每年年初缴纳均衡毛保费。

该产品定价假定如下：预定利率为5%，初年费用为毛保费的30%，续年费用为毛保费的5%，死亡赔付相关费用为200元，被保险人寿命服从中国人身保险业经验生命表（见附录2）的CL1表。

该产品评估假定如下：评估利率为3.5%，每年费用为毛保费的6%，死亡赔付相关费用为200元，被保险人寿命服从中国人身保险业经验生命表（见附录2）的CL1表。

(1) 计算任意整数年末的毛保费责任准备金。

要计算任意整数年末的毛保费责任准备金，按照如下三步进行：

第一步，将相应的已知条件读入R系统，定价假定都以下标1表示，评估假定都以下标2表示，本例相应的R指令如下：

```
x=30
B=100000
H=20
i1=0.05
e1_0=0.3
e1_1=0.05
E1=200
i2=0.035
e2=0.06
E2=200
```

第二步：在均衡原则下，计算毛保费。

根据该产品的具体条件，毛保费计算公式为：

$$G=\frac{(B+E_1)\bar{A}_{30}}{(1-e_{1\_1})\ddot{a}_{30:\overline{20}|}-(e_{1\_0}-e_{1\_1})}$$

调用现值函数和年金函数，计算均衡原则下毛保费G的值。本例相关R指令如下：

```
f1<-ACx(x,i1)
f2<-(1-e1_1)*ax_n(x,H,i1)-(e1_0-e1_1)
G=(B+E1)*f1/f2
```

```
G
#输出结果
[1] 1027.204
```

第三步：在评估假定下计算毛保费责任准备金。

该产品缴费期为 20 年，在 20 年内，毛保费责任准备金为：

$$ {}_kV=(B+E_2)\bar{A}_{30+k}-G(1-e_2)\ddot{a}_{30+k:\overline{20-k}|},\quad 0<k\leqslant 20 $$

超过 20 年，毛保费责任准备金为：

$$ {}_kV=(B+E_2)\bar{A}_{30+k},\quad k>20 $$

相关的 R 指令如下：

```
reserve<-function(k,B,E,i,e,H,G){
  if(k<=H) v=(B+E) * ACx(x+k,i)-G * (1-e) * ax_n(x+k,H-k,i)
  else v=(B+E) * ACx(x+k,i)
  return(v)
  }
```

调用 reserve 函数，可以求该产品任意整数年末的责任准备金。比如分别计算 10 年末和 30 年末的责任准备金的相关命令如下：

```
reserve(10,B,E2,i2,e2,H,G)
reserve(30,B,E2,i2,e2,H,G)
#输出结果
> reserve(10,B,E2,i2,e2,H,G)
[1] 29201.28
> reserve(30,B,E2,i2,e2,H,G)
[1] 52639.68
```

(2) 计算任意分数期的毛保费责任准备金。

在已知任意整数期责任准备金且给定步长 h 之后，基于 Thiele's 差分方程可以求出任意分数期的责任准备金，相关递推公式如下：

$$ \begin{cases} {}_{t+h}V\approx(1+h\delta_t)\,{}_tV+h(G_t-e_t)-h(B_t+E_t-{}_tV)\mu_{x+t} & \text{缴费期间} \\ {}_{t+h}V\approx(1+h\delta_t)\,{}_tV-h(B_t+E_t-{}_tV)\mu_{x+t} & \text{缴费期外} \end{cases} $$

相关的 R 指令如下：

```
v=0
res_Thiele<-function(k,h,B,E,i,e,H,G){
```

```
  l=round(1.0/h)
  u=-log(1-qx(k))
  v[1]=reserve(k,B,E,i,e,H,G)
  delta<-log(1+i)
  if(k<=H)
    {
    for(j in 2:l)
    v[j]=(1+h*delta)*v[j-1]+h*(G-e)-h*(B+E-v[j-1])*u
  }
  else
    {
      for(i in 2:(l-1))
      v[i]=(1+h*delta)*v[j-1]-h*(B+E-v[j-1])*u

    }
  return(v)
}
```

调用 res _ Thiele 函数，可以求该产品任意分数期的责任准备金。比如计算第 10 年每月末的责任准备金的相关命令如下：

```
data.frame(t=0:11,V10_t=res_Thiele(10,1/12,B,E2,i2,e2,H,G))
#输出结果
> data.frame(t=0:11,V10_t=res_Thiele(10,1/12,B,E2,i2,e2,H,G))
    t    V10_t
1   0  29201.28
2   1  29369.00
3   2  29537.20
4   3  29705.89
5   4  29875.06
6   5  30044.73
7   6  30214.88
8   7  30385.53
9   8  30556.67
10  9  30728.30
11  10 30900.43
12  11 31073.06
```

习　题

6.1　(30) 投保一份完全连续的终身寿险，死亡给付为1，L 为保单签订日保险人损失现值变量。已知 $\bar{A}_{40}=0.7$，${}^{2}\bar{A}_{30}=0.3$，$\mathrm{Var}(L)=0.2$，求${}_{10}V(\bar{A}_{30})$。

6.2　(30) 投保一份完全连续的10年延期终身生存年金，已知$l_x=80-x(0\leqslant x\leqslant 80)$。假定$i=0$，保费从投保之日开始分10年缴清，每年所缴保费相等。求第5年年末的责任准备金。

6.3　(30) 投保一份完全连续的25年定期寿险，死亡给付逐年递减，$b_t=1\,000\bar{a}_{\overline{25-t}|}$，每年连续缴纳的均衡净保费为200元。已知$\delta=0.05$，$\bar{A}_{40:\overline{15}|}=0.6$，求第10年年末的净保费责任准备金。

6.4　(80) 投保一份完全离散的4年定期寿险，死亡给付为1 000元，每年年初缴纳均衡净保费120元。已知 $q_{82}=0.1$，$q_{83}=0.2$，在不考虑利率影响的情况下($i=0$)，求第2年年末的前瞻亏损变量的方差 $\mathrm{Var}({}_2L)$。

6.5　(x) 买了一份完全离散的终身寿险，第一年死亡赔付为0，续年均为1 000元。该保险每年缴纳均衡净保费π。已知$q_x=0.03$，$v=0.9$，$\ddot{a}_x=6.5$，$\ddot{a}_{x+10}=5.46$，求这份保险在第10年年末的责任准备金。

6.6　已知以下三个保费值：$P_{40}=0.015$，$P_{40:\overline{20}|}^{\;\;1}=0.025$，$P_{40:\overline{20}|}=0.035$，求${}_{20}V_{40}$。

6.7　(x) 投保一份完全离散的2年定期寿险，死亡年末给付为800元，每年年初缴纳的均衡净保费为150元，年实质利率为2.5%。已知第一年年末的责任准备金为35元，求保单签订日保险人亏损变量 L 小于400的概率。

6.8　已知死亡服从 $\omega=100$ 的 De Moivre 分布，$i=0.025$，$\bar{a}_{\overline{30}|}=21.19$，$\bar{a}_{\overline{50}|}=28.72$，$\bar{a}_{\overline{70}|}=33.31$，计算${}_{20}V(\bar{A}_{30})$ 的值。

6.9　已知 $\bar{a}_{x+t}=12$，$1\,000\bar{P}(\bar{A}_x)=12$，$\delta=0.05$，求 $1\,000{}_tV(\bar{A}_x)$ 的值。

6.10　(40) 购买了一份10年延期的终身生存年金，每年连续给付生存年金1，10年连续缴纳均衡净保费。已知 $l_x=100-x(0\leqslant x\leqslant 100)$，$i=0$，计算第5年年末的责任准备金。

6.11　已知 $P_x=0.08$，${}_nV_x=0.6$，$P_{x:\overline{n}|}^{\;\;1}=0.008\,5$，计算 $P_{x:\overline{n}|}^{1}$。

6.12　(30) 投保一份完全离散的终身寿险，死亡年末赔付1 000元，每年年初所缴的均衡净保费为 P，已知${}_9V+P={}_{10}V=100$，$i=0.025$，求 q_{39}。

6.13　(50) 投保一份完全离散的20年期两全险，第k年的死亡年末给付为$b_k=21-k(k=1, 2, \cdots, 20)$，期末生存给付为1，每年年初所缴均衡净保费为$P$。已知${}_{10}V_{50:\overline{20}|}=5.0$，${}_{19}V_{50:\overline{20}|}=0.6$，$q_{60}=0.1$，${}_{19}V_{50:\overline{20}|}=0.6$，$i=0.025$，计算${}_{11}V_{50:\overline{20}|}$。

6.14　(x) 购买了一份完全离散的3年定期寿险，等额保费每年年初缴纳，每年赔付额和死亡概率如下表所示。

k	b_{k+1}	q_{x+k}
0	300 000	0.02
1	200 000	0.04
2	100 000	0.06

已知 $i=0.025$，计算第一年年末的责任准备金。

6.15　已知 $\delta=0.05$，${}_{23}^{20}V_{20}=0.58$，${}_{24}^{20}V_{20}=0.60$，计算 p_{43} 的值。

第7章

多状态模型

在前六章中，我们介绍了基于单一个体，覆盖单一风险（生存或死亡风险）的精算厘定方法。在这一章中，我们要将被保险人由单一个体向多个体拓展，将保障风险由单一风险（生存或死亡风险）向多风险领域拓展。目前能完成这种任意拓展的精算模型是本章要介绍的多状态模型。

多状态模型是近年来在精算技术领域最令人激动的成果之一。它基于随机过程中的马尔科夫链模型。传统的精算模型可以看做多状态模型的一个特例。多状态模型基于随机过程的理论，用一整套相同的符号表达，可以处理多个体、多损因的风险分析。这极大地解决了传统精算模型拓展性差的问题。多状态模型是现代寿险产品创新的重要工具。

7.1 多状态模型案例

本节我们首先介绍一些多状态模型的案例，让读者对多状态模型能够解决什么问题，有一些形象的认知。

1. 生存-死亡模型

在前六章中，我们介绍的都是基于单个被保险人，只覆盖单一风险（生存或死亡风险）的精算模型。这个模型在多状态模型中，属于两状态的生存-死亡模型（the alive-dead model），如图7-1所示。

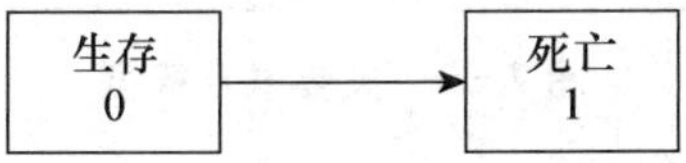

图7-1 生存-死亡模型

在生存-死亡模型中，个人在任何时候只有两个状态："生存"状态或"死亡"状态。

为方便起见，我们分别用“0”和“1”标注这两个状态。从状态 0（生存态）可以转移到状态 1（死亡态），但是反向转移不允许发生，如图中箭头所标注的只有单一转移方向。

图 7－1 描述的生存-死亡模型能捕获个体生命生存/死亡的所有信息，前六章中出现的所有寿险产品都能用这个两状态模型进行表达与测算。

2. 多重损因模型

如果一个保险产品覆盖了多个不同的风险，而且对不同的风险需要区别对待时，我们可以构造多重损因模型。比如被保险人购买了某终身寿险产品，该产品规定：如果被保险人死亡是意外风险导致，死亡即刻给付 20 万元，如果被保险人死亡是非意外风险（比如疾病）导致，死亡即刻给付 30 万元。这是一个两重损因的保险产品。

我们可以用一个三状态模型来表达这个多重损因产品（如图 7－2 所示）：

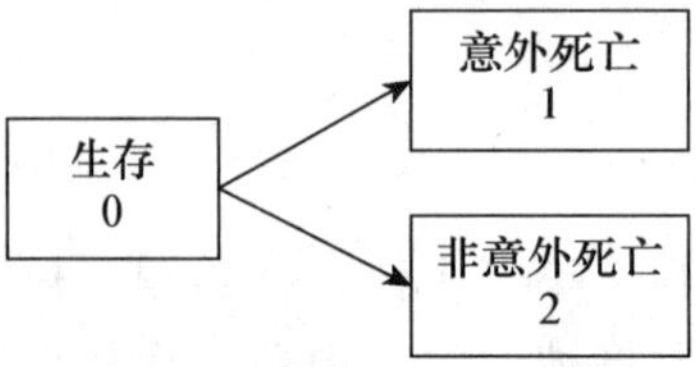

图 7－2 多重损因死亡模型

多重损因死亡模型是生存-死亡模型的延伸，在这两个模型中，状态 0 都表示个体存活，其他状态表示死亡。

生存-死亡模型适用的场合是无论何种原因造成的死亡事件，只要死亡事件发生，都赔付相同的金额。

多重损因死亡模型适用的场合是不同的死亡原因，赔付额度不同。我们需要根据赔付额的不同，划分具体的状态。

3. 多元生命联合模型

现代寿险产品的一个拓展方向是多元生命联合模型（the joint life and last survivor model），即由一张保单保障单个个体，变为一张保单同时保障多个个体。在多个被保险人联合保险的场合，最简单、最常见的是夫妻两人的联合保险。夫妻两人的各种联合状态，都可以用图 7－3 的夫妻联合模型表达。

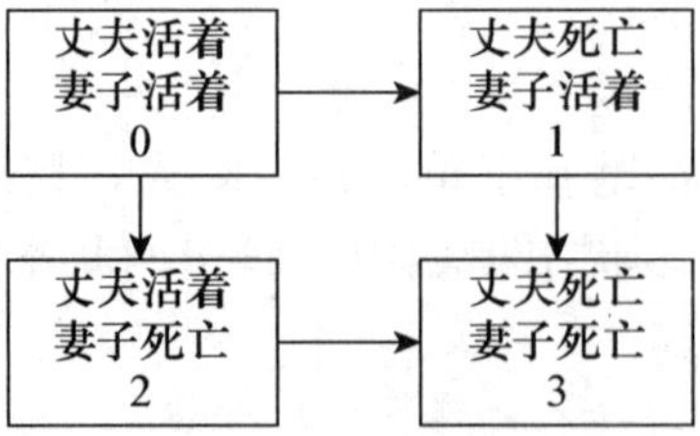

图 7－3 夫妻联合模型

4. 永久伤残模型

永久伤残模型（the permanent disability model）是一种常见的劳动力保障模型，适用于永久性伤残场合。状态 0 是健康态，状态 1 是处于永久伤残状态，状态 2 是死亡态。

通常在被保险人健康时缴纳保费，永久伤残时领取伤残抚恤金，死亡即刻领取死亡赔付金。

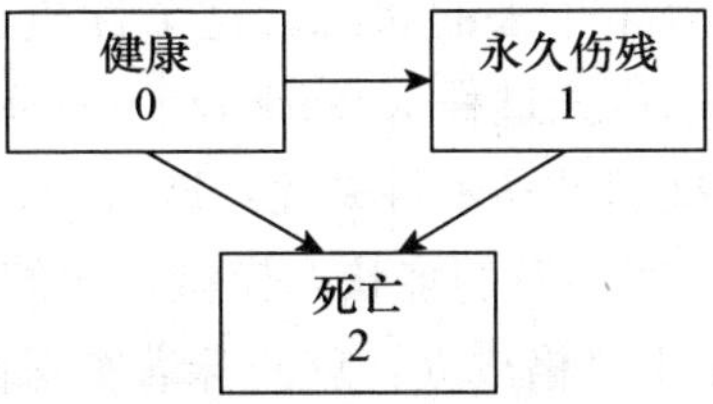

图 7-4　永久伤残模型

5. 失能受益模型

失能受益模型（the disability income insurance model）通常用于医疗保险或护理保险领域。以最简单的健康-生病-死亡三状态的失能受益保险为例，状态 0 是健康态；状态 1 是生病态，病可以治好，也就是状态 1 可以转为状态 0，健康态和生病态之间可以有多次转移；状态 2 是死亡态。很多医疗保险产品都可以基于图 7-5 的失能受益模型进行分析。

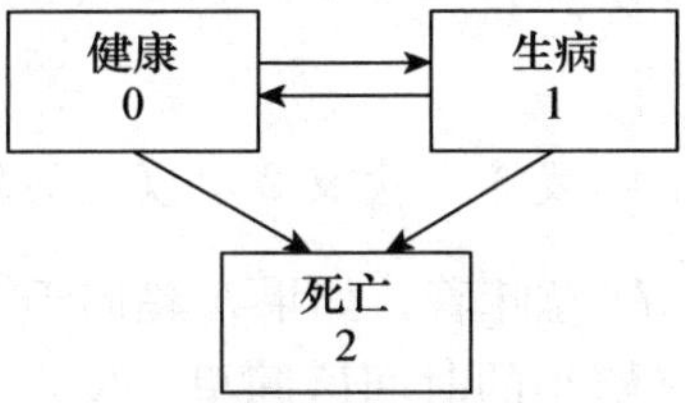

图 7-5　失能受益模型

7.2　多状态模型的假设条件与专业符号

7.2.1　多状态模型的假设条件

定义 $Y(t)$ 为被保险人（或被保险人组合）在时刻 t 的状态，假设共有 $n+1$ 个有限状态：

$$Y(t)=i,\quad i=0,1,2,\cdots,n;t\geqslant 0$$

$Y(t)=i$ 意味着在时刻 $x+t$，被保险人（或被保险人组合）处于状态 i。

被保险人在任意时刻所处的状态构成了一个随机过程 $\{Y(t)\}_{|t\geqslant 0}$。通常假定这个随机过程是一个马尔科夫过程。马尔科夫过程需要满足如下三个假定：

假定 1：无记忆性

对于任意时刻 t 和 $t+s$，$\forall s\geqslant 0$，假如随机变量 Y 在时刻 t 处于状态 i，而在时刻 $t+s$，可能处于状态 j 的概率为：

$$\Pr(Y(t+s)=j\,|\,Y(t)=i)$$

这意味着序列在时刻 $t+s$ 所处的状态，只与时刻 t 所处的状态有关，与时刻 t 之前所处的状态没有任何关系。这个性质在随机过程里称为马尔科夫性：未来事件的发生概率只依赖于现在的状态，不依赖于过去的状态。这个性质也称为马尔科夫无记忆性。具有这种性质的随机过程称为马尔科夫过程（Markov process）。

在此，我们假定多状态模型满足马尔科夫性，即 $\{Y(t)\}_{|t\geq 0}$是一个马尔科夫过程。

分别对照图 7－1 到图 7－5 所涉及的多状态模型，我们会发现假定 1 并不一定严格成立。以图 7－5 为例：如果假定 1 严格成立，就意味着被保险人未来是痊愈、生病还是死亡只跟他现在的健康状态有关，不依赖于他过去的任何信息，也就是说未来的健康状况与他在时刻 t 之前的健康状况无关。

生活常识告诉我们，一个病人未来的健康状态可能与过去的健康状态具有一定的长期关联。这个常识意味着多状态模型不一定能严格地满足假定 1。但是任何模型都是有局限性的，没有任何一个模型能完美地表达现实情况。为了能够基于马尔科夫链的理论进行分析，我们假定多状态模型都服从马尔科夫无记忆性。

假定 2：不可同时发生两个状态转移

在足够小的一个时间区间里，只会发生 1 次状态转移，不会同时发生 2 次及 2 次以上的状态转移，即

$$\Pr(\text{在长度为 } h \text{ 的区间里,发生 2 次及 2 次以上的转移})=0(h)$$

式中，h 为任意小的正实数。$0(h)$意味着，如果 h 趋向于 0，$0(h)$也趋向于 0。

假定 2 告诉我们，在一个足够小的时间区间里，发生 2 次及 2 次以上状态转移的概率是极小的，小到可以忽略不计。和假定 1 一样，假定 2 不是一个任何情况下都严格成立的假定，但是一个合理的技术假定。

假定 3：过程平滑

对于任何状态 i 和 j，对于任何年龄 $x\geq 0$，假定转移概率关于时间 t 可微。

假定 3 是一个技术假定，以保证过程平滑，也保证了以极限的方式定义的转移强度 μ_x^{ij} 是存在的，同时还保证了当区间长度趋于 0 时，转移概率也趋于 0。

7.2.2 多状态模型的专业符号

（1）转移概率 p_x^{ij}：被保险人在时刻 x 处于状态 i；在时刻 $x+t$，转移至状态 j 的概率。

$${}_tp_x^{ij}=\Pr(Y(x+t)=j\,|\,Y(x)=i)$$

（2）停留概率${}_tp_x^{\overline{ii}}$：被保险人在时刻 x 处于状态 i，然后在未来的 t 时期内，一直停留在状态 i，没有转出过状态 i 的概率。

$${}_tp_x^{\overline{ii}}=\Pr(Y(x+s)=i,\forall s\in(0,t)\,|\,Y(x)=i)$$

${}_tp_x^{\overline{ii}}$ 和${}_tp_x^{ii}$ 不是等价概率。尽管它们都是在时刻 x 处于状态 i，在时刻 $x+t$ 仍然处

于状态 i，但是$_tp_x^{\overline{ii}}$ 是一直没有转出过状态 i，而$_tp_x^{ii}$ 既包含了一直停留在状态 i 的概率，又包括在 t 时期内先转出状态 i，再转回状态 i 的事件概率，所以

$$_tp_x^{ii} \geqslant {}_tp_x^{\overline{ii}}$$

(3) 转移强度 μ_x^{ij}：在时刻 x，由状态 i 转移到状态 j 的强度。

$$\mu_x^{ij} = \lim_{h \to 0+} \frac{{}_hp_x^{ij}}{h}, \quad i \neq j$$

【例 7.1】 使用多状态模型的专业符号等价表达传统单人、单风险模型（见图 7-1）的生存概率、死亡概率和死亡力函数。

【解】

生存概率：$_tp_x = {}_tp_x^{00}$

死亡概率：$_tq_x = {}_tp_x^{01}$

死亡力函数：$\mu_{x+t} = \mu_{x+t}^{01}$

7.3 离散多状态模型

离散多状态模型，实质就是一个离散马尔科夫链。在离散场合，我们主要关注如何基于转移矩阵，求出各种情况下的转移概率。

转移矩阵（transition matrix）是马尔科夫于 1907 年研究马尔科夫链的过程中提出的一个概念。转移矩阵的定义是：给定一组状态 $S=\{S_1, S_2, \cdots, S_k\}$，在下一个单位时刻，该过程从当前状态转到另一状态的转移概率构成的矩阵。转移矩阵通常记作 P：

$$P = \begin{bmatrix} p_x^{11} & \cdots & p_x^{1k} \\ \vdots & & \vdots \\ p_x^{k1} & \cdots & p_x^{kk} \end{bmatrix}$$

也可以简记为 $(p^{ij})_{k\times k}$。式中：$i=1, 2, \cdots, k$；$j=1, 2, \cdots, k$。

转移矩阵具有如下两个性质：

(1) 状态集可以是有限的，也可以是无限的，即转移矩阵可以是无穷阶矩阵；

(2) 转移矩阵的每行元素之和为 1，即 $\sum_j p^{ij} = 1$。

【例 7.2】 以失能受益模型为例（见图 7-5），假设 x 岁的被保险人年度转移矩阵为：

$$P = \begin{bmatrix} 0.75 & 0.15 & 0.10 \\ 0.50 & 0.30 & 0.20 \\ 0 & 0 & 1 \end{bmatrix}$$

请解释该转移矩阵中各数值的概率意义。

【解】

在转移矩阵上标示一下各状态的含义，该矩阵中各数值的概率意义就非常清楚：

$$P=\begin{array}{r}0\text{ 健康}\\1\text{ 生病}\\2\text{ 死亡}\end{array}\overset{\begin{array}{ccc}0\text{ 健康} & 1\text{ 生病} & 2\text{ 死亡}\end{array}}{\begin{bmatrix}0.75 & 0.15 & 0.10\\0.50 & 0.30 & 0.20\\0 & 0 & 1\end{bmatrix}}$$

$p_x^{00}=0.75$，意味着 x 岁健康的人，在 $x+1$ 岁仍然健康的概率为 0.75。

$p_x^{01}=0.15$，意味着 x 岁健康的人，在 $x+1$ 岁生病的概率为 0.15。

$p_x^{02}=0.10$，意味着 x 岁健康的人，在 $x+1$ 岁死亡的概率为 0.10。

$p_x^{10}=0.50$，意味着 x 岁生病的人，在 $x+1$ 岁恢复健康的概率为 0.50。

$p_x^{11}=0.30$，意味着 x 岁生病的人，在 $x+1$ 岁仍然生病的概率为 0.30。

$p_x^{12}=0.20$，意味着 x 岁生病的人，在 $x+1$ 岁死亡的概率为 0.50。

$p_x^{20}=0$，因为死亡不可逆，所以 x 岁死亡的人，在 $x+1$ 岁恢复健康的概率为 0。

$p_x^{21}=0$，因为死亡不可逆，所以 x 岁死亡的人，在 $x+1$ 岁生病的概率为 0。

$p_x^{22}=0$，因为死亡不可逆，所以 x 岁死亡的人，在 $x+1$ 岁处于死亡状态的概率为 1。

死亡状态不可逆，也就是说，如果某一时刻到达死亡状态，则在后面的时刻将一直保持在该状态。在随机过程里，这种状态也称为吸收状态。吸收状态之外的状态称为暂时状态。存在吸收状态的马尔科夫链，称为吸收马尔科夫链（absorbing Markov chain）。在寿险产品中，通常都要考虑死亡状态，所以寿险产品几乎都是吸收马尔科夫链过程。

【例 7.3】 继续使用例 7.2 的背景与数据，进行深入的分析。假设目前 x 岁的被保险人 90%是健康的，10%生病，且 $x\sim x+3$ 岁每年的转移矩阵相同，求：

（1）3 年后各状态的发生概率；

（2）x 岁生病的人 3 年后会恢复健康的概率。

【解】

（1）第 1 年后，各状态发生的概率为：

$$(0.9\quad 0.1\quad 0)\begin{bmatrix}0.75 & 0.15 & 0.10\\0.50 & 0.30 & 0.20\\0 & 0 & 1\end{bmatrix}=(0.725\quad 0.165\quad 0.11)$$

即 x 岁的被保险人（当时 90%健康，10%生病），一年后有 72.5%的被保险人仍然是健康的，16.5%的被保险人生病，还有 11%的被保险人会死亡。

第 2 年后，各状态发生的概率为：

$$(0.725\quad 0.165\quad 0.11)\begin{bmatrix}0.75 & 0.15 & 0.10\\0.50 & 0.30 & 0.20\\0 & 0 & 1\end{bmatrix}=(0.626\,25\quad 0.158\,25\quad 0.215\,5)$$

即 x 岁的被保险人（当时 90%健康，10%生病），两年以后，有 62.625%的被保险人仍然是健康的，15.825%的被保险人生病，还有 21.55%的被保险人死亡。

第 3 年后，各状态发生的概率为：

$$(0.6265\quad 0.15825\quad 0.2155)\begin{bmatrix}0.75 & 0.15 & 0.10\\ 0.50 & 0.30 & 0.20\\ 0 & 0 & 1\end{bmatrix}=(0.5488\quad 0.1414\quad 0.3098)$$

即 x 岁的被保险人（当时 90%健康，10%生病），3 年以后，有 54.88%的被保险人仍然是健康的，14.14%的被保险人生病，还有 30.98%的被保险人死亡。

（2）转移矩阵 $P=(p^{ij})_{k\times k}$ 表示一年后各状态的转移概率。同理，两年后各状态的转移概率为：

$$_2P=(p^{ij})_{k\times k}(p^{ij})_{k\times k}=({}_2p^{ij})_{k\times k}$$

3 年后各状态的转移概率为：

$$_3P=(p^{ij})_{k\times k}(p^{ij})_{k\times k}(p^{ij})_{k\times k}=({}_3p^{ij})_{k\times k}$$

矩阵 $({}_3p^{ij})_{k\times k}$ 中第二行第一列数据 ${}_3p^{10}$ 即为 x 岁生病的被保险人，3 年后恢复健康的概率。

因为

$$_3P=\begin{bmatrix}0.75 & 0.15 & 0.10\\ 0.50 & 0.30 & 0.20\\ 0 & 0 & 1\end{bmatrix}^3=\begin{bmatrix}0.556875 & 0.142875 & 0.30025\\ 0.476250 & 0.128250 & 0.39550\\ 0 & 0 & 1\end{bmatrix}$$

所以 x 岁生病的被保险人，3 年后恢复健康的概率为 47.625%。

【例 7.4】 一个多状态护理保险转移矩阵如表 7－1 所示。

表 7－1　多状态护理保险转移矩阵

	可自理	短期护理	终身护理	离开保障计划
可自理	0.5	0.2	0.2	0.1
短期护理	0.5	0.3	0.1	0.1
终身护理	0	0	0.8	0.2

计算可自理的被保险人在第 3 年离开保障计划的概率。

【解】

转移矩阵为：

$$P=\begin{bmatrix}0.5 & 0.2 & 0.2 & 0.1\\ 0.5 & 0.3 & 0.1 & 0.1\\ 0 & 0 & 0.8 & 0.2\\ 0 & 0 & 0 & 1\end{bmatrix}$$

2 年后的转移矩阵为：

$$_2P=\begin{bmatrix}0.35 & 0.16 & 0.28 & 0.21\\0.60 & 0.19 & 0.21 & 0.20\\0 & 0 & 0.64 & 0.36\\0 & 0 & 0 & 1\end{bmatrix}$$

3年后的转移矩阵为：

$$_3P=\begin{bmatrix}0.255 & 0.118 & 0.310 & 0.317\\0.295 & 0.137 & 0.267 & 0.301\\0 & 0 & 0.512 & 0.488\\0 & 0 & 0 & 1\end{bmatrix}$$

可自理的被保险人在第3年离开保障计划的概率，等于3年期间一共离开的0.317减去前两年一共离开的0.21，剩下的0.107即为可自理的被保险人在第3年离开保障计划的概率，即

$$_3p^{04}-{}_2p^{04}=0.317-0.21=0.107$$

【例7.5】 现有三状态模型，状态0表示健康，状态1表示失能，状态2表示死亡。已知

$$p_{x+k}^{00}=0.70,\quad p_{x+k}^{01}=0.20,\quad p_{x+k}^{10}=0.10,\quad p_{x+k}^{12}=0.25,\quad k=0,1$$

求100个健康的个体，未来两年死亡人数的期望和方差。

【解】

根据已知条件，给出的转移概率阵如下：

$$P=\begin{bmatrix}0.7 & 0.2 & \\0.1 & & 0.25\\ & & \end{bmatrix}$$

根据转移概率阵每行和为1，且死亡为吸收态的性质，补齐转移概率阵如下：

$$P=\begin{bmatrix}0.7 & 0.2 & 0.1\\0.1 & 0.65 & 0.25\\0 & 0 & 1\end{bmatrix}$$

两年的转移概率阵相同，则2年后各状态概率如下：

$$_2P=\begin{bmatrix}0.51 & 0.27 & 0.22\\0.135 & 0.4425 & 0.4225\\0 & 0 & 1\end{bmatrix}$$

100个期初健康的个体，2年后死亡人数的期望为：

$$E(N)=100\,{}_2p^{02}=22$$

100个期初健康的个体，2年后死亡人数的方差为：

$$\mathrm{Var}(N)=100{}_2p^{02}(1-{}_2p^{02})=100\times0.22\times0.78=17.16$$

7.4 连续多状态模型

在多状态模型中，转移强度是一个基本量，它决定了我们需要了解的多状态模型的所有信息。所有的转移概率都能基于转移强度表达出来。在连续多状态场合，我们主要关注如何基于转移强度，求出各种情况下的转移概率。

7.4.1 瞬间转移概率与瞬间停留概率

1. 瞬间转移概率

对于一个足够小的时间段 $h>0$，根据假定 2：足够小的时间内不可能发生 2 次及以上的状态转移，在连续马尔科夫链场合，定义瞬间转移概率如下：

$${}_hp_x^{ij}=h\mu_x^{ij}+o(h)$$

2. 瞬间停留概率

对于一个足够小的时间段 $h>0$，停留在原状态，不转出的概率等于瞬间停留概率。瞬间停留概率记作${}_hp_x^{\overline{ii}}$，显然有

$${}_hp_x^{\overline{ii}}=1-\sum_{j\neq i}{}_hp_x^{ij}$$

因为瞬间转移概率为：

$${}_hp_x^{ij}=h\mu_x^{ij}+o(h)$$

所以瞬间停留概率为：

$${}_hp_x^{\overline{ii}}=1-h\sum_{i\neq j}\mu_x^{ij}+o(h)$$

7.4.2 任意时长停留概率的计算

对于一个多状态模型，假如 x 时刻处于状态 i，在未来的任意 t 时间长度内，它始终停留在状态 i 的概率为：

$${}_hp_x^{\overline{ii}}=\exp\left(-\int_0^t\sum_{j=0,j\neq i}^{n}\mu_{x+s}^{ij}\,\mathrm{d}s\right)$$

【例 7.6】

对于任意时长 $t>0$，假设 h 为一个足够小的时间段，考虑停留概率${}_{t+h}p_x^{\overline{ii}}$ 的概率意义。

【解】

它是一个在时刻 x 停留在 i 状态，然后在未来的 $[0,\ t+h]$ 时期始终停留在状态 i 的概率，我们可以把它分解为两个子事件：

（1）这个过程在时刻 x 到时刻 $x+t$ 一直停留在状态 i；该事件的概率为 ${}_tp_x^{\overline{ii}}$。

（2）这个过程在时刻 $x+t$ 到时刻 $x+t+h$ 一直停留在状态 i；该事件的概率为 ${}_hp_{x+t}^{\overline{ii}}$。

由于

$$ {}_{t+h}p_x^{\overline{ii}} = {}_tp_x^{\overline{ii}}\, {}_hp_{x+t}^{\overline{ii}} $$

因为 h 为一个足够小的时间段，根据瞬间停留概率，有

$$ {}_hp_{x+t}^{\overline{ii}} = 1 - h\sum_{j=0,j\neq i}^{n} \mu_{x+t}^{ij} + o(h) $$

所以

$$ {}_{t+h}p_x^{\overline{ii}} = {}_tp_x^{\overline{ii}}\left[1 - h\sum_{j=0,j\neq i}^{n} \mu_{x+t}^{ij} + o(h)\right] $$

等价变换，得

$$ \frac{{}_{t+h}p_x^{\overline{ii}} - {}_tp_x^{\overline{ii}}}{h} = -{}_tp_x^{\overline{ii}}\sum_{j=0,j\neq i}^{n} \mu_{x+t}^{ij} + \frac{o(h)}{h} $$

令 $h\to 0$，有

$$ \frac{\mathrm{d}}{\mathrm{d}t}\, {}_tp_x^{\overline{ii}} = -{}_tp_x^{\overline{ii}}\sum_{j=0,j\neq i}^{n} \mu_{x+t}^{ij} $$

等号两边同时除以 ${}_tp_x^{\overline{ii}}$，得

$$ \frac{\mathrm{d}}{\mathrm{d}t}\ln({}_tp_x^{\overline{ii}}) = -\sum_{j=0,j\neq i}^{n} \mu_{x+t}^{ij} $$

等号两边同时积分，得

$$ \ln({}_tp_x^{\overline{ii}}) - \ln({}_0p_x^{\overline{ii}}) = -\int_0^t \sum_{j=0,j\neq i}^{n} \mu_{x+s}^{ij}\,\mathrm{d}s $$

因为 ${}_0p_x^{\overline{ii}}=1$，所以 ${}_tp_x^{\overline{ii}} = \exp\left(-\int_0^t \sum_{j=0,\ j\neq i}^{n} \mu_{x+s}^{ij}\,\mathrm{d}s\right)$。

【例 7.7】 对于永久伤残模型（见图 7-4），已知 $\mu_x^{01}=0.2$，$\mu_x^{02}=0.1$，$\mu_x^{12}=0.25$，求停留概率 ${}_5p_x^{00}$ 和 ${}_5p_x^{11}$。

【解】

（1）${}_5p_x^{00} = {}_5p_x^{\overline{00}} = \exp\left[-\int_0^5 (\mu_{x+s}^{01} + \mu_{x+s}^{02})\,\mathrm{d}s\right] = \exp\left[-\int_0^5 (0.2+0.1)\,\mathrm{d}s\right] = \mathrm{e}^{-1.5}$

（2）${}_5p_x^{11} = {}_5p_x^{\overline{11}} = \exp\left(-\int_0^5 \mu_{x+s}^{12}\,\mathrm{d}s\right) = \exp\left(-\int_0^5 0.25\,\mathrm{d}s\right) = \mathrm{e}^{-1.25}$

7.4.3　任意时长转移概率的计算

多状态模型中，转移概率${}_tp_x^{ij}$的意义是：被保险人在时刻 x 处于状态 i；在时刻 $x+t$ 处于状态 j 的概率。

如果在 t 时间长度内，只发生了一次状态转移，直接由状态 i 转到状态 j，这时称为直接转移。比如在生存–死亡模型中，${}_tp_x^{01}$ 就一定是直接状态转移，因为从状态 0 只能转到状态 1，而且状态 1 是吸收状态，进去就不会再出来了。

但有时，在 t 时间长度内，要从状态 i 转到状态 j，可能会发生多次状态转移，这时称为间接转移。比如在失能受益模型中，在 t 时间长度内，可能会出现一次或多次健康→生病→…→健康→生病过程。如果只出现一次健康→生病的过程，${}_tp_x^{01}$ 就是直接转移。如果出现多次健康→生病的过程，${}_tp_x^{01}$ 就是间接转移。

1. 直接转移场合转移概率的计算

直接转移场合转移概率的计算非常简单：在 t 时间长度内，只发生了一次状态转移，假设转移事件发生在时刻 s，$\forall\, 0<s\leqslant t$。这就意味着，在时刻 0 至 s，该过程一直停留在状态 i，然后在时刻 s 瞬间（ds）由状态 i 转到状态 j，之后一直停留在状态 j。相应的转移过程如图 7－6 所示。

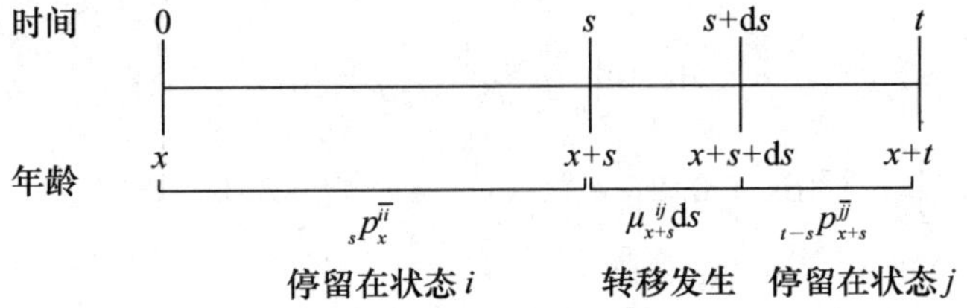

图 7－6　直接转移图示

所以直接转移的转移概率为：

$${}_tp_x^{ij}=\int_0^t {}_sp_x^{\overline{ii}}\cdot\mu_{x+s}^{ij}\cdot{}_{t-s}p_{x+s}^{\overline{jj}}\,\mathrm{d}s$$

【例 7.8】 对于永久伤残模型，已知 $\mu_x^{01}=0.2$，$\mu_x^{02}=0.1$，$\mu_x^{12}=0.25$，求转移概率${}_5p_x^{01}$ 和${}_5p_x^{12}$。

【解】

(1) $${}_5p_x^{01}=\int_0^5 {}_sp_x^{00}\mu_{x+s}^{01}{}_{t-s}p_{x+s}^{11}\,\mathrm{d}s=0.2\int_0^5 \mathrm{e}^{-0.3s}\mathrm{e}^{-0.25(5-s)}\,\mathrm{d}s=0.2535$$

(2) $${}_5p_x^{12}=\int_0^5 {}_sp_x^{11}\mu_{x+s}^{12}{}_{t-s}p_{x+s}^{22}\,\mathrm{d}s=0.25\int_0^5 \mathrm{e}^{-0.25s}\,\mathrm{d}s=1-\mathrm{e}^{-0.25\times5}=0.7135$$

【例 7.9】 使用夫妻联合模型，已知 $\mu_x^{01}=0.02$，$\mu_x^{02}=0.03$，$\mu_x^{12}=0.04$，$\mu_x^{23}=0.025$。计算一对夫妻，10 年后丈夫死亡、妻子存活的概率。

【解】

$${}_{10}p_0^{01}=\int_0^{10} {}_sp_0^{00}\mu_{x+s}^{01}{}_{t-s}p_{x+s}^{11}\,\mathrm{d}s$$

$$=0.02\int_0^{10} e^{-0.05s} e^{-0.04(10-s)} ds$$
$$=0.127\,58$$

2. 间接转移场合转移概率的计算

间接转移场合转移概率的计算要复杂一些：在 t 时间长度内，会发生不止一次状态转移，我们把关注点先放在第一次状态转移上。假设第一次状态转移发生在时刻 s，$\forall\, 0<s\leqslant t$，这时由状态 i 转移到任意某个状态 k，$k\neq i$。这就意味着，在时刻 0 至时刻 s，该过程一直停留在状态 i，然后在时刻 s，瞬间由状态 i 转到状态 k，之后在时刻 s 至时刻 t，会产生一次或多次状态转移，使得在时刻 t，过程能停留在状态 j。所以间接转移的转移概率为：

$${}_tp_x^{ij}=\sum_{k\neq i}\int_0^t {}_sp_x^{\overline{ii}}\cdot \mu_{x+s}^{ik}\cdot {}_{t-s}p_{x+s}^{kj}\,ds$$

【例 7.10】 对于永久伤残模型，已知 $\mu_x^{01}=0.2$，$\mu_x^{02}=0.1$，$\mu_x^{12}=0.25$，求${}_5p_x^{02}$。

【解】

${}_5p_x^{02}$ 包括两种可能的转移途径：一是由健康状态直接转移到死亡状态，这是直接转移；二是由健康状态先转移到永久伤残状态，再由永久伤残状态转移到死亡状态，这是间接转移。

$${}_5p_x^{02}=\int_0^5 {}_sp_x^{00}\mu_{x+s}^{02}\,{}_{t-s}p_{x+s}^{22}\,ds+\int_0^5 {}_sp_x^{00}\mu_{x+s}^{01}\,{}_{t-s}p_{x+s}^{12}\,ds$$
$$=0.1\int_0^5 e^{-0.3s}ds+0.2\int_0^5 e^{-0.3s}(1-e^{-0.25(5-s)})\,ds$$
$$=0.258\,96+0.264\,41$$
$$=0.523\,37$$

7.4.4 转移概率的递推公式

在多状态模型中，如果两个状态之间出现双向转移，如失能模型中的健康状态和失能状态，这时候要计算转移概率是非常困难的，因为它可能会出现无数次间接转移。在转移概率很难通过积分直接求解的时候，我们通常会借助 Kolmogorov 向前方程，得到转移概率的递推公式。

Kolmogorov 向前方程是苏联数学家科尔莫戈罗夫（Kolmogorov）对马尔科夫链过程推导出的一个微分方程，方程结构为：

$$\frac{d}{dt}\,{}_tp_x^{ij}=\sum_{k=0,k\neq j}^{n}({}_tp_x^{ik}\mu_{x+t}^{kj}-{}_tp_x^{ij}\mu_{x+t}^{jk})$$

证明：

设 i 和 j 为多状态模型 $n+1$ 个状态中任意两个状态。对于任意 x，t，$h\geqslant 0$，考虑到直接转移和间接转移都有可能发生，所以有下式成立：

$$ {}_{t+h}p_x^{ij} = {}_tp_x^{ij} \cdot {}_hp_{x+t}^{\overline{jj}} + \sum_{k=0,k\neq j}^{n} {}_tp_x^{ik} \cdot {}_hp_{x+t}^{kj} $$

因为

$$ {}_hp_x^{\overline{jj}} = 1 - h\sum_{k=0,k\neq j}^{n} \mu_x^{jk} + o(h) $$

且

$$ {}_hp_r^{ij} = h\mu_x^{ij} + o(h) $$

所以

$$ {}_{t+h}p_x^{ij} = {}_tp_x^{ij}\left(1 - h\sum_{k=0,k\neq j}^{n} \mu_x^{jk} - o(h)\right) + h\sum_{k=0,k\neq j}^{n} {}_tp_x^{ik} \cdot \mu_x^{kj} + o(h) $$

整理后得

$$ \frac{{}_{t+h}p_x^{ij} - {}_tp_x^{ij}}{h} = \sum_{k=0,k\neq j}^{n} {}_tp_x^{ik} \cdot \mu_x^{kj} - \sum_{k=0,k\neq j}^{n} {}_tp_x^{ij}\mu_x^{jk} + o(h) $$

当 $h \to 0$ 时，即有 $\frac{\mathrm{d}}{\mathrm{d}t}{}_tp_x^{ij} = \sum_{k=0,k\neq j}^{n}({}_tp_x^{ik}\mu_{x+t}^{kj} - {}_tp_x^{ij}\mu_{x+t}^{jk})$，证毕。

Kolmogorov 向前方程揭示了由状态 i 向状态 j 转移的过程中，转移概率增量的构成。转移概率增量 $\frac{\mathrm{d}}{\mathrm{d}t}{}_tp_x^{ij}$ 是由转入强度 $\sum_{k=0,\ k\neq j}^{n} {}_tp_x^{ik} \cdot \mu_x^{kj}$，减去转出强度 $\sum_{k=0,\ k\neq j}^{n} {}_tp_x^{ij}\mu_x^{jk}$ 构成的。

Kolmogorov 向前方程还有一个重要应用，就是当转移概率很难计算时，可以用于得到转移概率的递推公式：

$$ \frac{\mathrm{d}}{\mathrm{d}t}{}_tp_x^{ij} \approx \frac{{}_{t+h}p_x^{ij} - {}_tp_x^{ij}}{h} = \sum_{k=0,k\neq j}^{n}({}_tp_x^{ik}\mu_{x+t}^{kj} - {}_tp_x^{ij}\mu_{x+t}^{jk}) $$

整理上式，得到转移概率的递推公式：

$$ {}_{t+h}p_x^{ij} \approx {}_tp_x^{ij} + h\sum_{k=0,k\neq j}^{n}({}_tp_x^{ik}\mu_{x+t}^{kj} - {}_tp_x^{ij}\mu_{x+t}^{jk}) $$

利用该递推公式可以得到转移概率的近似值。

【例 7.11】 对于永久伤残模型，已知 $\mu_x^{01} = 0.2$，$\mu_x^{02} = 0.1$，$\mu_x^{12} = 0.25$，取 $h = 0.5$，利用 Kolmogorov 向前方程计算 p_x^{00}，p_x^{01}。

【解】

x 岁的被保险人纳入研究时应该正处于存活状态，即 ${}_0p_x^{00} = 1$，利用 Kolmogorov 向前方程，得到 p_x^{00} 的递推估计值为：

$$ {}_{0.5}p_x^{00} \approx {}_0p_x^{00} - 0.5\,{}_0p_x^{00}(\mu_x^{01} + \mu_x^{02}) = 1 - 0.5 \times 0.3 = 0.85 $$

$$ {}_1p_x^{00} \approx {}_{0.5}p_x^{00} - 0.5\,{}_{0.5}p_x^{00}(\mu_{x+0.5}^{01} + \mu_{x+0.5}^{02}) = 0.85 - 0.5 \times 0.85 \times 0.3 = 0.7225 $$

因为${}_0p_x^{00}=1$，所以${}_0p_x^{01}=0$，利用 Kolmogorov 向前方程，得到 p_x^{01} 的递推估计值为：

$$
\begin{aligned}
{}_{0.5}p_x^{01} &\approx {}_0p_x^{01}+0.5\,{}_0p_x^{00}\mu_x^{01}-0.5\,{}_0p_x^{01}\mu_x^{12}=0.5\times0.2=0.1\\
{}_1p_x^{01} &\approx {}_{0.5}p_x^{01}+0.5\,{}_{0.5}p_x^{00}\mu_x^{01}-0.5\,{}_{0.5}p_x^{01}\mu_x^{12}\\
&=0.1+0.5\times0.85\times0.2-0.5\times0.1\times0.25=0.1725
\end{aligned}
$$

7.5 多状态模型的保费厘定

为了进行多状态模型下保费的厘定，我们需要定义多状态模型场合年金和保险受益函数。在多状态模型场合，不存在年金和保险受益函数的标准符号，我们仍然使用前面章节中的年金与保险受益精算现值符号。

7.5.1 多状态模型年金精算现值厘定

假定一个 x 岁的生命，现在处于状态 i，一旦转到状态 j（j 可以等于 i），每年连续给付 1 单位元数的年金，假设利息力为 δ，该年金的精算现值为：

$$
\begin{aligned}
\bar{a}_x^{ij} &= E\left[\int_0^\infty e^{-\delta t} I(Y(t)=j\mid Y(0)=i)\,dt\right]\\
&=\int_0^\infty e^{-\delta t} E[I(Y(t)=j\mid Y(0)=i)]\,dt\\
&=\int_0^\infty e^{-\delta t}\,{}_tp_x^{ij}\,dt
\end{aligned}
$$

式中，I 为示性函数。

如果这个年金为每年年初给付，那么该年金的精算现值为：

$$
\ddot{a}_x^{ij}=\sum_{k=0}^{\infty} v^k\,{}_kp_x^{ij}
$$

【例 7.12】 对于永久伤残模型，已知 $\mu_x^{01}=0.05$，$\mu_x^{02}=0.02$，$\mu_x^{12}=0.03$，$\delta=0.06$，计算 $\bar{a}_x^{00}$，$\bar{a}_x^{11}$，$\bar{a}_x^{01}$。

【解】

（1）根据 $\bar{a}_x^{00}=\int_0^\infty e^{-\delta t}\,{}_tp_x^{00}\,dt$，且 ${}_tp_x^{\overline{ii}}=\exp\left(-\int_0^t\sum_{j=0,\ j\neq i}^{n}\mu_{x+s}^{ij}\,ds\right)$，得

$$
\begin{aligned}
\bar{a}_x^{00} &=\int_0^\infty e^{-\delta t}\,{}_tp_x^{00}\,dt=\int_0^\infty e^{-\delta t}e^{-(\mu_x^{01}+\mu_x^{02})t}\,dt\\
&=\frac{1}{\mu_x^{01}+\mu_x^{02}+\delta}=\frac{1}{0.05+0.02+0.06}=7.6923
\end{aligned}
$$

（2）$\bar{a}_x^{11}=\int_0^\infty e^{-\delta t}\,{}_tp_x^{11}\,dt=\int_0^\infty e^{-\delta t}e^{-\mu_x^{12}t}\,dt=\dfrac{1}{\mu_x^{12}+\delta}=\dfrac{1}{0.03+0.06}=11.1111$

（3）因为

$$ {}_tp_x^{01}=\int_0^t {}_sp_x^{00}\mu_{x+s}^{01}\,{}_sp_x^{11}\mathrm{d}t=\int_0^t \mathrm{e}^{-0.07s}\times 0.05\times \mathrm{e}^{-0.03(t-s)}\mathrm{d}s=1.25(\mathrm{e}^{-0.03t}-\mathrm{e}^{-0.07t}) $$

所以

$$ \bar{a}_x^{01}=\int_0^\infty \mathrm{e}^{-\delta t}\,{}_tp_x^{01}\mathrm{d}t=\int_0^\infty \mathrm{e}^{-0.06t}1.25(\mathrm{e}^{-0.03t}-\mathrm{e}^{-0.07t})\mathrm{d}t $$

$$ =\frac{1.25}{0.03+0.06}-\frac{1.25}{0.09+0.06}=4.2735 $$

7.5.2 多状态模型保险受益精算现值厘定

保险受益金的支付总是以某种状态转移被触发为条件的。

假定从状态 i 转到状态 k 就有 1 单位元数的即刻给付；假设利息力为 δ，支付概率等于从状态 i 转到状态 k 的概率，则该受益的期望现值为：

$$ \bar{A}_x^{ik}=\int_0^\infty \mathrm{e}^{-\delta t}\sum_{j\neq k}{}_tp_x^{ij}\mu_{x+t}^{jk}\mathrm{d}t $$

【例 7.13】 对于永久伤残模型，已知 $\mu_x^{01}=0.05$，$\mu_x^{02}=0.02$，$\mu_x^{12}=0.03$，$\delta=0.06$，计算 $\bar{A}_x^{12}$，$\bar{A}_x^{02}$。

【解】

(1) 计算 $\bar{A}_x^{12}$ 的值。

$$ \bar{A}_x^{12}=\int_0^\infty \mathrm{e}^{-\delta t}\,{}_tp_x^{11}\mu_{x+t}^{12}\mathrm{d}t $$

$$ =\int_0^\infty \mathrm{e}^{-\delta t}\mathrm{e}^{-\mu_x^{12}t}\mu_{x+t}^{12}\mathrm{d}t $$

$$ =\frac{\mu_x^{12}}{\mu_x^{12}+\delta}=\frac{0.03}{0.03+0.06}=0.3333 $$

(2) 计算 $\bar{A}_x^{02}$ 的值。

$$ \bar{A}_x^{02}=\sum_{k\neq 2}\int_0^\infty \mathrm{e}^{-\delta t}\,{}_tp_x^{0k}\mu_{x+t}^{k2}\mathrm{d}t $$

$$ =\int_0^\infty \mathrm{e}^{-\delta t}\,{}_tp_x^{00}\mu_{x+t}^{02}\mathrm{d}t+\int_0^\infty \mathrm{e}^{-\delta t}\,{}_tp_x^{01}\mu_{x+t}^{12}\mathrm{d}t $$

$$ =\frac{\mu_x^{02}}{0.06+\mu_x^{01}+\mu_x^{02}}+\int_0^\infty \mathrm{e}^{-0.06t}\times 0.03\times 1.25(\mathrm{e}^{-0.03t}-\mathrm{e}^{-0.07t})\mathrm{d}t $$

$$ =\frac{2}{13}+0.03\times 1.25\left(\frac{1}{0.09}-\frac{1}{0.13}\right) $$

$$ =0.2821 $$

【例 7.14】 (x)投保一个 4 年定期失能受益保险。已知该三状态马尔科夫链转移概率阵为：

$$P=\begin{bmatrix}0.7 & 0.2 & 0.1\\0.5 & 0.3 & 0.2\\0 & 0 & 1\end{bmatrix}$$

该产品受益给付为：

（1）如果被保险人在第 n 年死亡，死亡年末给付 1 000n 元；

（2）如果被保险人从健康转到失能状态，年末给付 5 000 元。

假如 $i=0.05$，按复利计息，求：

（1）该保险产品趸缴保费；

（2）假如只有被保险人处于健康状态才能在年初缴纳保费，求期缴净保费。

【解】

（1）首先求出第1～4年的状态转移矩阵。

1年后：

$$P=\begin{bmatrix}0.7 & 0.2 & 0.1\\0.5 & 0.3 & 0.2\\0 & 0 & 1\end{bmatrix}$$

2年后：

$${}_2P=\begin{bmatrix}0.7 & 0.2 & 0.1\\0.5 & 0.3 & 0.2\\0 & 0 & 1\end{bmatrix}^2=\begin{bmatrix}0.59 & 0.2 & 0.21\\0.5 & 0.19 & 0.31\\0 & 0 & 1\end{bmatrix}$$

3年后：

$${}_3P=\begin{bmatrix}0.7 & 0.2 & 0.1\\0.5 & 0.3 & 0.2\\0 & 0 & 1\end{bmatrix}^3=\begin{bmatrix}0.513 & 0.178 & 0.309\\0.445 & 0.157 & 0.398\\0 & 0 & 1\end{bmatrix}$$

4年后：

$${}_4P=\begin{bmatrix}0.7 & 0.2 & 0.1\\0.5 & 0.3 & 0.2\\0 & 0 & 1\end{bmatrix}^4=\begin{bmatrix}0.4481 & 0.1560 & 0.3959\\0.3900 & 0.1361 & 0.4739\\0 & 0 & 1\end{bmatrix}$$

根据各年的转移矩阵，可以求出期初健康人群在各年发生死亡事件的概率（见表7-2）。

表7-2　期初健康人群在各年发生死亡事件的概率

时间	死亡发生概率 ${}_kp_x^{02}-{}_{k-1}p_x^{02}$
第1年（$k=1$）	0.1
第2年（$k=2$）	0.21−0.1=0.11
第3年（$k=3$）	0.309−0.21=0.099
第4年（$k=4$）	0.395 9−0.309=0.086 9

死亡给付精算现值为：

$$1\,000(IA)^{02}_{x:\overline{4}|}=\sum_{k=1}^{4}1\,000k\cdot v^{k}\cdot({}_{k}p^{02}_{x}-{}_{k-1}p^{02}_{x})$$
$$=1\,000(0.1v+2\times 0.11v^{2}+3\times 0.099v^{3}+4\times 0.086\,9v^{4})$$
$$=837.32(\text{元})$$

健康转失能，根据各年的转移矩阵，可以求出期初健康人群在各年发生失能事件的概率（见表7-3）：

表7-3 期初健康人群在各年发生失能事件的概率

时间	失能发生概率${}_{k-1}p^{00}_{x}\cdot p^{01}_{x+k-1}$
第1年（$k=1$）	0.2
第2年（$k=2$）	0.7×0.2=0.14
第3年（$k=3$）	0.59×0.2=0.118
第4年（$k=4$）	0.513×0.2=0.102 6

失能风险受益给付精算现值为：

$$500A^{01}_{x:\overline{4}|}=\sum_{n=1}^{4}500\cdot v^{n}\cdot{}_{n}p^{01}_{x}$$
$$=500(0.2v+0.14v^{2}+0.118v^{3}+0.102\,6v^{4})$$
$$=251.9(\text{元})$$

则该产品趸缴保费等于死亡受益精算现值加上失能受益精算现值：

$$1\,000(IA)^{02}_{x:\overline{4}|}+500A^{01}_{x:\overline{4}|}=837.32+251.9=1\,089.22(\text{元})$$

（2）要计算期缴净保费，首先需要计算每年年初缴费发生概率（见表7-4）。

7-4 每年年初缴费发生概率

时间	失能发生概率${}_{n-1}p^{00}_{x}$
第1年（$k=1$）	1
第2年（$k=2$）	0.7
第3年（$k=3$）	0.59
第4年（$k=4$）	0.513

假设期缴净保费为P，根据期缴与趸缴精算现值相等，有

$$\ddot{a}^{00}_{x:\overline{4}|}=\sum_{n=1}^{4}v^{n-1}\cdot{}_{n-1}p^{00}_{x}=1+0.7v+0.59v^{2}+0.513v^{3}=2.645$$

假设期缴净保费为P，根据期缴与趸缴精算现值相等，有

$$P\ddot{a}^{00}_{x:\overline{4}|}=1\,089.22(\text{元})$$

则该产品期缴净保费为：

$$P=\frac{1\,089.22}{\ddot{a}^{00}_{x:\overline{4}|}}=\frac{1\,089.22}{2.644\,5}=411.81(\text{元})$$

7.6 多状态模型责任准备金的厘定

多状态模型的责任准备金等于未来赔付支出与未来保费收入现值之差。现在所处状态不同，未来赔付与保费收入也不同，所以多状态模型的责任准备金要分状态分别厘定。

定义${}_tV^{(i)}$为时刻t处于状态i的被保险人的责任准备金。下面分别基于离散状态和连续状态，举例介绍多状态模型责任准备金的厘定。

离散状态责任准备金${}_tV^{(i)}$的厘定，主要是求出时刻t状态i的所有支出的精算现值减去所有收入的精算现值。

【例7.15】 已知健康-生病-死亡三状态马尔科夫链的转移概率阵如下：

$$P=\begin{bmatrix}0.7 & 0.2 & 0.1\\ 0.5 & 0.3 & 0.2\\ 0 & 0 & 1\end{bmatrix}$$

现有一份4年期定期寿险，死亡年末给付1 000n元，如果由健康状态转到生病状态，那年末给付100元，如果持续处于生病状态，年末给付200元。已知年实质利率为5%，被保险人处于健康状态缴纳保费，每年年初缴纳均衡净保费375.364 8元。求第2年末处于健康状态的被保险人的责任准备金。

【解】

以第2年末为现值点，未来还有两年的保障，未来两年的转移概率阵为：

$$P=\begin{bmatrix}0.7 & 0.2 & 0.1\\ 0.5 & 0.3 & 0.2\\ 0 & 0 & 1\end{bmatrix},\quad {}_2P=\begin{bmatrix}0.59 & 0.20 & 0.21\\ 0.50 & 0.19 & 0.31\\ 0 & 0 & 1\end{bmatrix}$$

第2年末处于健康状态的被保险人，未来的赔付支出为：

（1）死亡赔付：

$$\frac{3\,000\times0.1}{1.05}+\frac{4\,000\times(0.21-0.1)}{1.05^2}=684.81(\text{元})$$

（2）生病年末赔付：

$$100\times\left(\frac{0.2}{1.05}+\frac{0.7\times0.2}{1.05^2}\right)=31.75(\text{元})$$

（3）持续生病年金：

$$\frac{200\times0.2\times0.3}{1.05^2}=10.88(\text{元})$$

所以第2年末处于健康状态的被保险人，未来赔付支出的精算现值为：

$$684.81+31.75+10.88=727.44(\text{元})$$

第 2 年末处于健康状态的被保险人，未来保费收入的精算现值为：

$$375.3648\left(1+\frac{0.7}{1.05}\right)=625.61(\text{元})$$

所以第 2 年末，处于健康状态的被保险人的责任准备金为：

$${}_2V^{(0)}=727.44-625.61=101.83(\text{元})$$

连续状态责任准备金${}_tV^{(i)}$的厘定有两种方法。

方法一：从责任准备金定义出发。任意时刻任意状态的责任准备金都等于未来赔付现值减去未来保费收入现值。

方法二：从责任准备金差分方程出发。责任准备金的瞬间变化等于瞬间增加的利息与保费收入减去瞬间风险赔付支出。

【例 7.16】 现有一个健康-生病-死亡三状态模型：假设保障期为 n 年。在保障期内，如果被保险人处于健康状态，则连续缴纳保费 P；如果处于生病状态，获得生病抚恤金 B；如果死亡，死亡即刻获得赔付 S。求该模型在未来任意时刻 t 的责任准备金。

【解】

方法一：从责任准备金定义出发，求出在任意时刻 t，各状态的责任准备金表达式如下：

（1）t 时刻，健康状态的责任准备金厘定。

$${}_tV^{(0)}=B\bar{a}^{01}_{x+t:\overline{n-t|}}+S\bar{A}^{02}_{x+t:\overline{n-t|}}-P\bar{a}^{00}_{x+t:\overline{n-t|}}$$

（2）t 时刻，生病状态的责任准备金厘定。

$${}_tV^{(1)}=B\bar{a}^{11}_{x+t:\overline{n-t|}}+S\bar{A}^{12}_{x+t:\overline{n-t|}}-P\bar{a}^{10}_{x+t:\overline{n-t|}}$$

（3）t 时刻，死亡状态的责任准备金厘定。

$${}_tV^{(2)}=0$$

方法二：从责任准备金 Thiele’s 差分方程出发。

$$\frac{\mathrm{d}}{\mathrm{d}t}{}_tV^{(i)}=\delta_t\,{}_tV^{(i)}+P^{(i)}-B^{(i)}_t-\sum_{j\neq i}\mu^{ij}_{x+t}\left[S^{(ij)}_t+{}_tV^{(j)}-{}_tV^{(i)}\right]$$

式中，${}_tV^{(i)}$为 t 时刻状态 i 的责任准备金；$P^{(i)}$为转入状态 i 可收取的保费；$B^{(i)}$为转入状态 i 要支付的年金；$S^{(ij)}$为由状态 i 转移到状态 j 要支付的保险受益金。

本例中，根据题意，得到任意时刻 t 各状态的责任准备金差分方程如下：

（1）t 时刻，健康状态的责任准备金差分方程：

$$\frac{\mathrm{d}}{\mathrm{d}t}{}_tV^{(0)}=\delta_t\,{}_tV^{(0)}+P-\mu^{01}_{x+t}({}_tV^{(1)}-{}_tV^{(0)})-\mu^{02}_{x+t}(S-{}_tV^{(0)})$$

（2）t 时刻，生病状态的责任准备金差分方程：

$$\frac{\mathrm{d}}{\mathrm{d}t}{}_tV^{(1)}=\delta_t\,{}_tV^{(1)}-B-\mu^{10}_{x+t}({}_tV^{(0)}-{}_tV^{(1)})-\mu^{12}_{x+t}(S-{}_tV^{(1)})$$

（3）t 时刻，死亡状态的责任准备金差分方程：

$$\frac{\mathrm{d}}{\mathrm{d}t}{}_tV^{(2)}=0$$

由责任准备金的 Thiele's 差分方程，可以得到多状态模型责任准备金的递推方程：

$$\frac{{}_{t+h}V^{(i)}-{}_tV^{(i)}}{h}=\delta_t\,{}_tV^{(i)}+P^{(i)}-B_t^{(i)}-\sum_{j\neq i}\mu_{x+t}^{ij}[S_t^{(ij)}+{}_tV^{(j)}-{}_tV^{(i)}]$$

当步长取为 h，$h>0$ 时，下式称为向前递推方程：

$${}_{t+h}V^{(i)}={}_tV^{(i)}(1+h\delta_t)+hP_t^{(i)}-hB_t^{(i)}-h\sum_{j\neq i}\mu_{x+t}^{ij}[S_t^{(ij)}+{}_tV^{(j)}-{}_tV^{(i)}]$$

当步长取为 $-h$，$h>0$ 时，下式称为向后递推方程：

$${}_{t-h}V^{(i)}={}_tV^{(i)}(1-h\delta_t)-hP_t^{(i)}+hB_t^{(i)}+h\sum_{j\neq i}\mu_{x+t}^{ij}[S_t^{(ij)}+{}_tV^{(j)}-{}_tV^{(i)}]$$

【例 7.17】 现由健康-生病-死亡三状态马尔科夫链构造一个 10 年期多状态保险产品。如果被保险人处于健康状态，每年连续缴纳 250 元保费，如果被保险人处于生病状态，每年连续给付 1 000 元，如果被保险人死亡，死亡即刻给付 10 000 元。已知：

$$\mu_{x+10}^{01}=0.08,\quad \mu_{x+10}^{02}=0.01,\quad \mu_{x+10}^{10}=0.05,\quad \mu_{x+10}^{12}=0.02$$

$$\mu_{x+9.9}^{01}=0.07,\quad \mu_{x+9.9}^{02}=0.009,\quad \mu_{x+9.9}^{10}=0.04,\quad \mu_{x+9.9}^{12}=0.019$$

$\delta=0.05$，$h=0.1$，利用 Thiele's 差分方程求 $t=9.8$ 时，处于健康状态和生病状态的责任准备金。

【解】

根据题意，${}_{10}V^{(0)}={}_{10}V^{(1)}=0$。基于责任准备金向后递推方程

$${}_{t-h}V^{(i)}={}_tV^{(i)}(1-h\delta_t)-hP_t^{(i)}+hB_t^{(i)}+h\sum_{j\neq i}\mu_{x+t}^{ij}[S_t^{(ij)}+{}_tV^{(j)}-{}_tV^{(i)}]$$

递推出当 $t=9.9$ 和 $t=9.8$ 时，处于健康状态的责任准备金和生病状态的责任准备金如下：

$${}_{9.9}V^{(0)}=0-0.1\times250+0.1\times0.01\times10\,000=-15(\text{元})$$

$${}_{9.9}V^{(1)}=0+0.1\times1\,000+0.1\times0.02\times10\,000=120(\text{元})$$

$$\begin{aligned}{}_{9.8}V^{(0)}&=-15(1-0.005)-0.1\times250+0.1[0.07(120+15)+0.009(10\,000+15)]\\&=-29.97(\text{元})\end{aligned}$$

$$\begin{aligned}{}_{9.8}V^{(1)}&=120(1-0.005)+0.1\times1\,000+0.1[-0.04(120+15)+0.019(10\,000-120)]\\&=237.63(\text{元})\end{aligned}$$

7.7 多元生命保险

在多状态模型中有一个应用很广的子类模型——涉及多个被保险人的多元生命模型。

图7－3演示的夫妻联合模型就是多元生命模型的一个案例。

如果已知多元生命模型每个状态之间的转移矩阵或者转移强度，就可以基于前面介绍的离散多状态模型或连续多状态模型的一般方法，对多元生命保险进行风险分析、保费厘定和责任准备金评估。

但实际上，由于数据基础建设的困难，我们手上通常只有单个被保险人分年龄、分性别的生命表，没有精确的多生命转移矩阵或转移强度信息。基于这种困难，精算师构造了基于个体生命表的多元生命保险厘定方法。

7.7.1　多元生命函数

多元生命函数，就是多个个体未来寿命的各种联合概率函数的统称。

以 (x)，(y) 两生命为例，在多元生命函数分析中，常常会涉及如下概率函数：

(1) 联合密度函数：

$$f_{T(x)T(y)}(s,t)$$

(2) 联合分布函数：

$$\begin{aligned}F_{T(x)T(y)}(s,t)&=\Pr[T(x)\leqslant s,T(y)\leqslant t]\\&=\int_0^s\int_0^t f_{T(x)T(y)}(u,v)\mathrm{d}v\mathrm{d}u\end{aligned}$$

(3) 联合生存函数：

$$\begin{aligned}S_{T(x)T(y)}(s,t)&=\Pr[T(x)>s,T(y)>t]\\&=\int_s^{\infty}\int_t^{\infty} f_{T(x)T(y)}(u,v)\mathrm{d}v\mathrm{d}u\end{aligned}$$

(4) 边际函数：

$T(x)$的边际分布函数：${}_sq_x=\Pr[T(x)\leqslant s]=\int_0^s\int_0^{\infty} f_{T(x)T(y)}(u,v)\mathrm{d}v\mathrm{d}u$

$T(x)$的边际生存函数：${}_sp_x=1-{}_sq_x=\int_s^{\infty}\int_0^{\infty} f_{T(x)T(y)}(u,v)\mathrm{d}v\mathrm{d}u$

$T(y)$的边际分布函数：${}_tq_y=\Pr[T(y)\leqslant t]=\int_0^t\int_0^{\infty} f_{T(x)T(y)}(u,v)\mathrm{d}u\mathrm{d}v$

$T(y)$的边际生存函数：${}_tp_y=1-{}_tq_y=\int_t^{\infty}\int_0^{\infty} f_{T(x)T(y)}(u,v)\mathrm{d}u\mathrm{d}v$

【例7.18】 已知 $T(x)$ 和 $T(y)$ 的联合密度函数为：

$$f_{T(x)T(y)}(u,v)=\begin{cases}\dfrac{1}{1\,250}uv, & 0\leqslant v\leqslant u\leqslant 10\\0, & \text{其他}\end{cases}$$

求：

(1) 在未来5年内，这两人都会死亡的概率；

(2) 这两人至少有一个能再活5年的概率；

(3) 这两人都能再活5年的概率；

(4) $T(x)$的边际分布函数表达式；

(5) $T(y)$的边际生存函数表达式。

【解】

(1) 在未来5年内，这两人都会死亡的概率为：

$$\begin{aligned}\Pr[T(x)\leqslant 5,T(y)\leqslant 5]&=\int_0^5\int_0^u \frac{1}{1\ 250}uv\mathrm{d}v\mathrm{d}u\\&=\int_0^5 \frac{1}{1\ 250}u\left.\frac{v^2}{2}\right|_0^u\mathrm{d}u\\&=\int_0^5\frac{u^3}{2\ 500}\mathrm{d}u\\&=\left.\frac{u^4}{2\ 500\times 4}\right|_0^5\\&=0.062\ 5\end{aligned}$$

(2) 这两人至少有一个能再活5年的概率为：

$$1-\Pr[T(x)\leqslant 5,T(y)\leqslant 5]=1-0.062\ 5=0.937\ 5$$

(3) 这两人都能再活5年的概率为：

$$\begin{aligned}\Pr[T(x)\geqslant 5,T(y)\geqslant 5]&=\int_5^{10}\int_5^u \frac{1}{1\ 250}uv\mathrm{d}v\mathrm{d}u\\&=\int_5^{10} \frac{1}{1\ 250}u\left.\frac{v^2}{2}\right|_5^u\mathrm{d}u\\&=\int_5^{10}\frac{u^3-25u}{2\ 500}\mathrm{d}u\\&=\left.\frac{u^4}{2\ 500\times 4}\right|_5^{10}-\left.\frac{u^2}{100\times 2}\right|_5^{10}\\&=0.937\ 5-0.375=0.562\ 5\end{aligned}$$

(4) $T(x)$的边际分布函数表达式为：

$$\begin{aligned}{}_sq_x=\Pr[T(x)\leqslant s]&=\int_0^s\int_0^u \frac{1}{1\ 250}uv\mathrm{d}v\mathrm{d}u\\&=\int_0^s\frac{u^3}{2\ 500}\mathrm{d}u\quad(0\leqslant s\leqslant 10)\\&=\frac{s^4}{10\ 000}\end{aligned}$$

(5) $T(y)$的边际生存函数表达式为：

$$\begin{aligned}{}_tp_y=\Pr[T(y)\geqslant t]&=\int_t^{10}\int_v^{10} \frac{1}{1\ 250}uv\mathrm{d}u\mathrm{d}v\\&=\int_t^{10}\frac{100v-v^3}{2\ 500}\mathrm{d}v\quad(0\leqslant t\leqslant 10)\end{aligned}$$

$$=\left(\frac{t^2-100}{100}\right)^2$$

7.7.2 连生状况

状况（status）是在多元生命函数场合经常会碰到的一个概念，用以表示多个生命构成的生命组中每个成员的生存或死亡状态。

连生状况（joint-life status）是多元生命函数场合经常研究的一种基本状况，它是指所有成员都活着时的状况。

假设一个多元生命组由 x_1，x_2，…，x_m 构成，当这 m 个个体都活着时，就属于连生状况，简记为（x_1，x_2，…，x_m）。

当任意一个成员首先死亡时，连生状况就结束了。所以连生状况的未来寿命为：

$$T_{(x_1x_2\cdots x_m)}=\min\{T(x_1),T(x_2),\cdots,T(x_m)\}$$

从统计学的角度而言，连生状况的未来寿命实质上就是 m 个变量的最小次序统计量。根据这个属性，容易确定两个个体场合连生状况未来寿命的常用概率函数表达。

(1) 连生状况未来寿命的生存函数。连生状况未来寿命的生存函数记作 ${}_tp_{xy}$，它的概率意义是：

$${}_tp_{xy}=S_{T(xy)}(t)=\Pr[T(x)>t,T(y)>t]$$

特别地，假设这两个个体未来寿命相互独立，则有

$${}_tp_{xy}={}_tp_x\cdot{}_tp_y$$

(2) 连生状况未来寿命的分布函数。连生状况未来寿命的分布函数记作 ${}_tq_{xy}$，它的概率意义是：

$${}_tq_{xy}=1-{}_tp_{xy}$$

(3) 连生状况未来寿命的密度函数。连生状况未来寿命的密度函数记作 $f_{T(xy)}(t)$，根据密度函数和分布函数（或生存函数）的关系，有

$$f_{T(xy)}(t)=\frac{\mathrm{d}}{\mathrm{d}t}F_{T(xy)}(t)=-\frac{\mathrm{d}}{\mathrm{d}t}{}_tp_{xy}$$

假设这两个个体未来寿命相互独立，容易推导出

$$f_{T(xy)}(t)={}_tp_x\cdot{}_tp_y(\mu_{x+t}+\mu_{y+t})$$

(4) 连生状况未来寿命的死亡力函数。连生状况未来寿命的死亡力函数记作 $\mu_{xy}(t)$，根据死亡力函数的定义，它等于

$$\mu_{xy}(t)=\frac{f_{T(xy)}(t)}{S_{T(xy)}(t)}$$

假设这两个个体未来寿命相互独立，显然有

$$\mu_{xy}(t)=\mu_{x+t}+\mu_{y+t}$$

(5) 两个个体至少有一个在第 k 年死亡的概率。两个个体至少有一个在第 k 年死亡的概率记作 $q_{x+k:y+k}$，它等于如下事件的概率：

$$q_{x+k:y+k}=1-p_{x+k:y+k}$$

假设这两个个体未来寿命相互独立，则有

$$q_{x+k:y+k}=1-p_{x+k}\cdot p_{y+k}=q_{x+k}+q_{y+k}-q_{x+k}\cdot q_{y+k}$$

(6) 连生状况整值未来寿命为 K 的概率。

$$\Pr(K=k)={}_kp_{xy}\cdot q_{x+k:y+k}$$

(7) 连生状况未来寿命的期望。连生状况未来寿命的期望记作 $\mathring{e}_{xy}$，整值未来寿命的期望记作 e_{xy}，类似于一元生命场合未来寿命期望的定义，显然有

$$\mathring{e}_{xy}=E[T(xy)]=\int_0^{\infty}{}_tp_{xy}\mathrm{d}t$$

$$e_{xy}=E[T(xy)]=\sum_{k=0}^{\infty}{}_{k+1}p_{xy}$$

(8) 连生状况未来寿命的方差。根据未来寿命方差的基本公式，显然有

$$\mathrm{Var}[T(xy)]=2\int_0^{\infty}t\cdot{}_tp_{xy}\mathrm{d}t-(\mathring{e}_{xy})^2$$

【例 7.19】 两个 40 岁的人，未来寿命相互独立，已知 ${}_5P_{40}=0.97$，${}_{10}P_{40}=0.95$，计算两个人中先死亡的人在第 5～10 年间死亡的概率。

【解】

$$\begin{aligned}p_{(5<T_{40,40}\leqslant 10)}&={}_5p_{40,40}-{}_{10}p_{40,40}\\&=({}_5p_{40})^2-({}_{10}p_{40})^2\\&=(0.97)^2-(0.95)^2\\&=0.038\,4\end{aligned}$$

【例 7.20】 假定(60)和(65)寿命相互独立，且都服从 $\omega=100$ 的 De Moivre 分布，计算：

(1) ${}_tp_{60,65}$；

(2) $\mu_{60,65}(t)$。

【解】

(1) 已知(60)和(65)寿命相互独立，且都服从 $\omega=100$ 的 De Moivre 分布，所以他们各自的生存函数和死亡力函数为：

$${}_tp_{60}=\frac{40-t}{40},\quad \mu_{60}(t)=\frac{1}{40-t},\quad 0\leqslant t\leqslant 40$$

$${}_tp_{65}=\frac{35-t}{35},\quad \mu_{65}(t)=\frac{1}{35-t},\quad 0\leqslant t\leqslant 35$$

则

$$ {}_tp_{60,65}={}_tp_{60}\cdot{}_tp_{65}=\frac{40-t}{40}\frac{35-t}{35},\quad 0\leqslant t\leqslant 35 $$

（2）在独立性假定下，连生状况下死亡力函数为：

$$ \mu_{60,65}(t)=\frac{1}{40-t}+\frac{1}{35-t},\quad 0\leqslant t\leqslant 35 $$

【例 7.21】 假定：不抽烟的人的死亡力是同年龄抽烟的人的死亡力的一半。不抽烟的人数满足如下方程：

$$ l_x=1\,000(75-x),\quad 0\leqslant x\leqslant 75 $$

现有一对夫妻：丈夫(65)不抽烟，妻子(55)抽烟，假定夫妻二人的未来寿命相互独立，求他们还能共同生活的期望时间。

【解】

记 $s^n(x)$ 为不抽烟人的生存函数，μ_x^n 为不抽烟人的死亡力，$s^s(x)$ 为抽烟人的生存函数，μ_x^s 为抽烟人的死亡力。

根据不抽烟的人服从的寿命分布，得

$$ s^n(x)=\frac{75-x}{75},\quad \mu_x^n=\frac{1}{75-x},\quad 0\leqslant x<75 $$

根据不抽烟的人死亡力是同年龄抽烟的人死亡力的一半，推导出

$$ \mu_x^s=2\mu_x^n=\frac{2}{75-x},\quad s^s(x)=\left(\frac{75-x}{75}\right)^2,\quad 0\leqslant x<75 $$

则容易得到丈夫和妻子各自未来寿命的生存函数为：

$$ {}_tp_{65}^n=\frac{s^n(65+t)}{s^n(65)}=\frac{10-t}{10},\quad 0\leqslant t<10 $$

$$ {}_tp_{55}^s=\frac{s^s(55+t)}{s^s(55)}=\left(\frac{20-t}{20}\right)^2,\quad 0\leqslant t<20 $$

已知他们两人的未来寿命相互独立，则他们连生状况的未来寿命的生存函数为：

$$ {}_tp_{65,55}={}_tp_{65}^n\,{}_tp_{55}^s=\frac{10-t}{10}\left(\frac{20-t}{20}\right)^2,\quad 0\leqslant t<10 $$

还能共同生活的期望时间为：

$$ \mathring{e}_{65,55}=\int_0^{10}{}_tp_{65,55}\,\mathrm{d}t=\int_0^{10}\frac{10-t}{10}\left(\frac{20-t}{20}\right)^2\mathrm{d}t=3.541\,7(\text{年}) $$

7.7.3　最后生存状况

最后生存状况（last-survivor status）也是多元生命函数场合经常研究的一种基本状

况，它是指至少有一个成员活着时的状况。

假设一个多元生命组由 x_1，x_2，…，x_m 构成，最后生存状况简记为（$\overline{x_1, x_2, \cdots, x_m}$）。只有当所有的成员都死亡时，最后生存状况才算结束，所以最后生存状况的未来寿命为：

$$T=\max[T(x_1),T(x_2),\cdots,T(x_m)]$$

从统计学的角度而言，最后生存状况的未来寿命实质上就是 m 个变量的最大次序统计量。根据这个属性，容易确定两个个体场合最后生存状况未来寿命的常用概率函数表达。

（1）最后生存状况未来寿命的分布函数。

$$\begin{aligned}F_{T(\overline{xy})}(t)&={}_tq_{\overline{xy}}=\Pr\{\max[T(x),T(y)]\leqslant t\}\\&=\Pr[T(x)\leqslant t]+\Pr[T(y)\leqslant t]-\Pr[T(xy)<t]\\&={}_tq_x+{}_tq_y-{}_tq_{xy}\end{aligned}$$

换一个思维角度，也可以推出上式。

由于两生命场合肯定有 $T(xy)+T(\overline{xy})=T(x)+T(y)$，所以可建立多元生命函数和一元生命函数之间的等量关系：

$${}_tq_{xy}+{}_tq_{\overline{xy}}={}_tq_x+{}_tq_y$$

等价地

$${}_tq_{\overline{xy}}={}_tq_x+{}_tq_y-{}_tq_{xy}$$

这意味着求最后生存状况的问题通常可以转化为求一元生命和连生状况的问题，在实际操作中这个技巧常常被用到。

（2）最后生存状况未来寿命的生存函数。

$${}_tp_{\overline{xy}}={}_tp_x+{}_tp_y-{}_tp_{xy}$$

（3）最后生存状况未来寿命的密度函数。

$$f_{T(\overline{xy})}(t)=f_{T(x)}(t)+f_{T(y)}(t)-f_{T(xy)}(t)$$

（4）最后生存状况未来寿命的死亡力函数。

$$\mu_{\overline{xy}}(t)=\frac{f_{T(\overline{xy})}(t)}{S_{(\overline{xy})}(t)}$$

在两未来寿命相互独立的情况下，该函数可以表达为：

$$\mu_{\overline{xy}}(t)=\frac{{}_tp_x\cdot\mu_{x+t}+{}_tp_y\cdot\mu_{y+t}-{}_tp_x\cdot{}_tp_y(\mu_{x+t}+\mu_{y+t})}{{}_tp_x+{}_tp_y-{}_tp_x\cdot{}_tp_y}$$

（5）最后生存状况整值未来寿命为 k 的概率。

$${}_{k|}q_{\overline{xy}}={}_{k|}q_x+{}_{k|}q_y-{}_{k|}q_{xy}$$

（6）最后生存状况未来寿命的期望。

$$e_{\overline{xy}}=e_x+e_y-e_{xy}$$

【例 7.22】 假定(60)和(65)寿命相互独立，且都服从 $\omega=100$ 的 De Moivre 分布，计算：

(1) ${}_tp_{\overline{60,65}}$；

(2) $\mu_{\overline{60,65}}(t)$。

【解】

根据例 7.21 的分析已知这两个个体未来寿命的生存函数和死亡力函数分别为：

$${}_tp_{60}=\frac{40-t}{40},\quad \mu_{60}(t)=\frac{1}{40-t},\quad 0\leqslant t\leqslant 40$$

$${}_tp_{65}=\frac{35-t}{35},\quad \mu_{65}(t)=\frac{1}{35-t},\quad 0\leqslant t\leqslant 35$$

根据多元生命状况和一元生命状况的等量关系，有

$$\begin{aligned}{}_tp_{\overline{60,65}}&={}_tp_{60}+{}_tp_{65}-{}_tp_{60,65}\\&=\begin{cases}\dfrac{1\,400-t^2}{1\,400}, & 0\leqslant t\leqslant 35\\[2ex]\dfrac{40-t}{40}, & 35\leqslant t\leqslant 40\end{cases}\end{aligned}$$

根据死亡力函数和生存函数的关系，容易求得

$$\begin{aligned}\mu_{\overline{60,65}}(t)&=\frac{-\dfrac{\mathrm{d}}{\mathrm{d}t}{}_tp_{\overline{60,65}}}{{}_tp_{\overline{60,65}}}\\&=\begin{cases}\dfrac{2t}{1\,400-t^2}, & 0\leqslant t\leqslant 35\\[2ex]\dfrac{1}{40-t}, & 35\leqslant t\leqslant 40\end{cases}\end{aligned}$$

【例 7.23】 公司刚购入两台设备，它们的未来寿命相互独立，分别服从 $\omega=10$ 和 $\omega=20$ 的 De Moivre 分布。假如只要有一台设备能正常运转，公司就不会购进新设备，计算公司再次购买新设备的期望时间。

【解】

已知这两台设备的未来寿命相互独立，分别服从 $\omega=10$ 和 $\omega=20$ 的 De Moivre 分布，于是容易求得

$$\mathring{e}_x=\frac{\omega_1}{2}=\frac{10}{2}=5,\quad \mathring{e}_y=\frac{\omega_2}{2}=\frac{20}{2}=10$$

且

$${}_tp_x=\frac{10-t}{10},\quad 0\leqslant t\leqslant 10$$

$$ {}_tp_y = \frac{20-t}{20}, \quad 0 \leqslant t \leqslant 20 $$

$$ {}_tp_{xy} = \frac{(10-t)(20-t)}{200}, \quad 0 \leqslant t \leqslant 10 $$

则两台设备同时运行正常的期望时间为：

$$ \mathring{e}_{xy} = \int_0^{10} \frac{(10-t)\ (20-t)}{200} \mathrm{d}t = 4.17 $$

而至少有一台设备运行正常的期望时间为：

$$ \mathring{e}_{\overline{xy}} = \mathring{e}_x + \mathring{e}_y - \mathring{e}_{xy} = 10.83 $$

这也就是公司再次购买新设备的期望时间。

7.7.4 多元生命场合净保费的厘定

多元生命场合尤其是两生命场合的各种保险产品，基本可以视为连生状况和最后生存状况的组合，所以多元生命场合保费厘定的核心是连生状况和最后生存状况保费的厘定。

1. 连生状况下死亡受益精算现值的厘定

假设（x）和（y）联合投保，保单约定两人同时存活时保险公司不赔付，一旦两人中有一人先死亡，保险公司将给付存活的那方 1 单位元数死亡赔付金，保险合同结束。显然这份联合保单是一个典型的终身连生寿险，下面以此保单为例讲解连生状况下死亡受益精算现值的厘定。

如果是死亡即刻赔付，则在任意时刻 t，受益函数、现值函数和赔付发生概率分别如表 7－5 所示。

表 7－5 受益函数、现值函数和赔付发生概率

受益函数	$b_t = \begin{cases} 1, & T(xy) = t \\ 0, & \text{其他} \end{cases}$
现值函数	$Z_{xy} = b_t v^t = \begin{cases} v^t, & T(xy) = t \\ 0, & \text{其他} \end{cases}$
赔付发生概率	$\Pr[T(xy) = t] = f_{xy}(t) = {}_tp_{xy} \cdot \mu_{xy}(t)$

赔付精算现值为：

$$ \overline{A}_{xy} = E(Z_{xy}) = \int v^t f_{xy}(t) \mathrm{d}t = \int v^t \cdot {}_tp_{xy} \cdot \mu_{xy}(t) \mathrm{d}t $$

如果（x）和（y）未来寿命相互独立，则上式简化为：

$$ \overline{A}_{xy} = \int v^t \cdot {}_tp_x \cdot {}_tp_y \cdot (\mu_{x+t} + \mu_{y+t}) \mathrm{d}t $$

赔付现值变量的方差为：

$$\mathrm{Var}(Z_{xy})={}^2\overline{A}_{xy}-\overline{A}_{xy}^2$$

如果是死亡年末赔付，则赔付现值变量的期望和方差为：

$$A_{xy}=\sum_{k=0}^{\infty}v^{k+1}{}_{k|}q_{xy}=\sum_{k=0}^{\infty}v^{k+1}{}_{k}p_{xy}\cdot q_{x+k:y+k}$$

$$\mathrm{Var}(Z_{xy})={}^2A_{xy}-A_{xy}^2$$

2. 连生状况下生存年金精算现值的厘定

多元生命场合生存年金的确定原则和单生命场合生存年金的确定原则相同，都可以根据生存受益和死亡受益之间的函数关系，推导出多元生命场合生存年金的表达式。下面以 n 年定期初付生存年金为例，介绍连生状况下生存年金的厘定。

$$\ddot{a}_{xy:\overline{n}|}=\frac{1}{d}(1-A_{xy:\overline{n}|})$$

$$\mathrm{Var}(Y)=\frac{1}{d^2}[{}^2A_{xy:\overline{n}|}-(A_{xy:\overline{n}|})^2]$$

3. 最后生存状况下死亡受益精算现值的厘定

一个典型的最后生存终身寿险保单如下：(x) 和 (y) 联合投保，两人中只要有一人存活，保险公司就不用赔付；一旦两人都死亡，保险公司将给保单受益人 1 单位元数死亡赔付金，保险合同结束。

死亡即刻给付场合，该保单受益精算现值为：

$$\overline{A}_{\overline{xy}}=E(Z_{\overline{xy}})=\int v^t f_{\overline{xy}}(t)\mathrm{d}t=\int v^t\cdot[f_x(t)+f_y(t)-f_{xy}(t)]\mathrm{d}t$$

展开上式，显然等价于

$$\overline{A}_{\overline{xy}}=\overline{A}_x+\overline{A}_y-\overline{A}_{xy}$$

受益现值的方差为：

$$\begin{aligned}\mathrm{Var}(Z_{\overline{xy}})&={}^2\overline{A}_{\overline{xy}}-\overline{A}_{\overline{xy}}^2\\&=({}^2\overline{A}_x+{}^2\overline{A}_y-{}^2\overline{A}_{xy})-(\overline{A}_x+\overline{A}_y-\overline{A}_{xy})^2\end{aligned}$$

在死亡年末给付场合，有

$$A_{\overline{xy}}=\sum_{k=0}^{\infty}v^{k+1}({}_{k|}q_x+{}_{k|}q_y-{}_{k|}q_{xy})=A_x+A_y-A_{xy}$$

$$\mathrm{Var}(Z_{\overline{xy}})={}^2A_{\overline{xy}}-A_{\overline{xy}}^2=({}^2A_x+{}^2A_y-{}^2A_{xy})-(A_x+A_y-A_{xy})^2$$

4. 最后生存状况下生存年金精算现值的厘定

以 n 年定期初付生存年金为例，介绍最后生存状况下生存年金的厘定。

$$\ddot{a}_{xy:\overline{n}|}=\frac{1}{d}(1-A_{xy:\overline{n}|})$$

$$\mathrm{Var}(Y)=\frac{1}{d^2}[{}^2A_{\overline{xy}:\overline{n}|}-(A_{\overline{xy}:\overline{n}|})^2]$$

因为 $T(xy)+T(\overline{xy})=T(x)+T(y)$，所以两生命场合一定有如下等量关系存在：

$$\ddot{a}_{xy}+\ddot{a}_{\overline{xy}}=\ddot{a}_x+\ddot{a}_y$$

由于 $f_{\overline{xy}}(t)$ 比较复杂，所以实务中求最后生存状况下的生存年金时，很少直接求解，通常先厘定单生命状态和连生状态下的年金精算现值，再通过 $\ddot{a}_{\overline{xy}}=\ddot{a}_x+\ddot{a}_y-\ddot{a}_{xy}$ 来确定 $\ddot{a}_{\overline{xy}}$ 的值。

【例7.24】 假定(60)和(65)寿命相互独立，且都服从 $\omega=100$ 的 De Moivre 分布，计算：

(1) $\bar{A}_{60,65}$；

(2) $\bar{a}_{60,65}$；

(3) $\bar{A}_{\overline{60,65}}$；

(4) $\bar{a}_{\overline{60,65}}$。

【解】

(1) 根据例7.20，已知：

$${}_tp_{60,65}={}_tp_{60}\cdot{}_tp_{65}=\frac{40-t}{40}\frac{35-t}{35},\quad 0\leqslant t\leqslant 35$$

$$\mu_{60,65}(t)=\frac{1}{40-t}+\frac{1}{35-t},\quad 0\leqslant t\leqslant 35$$

则连生状况下，密度函数为：

$$f_{60,65}(t)={}_tp_{60,65}\mu_{60,65}(t)=\frac{75-2t}{1\ 400},\quad 0\leqslant t\leqslant 35$$

所以

$$\bar{A}_{60,65}=\int_0^{35}v^tf_{60,65}(t)\mathrm{d}t=\int_0^{35}\mathrm{e}^{-0.05t}\ \frac{75-2t}{1\ 400}\mathrm{d}t=0.586\ 7$$

(2) 首先求个体生命的保险受益精算现值。

$$\bar{A}_{60}=\int_0^{40}v^tf_{60}(t)\mathrm{d}t=\int_0^{40}\mathrm{e}^{-0.05t}\ \frac{1}{40}\mathrm{d}t=0.432\ 3$$

$$\bar{A}_{65}=\int_0^{35}v^tf_{65}(t)\mathrm{d}t=\int_0^{35}\mathrm{e}^{-0.05t}\ \frac{1}{35}\mathrm{d}t=0.472\ 1$$

则

$$\bar{A}_{\overline{60,65}}=\bar{A}_{60}+\bar{A}_{65}-\bar{A}_{60,65}=0.432\ 3+0.472\ 1-0.586\ 7=0.317\ 7$$

(3) 连生状况下生存年金的精算现值为：

$$\bar{a}_{60,65}=\frac{1-\bar{A}_{60,65}}{\delta}=\frac{1-0.586\ 7}{0.05}=8.266$$

(4) 最后生存状况下生存年金的精算现值为：

$$\bar{a}_{\overline{60,65}}=\frac{1-\bar{A}_{\overline{60,65}}}{\delta}=\frac{1-0.3177}{0.05}=13.646$$

【例 7.25】 一对夫妇投保一份终身连续生存年金。保险合同约定：

（1）夫妻都活着时，每年给付 10 万元；

（2）只有一人活着时，每年给付 6 万元；

（3）夫妻双方都去世时，给付终止。

已知 $\ddot{a}_{xy}=5$，$\ddot{a}_{\overline{xy}}=12$，求该保险产品的趸缴净保费。

【解】

该保险产品实质上就是一个连生状况年金和一个最后生存状况年金的组合，该保险产品的趸缴净保费等于

$$100\,000\bar{a}_{xy}+60\,000\bar{a}_{\overline{xy}}=100\,000\times5+60\,000\times12=1\,220\,000(\text{元})$$

7.7.5 单重次顺位保险

在多元生命保险中，有时赔付与多个被保险人的死亡次序有关。这时要引入单重次顺位函数（simple contingent functions）来表达被保险人不同死亡次序的风险发生概率。

1. 先死概率

我们记${}_nq_{\overset{1}{x}y}$为（x）的先死概率，它的概率意义是：在 n 年内，（x）先于（y）死亡的概率。根据事件意义，假设（x）在未来 $t(t\in(0,n))$ 时刻死亡，则（y）的死亡时刻为（t，∞），即

$$\begin{aligned}{}_nq_{\overset{1}{x}y}&=\int_0^n\int_t^\infty f_{T(x)}(t)f_{T(y)}(s)\,\mathrm{d}s\,\mathrm{d}t\\&=\int_0^n f_{T(x)}(t)\int_t^\infty f_{T(y)}(s)\,\mathrm{d}s\,\mathrm{d}t\\&=\int_0^n f_{T(x)}(t)\cdot{}_tp_y\,\mathrm{d}t\\&=\int_0^n {}_tp_x\cdot\mu_{x+t}\cdot{}_tp_y\,\mathrm{d}t\end{aligned}$$

${}_nq_{\overset{1}{x}y}$ 可以这样理解：（x）和（y）都能活到未来时刻 t，而（x）在时刻 t 之后瞬间死亡的概率。

对于终身寿险而言，保障期内死亡发生概率为 1，不是（x）先死，就是（y）先死，所以必然有如下等式成立：

$${}_\infty q_{\overset{1}{x}y}=1-{}_\infty q_{x\overset{1}{y}}$$

2. 后死概率

我们记${}_nq_{x\overset{2}{y}}$为（y）的后死概率，它的概率意义是：在 n 年内，（x）先死，（y）后死的概率。根据事件意义，假设（y）在未来时刻 t 死亡，$t\in(0,n)$，则（x）的死亡时刻为（0，

t），即

$$
\begin{aligned}
{}_{n}q_{xy}^{\ 2} &= \int_0^n \int_0^t f_{T(y)}(t) f_{T(x)}(s)\,\mathrm{d}s\,\mathrm{d}t \\
&= \int_0^n f_{T(y)}(t) \int_0^t f_{T(x)}(s)\,\mathrm{d}s\,\mathrm{d}t \\
&= \int_0^n {}_{t}p_{y} \cdot \mu_{y+t} \cdot (1 - {}_{t}p_{x})\,\mathrm{d}t \\
&= \int_0^n {}_{t}p_{y} \cdot \mu_{y+t}\,\mathrm{d}t - \int_0^n {}_{t}p_{xy} \cdot \mu_{y+t}\,\mathrm{d}t \\
&= {}_{n}q_{y} - {}_{n}q_{xy}^{\ 1}
\end{aligned}
$$

3. **顺位保险**

顺位保险是指需要考虑死亡次序的死亡受益保险。以(x)和(y)两生命终身寿险为例：

（1）先死赔付终身顺位保险。对于(x)和(y)的联合保险，如果(x)死亡时，(y)仍然存活，则可获得1单位元数的死亡赔付，该终身顺位保险记作$\bar{A}_{xy}^{1}$（死亡即刻赔付）或A_{xy}^{1}（死亡年末赔付）。

根据该顺位保险的含义，假设(x)在未来时刻t死亡，而(y)在时刻t仍然存活时，可以获得现值为v^t的死亡赔付，即

$$
\bar{A}_{xy}^{1} = \int_0^{\infty} \int_t^{\infty} v^t f_{T(x)}(t) f_{T(y)}(s)\,\mathrm{d}s\,\mathrm{d}t = \int_0^{\infty} v^t \cdot {}_{t}p_{xy} \cdot \mu_{x+t}\,\mathrm{d}t
$$

（2）后死赔付终身顺位保险。对于(x)和(y)的联合保险，如果(y)死亡时，(x)已经死亡，则保险受益人可获得1单位元数的死亡赔付，该终身顺位保险记作$\bar{A}_{xy}^{\ 2}$（死亡即刻赔付）或$A_{xy}^{\ 2}$（死亡年末赔付）。

根据该顺位保险的含义，容易推导出

$$
\begin{aligned}
\bar{A}_{xy}^{\ 2} &= \int_0^{\infty} \int_0^t v^t f_{T(y)}(t) f_{T(x)}(s)\,\mathrm{d}s\,\mathrm{d}t \\
&= \int_0^{\infty} v^t \cdot {}_{t}p_{y} \cdot \mu_{y+t} (1 - {}_{t}p_{x})\,\mathrm{d}t \\
&= \bar{A}_{y} - \bar{A}_{xy}^{\ 1}
\end{aligned}
$$

【例7.26】 假定(60)和(65)寿命相互独立，且都服从$\omega=100$的De Moivre分布，计算：

（1）(60)比(65)先死的概率；

（2）(65)可以在(60)死亡时即刻获得1单位元数赔付的精算现值；

（3）(60)可以在(65)死亡时即刻获得1单位元数赔付的精算现值。

【解】

（1）根据例7.20，已知：

$$
{}_{t}p_{60,65} = {}_{t}p_{60} \cdot {}_{t}p_{65} = \frac{40-t}{40}\frac{35-t}{35}, \quad 0 \leqslant t \leqslant 35
$$

$$\mu_{60}(t)=\frac{1}{40-t},\quad 0\leqslant t\leqslant 40$$

所以(60)先死的概率密度函数为：

$$_{t}p_{60,65}\mu_{60+t}=\frac{40-t}{40}\frac{35-t}{35}\times\frac{1}{40-t}=\frac{35-t}{1\ 400}$$

那么(60)会比(65)先死的概率为：

$$_{\infty}q_{60,65}^{1}=\int_{0}^{35}{}_{t}p_{60,65}\mu_{60+t}\mathrm{d}t=\int_{0}^{35}\frac{35-t}{1\ 400}\mathrm{d}t=0.437\ 5$$

(2) (65)可以在(60)死亡时即刻获得1单位元数赔付的精算现值就是求$\overline{A}_{60,65}^{1}$，所以

$$\overline{A}_{60,65}^{1}=\int_{0}^{35}v^{t}{}_{t}p_{60,65}\mu_{60+t}\mathrm{d}t=\int_{0}^{35}\mathrm{e}^{-0.05t}\frac{35-t}{1\ 400}\mathrm{d}t=0.263\ 9$$

(3) (60)可以在(65)死亡时即刻获得1单位元数赔付的精算现值就是$\overline{A}_{60,65}^{2}$，根据例7.24已知$\overline{A}_{60}=0.432\ 3$，所以

$$\overline{A}_{60,65}^{2}=\overline{A}_{60}-\overline{A}_{60,65}^{1}=0.432\ 3-0.263\ 9=0.168\ 4$$

4. 继承年金

顺位年金也称为继承年金（reversionary annuity），是指在多元生命场合，只有在其中一个生命(x)死亡之后，另一个生命(y)才能开始获得年金。这种年金叫做继承年金，简记为$\bar{a}_{x|y}$（连续年金），或$\ddot{a}_{x|y}$（离散年金）。

以(x)和(y)两生命终身初付年金为例，当(x)死亡之后，(y)开始获得年金，这个继承年金的实质是(y)的终身年金减去(x)和(y)连生状况下的终身生存年金。所以

$$\ddot{a}_{x|y}=\ddot{a}_{y}-\ddot{a}_{xy}$$

【例7.27】(x)和(y)购买一份联合生命保险。给付条款规定：

(1) 若(x)和(y)都活着，每年期初给付1；

(2) 若(x)死亡，(y)活着，每年期初给付1/2；

(3) 若(y)死亡，(x)活着，每年期初给付1/3；

(4) 若(x)和(y)都死亡，给付结束。

已知$\ddot{a}_{x}=9$，$\ddot{a}_{y}=8$，$\ddot{a}_{xy}=6$：

(1) 写出该保单精算现值的表达式；

(2) 计算该保单精算现值。

【解】

(1) 根据给付条款，该保单由一个连生终身年金和两个继承年金构成，该保单精算现值可以表达为：

$$\ddot{a}_{xy}+\frac{1}{2}\ddot{a}_{x|y}+\frac{1}{3}\ddot{a}_{y|x}$$

（2）已知 $\ddot{a}_x=9$，$\ddot{a}_y=8$，$\ddot{a}_{xy}=6$，则该保单精算现值为：

$$\begin{aligned}\ddot{a}_{xy}+\frac{1}{2}\ddot{a}_{x|y}+\frac{1}{3}\ddot{a}_{y|x}&=\ddot{a}_{xy}+\frac{1}{2}(\ddot{a}_y-\ddot{a}_{xy})+\frac{1}{3}(\ddot{a}_x-\ddot{a}_{xy})\\&=\frac{1}{6}\ddot{a}_{xy}+\frac{1}{2}\ddot{a}_y+\frac{1}{3}\ddot{a}_x\\&=\frac{6}{6}+\frac{8}{2}+\frac{9}{3}\\&=8\end{aligned}$$

7.8　多重损因保险

在寿险中，我们常常在一个保险计划里，针对不同的退出方式，规定不同的赔付水平。比如：被保险人死亡和退保给付水平是不同的；有些公司为员工购买的员工保险，因公死亡和非因公死亡给付水平可能是不一样的；在劳动力计划中，雇员辞职、伤残或退休都会触发离职赔付，但不同原因的离职，赔付额度是不一样的。

退出保障计划，触发赔付发生的原因，我们称为损因。在一个保障计划里，如果涉及多个损因，这时的精算模型称为多重损因模型（multiple decrement models）。图 7－2 就是一个多重损因模型的案例。

在实务中，多重损因模型的风险通常是通过多重损因表来描述。在前六章中，我们使用的生命表是只包含死亡这一个损因的单损因表，多重损因表是单损因表的拓展。表 7－6 是一个两重损因残存组表的示例。

表 7－6　两重损因残存组表

年龄	$l_x^{(\tau)}$	$d_x^{(1)}$	$d_x^{(2)}$	$d_x^{(\tau)}$
60	10 000	50	10	60
61	9 940	60	8	68
62	9 872	70	6	76
63	9 796	80	4	84
64	9 712	90	2	92
65	9 620	—	—	—

表中相关符号的含义如下：

$l_x^{(\tau)}$：x 岁期初仍然留在保障计划中的被保险人数。

$d_x^{(1)}$：$x\sim x+1$ 岁期间因为第一种损因而退出保障计划的被保险人数。

$d_x^{(2)}$：$x\sim x+1$ 岁期间因为第二种损因而退出保障计划的被保险人数。

$d_x^{(\tau)}$：$x\sim x+1$ 岁期间保障计划的被保险人总数，$d_x^{(\tau)}=d_x^{(1)}+d_x^{(2)}$。

根据多重损因残存组表，我们可以求出多重损因模型的各种概率函数。

${}_tp_x^{(\tau)}$：x 岁的被保险人数在 $x+t$ 岁仍然留在保障计划中的概率。

$${}_tp_x^{(\tau)}=\frac{l_{x+t}^{(\tau)}}{l_x^{(\tau)}}$$

${}_tq_x^{(j)}$：x 岁的被保险人数在 $x+t$ 岁之前因为第 j 种损因而退出保障计划的概率。

$${}_tq_x^{(j)}=\frac{{}_td_x^{(j)}}{l_x^{(\tau)}}$$

${}_tq_x^{(\tau)}$：x 岁的被保险人数在 $x+t$ 岁之前退出保障计划的概率。

$${}_tq_x^{(\tau)}=1-{}_tp_x^{(\tau)}=\sum_j {}_tq_x^{(j)}$$

$\mu_{x+t}^{(j)}$：被保险人数在时刻 $x+t$ 由原因 j 造成的损失效力。

$$\mu_{x+t}^{(j)}=\frac{d}{dt}\ln {}_tp_x^{(j)}$$

$\mu_{x+t}^{(\tau)}$：被保险人数在时刻 $x+t$ 由各种损因造成的总损失效力。

$$\mu_{x+t}^{(\tau)}=\sum_j \mu_{x+t}^{(j)}$$

【例 7.28】 有 10 000 名 60 岁的老人购买 5 年定期寿险。他们会受到两个损因的影响而退出保障，损因 1 为死亡，损因 2 为退保。这批老人的多重损因表如表 7－2 所示。请计算：

（1）60 岁的老人能活到 65 岁的概率；

（2）60 岁的老人在 63 岁之前死亡的概率；

（3）60 岁的老人在 64 岁之前退保的概率。

【解】

（1）60 岁的老人能活到 65 岁的概率为：

$${}_5p_{60}^{(\tau)}=\frac{l_{65}^{(\tau)}}{l_{60}^{(\tau)}}=\frac{9\,620}{10\,000}=0.962$$

（2）60 岁的老人在 63 岁之前死亡的概率为：

$${}_3q_{60}^{(1)}=\frac{{}_3d_{60}^{(1)}}{l_{60}^{(\tau)}}=\frac{d_{60}^{(1)}+d_{61}^{(1)}+d_{62}^{(1)}}{l_{60}^{(\tau)}}=\frac{50+60+70}{10\,000}=0.018$$

（3）60 岁的老人在 64 岁之前退保的概率为：

$${}_4q_{60}^{(2)}=\frac{{}_4d_{60}^{(2)}}{l_{60}^{(\tau)}}=\frac{d_{60}^{(2)}+d_{61}^{(2)}+d_{62}^{(2)}+d_{63}^{(2)}}{l_{60}^{(\tau)}}=\frac{10+8+6+4}{10\,000}=0.028$$

【例 7.29】 有一个 3 年定期保险产品约定，非意外死亡（损因 1）死亡年末赔付 1 000 元，意外死亡（损因 2）死亡年末赔付 10 000 元。已知多重损因表如表 7－7 所示，且已知预定利率为 5%，计算该产品的趸缴净保费。

表 7-7　多重损因表

k	$q_{x+k}^{(1)}$	$q_{x+k}^{(2)}$
0	0.10	0.01
1	0.12	0.02
2	0.14	0.03

【解】

非意外死亡年末赔付精算现值为：

$$A_{x:\overline{3}|}^{1(1)}=vq_x^{(1)}+v^2p_x^{(\tau)}q_{x+1}^{(1)}+v^3{}_2p_x^{(\tau)}q_{x+2}^{(1)}=0.284\ 7$$

意外死亡年末赔付精算现值为：

$$A_{x:\overline{3}|}^{1(2)}=vq_x^{(2)}+v^2p_x^{(\tau)}q_{x+1}^{(2)}+v^3{}_2p_x^{(\tau)}q_{x+2}^{(2)}=0.045\ 5$$

该产品的趸缴净保费为：

$$1\ 000A_{x:\overline{3}|}^{1(1)}+10\ 000A_{x:\overline{3}|}^{1(2)}=1\ 000\times0.284\ 7+10\ 000\times0.045\ 5=739.7(\text{元})$$

有的时候，我们无法获得多重损因表，需要借助绝对损失概率推导出多重损失概率。

损因 j 的绝对损失概率，是指被保险人在只有损因 j 的单个损因环境下，发生失效的概率，记作${}_tq'^{(j)}_x$。它也称为净损失率（net probabilities of decrement）或独立损失率（independent rate of decrement）。

$${}_tq'^{(j)}_x=1-{}_tp'^{(j)}_x=1-\exp\left(-\int_0^t\mu_{x+s}^{(j)}\mathrm{d}s\right)$$

为了更清楚地解释绝对损失概率和多重损失概率的区别，我们举个例子。我们想开发一个两重损因的保险产品，如果被保险人是意外死亡，赔付 A1；如果被保险人因为其他原因死亡，赔付 A2。目前，我们手上的相关风险资料只有生命表和意外险的死亡赔付概率。

生命表涵盖了所有损因造成的死亡概率，所以生命表提供的是${}_tq_x^{(\tau)}$，而意外险的死亡赔付概率其实就是意外风险的绝对失效率${}_tq'^{(1)}_x$。我们需要基于绝对失效率和总失效率，求出两重损因的多重失效率${}_tq_x^{(1)}$，${}_tq_x^{(2)}$，才能厘定该保险产品的保费。

绝对失效率可以理解为只在第 j 种损因的作用下，能活到时刻 t（$0\leqslant t\leqslant n$），然后在 t 之后瞬间失效的概率：

$${}_nq'^{(j)}_x=\int_0^n{}_tp'^{(j)}_x\cdot\mu_{x+t}^{(j)}\mathrm{d}t$$

多重失效率可以理解为在各种损因的综合作用下，能活到时刻 $t(0\leqslant t\leqslant n)$，然后在 t 之后因为第 j 种损因的作用瞬间失效的概率：

$${}_nq_x^{(j)}=\int_0^n{}_tp_x^{(\tau)}\cdot\mu_{x+t}^{(j)}\mathrm{d}t$$

下面我们要在年内死亡力恒定场合，推导出绝对失效率 $q'^{(j)}_x$ 和多重失效率 $q_x^{(j)}$ 之间的函数关系：

$$q_x^{(j)}=\int_0^1 {}_tp_x^{(\tau)}\mu_x^{(j)}\mathrm{d}t=\frac{\mu_x^{(j)}}{\mu_x^{(\tau)}}\int_0^1 {}_tp_x^{(\tau)}\mu_x^{(\tau)}\mathrm{d}t=\frac{\mu_x^{(j)}}{\mu_x^{(\tau)}}q_x^{(\tau)}$$

如果已知绝对失效率 $q'^{(j)}_x$，则因为

$$p_x^{(\tau)}=\prod_j p'^{(j)}_x$$

$$q_x^{(\tau)}=1-p_x^{(\tau)}=1-\prod_j p'^{(j)}_x$$

$$\mu_x^{(j)}=-\ln p'^{(j)}_x$$

$$\mu_x^{(\tau)}=-\ln\left(\prod_j p'^{(j)}_x\right)=-\sum_j \ln p'^{(j)}_x$$

有

$$q_x^{(j)}=\frac{\ln p'^{(j)}_x}{\sum_j \ln(p'^{(j)}_x)}\left(1-\prod_j p'^{(j)}_x\right)$$

等价表达式为：

$$q_x^{(j)}=\frac{\ln(1-q'^{(j)}_x)}{\sum_j \ln(1-q'^{(j)}_x)}\left[1-\prod_j(1-q'^{(j)}_x)\right]$$

如果已知多重失效率 $q_x^{(j)}$，则根据

$$q_x^{(j)}=\frac{\mu_x^{(j)}}{\mu_x^{(\tau)}}q_x^{(\tau)}=\frac{\ln p'^{(j)}_x}{\ln p_x^{(\tau)}}q_x^{(\tau)}$$

等价变换为：

$$\ln p'^{(j)}_x=\ln p_x^{(\tau)}\frac{q_x^{(j)}}{q_x^{(\tau)}}$$

推导出

$$p'^{(j)}_x=(p_x^{(\tau)})^{q_x^{(j)}/q_x^{(\tau)}}$$

因为

$$q_x^{(j)}=1-p'^{(j)}_x$$

$$q_x^{(\tau)}=\sum_j q_x^{(j)}$$

所以有

$$q'^{(j)}_x=1-\left(1-\sum_j q_x^{(j)}\right)^{q_x^{(j)}/\sum_j q_x^{(j)}}$$

【例 7.30】 有一两重损因生命表如表 7-8 所示，请根据已有数据，完善表 7-8 中的

生命表数据。

表 7-8　两重损因生命表

x	绝对损因表		多重损因表	
	$q'^{(1)}_x$	$q'^{(2)}_x$	$q^{(1)}_x$	$q^{(2)}_x$
85	0.05	0.20		
86	0.10	0.30		

【解】

$$q^{(1)}_{85}=\frac{\ln p'^{(1)}_{85}}{\sum\limits_{j=1}^{2}\ln p'^{(1)}_{85}}q^{(\tau)}_{85}=\frac{\ln 0.95}{\ln 0.95+\ln 0.8}(1-0.95\times 0.8)=0.045$$

$$q^{(1)}_{86}=\frac{\ln p'^{(1)}_{86}}{\sum\limits_{j=1}^{2}\ln p'^{(1)}_{86}}q^{(\tau)}_{86}=\frac{\ln 0.9}{\ln 0.9+\ln 0.7}(1-0.9\times 0.7)=0.084$$

$$q^{(2)}_{85}=q^{(\tau)}_{85}-q^{(1)}_{85}=(1-0.95\times 0.8)-0.045=0.195$$

$$q^{(2)}_{86}=q^{(\tau)}_{86}-q^{(1)}_{86}=(1-0.9\times 0.7)-0.084=0.286$$

该两重损因表经完善后如表 7-9 所示：

表 7-9　两重损因素

x	绝对损因表		多重损因表	
	$q'^{(1)}_x$	$q'^{(2)}_x$	$q^{(1)}_x$	$q^{(2)}_x$
85	0.05	0.20	0.045	0.195
86	0.10	0.30	0.084	0.286

7.9　本章 R 指导

7.9.1　离散多状态模型转移概率求解

以例 7.2 的实现为例，假设 x 岁的被保险人年度转移矩阵为：

$$P=\begin{bmatrix}0.75 & 0.15 & 0.10\\ 0.50 & 0.30 & 0.20\\ 0 & 0 & 1\end{bmatrix}$$

假设目前 x 岁的被保险人 90%是健康的，10%生病。且 $x\sim x+3$ 岁每年的转移矩阵相同，求：(1) 3 年后各状态的发生概率；(2) x 岁生病的人 3 年后会恢复健康的概率。

(1) 3 年后各状态的发生概率。

1）读入转移矩阵。

```
P<-matrix(c(0.75,0.15,0.1,0.5,0.3,0.2,0,0,1),ncol=3,byrow=T)
P
#输出结果
>P
      [,1]  [,2]  [,3]
[1,]  0.75  0.15  0.1
[2,]  0.50  0.30  0.2
[3,]  0.00  0.00  1.0
```

2）计算未来 3 年每年年末的各状态发生概率。

```
h0<-c(0.9,0.1,0)
h1<-h0%*%P
h2<-h1%*%P
h3<-h2%*%P
h1
h2
h3
#输出结果
>h1
          [,1]       [,2]       [,3]
[1,]     0.725      0.165      0.11
>h2
          [,1]       [,2]       [,3]
[1,]   0.62625    0.15825    0.2155
>h3
          [,1]       [,2]       [,3]
[1,] 0.5488125  0.1414125  1.309775
```

（2）x 岁生病的人 3 年后会恢复健康的概率。

```
P3=P%*%P%*%P
P3[2,1]
#输出结果
> p3 [2,1]
[1]0.47625
```

7.9.2 连续多状态模型转移概率求解

连续多状态模型转移概率通常需要通过积分求解。R 语言中可以通过 integrate 函数直接调用积分计算函数。以例 7.9 为例，已经推导出

$$ {}_{10}p_0^{01}=\int_0^{10}0.02e^{-0.05s}e^{-0.04(10-s)}ds $$

该积分 R 求解命令如下：

```
f<-function(s){0.02*exp(-0.05*s)*exp(-0.04*(10-s))}
p01_10<-integrate(f,0,10)
p01_10$value
#输出结果
[1]0.1275788
```

7.9.3 基于生命表计算多元生命保险

以第三套中国人身保险业经验生命表中的(35)男性和(30)女性为例，演示各种生命表函数和保险产品保费厘定的 R 实现。

1. **连生概率求解**

```
#读入男性生命表 CL1,存入向量 qx
qx<-function(age){
  qx=lifetable$CL1[age+1]
  return(qx)
}
#读入女性生命表 CL2,存入向量 qy
qy<-function(age){
  qy=lifetable$CL2[age+1]
  return(qy)
}
#读入最高年龄,存入 w
w=length(lifetable$CL1)
#定义连生生存概率 npxy 函数
pxy_n<-function(x,y,n){
  a=1
  N=min(n,w-x,w-y)
```

```
  for(k in 1:N) {
    a=a*(1-qx(x+k-1))*(1-qy(y+k-1))
      }
  return(a)
}
#定义连生死亡概率nqxy 函数
qxy_n<-function(x,y,n){
  a=1-pxy_n(x,y,n)
  return(a)
}
#调用上面两个函数,可以获得连生状况的生存或死亡概率
#(35)男性和(30)女性能共同存活到10年后的概率10p35,30
pxy_n(35,30,10)
#输出结果
[1]0.9791283
#(35)男性和(30)女性不能共同存活到30年后的概率30q35,30
qxy_n(35,30,30)
#输出结果
[1]0.1774968
#连生状况下的期望寿命函数 exy 的定义
exy<-function(x,y){
e=0
k=min((w-x),(w-y))
for(i in 1:k)  e=e+pxy_n(35,30,i)
return(e)
}
#(35)男性和(30)女性能共同存活的整值期望寿命 e35,30
exy(35,30)
#输出结果
[1]39.41227
```

2. **最后生存概率求解**

```
#npx 函数的定义
S0_x<-function(age){
  S0=1
  if(age>0)
```

```
    for(k in 0:(age-1))  S0=S0*(1-qx(k))
    return(S0)
}
px_k<-function(age,k){
  a<-S0_x(age+k)/S0_x(age)
  return(a)
}
#nPy 函数的定义
S0_y<-function(age){
  S0=1
  if(age>0)
    for(k in 0:(age-1))  S0=S0*(1-qy(k))
    return(S0)
}
py_k<-function(age,k){
  a<-S0_y(age+k)/S0_y(age)
  return(a)
}
#最后生存状况下生存概率nPxy 的定义
p_xy_n<-function(x,y,n){
  a=px_k(x,n)+py_k(y,n)-pxy_n(x,y,n)
  return(a)
}
#(35)男性和(30)女性至少有一人能活到10年后的概率10P35,30
p_xy_n(35,30,10)
#输出结果
[1]0.9999253
#最后生存状态下死亡概率nqxy 的定义
q_xy_n<-function(x,y,n){
  a=1-p_xy_n(x,y,n)
  return(a)
}
#(35)男性和(30)女性都将在未来30年内死亡的概率30q35,30
q_xy_n(35,30,30)
#输出结果
[1]0.006045738
```

3. **单重次顺位函数求解**

```
#单重次顺位1函数nq_xy^1定义
qx1y_n<-function(x,y,n){
  a=0
  for(i in 1:n)
  a=a+pxy_n(x,y,(i-1))*(1-px_k((x+i-1),1))
  return(a)
}
#在未来30年内,(35)男性会比(30)女性先死亡的概率30q_35,30^1
qx1y_n(35,30,30)
#输出结果
[1]0.1377545
#单重次顺位1函数nq_xy^1定义
qxy1_n<-function(x,y,n){
  a=0
  for(i in 1:n)
  a=a+pxy_n(x,y,(i-1))*(1-py_k((y+i-1),1))
  return(a)
}
#在未来30年内,(30)女性会比(35)男性先死亡的概率30q_35,30^1
qxy1_n(35,30,30)
#输出结果
[1]0.04003547
#单重次顺位2函数nq_xy^2定义
qx2y_n<-function(x,y,n){
  a=1-px_k(x,n)-qx1y_n(x,y,n)
  return(a)
}
#在未来30年内,(35)男性会比(30)女性后死亡的概率30q_35,30^2
qx2y_n(35,30,30)
#输出结果
[1]0.002763308
#单重次顺位2函数nq_xy^2定义
qxy2_n<-function(x,y,n){
  a=1-py_k(x,n)-qxy1_n(x,y,n)
  return(a)
```

```
}
#在未来30年内,(30)女性会比(35)男性后死亡的概率₃₀q²₃₅,₃₀
qxy2_n(35,30,30)
#输出结果
[1]0.02790387
```

4. **保费计算**

```
#自定义Axy函数,该函数有3个参数:x为男性年龄,y为女性年龄,i为预定利率
Axy<-function(x,y,i) {
  k_qxy<-function(x,y,k){
       a=pxy_n(x,y,k)-pxy_n(x,y,k+1)
       return(a)
}
  v=1/(1+i)
  a=0
  s=w-max(x,y)
  for(k in 0:s) a=a+v^(k+1) * k_qxy(x,y,k)
  return(a)
}
#60岁的男性和55岁的女性购买联生保险,死亡年末给付1,i=0.05,精算现值为
Axy(60,55,0.05)
#输出结果
[1]0.4178266
#自定义äxy函数,该函数有3个参数:x男性年龄,y女性年龄,i预定利率
axy<-function(x,y,i) {
    d=i/(1+i)
    a=(1-Axy(x,y,i))/d
    return(a)
}
#60岁的男性和55岁的女性购买联生年金,每年联合生存期初给付1,i=0.05,精算
现值为
axy(60,55,0.05)
#输出结果
[1]12.22564
#两生命保险通常可以分解为个人保险和连生保险的组合,通过第2～4章构造的个人
保险函数和本章构造的连生保险函数,可以求各种两生命保险的保费。比如:60岁的
```

```
丈夫和55岁的妻子联合购买一个继承年金,合同约定妻子去世以后,丈夫每年年初可
以获得1单位元数生存给付,i=0.05,该继承年金的精算现值为
ax(60,0.05)-axy(60,55,0.05)
#输出结果
[1]0.3244178
```

习题

7.1 已知健康-生病-死亡三状态模型的状态转移图如下图所示。

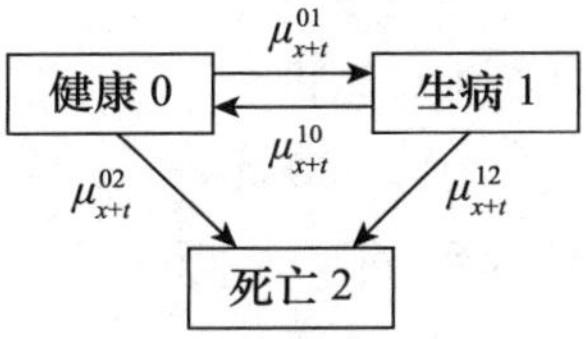

60～65岁的人，每年各状态之间的转移概率矩阵均为：

$$\begin{bmatrix} 0.95 & 0.04 & 0.01 \\ 0.07 & 0.90 & 0.03 \\ 0 & 0 & 1 \end{bmatrix}$$

要求：

(1) 计算60岁的健康人群，在62岁时仍然健康的概率；

(2) 计算60岁的健康人群，在62岁时生病的概率。

7.2 对于一个多状态模型（见下图），已知 $\mu_{x+t}^{01}=0.02$，$\mu_{x+t}^{02}=0.03$，$\mu_{x+t}^{12}=0.05$，计算一个在2004年1月1日健康的人，在2014年1月1日仍然存活的条件下，处于健康状态的条件概率。

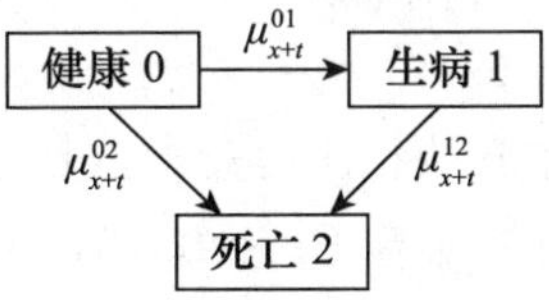

7.3 现有一个多状态模型，包括三个状态：健康(0)，失能(1) 和死亡(2)。已知 $p_{x+k}^{00}=0.7$，$p_{x+k}^{01}=0.2$，$p_{x+k}^{10}=0.1$，$p_{x+k}^{12}=0.25$ ($k=1$, 2)。现在有100个健康的人，彼此健康状况相互独立，满足这个多状态模型的假设。问：两年后死亡人数的均值和方差分别为多少？

7.4 一个多状态模型如图7-4所示，已知 $\mu_x^{01}=0.03$，$\mu_x^{02}=0.01$，$\mu_x^{12}=0.05$，求 x 岁的健康人10年内死亡的概率。

7.5 一个多状态模型如图7-3所示，已知 $\mu_x^{01}=0.01$，$\mu_x^{02}=0.02$，$\mu_x^{13}=0.03$，$\mu_x^{23}=0.04$，计算时刻0夫妻都存活，10年后妻子去世、丈夫存活的概率。

7.6　考虑一个多状态模型，如下图所示，已知 $\mu_{x+t}^{01}=0.02$，$\mu_{x+t}^{12}=0.06$，$t>0$。如果被保险人住院，即给付 1 万元住院津贴，均衡净保费只在被保险人处于健康状态时缴纳，$\delta=0.03$，求均衡净保费。

7.7　一个多状态模型，如图 7-5 所示，已知转移矩阵为：

$$P=\begin{bmatrix}0.7 & 0.1 & 0.2\\ 0.3 & 0.6 & 0.1\\ 0 & 0 & 1\end{bmatrix}$$

假设每年年末发生状态转移，保险受益为：

(1) 如果被保险人死亡，给付 2 000 元；

(2) 如果被保险人年初生病，给付 1 000 元；

每年年初健康的被保险人缴纳保费 600 元，$i=0.05$，请计算第 2 年年末的责任准备金。

7.8　已知(70)和(75)的寿命都服从 $\omega=110$ 的 De Moivre 分布，且相互独立。计算 ${}_tq_{70,75}$ 和 $\mathring{e}_{70,75}$。

7.9　已知(70)和(75)的寿命都服从 $\omega=110$ 的 De Moivre 分布，且相互独立。计算 ${}_tp_{\overline{70,75}}$。

7.10　(60)和(70)相互独立，死亡力函数为 $\mu_x=\dfrac{1}{110-x}(0\leqslant x\leqslant 110)$，计算 $\mathring{e}_{\overline{60,\ 70}}$。

7.11　已知(60)和(70)的寿命都服从 $\omega=100$ 的 De Moivre 分布，且 $T(60)$ 和 $T(70)$ 相互独立。令 p_1 代表最后死亡事件发生在 10 年后的概率，p_2 代表第一个死亡事件发生在 5 年之后 10 年之内的概率，求 p_1-p_2 的值。

7.12　已知 (70) 和 (75) 的寿命都服从 $\omega=110$ 的 De Moivre 分布，且相互独立，$\delta=0.05$，计算 $\bar{A}_{70,\ 75}$ 和 $\bar{a}_{70,\ 75}$。

7.13　(x) 和 (y) 的死亡规律服从相同的分布，且已知终身寿险期缴保费 $P_x=P_y=0.25$，最后生存状况下终身寿险期缴保费 $P_{\overline{xy}}=0.15$，贴现率 $d=0.05$，计算连生状况下终身寿险期缴保费 P_{xy}。

7.14　假设(40)和(50)投保一份联合寿险，只有当最后一个死亡的人在第 10 年死亡时，年末给付 100 000 元。已知 $i=0.025$，${}_{10}q_{40}=0.06$，${}_{10}q_{50}=0.08$，${}_9q_{40}=0.05$，${}_9q_{50}=0.07$，计算此保单的趸缴保费。

7.15　给定 ${}_{25}p_{25,50}=0.2$，${}_{15}p_{25}=0.9$，不同生命未来寿命相互独立，计算 40 岁的人活到 75 岁的概率。

7.16　(x) 和 (y) 联合购买一种离散型终身寿险，保单规定第一个人死亡年末赔付 1，第二个人死亡年末赔付 2。已知 $a_x=10$，$a_y=15$，$a_{xy}=9$，$i=0.04$，求此保单的精算现值。

7.17　用1单位元数及连生生存年金符号表示如下年金精算现值：

(1) 在50岁之前，(30)和(35)中至少有一人活着时，每年年初给付1的生存年金；

(2) 在50岁以后，(30)和(35)中至少有一人活着时，每年年初给付1的延期生存年金。

7.18　(x)和(y)购买联合生存年金，保单规定：

(1) 前20年，(x)和(y)只要有一人存活便期初给付年金1；

(2) 20年后，(x)和(y)中只有一人存活时才期初给付年金1。

已知$\ddot{a}_{xy}=8.5$，$\ddot{a}_x=12$，$\ddot{a}_y=10$，${}_{20|}\ddot{a}_{xy}=4.8$，求此保单的精算现值。

7.19　设不同年龄的死亡力函数都服从如下分布：

$$\mu_x=\frac{1}{100-x},\qquad 0\leqslant x\leqslant 100$$

假设未来寿命相互独立，计算${}_{25}q_{25,50}^{2}$。

7.20　(x)和(y)购买联合终身生存年金，保单约定：

(1) (x)和(y)都活着时，每年给付1；

(2) 当(x)死亡，(y)还存活时，每年生存给付减为1/2；

(3) 当(y)死亡，(x)还存活时，每年生存给付减为1/3。

已知$\ddot{a}_x=10.5$，$\ddot{a}_y=9$，$\ddot{a}_{xy}=8.4$，计算该保单精算现值。

7.21　两个同为x岁的人购买最后生存保险，当最后一个人死亡时，死亡年末给付1。缴纳净保费的方式如下：

(1) 两人都存活时每年年初缴纳均衡净保费P；

(2) 当其中一人死亡之后，缴纳的保费减少为$0.6P$。

已知$A_x=0.5$，$A_{xx}=0.65$，$\ddot{a}_x=10$，求P的值。

7.22　(x)和(y)联合购买一份完全连续型终身寿险，保单规定在第二个人死亡后赔付1。已知(x)和(y)相互独立，$\mu_{x+t}=\mu_{y+t}=0.08$，且$\delta=0.02$，由净均衡原则计算每年年初应付的均衡净保费P。

7.23　设$T(x)$和$T(y)$相互独立，且死亡力均恒定。已知$\delta=0.05$，$\bar{a}_x=14$，$\bar{a}_{xy}=10$，求：

(1) $T(x)$和$T(y)$各自的死亡力函数；

(2) ${}_{\infty}q_{xy}^{1}$。

7.24　假设不抽烟的人死亡力是同年龄抽烟的人死亡力的一半，且对于不抽烟的人有$l_x=100(80-x)$（$0\leqslant x\leqslant 80$）。有一对夫妻，丈夫(60)抽烟，妻子(55)不抽烟，求他们还能共同生活的期望时间。

7.25　对于一个三重损因模型，每一种损因都满足常数死亡力假设，已知三重损因模型如下表所示：

j	$\mu_x^{(j)}$
1	0.3
2	0.4
3	0.5

试计算 $q_x^{(3)}$。

7.26　有一个双重损因模型，损因 1 代表残疾，损因 2 代表死亡。假定残疾均发生在年末，且残疾发生后，死亡力将恒定为 0.02。已知双重损因模型如下表所示。

x	$q_x^{(1)}$	$q_x^{(2)}$
60	0.005	0.004
61	0.025	0.050
62	0.040	0.030

试计算一个 60 岁的人在 3 年后残疾但仍然存活的概率。

7.27　设 $\mu_x^{(1)}=\dfrac{1}{a-x}\ (0\leqslant x\leqslant a)$，且 $\mu_x^{(2)}=1$，$l_0^{(\tau)}=a$。试推导下列生命表函数的表达式：

(1) $l_x^{(\tau)}$；

(2) $d_x^{(1)}$；

(3) $d_x^{(2)}$。

7.28　下表的数据摘自一个三重损因表，已知 $l_{50}^{\tau}=1\ 000$，据此计算 $l_{53}^{(\tau)}$。

x	$q_x^{(1)}$	$q_x^{(2)}$	$q_x^{(3)}$	$q_x^{(\tau)}$	$l_x^{(\tau)}$	$q'^{(1)}_x$	$q'^{(2)}_x$	$q'^{(3)}_x$
50	0.015	0.045	0.020	—	1 000	—	—	—
51	—	—	—	0.067	—	—	—	—
52	—	—	—	—	—	0.033	0.027	0.900
53	—	—	—	0.089	—	—	—	—

7.29　已知一个三重损因表如下表所示。

	$q_x^{(1)}$	$q_x^{(2)}$	$q_x^{(3)}$	$q_x^{(\tau)}$
$x<30$	0.10	0.05	0.03	0.18
$x\geqslant 30$	0.20	0.05	0.03	0.28

请计算 ${}_{5|}q_{28}^{(1)}$。

7.30　对于一个三重损因模型，已知 $\mu_x^{(1)}(t)=0.2$，$\mu_x^{(2)}(t)=0.3$，$\mu_x^{(3)}(t)=0.5\ (t\geqslant 0)$，试计算 $q_x^{(2)}$。

7.31　一个三重损因模型，每一种损因均服从均匀分布，已知 $q'^{(1)}_x=0.05$，$q'^{(2)}_x=0.04$，$q'^{(3)}_x=0.08$，试计算 $q_x^{(2)}$。

7.32　对于一个三重损因模型，已知 $q_{80}^{(1)}=0.25$，$q_{80}^{(2)}=0.30$，$q_{80}^{(3)}=0.20$，试计算 $p'^{(1)}_{80}$。

7.33　对于一个双重损因模型，已知 $q'^{(1)}_x=2q'^{(2)}_x$，$q'^{(1)}_x+q'^{(2)}_x=q_x^{(\tau)}+0.1$，试计算 $q'^{(2)}_x$。

7.34　对于一个双重损因模型，已知 $l_{20}^{(\tau)}=100$，$l_{22}^{(\tau)}=40$，$q'^{(1)}_{20}=0.2$，$q'^{(2)}_{20}=0.3$，

${}_{1|}q_{20}^{(1)}=0.02$，试计算 $q_{21}^{(2)}$。

7.35 某寿险产品所有损因可以归因于死亡（$j=1$）、残疾（$j=2$）或者退休（$j=3$），根据下表给出的绝对损失率，构造多重损因表。

年龄 x	$q_x^{\prime(1)}$	$q_x^{\prime(2)}$	$q_x^{\prime(3)}$
52	0.020	0.030	0.180
53	0.024	0.032	0.100
54	0.030	0.038	0.120

7.36 一生产商将对其产品提供保修，保修只针对由于生产商的原因而产生的质量问题。以下是一些关于保修的协议：

(1) 所有由于生产商而产生的质量问题都能获得保修；

(2) 由于生产商而产生质量问题的死亡力为 $\mu^{(1)}=0.02$；

(3) 由于其他原因而产生质量问题的死亡力为 $\mu^{(2)}=0.03$；

(4) 保修期限为 n 年。

为了使不超过2%的该产品在保修期限内获得保修，则 n 最大为多少？

7.37 (65) 购买一份特殊的全离散 3 年定期寿险，其死亡风险是一个双重损因模型：损因 1 表示意外死亡，损因 2 表示其他原因死亡。保单规定：意外死亡，保险给付 2 000 元；其他原因死亡，保险给付 1 000 元。已知 $i=0.06$，年均衡净保费为 70 元，多重损因表如下表所示。

x	$q_x^{(1)}$	$q_x^{(2)}$
65	0.003	0.030
66	0.006	0.050
67	0.009	0.080

随机变量 ${}_1L$ 表示在第 1 年年末的未来损失，$K(65)$ 表示(65)的整值未来寿命，请计算 $E[{}_1L \mid K(65)\geqslant 1]$。

第8章

养老金计划

养老保险是寿险精算学一个重要的实务应用场合。在养老保险中，需要运用精算学方法估计出在承诺的退休金水平下的养老总成本，并选择最合理有效的成本分摊方法，确定基金模式和缴费模式。本章主要介绍养老金计划的类型，工资模式和服务表的概念，养老金待遇设计和养老金计划的精算评估等养老金精算的基本内容。

8.1 概　述

养老金计划是以养老为目的的计划安排，具体包括对发起人、参加人、养老金待遇、融资方式、管理方式、计划类型、缴费责任等的计划安排。广义的养老金计划包括各种类型和各个层次的养老保险安排，既包括由政府主办的社会养老保险，也包括由市场化机构运行管理的职业养老金计划和团体养老保险，还包括个人养老金计划安排。狭义的养老金计划专指职业养老金计划，指由用人单位建立的、为其员工提供退休后养老金待遇的计划。职业养老金计划是各国养老金体系的重要支柱。本章讨论的养老金计划指职业养老金计划。

8.1.1 养老金计划发展的动因

一般认为，职业养老金计划发展的主要动因可以归纳为三个方面：

第一，雇主出于提高生产效率的考虑，为达到一定年龄的老年员工提供退休待遇，从而促进新老员工的更替，促进生产效率的提高。同时，养老金计划作为员工福利计划的重要组成部分，有利于吸引和留住优秀员工，增加企业在人力资源方面的竞争力。在美国，第二次世界大战期间的“工资稳定计划”作为当时控制物价的手段，也刺激了养老金计划的发展。因为在稳定工资计划下，雇主很难通过提高工资来吸引优秀的劳动力，从而转向建立养老金计划。

第二，政府税收政策的鼓励促进了养老金计划的发展。政府为减轻社会保障的支付压力、分散老年风险，鼓励雇主建立养老金计划，为员工提供一定收入替代的养老金。政府的税收政策通常是对建立养老金计划的缴费和养老基金投资收益免税或减税，对退休后养老金领取征税。由于大多数人在退休后的收入低于在职期间的工资收入，从而这种征税模式使参加人一生的征税减少、收入增加。在美国，20 世纪 40 年代养老金计划的迅速发展，与政府在税收方面的激励政策密切相关。同时，政府在养老金计划上的税收优惠政策，也促使工会与雇主谈判的重点从提高工资转向建立养老金计划。

第三，养老金计划的发展是工会与雇主集体谈判的结果。1948 年，美国工会在争取养老金福利方面的行动得到国家劳资关系委员会的支持。该委员会规定，雇主有义务和工会协商养老金计划的条款，如果没有经过正式谈判，雇主不得擅自添加、删除或者修改养老金计划的条款。工会在养老金计划建立和设计中的重要地位，促进了养老金计划的发展。

8.1.2 养老金计划的类型

养老金计划的设计类型受计划建立主要动因的影响。例如，在竞争激烈的市场经济下，为吸引优秀人才入职企业，养老金计划一般采取同行业相似的类型。为了留住优秀员工、鼓励员工在企业工作更长时间，养老金计划的设计多采取与工龄挂钩的待遇设计。

养老金计划的主要分类有 DB 计划和 DC 计划两种。DC 计划预先设定雇主和雇员的缴费水平，缴费积累采用个人账户方式管理。为了实现养老金待遇目标，DC 计划一般有预先设定的待遇目标，在预设待遇目标下确定预设的缴费水平。缴费水平确定后一般在较长时期内保持不变。这样，退休时个人账户的积累额取决于缴费水平、缴费期、个人账户积累额的投资回报等。退休后养老金的实际水平取决于个人账户积累额和转换为养老年金时的价格，养老年金的价格又取决于预期寿命、市场利率和由市场竞争决定的费用和利润等因素。

DB 计划预先设定养老金待遇水平，养老金待遇一般与退休前的工资或者在职期间的平均工资挂钩。雇主和雇员的缴费满足对待遇的设定目标。如果缴费和投资回报不能满足设定的待遇水平，需要提高缴费水平。相反，如果缴费和投资回报超出设定的待遇水平，可以适当降低缴费。养老金精算师定期评估 DB 计划的资产负债状况和所需调整的筹资水平。

DB 计划的养老金待遇以及 DC 计划预先设定的养老金待遇目标，通常以替代率表示。养老金替代率定义为退休当年的养老金水平与退休前一年工资收入的比例，一般用百分比表示，表示退休后以养老金收入替代工资收入的百分比。由于养老金的基本目标是平滑个人终身的收入和消费，而个人在退休时一般都已完成抚养子女的义务，还清住房贷款并拥有住房，完成个人的继续教育，不需要缴纳社会保险费和为养老的其他缴费等，因此，不同来源的养老金总替代率达到 70%被认为是能够保持退休前生活水平、平滑一生消费的合理替代率。由于不同国家在不同时期由政府公共养老金提供的养老金替代水平存在差异，因而对雇主主办的职业年金计划的合理养老金替代率目标并没有统一标准。

对 DC 计划和 DB 计划的精算工作存在差异。DC 计划在设计阶段需要在预先设定的待遇目标下，计算缴费水平，这一步类似于在已知保额下计算分期保费。缴费水平确定后，需要测算在不同投资组合和投资期限下实现待遇目标的不确定性。

DB 计划预先设定待遇水平，待遇水平往往与参加养老金计划的年数和工资相关。对 DB 计划的精算包括成本估计和精算债务评估。DB 计划的待遇除了养老金外，一般还包括中途因工作调动等退出计划时的权益、伤残津贴、死亡津贴等。本章将讲述 DB 计划的退休待遇设计，与待遇和缴费相关的工资模式，DB 计划的多重损因模型，DB 计划的成本评估和债务评估等。

8.2 工资模式和服务表

养老金计划的缴费和待遇一般与工资挂钩，因此参加计划的雇员个人工资随时间变动的规律是养老金精算建模的基础。我们用工资模式函数表示工资随年龄和时间的变动规律。

DC 计划以个人账户方式积累养老金权益，当参加人跳槽、退职或因伤残不能继续工作时，个人账户累积权益可以轻松转移，与新建立的其他个人 DC 计划合并，或者转变为退职或伤残待遇。参加人死亡时的个人账户余额可以继承。因此 DC 计划一般不需要单独设计死亡给付、退职给付和伤残给付等。DB 计划预先设定养老金待遇水平，没有养老金权益账户，对于死亡、退职、伤残和退休等有不同的待遇设计，在职参保人员随死亡、退职、伤残和退休等原因离开在职参保状态，从而构成多状态转移模型，通常采用类似生命表的多损因服务表表示。

DB 计划的参保人口包括参加计划的在职者、退休前退出计划但已积累一定养老金权益的中途离职者、死亡者和退休者等。参加计划人口的数量、性别和年龄分布、已工作年数分布、开始参加养老金计划的年龄分布等构成了养老金计划人口的重要特征。养老金给付和缴费一般以工资的一定比例规定，因此工资的分布模式是养老金计划人口的重要特征。

养老金人口的数量因参加计划人口的死亡、退休、退职、伤残等因素而减少，因不断地新增参保者而增加。当引起人口增减的因素在长期内恒定不变时，也就是新增人口的数量和年龄结构不变、各项损因概率不变时，理论上，经过长期发展，养老金计划人口将成为年龄结构和工作年数分布稳定的静止人口。当计划人口到达静止状态，同时养老金的待遇水平和其他影响成本的因素稳定时，DB 计划满足各项待遇所需的缴费将稳定不变。与静止人口对应的是稳定人口，当人口的年龄和工作年数分布稳定不变，总人口稳定增加的人口称为稳定人口。静止人口和稳定人口是两种理论人口模型，实际参加计划的人口在每年新加入人口数量和结构、死亡率、退出率等损因概率变动的作用下表现出各种类型的波动。

DB计划缴费水平和债务水平的精算估计建立在封闭人口假设下，即不考虑不断新增参保人口的假设下，需要每年或每隔一定时间在新的封闭人口下进行估计。在长期预测中，需要考虑每年新增参保者人数及其年龄和工资分布，这时的估计是开放人口假设下的估计。

8.2.1 工资模式

养老金计划的缴费和给付通常与参加计划人员在职期间的工资水平挂钩，从而在职人员工资随年龄和时间的变动规律成为养老金计划成本和债务估计的基础。一般来说，劳动者的工资随工龄、工作业绩、劳动生产率和通货膨胀率的变动而调整，很难用确定性模型描述。实践中，一般用工资模式函数表示个人工资的变动规律。

定义工资率函数（rate of salary function）为$\{\bar{s}_y\}_{y\geqslant x_0}$，其中，$x_0$是加入养老金计划的初始年龄，$\bar{s}_{x_0}$可以设定为任意整数。对于$y>x\geqslant x_0$，那么，从$x$岁到$y$岁的工资比率为$\bar{s}_y/\bar{s}_x$。

【例8.1】 某30岁员工的年工资率为100 000元，假设工资率函数$\{\bar{s}_y\}_{y\geqslant 20}$为$\bar{s}_y=1.04^{y-20}$。

（1）计算他在确切年龄30.5岁的年工资率；

（2）计算他在30～31岁的工资。

【解】

（1）$\bar{s}_{30.5}=\bar{s}_{30}\times 1.04^{30.5-30}=100\,000\times 1.04^{0.5}=101\,980$（元）

（2）$\int_0^1 100\,000(\bar{s}_{30+t}/\bar{s}_{30})\mathrm{d}t=100\,000\int_0^1 1.04^t\,\mathrm{d}t=101\,987$（元）

实践中，更多地采用工资模式（salary scale）函数$\{s_y\}_{y\geqslant x_0}$，其中，s_{x_0}可以设定为任意整数，$s_y=\int_0^1 \bar{s}_{y+t}\,\mathrm{d}t$，表示从$y$～$y+1$岁的平均工资，对于$y>x\geqslant x_0$，假设员工从$x$岁到$y$岁处于就业状态，有

$$\frac{s_y}{s_x}=\frac{\int_0^1 \bar{s}_{y+t}\,\mathrm{d}t}{\int_0^1 \bar{s}_{x+t}\,\mathrm{d}t}$$

工资模式可以用整数年龄的工资模式表表示，表8-1给出了工资模式表的一个示例。

表8-1 工资模式表示例

x	s_x	x	s_x	x	s_x
30	1.000	34	1.359	38	1.783
31	1.082	35	1.461	39	1.894
32	1.169	36	1.566	40	2.005
33	1.260	37	1.674	41	2.115

续表

x	s_x	x	s_x	x	s_x
42	2.225	50	2.970	58	3.382
43	2.333	51	3.035	59	3.432
44	2.438	52	3.091	60	3.484
45	2.539	53	3.139	61	3.536
46	2.637	54	3.186	62	3.589
47	2.730	55	3.234	63	3.643
48	2.816	56	3.282	64	3.698
49	2.897	57	3.332		

依据工资模式表，可以在已知某一年龄工资的基础上，预测其他年龄的工资。例如，某养老金计划成员在评估时点的确切年龄为 35 岁，评估前一年 34～35 岁的年工资为 120 000 元，计算他在 59 岁的工资。依据表 8-1 给出的工资模式，有

$$120\,000\,\frac{s_{59}}{s_{34}}=303\,046(\text{元})$$

8.2.2 养老金计划服务表

养老金计划精算的目的之一就是在预定的缴费水平下估计养老金给付水平，或者在预先承诺的养老金水平下估计缴费水平。这需要对缴费和给付的条件及其规律进行研究。养老金计划主要提供退休年金，以保障职工退休后的老年生活。退休年金以职工参加养老金计划，并且在退休后存活为给付条件。此外，对参加养老金计划期间由于死亡、残病、退休和退职等原因退出养老金计划的人，通常也预先规定一定的给付。同时，养老金计划的缴费以职工在职存活为条件，职工死亡、残病、退职后不再缴费。因此，需要首先研究参加养老金计划人口的死亡概率、伤残概率、退职概率和不同年龄的退休概率等，这些概率构成了养老金计划人口的多损因概率。换句话说，参加养老金计划的人口因死亡、伤残、退职和退休而减少，退休后因死亡而减少。

以 0、1、2、3、4 分别表示养老金计划参加成员的参保、退职（withdrawn)、伤残（disability)、退休（retirement）和死亡（died in service）状态。图 8-1 给出了养老金计划的多重损因模型。

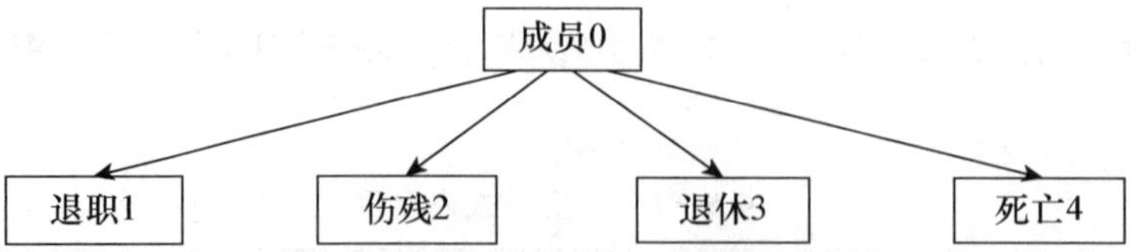

图 8-1　养老金计划多重损因模型

以${}_tp_x^{00}$ 表示 x 岁计划成员在 t 年后仍为计划成员的概率，分别以${}_tq_x^{01}$、${}_tq_x^{02}$、${}_tq_x^{03}$、${}_tq_x^{04}$ 表示 x 岁成员在 t 年内退职、伤残、退休和死亡的概率，有时也用${}_tq_x^{w}$、${}_tq_x^{i}$、${}_tq_x^{r}$、${}_tq_x^{d}$ 表示。有

$${}_tp_x^{00}=1-({}_tq_x^{01}+{}_tq_x^{02}+{}_tq_x^{03}+{}_tq_x^{04}),\quad x+t<r$$

在连续时间下，用${}_t\mu_x^{01}\equiv{}_t\mu_x^{w}$、${}_t\mu_x^{02}\equiv{}_t\mu_x^{i}$，${}_t\mu_x^{03}\equiv{}_t\mu_x^{r}$，${}_t\mu_x^{04}\equiv{}_t\mu_x^{d}$ 表示相应的损因力。

多重损因模型常采用类似生命表的离散表格形式表示，这类表称为养老金计划服务表（service table）。服务表的起始年龄为加入养老金计划的最低年龄，最高年龄为退休后领取养老金待遇前的最大年龄。设最低加入整数年龄为 x_0，取 x_0 岁养老金计划参加人数为 l_{x_0}，通常取 l_{x_0} 为任意整数，如，$l_{x_0}=1\,000\,000$。依据图 8-1 给出的状态转移模型，定义整数年龄 x_0+k（$k=0$，1，…），x_0+k 岁的退职人数 w_{x_0+k}、伤残人数 i_{x_0+k}、退休人数 r_{x_0+k}、死亡人数 d_{x_0+k} 和留存人数 l_{x_0+k} 如下：

$$w_{x_0+k}=l_{x_0}\,{}_kp_{x_0}^{00}\,p_{x_0+k}^{01}$$
$$i_{x_0+k}=l_{x_0}\,{}_kp_{x_0}^{00}\,p_{x_0+k}^{02}$$
$$r_{x_0+k}=l_{x_0}\,{}_kp_{x_0}^{00}\,p_{x_0+k}^{03}$$
$$d_{x_0+k}=l_{x_0}\,{}_kp_{x_0}^{00}\,p_{x_0+k}^{04}$$
$$l_{x_0+k}=l_{x_0}\,{}_kp_{x_0}^{00}$$

对于任意整数年龄 $y(>x)$，w_y、i_y、r_y、d_y、l_y 分别表示养老金计划参加者在 $y\sim y+1$ 岁的退职人数、伤残人数、死亡人数和留存人数。对于任意 $x>x_0$，有

$$l_x=l_{x-1}-w_{x-1}-i_{x-1}-r_{x-1}-d_{x-1}$$

表 8-2 给出了养老金计划服务表的一个示例。

表 8-2　养老金计划服务表示例

x	l_x	w_x	i_x	r_x	d_x	x	l_x	w_x	i_x	r_x	d_x
20	1 000 000	95 104	951	0	237	38	187 555	9 141	183	0	85
21	903 707	85 946	859	0	218	39	178 147	8 682	174	0	86
22	816 684	77 670	777	0	200	40	169 206	8 246	165	0	87
23	738 038	70 190	702	0	184	41	160 708	7 832	157	0	89
24	666 962	63 430	634	0	170	42	152 631	7 438	149	0	90
25	602 728	57 321	573	0	147	43	144 954	7 064	141	0	93
26	544 677	51 800	518	0	145	44	137 656	6 708	134	0	95
27	492 213	46 811	468	0	134	45	130 719	2 586	129	0	100
28	444 800	42 301	423	0	125	46	127 904	2 530	127	0	106
29	401 951	38 226	382	0	117	47	125 140	2 476	124	0	113
30	363 226	34 543	345	0	109	48	122 428	2 422	121	0	121
31	328 228	31 215	312	0	102	49	119 763	2 369	118	0	130
32	296 599	28 207	282	0	96	50	117 145	2 317	116	0	140
33	268 014	25 488	255	0	91	51	114 572	2 266	113	0	151
34	242 181	23 031	230	0	86	52	112 042	2 216	111	0	163
35	218 834	10 665	213	0	83	53	109 553	2 166	108	0	176
36	207 872	10 131	203	0	84	54	107 102	2 118	106	0	190
37	197 455	9 623	192	0	84	55	104 688	2 070	103	0	206

续表

x	l_x	w_x	i_x	r_x	d_x	x	l_x	w_x	i_x	r_x	d_x
56	102 308	2 023	101	0	224	61	58 700	0	56	5 573	212
57	99 960	1 976	99	0	243	62	52 860	0	50	5 018	213
58	97 642	1 930	96	0	264	63	47 579	0	45	4 515	214
59	95 351	1 884	94	0	288	64	42 805	0	41	4 061	215
60—	93 085	0	0	27 926	0	65—	38 488	0	0	38 488	0
60＋	65 160	0	62	6 188	210						

数据来源：Dickson D C M，Hardy M R，Waters H R. Actuarial Mathematics for Life Contingent Risks. 3rd ed. Cambridge：Cambridge University Press，2020：747.

在 60 岁和 65 岁确切年龄上减少的概率用 60—和 65—表示。

依据养老金计划服务表，可以计算在不同年龄和年龄段因不同原因退出计划的概率。例如，30 岁的养老金计划参加人在 60 岁仍留在计划中的概率为：

$$\frac{l_{60}}{l_{30}}=\frac{93\,085}{363\,226}=0.256\,3$$

30 岁的养老金计划参加人退职的概率为：

$$\frac{w_{30}+w_{31}+\cdots+w_{59}}{l_{30}}=\frac{34\,543+31\,215+\cdots+1\,884}{363\,226}=0.719\,6$$

30 岁的养老金计划参加人在 65 岁退休前伤残的概率为：

$$\frac{i_{30}+i_{31}+\cdots+i_{64}}{l_{30}}=\frac{345+312+\cdots+41}{363\,226}=0.013\,92$$

30 岁的养老金计划参加人领取退休养老金的概率为：

$$\frac{r_{30}+r_{31}+\cdots+r_{65}}{l_{30}}=\frac{0+0+\cdots+38\,488}{363\,226}=0.252\,6$$

30 岁的养老金计划参加人在 65 岁退休前死亡的概率为：

$$\frac{d_{30}+d_{31}+\cdots+d_{64}}{l_{30}}=\frac{109+102+\cdots+215}{363\,226}=0.018\,5$$

8.3 DB 计划的退休待遇设计

DB 计划的待遇包括退休后的养老金待遇、中途离职的退职待遇、伤残待遇和死亡待遇等，本节讨论退休待遇即养老金待遇的设计。

DB 计划的养老金待遇通常与参加计划期间的工资和工作年数相关。工资越高、工作年数越长，养老金待遇越高。常见的养老金待遇计发公式中包括计发系数、参加养老金计划的年数和工资等三项。其中，工资有在职期间平均工资、退休前一年的工资和退休前几年平均工资几种选择。有时为了简化测算和管理，养老金待遇也可以设定为固定数额或者与参加养老金计划年数相关的固定数额。

8.3.1 与工资水平无关的待遇设计

与工资水平无关的待遇设计有两种：一种是养老金待遇以固定数额规定，不考虑参加者的工资水平和工作年限，对所有计划成员给付相同水平的养老金待遇；一种是养老金待遇与参加计划的年数相关。

以 b_x 表示从 x_0 岁开始加入养老金计划在年龄 $x \sim x+1$ 岁得到的养老金权益，B_x 表示从 x_0 岁加入养老金计划到 x 岁前积累的养老金总权益，$B_x=\sum_{t=x_0}^{x-1} b_t$ 。在退休年龄 r 岁积累的养老金总权益为 $B_r=\sum_{t=x_0}^{r-1} b_t$ 。

以固定数额规定退休给付时，$B_x=A$，A 为常数。实践中的全民平均津贴就是一种固定数额给付，其待遇与工资和工作年数无关，每个达到一定年龄的老年人都可以领取相同数额的固定年金。

养老金待遇只与工作年数相关，不与工作期间工资水平挂钩。这种养老金待遇设计通常规定为每工作一年得到固定数额的退休给付。如果参加养老金计划期间每工作一年得到固定给付 k，这时，$b_x=k$，k 为常数，退休给付为 $B_r=k(r-x_0)$，在职期间 x 岁积累的养老金权益为 $B_x=k(x-x_0)$。

8.3.2 最后平均工资给付计划

在最后平均工资给付计划（final salary plans）下，退休给付规定为每工作一年得到退休前几年平均工资的某一比例。设这一比例为 α，称为养老金应计系数（accrual rate）。以 S_{Fin} 表示退休前几年的平均工资，n 表示退休前的工作年数，m 表示计算退休前最后平均工资的年数，有

$$B_r=nS_{Fin}\alpha$$

$$S_{Fin}=\sum_{y=r-m}^{r-1} s_y/m$$

例如，某养老金计划成员退休前的工作年数为 30 年，退休前 5 年的平均工资为 100 000 元，退休给付规定为每个工作年获得退休前 5 年平均工资的 1.5%，则年退休给付为：

$$B_r=0.015\times 100\,000\times 30=45\,000(\text{元})$$

某养老金计划成员的当前年龄为 x 岁，参加养老金计划时的年龄为 x_0 岁（$x_0 \leqslant x$），正常退休年龄为 r 岁，则该成员退休时的养老金待遇为：

$$B_r=(r-x_0)\hat{S}_{Fin}\alpha$$

式中，$\hat{S}_{Fin}$ 是依据参加养老金计划的员工当前工资和工资模式函数对 S_{Fin} 的估计值。退休时的养老金待遇可以分解为在当前年龄 x 岁已获得的养老金权益和未来将获得的养老金权益两部分：

$$(r-x_0)\hat{S}_{Fin}\alpha=(x-x_0)\hat{S}_{Fin}\alpha+(r-x)\hat{S}_{Fin}\alpha$$

等式右面第一部分是 x 岁已获得的养老金权益 B_x，称为 x 岁既得权益（accrued benefit）。第二部分与未来工作相关，但两部分养老金权益都与退休前最后工资水平相关。在实践中，如果计划因故中止，养老金计划参加者的既得权益只有第一部分，而且要按计划终止前几年的平均工资估计养老金待遇，而不是按正常退休前几年的平均工资进行估计。

8.3.3 平均工资给付计划

平均工资给付计划（career average earnings plans，CAE）的养老金待遇与参加养老金计划期间的平均工资、工作年数挂钩。以 $(TPE)_r$ 表示工作期间的工资总额，工作年数为 n 年，这时，平均工资给付计划的养老金待遇为：

$$B_r=\alpha n\frac{(TPE)_r}{n}=\alpha(TPE)_r$$

在平均工资给付计划下，$x\sim x+1$ 岁得到的养老金权益 b_x 是当年工资的固定比例，即 $b_x=\alpha s_x$。从 x_0 岁加入养老金计划到 x 岁累积的既得养老金权益为 $B_x=\alpha(TPE)_x$，$(TPE)_x$ 是到 x 岁的累积工资总额。

比如，某职工工作 30 年，工作期间年平均工资为 100 000 元，退休给付规定为每个工作年获得工作期间平均工资的 1.5%，则年退休给付为：

$$B_r=0.015\times 100\,000\times 30=45\,000(\text{元})$$

8.4 养老金计划的精算评估

养老金计划的精算评估是保证计划财务稳健和可持续发展的重要基础。在计划设计阶段，需要评估达到设定的待遇目标所需的缴费，或者在一定的缴费下能够实现的待遇；在定期财务状况评估中，需要定期测算计划成本的变动和所需的缴费调整；需要定期评估计划的负债水平和偿付能力状态等。

早期的 DB 计划通常由雇主承担全部缴费责任，雇员不缴费。后来发展为由雇主和雇员共同承担缴费责任。一般情况下，雇员按个人工资的固定比例缴费，雇主除了负担预先设定水平的缴费外，还要负担不确定因素变动引起的额外成本增加。雇主每年对养老金计划的缴费应该是均衡和可预测的，定期对养老金计划的成本和债务做出精算评估，是养老金计划精算的重要任务。

8.4.1 基本概念

1. 精算债务

养老金计划的精算债务（actuarial liability）是评估时点所有计划参加人既得权益的精算现值。用${}_tV$表示时点t的精算债务。

如果在评估时点t，计划积累的资产F_t大于等于精算债务，即$F_t \geqslant {}_tV$，这时计划的偿付能力充足，偿付能力比率$F_t/{}_tV$大于等于1。如果$F_t < {}_tV$，计划的偿付能力比率小于1，计划存在资金净缺口，需要用额外缴费补齐缺口。

2. 正常缴费

养老金计划的总成本是计划承诺的所有给付和费用支出的总和，其实际成本在计划所有给付完成之前是未知的，需要进行精算估计。年正常缴费（normal contribution）是精算估计的总成本分摊在各年形成的每年需要向养老金计划的缴费总额，它是根据精算假设估计的未来所有给付精算现值分摊于每年的数额，或者说是养老金计划成员某年得到的所有权益的现值。

3. 单位权益法

养老金计划缴费和精算债务的评估一般采用单位权益法（unit credit method），在美国的《雇员退休收入保障法案》中又称为应计权益成本法（accrued benefit cost method），它是将养老金总权益分摊在各缴费年，形成各年的应计权益（accrued benefit）或者单位权益（unit credit），当年应计权益或单位权益的现值就是为获得这一权益需要分摊的成本和正常缴费。理论上，为实现某一养老金计划的待遇，各年的应计权益有不同的分配模式，从而形成不同的成本分配模式。实践中，常用的单位权益法有两种：一种是传统单位权益法（traditional unit credit，TUC），另一种是预计单位权益法（projected unit credit，PUC）。

传统单位权益法依据预先规定的各年获得的应计权益额计算年正常缴费。如果计划参加人在x岁获得的应计养老金权益为当年工资s_x的α比例，即$b_x=\alpha s_x$，则退休时获得的养老金总权益为$B_r=\alpha S_r$，S_r是从加入养老金计划到退休前一年$r-1$岁的累计工资。

预计单位权益法首先依据预先设定的年养老金待遇B_r，即退休时年度养老金总权益，再以水平分配或以工资的比例的分配方式，将B_r分摊在各个成本分摊年，形成x岁获得的应计养老金权益。由于养老金待遇通常规定为退休前几年的平均工资或者全部参加计划期间平均工资的一个比例，从而评估年x岁获得的应计养老金权益以及对应的年成本会受评估年以后未来工资的影响。如果养老金待遇B_r规定为退休前一年工资的固定比例，设$B_r=gs_{r-1}$，在平均分配B_r时，$b_x=B_r/(r-e)$。在以工资的比例分配B_r时，$b_x=gs_x$，并且$g=B_r/S_r$。

在成本和债务的计算公式上，传统单位权益法和预计单位权益法没有差异，但是在预计单位权益法下，预计的未来工资对养老金权益和成本有影响，或者说预计单位权益法在计算成本和债务时，需要先预计未来的工资水平，再计算参加计划一年能够获得的

养老金权益 b_x，然后计算成本和债务。在传统单位权益法下，预先确定了每年获得的养老金权益 b_x，不需要预计未来的工资，或者说未来的工资变动不影响传统单位权益法下对成本和债务的计算结果。

8.4.2 正常成本

在单位权益法下，x 岁获得的养老金权益 b_x 的现值就是 x 岁的正常成本。

$$(NC)_x = b_x \cdot {}_{r-x}p_x^{\tau} \cdot v^{r-x} \cdot \ddot{a}_r$$

当养老金每月支付一次时，上式的年金系数成为 $\ddot{a}_r^{(12)}$。

评估年总成本是所有计划参加者在评估时点成本的总和，评估年总正常成本用 TNC_0 表示。

$$TNC_0 = \sum (NC)_x$$

在单位权益法下，由于折现系数和留存率随着年龄 x 的增大而增大，从而对参加计划的个人而言，正常成本随年龄的增长而提高。

【例 8.2】 如果某养老金计划在 2006 年 5 月 1 日建立，对参加者的退休给付规定为每工作一年每月可以得到 20 元，正常退休年龄为 60 岁，并且没有提前退休、伤残、退职等给付。如果某职工从 25 岁开始加入计划，在评估时点 2009 年 5 月 1 日 35 岁，预定利率为 6%。若 60 岁每年 1 元每月 1 次支付的生存年金系数为 $\ddot{a}_{60}^{(12)}=10$，依据生命表计算的 35 岁存活 25 年的概率 ${}_{25}p_{35}=0.874$，计算这个职工在 35 岁的年正常成本。

【解】

按计划规定，每工作一年可以得到的养老金权益为：

$$b_{35}=20\times 12=240(\text{元})$$

则

$$\begin{aligned}(NC)_{35} &= b_{35} \cdot {}_{25}p_{35} \cdot v^{25} \cdot \ddot{a}_{60}^{(12)} \\ &= 240\times 10\times 0.874\times 1.06^{(-25)} \\ &= 488.74(\text{元})\end{aligned}$$

【例 8.3】 在例 8.2 中，如果在评估日计划中有 25 岁的参保者 8 人，35 岁的参保者 10 人，45 岁的参保者 6 人，55 岁的参保者 4 人，计算计划在评估日的年总正常成本。（依据生命表计算的生存概率为：${}_{35}p_{25}=0.854$，${}_{15}p_{45}=0.901$，${}_{5}p_{55}=0.953$。）

【解】

计划的年总正常成本是参加者正常成本之和。

$$\begin{aligned}(NC)_{25} &= b_{25} \cdot {}_{35}p_{25} \cdot v^{35} \cdot \ddot{a}_{60}^{(12)} \\ &= 240\times 10\times 0.854\times 1.06^{(-35)} \\ &= 266.66(\text{元})\end{aligned}$$

$$(NC)_{45} = b_{45} \cdot {}_{15}p_{45} \cdot v^{15} \cdot \ddot{a}_{60}^{(12)}$$

$$=240\times10\times0.901\times1.06^{(-15)}$$
$$=902.29(元)$$
$$(NC)_{55}=b_{55}\cdot{}_5p_{55}\cdot v^5\cdot\ddot{a}_{60}^{(12)}$$
$$=240\times10\times0.953\times1.06^{(-5)}$$
$$=1\,709.13(元)$$

总成本为：

$$TNC_0=8\times266.66+10\times488.74+6\times902.29+4\times1\,709.13$$
$$=19\,270.94(元)$$

在例 8.2 和例 8.3 下，每年得到的养老金权益预先规定，并与评估日后的工资增长无关，在传统单位权益法下可以直接计算分年龄的年度成本和年度总成本。如果单位权益与评估日后的工资增长有关，例如以职业平均工资或最后工资的比例规定养老金待遇，这样，每年的应计权益与评估日后的工资增长假设直接相关。例如，参加者在 x 岁的工资是 s_x，假设工资年增长 5%，计划提供的退休给付规定为每工作一年给付退休前最后一年工资的 2%，如果退休年龄规定为 r，最后一年的工资以 s_{r-1} 表示。这时有

$$B_r=0.02s_{r-1}(r-e)=0.02s_x(1.05)^{r-1-x}(r-e)$$

由于计划规定的养老金权益与工作年数成正比，从而每年得到的养老金权益是对 B_r 的等比例分配，即

$$b_x=\frac{0.02s_x1.05^{r-1-x}(r-e)}{r-e}=0.02s_{r-1}$$

这时，每年得到的养老金权益是最后工资的一个比例，需要用预计单位权益法计算正常成本。

【例 8.4】某计划规定的正常退休给付为每工作一年给付最后三年平均工资的 1%。假设年利率 7%，年工资增长率 5%，退休年龄为 65 岁，死亡率为 $q_{55}=0.009$，并且不考虑提前退休、伤残、退职等因素。为了简化，假设该计划只有一个参加者，他出生于 1950 年 1 月 1 日，在 2005—2006 年的实际工资增长为 8%。计算 2006 年的正常成本比 2005 年增加的百分比。

【解】

在 2005 年 1 月 1 日参加者是 55 岁，按未来 5%的工资增长率计算，2005 年的应计给付为：

$$b_{55}=0.01s_{55}\,\frac{(1.05)^7+(1.05)^8+(1.05)^9}{3}$$

所以，$(NC)_{55}=b_{55}v^{10}{}_{10}p_{55}\ddot{a}_{65}$。

在 2005—2006 年的实际工资增长为 8%，则 2006 年 56 岁的工资为 $1.08s_{55}$，所以

$$b_{56}=0.01s_{55}(1.08)\frac{(1.05)^6+(1.05)^7+(1.05)^8}{3}=b_{55}\,\frac{1.08}{1.05}$$

$$(NC)_{56}=b_{56}v^9{}_9p_{56}\ddot{a}_{65}=b_{55}\,\frac{1.08}{1.05}v^9{}_9p_{56}\ddot{a}_{65}$$

$$\frac{(NC)_{56}}{(NC)_{55}}=\frac{1.08}{1.05}(1.07)\frac{1}{p_{55}}=1.111$$

2006 年的正常成本比 2005 年提高了 11.11%。

【例 8.5】 假设某男性职工 25 岁参加工作并加入养老金计划，退休给付规定为每年得到退休前一年工资的 1%，法定退休年龄为 60 岁，参加计划当年的工资为 6 000 元，职工工资随着工龄增长率为 1%，随通货膨胀率和劳动生产率提高的比例为 4%。假设职工在职期间没有伤残和退职发生，死亡率采用中国人身保险业经验生命表（见附录 2）的 CL3 表提供的数据，利率假设为 5%。计算在 25 岁、35 岁、45 岁、55 岁的正常成本及其占当年工资的比例。

【解】

$$B_r=35\times1\%\times6\,000\times1.05^{34}=11\,032.03(\text{元})$$

$$b_x=\frac{B_r}{35}=1\%\times6\,000\times1.05^{34}=315.20(\text{元})$$

$$(NC)_x=b_x\cdot{}_{60-x}p_x\cdot v^{60-x}\cdot\ddot{a}_{60}$$

各年龄的正常成本及其占工资的比例见表 8－3。

表 8－3　预计单位权益法正常成本

x	b_x	${}_{60-x}p_x$	v^{60-x}	$\ddot{a}_{60}$	$(NC)_x$	$(NC)_x/s_x$ (%)
25	315.20	0.949	0.181	12.55	647.25	10.79
35	315.20	0.953	0.295	12.55	1 062.72	10.87
45	315.20	0.961	0.481	12.55	1 759.89	11.05
55	315.20	0.981	0.784	12.55	2 988.17	11.52

8.4.3　精算债务

在单位权益法下，评估年的精算债务是累积养老金权益的现值，t 年累积养老金权益是从加入计划到评估年前（但不包括评估年）各年份累积权益的总和。设 B_x 是从开始承诺给付的年龄 e 岁起到评估年 x 岁累积的养老金权益，有 $B_x=\sum_{t=e}^{x-1}b_t$，x 岁的精算债务用 $(AL)_x$ 表示，有

$$(AL)_x=B_x\cdot{}_{r-x}p_x^{\tau}\cdot v^{r-x}\cdot\ddot{a}_r$$

当养老金每月支付一次时，上式的年金系数成为 $\ddot{a}_r^{(12)}$。由于 B_x，${}_{r-x}p_x^{\tau}$，v^{r-x} 随着年龄的增大而提高，$\ddot{a}_r$ 不随年龄变化，从而 $(AL)_x$ 随着年龄的增大而提高。

所有参加者债务之和就是计划的总债务，评估日总债务以 TAL_0 表示。

$$TAL_0=\sum AL_x$$

在会计上，按传统单位权益法计算的精算债务被称为累积权益负债（accumulated

benefit obligation，ABO)，它是在不考虑未来工资增长对权益累积的影响下，以评估当年参加者的工资为基础计算的已积累养老金权益现值。按预计单位权益法计算的精算债务被称为预计权益负债（projected benefit obligation，PBO)，它是在考虑未来工资增长对权益累积的影响下，以未来工资为基础计算的已累积养老金权益现值。

【例 8.6】 在评估年某计划参加者为 60 岁，其过去工作年数为 30 年，正常退休年龄为 65 岁，60 岁的当前工资为 50 000 元，养老金待遇规定为退休年工资的 1%与退休前工作年数的乘积。假设工资增长率为 5%，利率为 10%，该参加者在退休前没有死亡，在利率 10%下的年金系数 $\ddot{a}_{65}=7.606$，试计算在 60 岁时的 ABO 和 PBO。

【解】

由 $s_{60}=50\,000$，有 $s_{65}=50\,000\times(1.05)^5=63\,814$(元)。

60 岁的过去工作年数为 30 年，如果按退休年工资计算权益，需要考虑从 60 岁到 65 岁的工资增长，60 岁累积的权益为：

$$B_{60}=1\%\times30\times s_{65}=30\times1\%\times63\,814=19\,144(\text{元})$$

如果按评估日的工资计算权益，不考虑退休前的工资增长，60 岁累积的权益为：

$$B_{60}=1\%\times30\times s_{60}=15\,000(\text{元})$$

因此

$$PBO=19\,144\times7.606=145\,611(\text{元})$$
$$ABO=15\,000\times7.606=114\,090(\text{元})$$

如果不考虑在退休前的死亡，有

$$PBO=B_{60}\ddot{a}_{65}v^5=19\,144\times7.606/1.1^5=90\,413(\text{元})$$

$$ABO=B_{60}\ddot{a}_{65}v^5=15\,000\times7.606/1.1^5=70\,841(\text{元})$$

可见，由于在 PBO 中考虑未来工资增长对权益的影响，总有 $PBO>ABO$。

【例 8.7】 在例 8.3 中，计算养老金计划的精算债务。

【解】

按计划规定，每年得到的养老金权益为：$b_x=20\times12=240$(元)。

到 x 岁累积的养老金权益为：

$$B_x=\sum_{t=e}^{x-1}b_t=(x-e)\cdot b_x$$
$$B_{25}=0$$
$$B_{35}=10\times240=2\,400(\text{元})$$
$$B_{45}=20\times240=4\,800(\text{元})$$
$$B_{55}=30\times240=7\,200(\text{元})$$

$$\begin{aligned}(AL)_{35}&=B_{35}\cdot{}_{25}p_{35}\cdot v^{25}\cdot\ddot{a}_{60}^{(12)}\\&=2\,400\times0.874\times1.06^{(-25)}\times10\\&=4\,887.38(\text{元})\end{aligned}$$

$$(AL)_{45}=B_{45}\cdot {}_{15}p_{45}\cdot v^{15}\cdot \ddot{a}_{60}^{(12)}$$
$$=4\,800\times 10\times 0.901\times 1.06^{(-15)}$$
$$=18\,045.88(\text{元})$$
$$(AL)_{55}=B_{55}\cdot {}_{5}p_{55}\cdot v^{5}\cdot \ddot{a}_{60}^{(12)}$$
$$=7\,200\times 10\times 0.953\times 1.06^{(-5)}$$
$$=51\,273.87(\text{元})$$
$$(TAL)_0=10\times 4\,887.38+6\times 18\,045.88+4\times 51\,273.87$$
$$=362\,244.6(\text{元})$$

【例 8.8】 在例 8.5 中，计算各年龄的精算债务及其占当年工资的比例。

【解】

根据精算债务的计算公式，结果如表 8-4 所示。

表 8-4　预计单位权益法精算债务及其占当年工资的比例

x	B_x	${}_{60-x}p_x$	v^{60-x}	$\ddot{a}_{60}$	$(AL)_x$	$(AL)_x/s_x$ (%)
25	0	0.949	0.181	12.55	0	0
35	3 152	0.953	0.295	12.55	10 627	1.087
45	6 304	0.961	0.481	12.55	35 198	2.211
55	9 456	0.981	0.784	12.55	89 645	3.457

从表中可见，在开始加入计划的年龄，精算债务为 0，随着年龄的增长，精算债务数额和占工资的比例快速提高。

8.5　本章 R 指导

本节以例 8.5 和例 8.8 为例，讲述本章内容的 R 实现。

（1）养老金产品需要使用 CL3 表。

```
qx<-function(age){
  qx=lifetable$q31[age+1]
  return(qx)
}
```

（2）调用第 3 章和第 4 章自定义的寿险函数与年金函数。

（3）自定义年薪函数。

```
salary<-function(x,s0,y,j){
  s<-s0*(1+j)^(y-x)
  return(s)
}
#输出 25 岁,35 岁,45 岁,55 岁的年薪
```

```
> salary(25,6000,25,0.05)
[1]6000
> salary(25,6000,35,0.05)
[1]9773.368
> salary(25,6000,45,0.05)
[1]15919.79
> salary(25,6000,55,0.05)
[1]25931.65
```

（4）自定义正常成本函数，正常成本函数等于 $NC_x = b$。

```
b=0.01 * salary(25,6000,59,0.05)
NC<-function(x,r,b,i){
  NC<-br * m_ax(x,r-x,i)
  return(NC)
}
#输出 25 岁,35 岁,45 岁,55 岁的正常成本
> NC(25,60,b,0.05)
[1]647.2539
> NC(35,60,b,0.05)
[1]1062.721
> NC(45,60,b,0.05)
[1]1759.895
> NC(55,60,b,0.05)
[1]2988.174
```

（5）自定义比例函数，计算正常成本占当年工资的比例。

```
p<-function(x){
  p=NC(x,60,br,0.05)/salary(25,6000,x,0.05)
  return(p)
}
#输出 25 岁,35 岁,45 岁,55 岁的正常成本占当年工资的比例
> p(25)
[1]0.1078757
> p(35)
[1]0.1087364
> p(45)
```

```
[1]0.1105477
> p(55)
[1]0.1152327
```

（6）自定义预计单位权益法精算债务函数并计算其占工资的比例。

```
AL<-function(x,r,i){
  AL<-b*(x-25)*m_ax(x,r-x,i)
  return(AL)
}
#输出25岁,35岁,45岁,55岁的预计单位权益法精算债务
> AL(25,60,0.05)
[1]0
> AL(35,60,0.05)
[1]10627.21
> AL(45,60,0.05)
[1]35197.91
> AL(55,60,0.05)
[1]89645.22
pp<-function(x){
  pp=AL(x,60,0.05)/salary(25,6000,x,0.05)
  return(pp)
}
#输出25岁,35岁,45岁,55岁的预计单位权益法精算债务占当年工资的比例
> pp(25)
[1]0
> pp(35)
[1]1.087364
> pp(45)
[1]2.210954
> pp(55)
[1]3.45698
```

习 题

8.1 某25岁员工的年工资为100 000元，假设工资率函数$\{\bar{s}_y\}_{y\geq 30}$为$\bar{s}_y=1.05^{y-30}$。

(1) 计算他在确切年龄 30.5 岁的年工资;

(2) 计算他在 30～31 岁的工资。

8.2 某养老金计划成员在评估时点的确切年龄为 40 岁，评估前一年 39～40 岁的年工资为 15 万元，依据表 8-1 给出的工资模式，计算他在 59 岁的工资。

8.3 依据表 8-2 给出的养老金计划服务表，计算:

(1) 25 岁的养老金计划参加人在 65 岁仍留在计划中的概率;

(2) 25 岁的养老金计划参加人在 65 岁之前退职的概率;

(3) 25 岁的养老金计划参加人在 65 岁之前伤残的概率;

(4) 25 岁的养老金计划参加人在 65 岁退休前死亡的概率;

(5) 25 岁的养老金计划参加人在 65 岁退休之后领取养老金的概率。

8.4 某养老金计划成员退休前的工作年数为 35 年，退休前 5 年的平均工资为 15 万元，退休给付规定为每个工作年获得退休前 5 年平均工资的 1.5%，基于最后 5 年平均工资给付计划，计算该成员退休时的养老金待遇。

8.5 某养老金计划成员退休前的工作年数为 35 年，退休前 5 年的平均工资为 15 万元，退休给付规定为每个工作年获得工作期间平均工资的 1.5%，基于平均工资给付计划，计算该成员退休时的养老金待遇。

8.6 某养老金计划对参加者的退休给付规定为每工作一年每月可以得到 100 元，正常退休年龄为 60 岁，并且没有提前退休、伤残、退职等给付。如果某职工从 30 岁开始加入该养老金计划，在评估时点 35 岁，预定利率为 5%。若 60 岁生存年金系数为 $\ddot{a}_{60}^{(12)}=10$，依据生命表计算的 35 岁存活 25 年的概率 ${}_{25}p_{35}=0.874$，计算这个职工在 35 岁的年正常成本。

8.7 某养老金计划规定的正常退休给付为每工作一年给付最后 5 年平均工资的 1.5%。假设年利率 5%，年工资增长率 4%，退休年龄为 65 岁，死亡率为 $q_{55}=0.009$，并且不考虑提前退休、伤残、退职等因素。假设该计划有 10 个出生于 1950 年的参加者，他们在 2005—2006 年的实际工资增长为 8%。计算:

(1) 2006 年的总正常成本;

(2) 2006 年的正常成本比 2005 年增加的百分比。

8.8 假设某女性职工 25 岁参加工作并加入养老金计划，退休给付规定为每年得到退休前一年工资的 1.5%。法定退休年龄为 55 岁，参加计划当年的工资为 6 000 元，职工工资随着工龄的增长率为 1%，随通货膨胀率和劳动生产率提高的比例为 4%，假设职工在职期间没有伤残和退职发生，死亡率采用中国人身保险业经验生命表（见附录 2）的 CL6 表提供的数据，利率假设为 5%。计算在 30 岁、40 岁、50 岁的正常成本及其占当年工资的比例。

8.9 在评估年，某养老金计划参加者为 50 岁。其过去工作年数为 22 年，正常退休年龄为 60 岁，50 岁的当前年度工资为 100 000 元，养老金待遇规定为退休年工资的 1% 与退休前工作年数的乘积。假设工资增长率为 5%，利率为 3.5%，该参加者在退休前没有死亡，在利率 3.5%下的年金系数 $\ddot{a}_{60}=14.3$，试计算他在 50 岁时的 *ABO* 和 *PBO*。

第9章

寿险产品的利润核算

寿险产品的利润核算是保险会计的主要难题之一，各国的精算实务和相关会计准则存在很多差别。事实上，保险会计是一个困难重重的领域。相关的国际会计准则到 2005 年才形成初稿——IFRS 4。但是修订工作一直在进行中，最近的成果是 2017 年 5 月正式发布的国际保险会计准则 IFRS 17。我国的基本态度是跟 IFRS 17 保持一致，欧盟和北美也是如此。所以，各国的寿险会计准则和实务将会逐渐趋同，这自然要求精算实务做出相应调整。

对于精算专业的学生来说，会计是一个充斥着陌生术语和大量技术细节的领域，因此让人多多少少有些畏难情绪。不过国际会计准则在进入 21 世纪之后，总体上倾向于用资产负债法来评估报告利润，这也是 IFRS 17 的基本取向。对于非会计专业人士来说，资产负债法稍微容易一点，更易于和精算的建模理念与折现现金流法融合。此外，资产负债法也能够用来解释此前和现行的寿险产品利润核算问题。本章将集中关注资产负债法下，封闭型寿险保单组（在 IFRS 17 下称为合同组）的利润核算和利源分析问题。

学习本章内容，需要掌握的会计知识包括：复式记账法，会计的分期原则和配比原则，资产负债表和利润表的基本概念，以及利润的两种计算方法——配比摊销法和资产负债法。

9.1　寿险保单组利润核算的准备知识

财务报表上的数字多是总和，因此团体型公式更适合寿险会计。需要强调的是，处理业务的长期性和不确定性并不是寿险精算面临的特殊困难，会计准则对资产和负债的定义已经包含了不确定性和预期的概念，而在资产和负债的价值评估中基于期望的折现现金流法也得到了广泛应用。所以，从建模方法来看，寿险精算中的团体型公式与会计有共同基础，所以有些公司在实务中会使用整合精算和会计的“精算-财务模型”来提供决策信息。本章主要使用封闭型保单组或合同组作为基本的建模对象。

9.1.1 寿险保单组的团体模型

假定在时刻0有 l_x 份 n 年期趸缴定期险保单，投保年龄为 x，保额假定为1个单位。如果采用完全离散假设，则在未来 n 年中，每年的被保险人死亡人数是一组随机变量（D_x，D_{x+1}，…，D_{x+n-1}），最后的生存人数为 L_{x+n}。不考虑退保，那么最初的 l_x 份保单要么在某个整数年龄段内发生索赔，要么生存到满期，因此可以类比于将 l_x 个球随机扔进 n 个盒子里，它服从多项分布。如果仅仅计算随机变量的期望值，则不必利用多项分布。若已知生命表和投保年龄 x，历年死亡人数随机变量（D_x，D_{x+1}，…，D_{x+n-1}）的期望值为（d_x，d_{x+1}，…，d_{x+n-1}）。

未来给付随机变量 $PVFB=D_xv+D_{x+1}v^2+\cdots+D_{x+n-1}v^n$ 的期望值很容易计算：

$$\begin{aligned}E(PVFB)&=E(D_xv+D_{x+1}v^2+\cdots+D_{x+n-1}v^n)\\&=E(D_x)v+E(D_{x+1})v^2+\cdots+E(D_{x+n-1})v^n\\&=d_xv+d_{x+1}v^2+\cdots+d_{x+n-1}v^n\end{aligned}$$

在数学变换的意义下，团体型公式与个体型公式是等价的，上述推导过程是为了强调一个基本概念：团体型公式也可以建立在概率论的基础上。精算专业的学生需要了解的是，会计一直都在广泛使用“期望现值”的概念，和精算的差别在于很多时候会计没有建立明确的概率模型。进入21世纪，概率论和统计学的普及程度越来越高，而会计准则也越来越重视资产负债法，基于折现现金流法的概率模型将变得越来越普及，而不再是精算的专利。

会计是在保单组的层面进行记录与核算，所以精算人员要能够在两个不同层面解释精算原理和业务数据，即个别保单的期望和保单组的期望。在理解保险会计的时候，基于保单组的团体模型能更好地实现精算模型和会计报表的对接。

9.1.2 存量、流量和流率模型

基于存量、流量和流率的建模思路是数学建模的基本框架之一，下面举几个简单的例子。

在生命表模型中，人口总量是存量，如果以年为单位时间，则当年的出生率和死亡率是流率，当年的出生数和死亡数是流量。当年发生的流量调节了年初的人口总量，就可以得到年末的存量，即新的人口总量。

对于封闭型保单组，年初有效保单数是存量，当年发生的退保数和索赔数都是流量，经过这个流量调节后，就可以得到年末的存量。

在账户生息投资模型中，期初余额是存量，当年收益率是流率，当年投资收益是流量。

我们将对会计的一些基本概念和实务做简单介绍，并且假定读者没有学习过会计的

先修课程。

9.1.3 会计的四个基本假设

会计的四个基本假设是：会计主体、持续经营、会计分期、货币计量。

会计主体：在本章的例题中指运营一个保单组的机构，日常生活中就是保险公司或者养老基金。

持续经营：假定运营保险业务的主体能够一直经营下去，即不考虑出现破产清算的情形，显然，这是一个简化假设。

会计分期：会计系统需要定期提交会计报表，所以它反映的是某些时点上的存量和某个时段内发生的流量，这就是会计分期的要求。这个要求看起来平淡无奇，但是在商业活动中，某一项业务可能会产生一系列的现金流入和现金流出，而这些现金流的发生时间往往都会有明显的时间差，这种时间上的差异与会计分期的要求结合起来，是很多会计难题的源头。

刚接触会计的时候，需要注意现金收付制和权责发生制的差别与联系。现金收付制是折现现金流方法的基本逻辑，按现金流入和流出来描述即可。

货币计量的要求不需要更多解释，精算建模也必须将各项业务活动转化为相关的现金流，然后才能进行分析。

下面从两个方面做进一步说明。

1. 保单生效日与会计报告年度不一致

基于会计分期假设，通常会要求在某个规定日期之前提交会计报表，该日期称为资产负债表日或者会计报表日，比如每年的 4 月 1 日。资产负债表日是固定的，但保险业务是持续运营的，当前的有效保单生效日会散布在一年之中，需要进行有效保单的未来责任和保费收入的配比。比如资产负债表日是每年的 12 月 31 日，一份保单的生效日期是 10 月 1 日，并且在 10 月 1 日缴纳了保费 3 000 元。为简化问题，假设这是一份汽车保险的保单，并且在到 12 月 31 日的 3 个月中没有发生索赔，那么企业在资产负债表日该如何确认当年已经实现的保费收入？不用会计专业知识，我们也能理解和接受下面的处理方式：这 3 000 元保费是为 1 年时间提供保障的，现在已经过了 3 个月，还剩下 9 个月，按照均匀分布假设，认为保险公司已经履行了 1/4 的保障责任是合理的，因此可以认为保险公司已经实现了 750 元保费收入。换句话说，就是保险公司收到的 3 000 元保费中有 750 元已经是“真正”的收入。

上述解释对于概念理解已经足够，但一家保险公司每天要处理大量的类似交易，显然必须将这种合理的估算转化为账目和标准的处理流程。会计提供了一套标准化流程，其核心思想是复式记账法，本书不做展开。

2. 应收保费的理解和估算

寿险保单中有很多是期缴保费，假定是年缴保费，则按合同约定，在缴费期内，投保人应当每年支付保费。这类保单也会约定一个缴纳保费的日期，如果投保人按时支付保费，则没有应收保费的问题。但是总会有一定比例的投保人没有在约定日期支付保费，这时保险人会向投保人发出催告，提醒投保人支付保费。不过通常会有一个宽限期，比如一个月或者两个月，在宽限期结束之前，即使投保人没有支付保费，保单仍然有效。如果被保险人在宽限期内发生保险事故，则保险人应当按照合同约定给付保险金，但可以扣减欠缴的保险费。

保险公司面临的问题一般是这样的：在某月月底发现有10 000份保单处在宽限期内，其中有一定比例的投保人已经决定退保了，所以他们不会继续支付保费，剩下的保单则会在宽限期结束之前支付保费。问题是保险公司无法确定决定退保者的具体比例，只能根据历史数据估计从这10 000份保单中能够获得的保费。

乍看之下，应收保费和一般的应收账款差不多，但两者的法律地位完全不同。我国《保险法》第三十八条规定：保险人对人寿保险的保险费，不得用诉讼方式要求投保人支付。也就是说，保险公司只能被动等待投保人支付保费，而主动退保是投保人的权利，投保人为此付出的代价是保单失效，获得退保金的时候一般也会遭受一点损失。

结论是，对到期没有支付的保费，能够估计一个未来可以收到的比例，但在实际业务中这个比例和实际结果常常有所不同。

9.1.4　会计要素的定义

会计要素包括资产、负债、权益、收入、费用。其中，前三项是存量，后两项是流量，区分存量和流量既有助于理解会计概念与业务之间的关联，也是本章建立“精算-财务”模型的基础。

会计准则中对资产的定义是：公司过去的交易或事项形成的由公司拥有或者控制、预期会给公司带来经济利益的资源。这个定义比较宽泛，举例来说，保险公司的资产就是经济资源，具体例子包括银行存款、持有的债券和股票组合、信息管理系统、办公设备等。在建模的时候，通常会把“带来经济利益”简化为现金流入。

会计准则中对负债的定义是：公司由过去的交易或事项形成的，预期会导致经济利益流出的现时义务。举例来说，保险公司目前管理的有效保单就是现时义务，但是在未来一年中可能售出的新保单就不是现时义务。保险公司负有的主要义务是在未来偿付索赔，它所产生的负债在寿险业务中主要是责任准备金。和资产评估的原理一样，在建模中往往会把“导致经济利益流出”简化为现金流出。

所有者权益被定义为资产减去负债的余项。

从定义可见，在资产和负债的定义中已经包含了对未来不确定性的考虑。寿险精算模型的特点在于，在精算实务中成功地应用概率模型来量化业务中的长期不确定性。

在更广泛的意义下，根据权责发生制的原理建立的应计项目都是对未来的估计。会计和精算的差别只在于是否明确地建立基于概率的数学模型。从资产和负债的定义出发，基本方法是预计未来的现金流，包括现金流入和现金流出，然后用合适的折现率计算折现现值。这种算法在逻辑上是合理的，但在实务中并不容易实现，因为折现现金流法需要完成大量的未来现金流估计，还必须确定合适的折现利率或者利率路径，这些估计都是对未来的预期，其具体取值很容易引起争议。不过，除了折现现金流法，似乎也没有更好的算法。有鉴于此，寿险保单生效之后形成的未来负债，基本上还是要依赖折现现金流法。IFRS 17 并没有提出新的算法，在示例和解释部分的建议大致和现有实务差不多，仍然包括现金流预测和未来的经济场景（scenarios），具体计算方法仍然是期望现值。

在资产负债观之下，比较简化的说法是：期间利润等于所有者权益的变动，而所有者权益的变动等于资产的变动减去负债的变动。资产的变动可以分解为各个资产项的变动，负债的变动也可以分解为各个负债项的变动，由此可以讨论单项资产和负债对期间利润的贡献。在保单组或者合同组水平上，保费收入的期望值和保险给付的期望值是可以独立计算的。这是我们在后面采用的概念和算法的基本原理，即资产和负债的价值与变动都是可分可加的。严格说来，许多资产项目和负债项目之间存在某种相关性，这种可分可加性的假设是一种近似的简化。

存量是持续经营能力和盈利能力的根本，是产生新的收入流量的基础，所以在营业预测和建立预测财务报表的时候，采用的基本建模逻辑是：从时刻 0 的存量出发，预测本期的各种流量，然后计算时刻 1 的存量，再由此迭代。这也是资产份额法的基本原理。

9.1.5 复式记账法和利润核算的资产负债法

复式记账法能够有效可靠地反映商业活动，其基本方法是：对发生的每一项经济业务，都要以相等的金额，在相互联系的两个或两个以上账户进行登记。在复式记账法之下，每一笔交易都会至少对两个会计科目产生影响，具体科目设置和日常会计分录涉及很多技术细节，这里仅仅结合复式记账法的概念和资产负债法来解释收到寿险保费会对保险公司利润产生何种影响。

假设在保单生效之前，保险公司的资产负债表两边的平衡关系为 $E_0=A_0-L_0$，注意，这里特意使用了权益等于资产减去负债的计算公式，目的是突出会计准则中对权益的定义方式，权益是资产扣除负债之后的余项。另一种常见的会计恒等式则是 $A_0=L_0+E_0$。假设有一份保单通过核保并支付了首期保费，在保险公司收到这笔保费以后，运用复式记账法的基本原理可知，这笔业务既影响资产，也影响负债。不妨假设在这个很短的时期之内没有发生其他业务，我们就可以重新评估保险公司的资产和负债，分别记为 A_1 和 L_1，由此可以计算出这个时候的所有者权益为 $E_1=A_1-L_1$。

根据计算利润的资产负债法，这笔保费收入带来的利润等于两个时刻的权益之差：

$$Pf_1=E_1-E_0$$

将两个权益的计算公式代入，可得

$$Pf_1=(A_1-L_1)-(A_0-L_0)=(A_1-A_0)-(L_1-L_0)$$

也就是说，利润等于资产的变动减去负债的变动。资产的变动可以用简单的存量和流量变动来计算现金流入和流出，负债的变动则只能用责任准备金评估或者更一般的保险合同负债的概念来处理。在报表格式上资产和负债是一左一右，权益也出现在右方。在具体形式上，可以说资产与负债是一实一虚。打个比方可以说，资产是蛋糕，负债和权益是切蛋糕的方式，也就是在股东和客户之间划分利益的方式。这里资产为“实”的说法是相对的。比如，对于制造业来说，大部分资产是可见的有形之物，而且存在合理的当前市场价格，而保险公司持有的资产大部分是金融资产，称其为“实”是相对于负债的“虚”而言的。此外，大多数金融资产的当前价值都可以通过市场价格来评估，而保险公司的负债评估价值很难通过市场价格来验证，只能利用数理模型来预测。

进入 21 世纪，国际会计准则的总体变化方向是更多地采用资产负债法来计量利润，IFRS 17 的基本取向也是如此。此外，在会计处理中，资产和负债的变动还确认为收入和费用，从而为形成利润表中的很多流量数据提供计量方法。需要强调的是，收入和费用都是流量，但也可以累加这些流量的发生金额。比如把一年中 12 个月发生的收入金额累加起来，就能够得到这一年的收入总额。不过，这仅仅是一种算术运算，不要和存量的累加混淆起来。就是说，并不存在一个累加收入或者累加费用的存量账户。

9.1.6　用资产负债法解释时间上的利润模式

前面用资产负债法和复式记账法解释了收到一笔保费收入的业务对资产负债表和利润产生的影响。现在来看一个更为宏观和长期的利润核算，利润的时间模式或者时间模式是其中的关键概念。从计算利润的资产负债法可以看到，资产的变动和负债的变动往往是不同质的数据，资产评估值更多来自市场价格，而负债评估值是模型的输出结果，因此利润这个数字是不同质数据的混合产物。不过，考虑到企业的持续经营假设，单个年度上的报告利润也许不能提供太多信息，连续很多年的报告利润却能提供更多信息。虽然有概念上的缺陷，但连续报告的利润会呈现一种时间上的模式，这种模式是较为可信的。

从简化的资产负债表出发，有如下记号：

历年年末资产：A_0，A_1，A_2，…，A_n

历年年末负债：L_0，L_1，L_2，…，L_n

历年年末权益：E_0，E_1，E_2，…，E_n

历年报告年度利润：$profit_1$，$profit_2$，…，$profit_n$

为简化问题，不考虑税收和股东利润分配问题，就是说不考虑报告利润的变化对所得税的影响。在实际的保险公司营业中，不同的报告利润会导致不同的所得税，而所得税会导致资金真正地流出企业，从而改变年末资产总额。如果不考虑税收和利润分配的话，则在不同的利润确认方法下，相同年份的年末资产总额是相等的。这种简化也是大多数保险利润讨论中所使用的，如果要考虑税收和利润分配的话，解析公式的表达将十分烦琐，比较合适的研究方法是用电子表格或者编程模拟评估方法造成的影响。

要比较两种不同的利润评估方法下的历年报告利润，记号采用在相应符号的左上角加上（1）和（2）；比较多种评估方法的时候则加上（1）到（n），这里集中讨论两种方法的比较，解决了两种方法的比较也就为比较多种方法提供了有效的工具。

我们先看利润分解公式。它对于深刻了解历年报告利润之间的关系和比较不同方法下的报告利润很有意义：n 年期期末的利润总额记为 $Tprofit$，则有

$$Tprofit = E_n - E_0 = \sum_{t=1}^{n} (E_t - E_{t-1}) = \sum_{t=1}^{n} profit_t$$

由此可见，在相同的精算假设下，不管采用何种利润核算方法，历年报告利润的代数和都是相等的。值得关注的是不同假设下的利润模式，即历年报告利润的具体取值，要考察的是 $profit_t^{(1)} - profit_t^{(2)}$ （$t=1$，2，…，n）。由上式可得：

$$\sum_{t=1}^{n} profit_t^{(1)} = \sum_{t=1}^{n} profit_t^{(2)}$$

即 $\sum_{t=1}^{n} (profit_t^{(1)} - profit_t^{(2)}) = 0$

这就是说，在相同的精算假设下，不同利润核算方法下的对应年份的年度报告利润的差异的代数和等于 0。记两种利润核算方法各个保单年度的报告利润之差为 Dp_t （$t=1$，2，…，n），就有 $\sum_{i=1}^{n} DP_i = 0$。

上述推导的意义是，利用资产份额法，可以看到不同的利润核算方法会导致不同的利润模式，即报告利润会在不同年度之间发生跨期移动。由于寿险公司的负债大部分来自责任准备金，因此，不同的责任准备金评估方法就会形成不同的利润模式。IFRS 17 不再使用责任准备金这个术语，而代之以通用的负债。

9.1.7 准备金对利润释放模式的影响

评估不同负债确认方法对同一保单组的历年报告利润，需要一个数学工具。两种常见的责任准备金评估方法为 FPT 法（完全初年修正制）和 NLP 法（平准净保费法），其中 FPT 法可以对利润产生平顺化的效果，即可以让在这种方法下得到的历年年末报告利润之间的差异更小。通过比较不同的责任准备金评估下的报告利润差异，可以清晰地说明责任准备金对利润实现过程的控制作用。在 FPT 和 NLP 两种评估方法下，有 $A_t^{(1)} = A_t^{(2)}$ （$t=0$，1，2，…，n）。

我们研究的封闭型保单组为两全保险，完全离散，在第 n 年完成所有的保单给付之后，剩余的所有者权益就是这个保单组为保险人带来的所有利润。不同的责任准备金评估方法会在各个年度中分配这个利润总额，记 NLP 法得到的结果上标为（N），FPT 法得到的结果上标为（F），则有

$$Dp_t = profit_t^{(N)} - profit_t^{(F)} = (E_t^{(N)} - E_{t-1}^{(N)}) - (E_t^{(F)} - E_{t-1}^{(F)})$$
$$Dp_t = (A_t^{(N)} - L_t^{(N)} - A_{t-1}^{(N)} + L_{t-1}^{(N)}) - (A_t^{(F)} - L_t^{(F)} - A_{t-1}^{(F)} + L_{t-1}^{(F)})$$

由于是对同一组保单的不同评估方法，所以根据上式，可以得到

$$\begin{aligned} Dp_t &= L_t^{(F)} - L_t^{(N)} + L_{t-1}^{(N)} - L_{t-1}^{(F)} \\ &= l_{x+t}(V_t^{(F)} - V_t^{(N)}) - l_{x+t-1}(V_{t-1}^{(F)} - V_{t-1}^{(N)}) \end{aligned}$$

注意，这个公式的基本假设是不考虑税金和利润分配，也不考虑退保和费用。在实际业务中，不同的报告利润可能导致不同的利润分配，也会导致不同的税收计算结果，利润分配和企业所得税意味着真金白银的现金流出，所以不同评估方法实际上会对资产的减少产生不同影响。不过我们在这里做了一些简化，希望突出的概念是，对同一个营

业过程的不同利润核算方式不会影响实际的现金流出。在这些简化假设下，就可以看到，影响利润模式的因素只有一个，就是以责任准备金表达的负债评估结果。

下面具体分析 FPT 法和 NLP 法之间报告利润的差异。先看 Dp_1。由于 $L_0^{(F)}=L_0^{(N)}=L_1^{(F)}=0$，所以有 $Dp_1=-L_1^{(N)}$。由 $\sum_{t=1}^{n}Dp_t=0$，移项可得 $\sum_{t=2}^{n}Dp_t=-Dp_1=L_1^{(N)}$。

设 NLP 法下的评估净保费为 P，FPT 法下的评估净保费为 α，历年年初的有效保单数为 l_x，l_{x+1}，l_{x+2}，…，l_{x+n-1}。在这些假设下，可以得到

$$Dp_1=-L_1^{(N)}=-l_{x+1}V_1^{(N)}=-l_xP(1+i)+d_x=-l_xP(1+i)+l_x\alpha(1+i)$$

即

$$Dp_1=-l_x(P-\alpha)(1+i)$$

这意味着和 FPT 法相比，NLP 法把总额为 $l_x(P-\alpha)(1+i)$ 的利润推迟到以后各年实现了，那么以后各年如何逐年确认这部分利润呢？或者说在 FPT 法之下，提前确认了这部分利润（原因在于第一年的费用很高），所以要让以后各年摊销展业成本。FPT 法要求以后各年摊销成本的途径是降低责任准备金的积累速度，以后各年逐步消化第一年提前释放的利润。

下面用责任准备金的未来法公式分析对缴费期之后的影响。在缴费期之后，用未来法比较历年年末的责任准备金，得到

$$V_t^{(N)}=PVFB_t^{(N)}-PVFP_t^{(N)},\quad V_t^{(F)}=PVFB_t^{(F)}-PVFP_t^{(F)}$$

在评估责任准备金的时候，所用精算假设一致，所以 $PVFB_t^{(N)}=PVFB_t^{(F)}$；而在缴费期之后有 $PVFP_t^{(N)}=PVFP_t^{(F)}=0$，所以 FPT 法和 NLP 法所计算的年度利润的差异只体现在缴费期内，可以认为 FPT 法的作用是在缴费期内分摊展业成本对利润的影响。

这里我们不再深入讨论展业成本的问题，它在 IFRS 17 中被称为保单取得现金流。

9.2　基于一个封闭型保单组的精算-财务模型

本节将为一个封闭型保单组建立资产份额模型，该模型是在一系列精算假设的基础上，用朴素的现金流递推方式建立对未来营业过程的预测。在预测的时候并不需要给定净保费或者毛保费，只需假定一个保费水平，就可以开始逐年向前的现金流收支递推计算。利用 Excel 工作表就可以实现整个预测过程。从数学模型的角度来看，整个模型实际上只有一个未知数，就是净保费或者毛保费。要强调的是，基于模型的定价并不需要一个计算保费的解析公式，一个工作表模型（或者一段代码）也是可以的。因为模型能够模拟不同保费水平下的未来营业过程，计算保费相当于设定对未来结果的要求，反过来计算能够得到这个营业成果的保费。

上述模型亦被称为资产份额法，它能够融合业务、会计和精算的视角，对于精算专业的学生来说，理解保险业务和寿险精算的一些基本概念很有帮助。

下面我们就利用这种建模思想，用 Excel 和我国的数据，建立一个计算表。一般的财务建模步骤包括：业务理解，确定时间框架，将保单事件转化为存量-流量-流率描述，完成单位营业时段的模型，将公式复制到整个生命周期。

9.2.1 业务理解

建模的寿险产品是趸缴保费的 5 年期定期人身险，被保险人为 50 岁的男性，采用封闭型保单组模型。对该产品的业务过程有如下描述。购买该险种的投保年龄和性别相同的所有保单形成一个封闭型保单组，由于所有保单的基本参数相同，所以该保单组可以视为一份保单的众多克隆版本，不妨假设这个保单组的规模为 10 000 份。具体的保单数量并不重要，如果将起始保单数设定为 1，就可以得到个体型概率模型下的期望值。需要强调的是封闭型这个概念。所谓封闭型，指的是在业务过程展开之后，不再有新的保单加入这个保单组。下面我们介绍建模的时候将要做的一些简化。

第一，仅仅考虑死亡这个减因。随着时间的推移，保单组中的有效保单数会逐渐减少，直至来到保单组生命周期的终点。在实务中，造成有效保单数减少的原因有两个，一个是保单的被保险人死亡，另一个是出现退保。由于这里建模的产品是趸缴保费，即在保单生效的时候保费已经交清，此外保险期间只有 5 年，所以保单所有人的退保动机不强，我们暂时不考虑退保的影响。

第二，仅仅考虑对应于死亡给付的给付保费（benefit premium)。在实际营业过程中，寿险公司和一般企业一样，也会发生销售和管理费用，对利润有一定要求，所以保单所有人实际上缴纳的保费会包含各种费用和预期的利润。不过，我们建立的第一个模型仅仅考虑为支付未来死亡给付而收取的给付保费，暂时不计算毛保费。

第三，将每一年的投资收益率简化为一条水平线。保险公司在保单组形成的时候就收取了一大笔保费，而这笔保费需要承担的保险责任（对整个保单组的）会持续 5 年。这个时间很长，因此必须考虑货币的时间价值。显然，保险公司需要将这笔钱进行投资，麻烦在于投资收益率通常是收益率曲线，其建模工作是很困难的，因此我们把投资收益率简化为每年都相同。

9.2.2 确定时间框架

现在要建模的封闭型保单组有 5 年时间，而且会涉及货币的时间价值，因此我们需要建立一个时间框架。时间框架通常包括下面几个要素：

第一，保单组的生命周期，即从形成到最后结清的整个过程。由于是 5 年定期险，所以整个生命周期是 5 年。

第二，单位时间的选择。定期险和很多传统产品的建模通常选择以年为单位时间。需要强调的是，建模中选择的不是日历时间，而是所谓保险年度，所以保单组的生命周期起点是时刻 0，终点是时刻 5，单位是年。相应地，投资收益率采用的是每一年的年有效收益率。

第三，现金流的发生时刻。在实际的寿险业务中，被保险人的死亡时间散布在保单组的整个生命周期内，保险金的给付也会出现相应的散布。为建模需要，我们暂时做如下假定，保费缴纳时间为每年年初，死亡时间不用建模，要预测的仅仅是每个保险年度中的死亡人数。这个死亡人数显然是建模的一个难点，好在有了生命表，还是很容易计算的。在我们的第一个模型中会直接给出预计的历年死亡人数而不做解释，而所有的死亡给付现金流都发生在死亡年份的年末。上述假设被称为完全离散假设，是最简单的一种处理方法，和实际情形有明显出入，但造成的误差不算太大。精算实务中会采用更复杂一点的假设，比如假定所有死亡给付发生在死亡年份的年中。

9.2.3 将保单事件转化为存量-流量-流率描述

在建立资产份额模型之前，再次强调一下在各种建模活动中广泛使用的三元组"存量、流量、流率"概念。这一组概念来自水库调度模型，是人口学、经济学、会计和精算建模的基石之一。比如，0 时刻的人口是存量，在随后一年中的新生儿数量或者死亡人数就是流量，而流率是单位时间内发生的流入和流出。在会计中，资产和负债是存量，而支付的佣金和工资都是流量。在利息理论中，账户余额是存量，在单位投资期内的投资收益是流量，投资收益率自然是流率。实际上，只要是随着时间而演变的动力系统，其动态特征的建模大多数都能够用存量、流量和流率来描述，其连续形式是微分方程组，实际建模中则往往采用差分方程组。有兴趣的读者可以参考系统动力学的教材。

有了上述准备之后，我们将直接给出已经完成的这个模型，然后解释模型中的计算公式，最后说明在 Excel 中实现这个模型的操作要领。配套工作簿为"寿险精算模型一.xlsx"，选择其中的工作表"教材用表模型 1"。①

预测未来各年年末的有效保单组规模需要利用死亡率假设。保监会在 2016 年发布《中国人身保险业经验生命表（2010—2013）》，要求各家保险公司根据产品类型和使用目的选择使用。这张生命表的表头如表 9-1 所示，表中列示的是整数年龄上的死亡率，比如 CL2 下面对应于年龄 1 的死亡率为 0.000 456，其含义为一年内死亡的概率，数学记号为 q_2，对于一般的年龄 x，相应的死亡率记为 q_x。死亡率 q_x 还有更多细节，目前不做展开，要强调的是，目前使用的死亡率是到达年龄 x 的人在一年之内去世的概率。

表 9-1 《中国人身保险业经验生命表（2010—2013）》部分示例

年龄	非养老类业务一表		非养老类业务二表		养老类业务表	
	男（CL1）	女（CL2）	男（CL3）	女（CL4）	男（CL5）	女（CL6）
0	0.000 867	0.000 620	0.000 620	0.000 455	0.000 566	0.000 453
1	0.000 615	0.000 456	0.000 465	0.000 324	0.000 386	0.000 289
2	0.000 445	0.000 337	0.000 353	0.000 236	0.000 268	0.000 184

① 本章涉及的工作薄放至中国人民大学出版社网站（www.crup.com.cn），读者可免费下载。

上述经验生命表是基于个体概率的，更容易理解的是根据生命表推算出来的团体形式。假定有一个 0 岁新生儿组成的队列（cohort），其人数为 $l_0=1\,000\,000$，这是一个存量。在 0 岁到 1 岁之间死亡的人数为 d_0，这是一个流量，等于 0 岁的存量乘以适用的流率，即 q_0，由此可得：$d_0=l_0q_0=1\,000\,000\times0.000\,867=867$。队列中能够活到 1 岁的人数为：$l_1=l_0-d_0=1\,000\,000-867=999\,133$。这是一个存量。在 1 岁到 2 岁之间死亡的人数为：$d_1=l_1q_1$。活过 2 岁的人数为：$l_2=l_1-d_1$。其余的计算以此类推。

表 9－2 给出了产品参数，用预测现金流模型给出了所有的营业过程结果。

表 9－2　趸缴保费 5 年期定期寿险的资产份额计算表

	A	B	C	D	E	F
1	投保年龄	50	保险期间	5		
2	投保性别	男	缴费方式	趸缴		
3	保单组规模	10000	保额	1000		
4	投资收益率	4.00%	4.00%	4.00%	4.00%	4.00%
5	死亡率	0.004249	0.004633	0.005032	0.005445	0.005869
6	给付保费	22.11				
7						
8	时间	1	2	3	4	5
9	期初保险基金	221100	187454	148819	104898	55398
10	期初保单组规模	10000	9958	9911	9862	9808
11	本期死亡率	0.004249	0.004633	0.005032	0.005445	0.005869
12	本期死亡人数	42.5	46.1	49.9	53.7	57.6
13	本期死亡给付	42490	46133	49874	53696	57562
14	本期投资收益率	4.00%	4.00%	4.00%	4.00%	4.00%
15	本期投资收益	8844	7498	5953	4196	2216
16	期末保单组规模	9958	9911	9862	9808	9750
17	期末保险基金	187454	148819	104898	55398	52
18	期末资产份额	18.83	15.01	10.64	5.65	0.01
19	银行存款对比	22.99	23.91	24.87	25.87	26.90

在表 9－2 的计算原理中，B6 单元格中的结果不是用公式计算出来的，而是通过试错法得到的，当然也可以调用 Excel 的“单变量求解”来获得这个解。试错或者解方程的目标是 F17 单元格中的期末保险基金的余额为 0。在这个模型中，唯一的未知数就是给付保费，所以在建模的时候，会给出一个初值，然后建模。对这个逻辑有如下的业务解释。

保险公司收取了趸缴的给付保费之后，需要履行以下三项主要职能：代管保险基金；投资基金以获得投资收益；向符合给付条件的保单受益人给付保险金，其金额为保单保额 1 000 元。对于这个保单组来说，其生命周期为 5 年，保险公司也要提供 5 年的服务，通常会以年为管理与核算的单位时间长度，一共重复 5 年的营业过程。到第 5 年结清的时候，支付完第 5 年的保险金，所有余下的保单满期失效。

根据给付保费的定义，如果营业过程和表格中的预期相同，则保险公司应当不赔不赚，即委托给保险公司管理的保险基金余额为 0。显然，不同的给付保费水平会产生不同的最终保险基金余额，在 Excel 中，这个函数关系表现为不同的 B6 单元格取值会造成不同的 F17 单元格的值，当然，B6 取值的变化还会造成中间年份的单元格取值变化，不过我们当前关注的仅仅是最后一年年末的保险基金余额。实际上，利用 Excel 的“模拟运算表”功能便可以让模型输出一系列 B6 取值（给付保费）对应的 F17（期末保险基金）余额值。这是不使用折现现金流的纯数值算法来解方程，后面还会介绍用折现现金流法，基于表 9－2 中的营业预测数据来计算给付保费和责任准备金的方法。

在这里要强调数学建模的一个基本原则：业务过程描述的真实性比数学公式的存在性重要得多。这个原则可以简称为“描述优先于求解”，对数学建模实践的指导意义是：建模的时候要尽可能真实地描述营业过程并建立相应的数学模型。比较接近实际的模型通常会包含更多变量，变量多了固然可以保证模型具有更高的仿真效果，但是也会造成两个消极后果，一个是很难为模型找到显式的解析解，另一个是有些变量的取值很难估计。在大多数情况下，借助现代的数学软件或者统计软件，结合场景分析和敏感性分析，这两个消极后果基本上都能够克服。学习专业课程的时候通常都是从高度简化的模型出发，但是要贴近实务流程，就要相信数学建模能够有效克服变量过多造成的种种障碍。一开始要保证模型在概念上的完整性。

为了便于理解，我们将前两年的 Excel 模型公式拷贝出来（见表 9－3），大家可以结合对营业过程的理解来描述。现在，结合这些公式，我们解释一下建模过程中的两个步骤。

表 9－3　部分公式

	时间	
	1	2
期初保险基金	=B10 * B6	=B17
期初保单组规模	=B3	=B16
本期死亡率	=B5	=C5
本期死亡人数	=B10 * B11	=C10 * C11
本期死亡给付	=B12 * $D3	=C12 * $D3
本期投资收益率	=B4	=C4
本期投资收益	=B9 * B14	=C9 * C14
期末保单组规模	=B10－B12	=C10－C12
期末保险基金	=B9＋B15－B13	=C9＋C15－C13
期末资产份额	=B17/B16	=C17/C16
银行存款对比	= $B6 * (1＋B14)	=B19 * (1＋C14)

9.2.4　完成单位营业时段的模型

在编写这个模型的时候，首先完成的是第 1 年下面的各个单元格。注意，表 9－2 中的模型是把时间放在列上，而把各个项目或者账户放在行上。这个格式的选择与会计报表一致，也是考虑到如果将各个项目放在列上，会造成排版困难。这些公式都是独立输入的，无法利用公式复制。此外，第一年和后续各年的业务逻辑本身也有一些重大差异，在续年的公式复制时要小心。

表 9－2 中的模型是朴素的现金收付制模型，即使不具备专门的会计和精算知识也能够解读模型的逻辑和含义，当然，要做到独立编写这个模型还需要掌握一定的 Excel 建模技能。在业务理解方面需要特别解释的是第 18 行的“期末资产份额”，资产份额包括两个部分。首先是资产。说到资产就要明确是谁的资产，在上述模型中，保险基金及其

投资收益的用途是返还保单组的，因此保险基金的资产所有权属于保单组。保险公司更像是一个中间人，把愿意投保的人集中到一起，然后汇集保费形成资金池，随着时间推移以死亡给付的方式将这些钱支付给保单组中的少数保单。这里体现的是保险的自助和互助精神，但如果没有一个能干的中间人（保险公司），这个保险互助团体将很难顺利运转起来，更难以保持几十年的稳定运行。第 18 行的计算公式，都是第 17 行的“期末保险基金”除以同一列的“期末保单组规模”，也就是在保险年度末，完成保险金的支付以后，剩下的所有有效保单平均能够拥有的资产。因为是平均数，所以称之为“资产份额”。

资产份额计算表可以帮助我们在保险的大数定律和团体模型与对个别客户的保单价值解释之间自由切换。保险业务必须建立在一个利益共同体之上，所以采用保单组模型是符合实际的选择。不过单份有效保单的客户仍然会希望获得自己的有关信息，比如自己拥有的资产金额，上述计算表格就为评估单份有效保单的资产金额提供了参考水平。此外，从复式记账法的角度来看，在给定合适的精算假设（比如准备金评估假设）之下，所得到的资产份额就是责任准备金。

9.2.5 将公式复制到整个生命周期

前面已经强调过，第一年的营业逻辑与续年不尽相同。在这个模型里，在第 1 年年末完成保险金的给付之后，保险公司会评估主要项目在这个时刻的结果。表 9－2 展示了其中的两个存量的期末值，期末保单组规模和期末保险基金。进入第二个保单年度之后，第 2 年的期初值也就是在第 1 年年末的存量值，所以在模型中，第 2 年下面的列中，用 C9＝B17 和 C10＝B16，形成第 2 年年初的两个存量值。随后在第 2 年的业务逻辑与第 1 年的相同，借助于 Excel 的公式复制功能，不用重新在区域 C11：C19 中重新输入有关公式，将 B11：B19 中的公式向右复制一列即可。

在建立了第 2 年的模型之后，从第 3 年起就可以复制第 2 年的所有逻辑了。

9.2.6 用折现现金流方法求解

折现现金流法是企业管理中的基本数学模型之一，广泛应用于长期资产投资决策、长期筹资、资产评估、负债评估等诸多领域。精算专业的学生十分熟悉这个方法，但这个方法不是精算所独有的，而且还会给用户带来重大挑战：说来容易做来难。折现现金流法的原理和数学公式都不算复杂，主要困难是公式中的各个变量都是对未来的预期值，其估计中包含了隐藏在时间中的不确定性。比如精算和 IFRS 17 都会提到“最佳估计”的概念，这种说法很容易让我们想到数理统计学的最佳估计概念，遗憾的是，在相关规定中并没有给出这个最佳估计的严格定义，更没有相应的数学公式。

在合理的简化下，对未来现金流的预测和评估利率的选取是可以独立完成的。比如在表 9－2 中，保险公司根据保单组规模（10 000 份）、被保险人的年龄和性别，不考虑退保影响，利用生命表就可以得到未来 5 年年末的死亡给付金额的预计结果，如表 9－4

所示。

表 9-4　死亡给付金额的预计结果

发生时刻	1	2	3	4	5
金额	42 490	46 133	49 874	53 696	57 562

如果有了合适的单一评估利率（这里暂时不讨论利率路径或者收益率曲线的应用），比如年有效利率 i，就可以用折现现金流公式得到所有这 5 个现金流在 0 时刻的现值：

$$PVFB=\sum_{k=1}^{5}\frac{CF_k}{(1+i)^k}=\frac{42\,490}{(1+i)}+\frac{46\,133}{(1+i)^2}+\frac{49\,874}{(1+i)^3}+\frac{53\,696}{(1+i)^4}+\frac{57\,562}{(1+i)^5}$$

对这个公式有两点说明：

第一，$PVFB$ 是指未来给付现值（present value of future benefits）；

第二，公式中将 $(1+i)^k$ 放在分母上，数学符号比较烦琐，通常会用 $v=1/(1+i)$ 简化，所以折现现金流公式的常见形式为：$\sum_{k=1}^{5}CF_k v^k$ 。

在实际应用中，争议最大的问题之一是如何选取评估利率。传统精算方法的选择是找一个比长期投资收益率略低的利率，按年有效利率计算。在多数情况下，这个利率在 3%～4%之间是合理审慎的，当然历史上也有低于 3%或超过 4%的个案。此外，传统寿险精算是受到高度监管的领域，保险公司往往只能采用监管机构的规定。我们在这个简单的例子中，将营业预测的投资收益率设为 4%，在进行负债评估的时候，也选择 4%。注意，在寿险精算的实务中，这两个利率通常会有差别。简单来说，是根据不同目的选择不同利率。营业预测中的投资收益率的目的是，在合理预期下测算保单组的未来盈利能力，所以会比较接近真实的投资收益率。负债评估的目的是，在保守假设下评估保险公司需要为保单组计提多少责任准备金，以便应付未来的给付支出，在现金流给定的条件下，利率越低则 $PVFB$ 越高，就越审慎。因此，通常投资收益率会高于评估利率。

初学者要理解这个问题还比较困难，随着学习的深入，大家会获得更清晰的认识。学习精算有三重境界：第一重境界是熟悉各种计算公式，第二重境界是知道公式里的变量该如何取值，或者说确定各种精算假设的值，第三重境界是用精算原理和算法影响整个保险公司的决策。

如果没有计算出给付保费，是否能够根据表 9-2 中的相关数据，评估保险公司在第 1 年年末完成死亡给付之后的负债？以后各年年末呢？

注意整个模型的逻辑关系，基本假设是知道各个保单年度的死亡率和投资收益率，根据这些数据可以用折现现金流方法计算给付保费，也可以直接评估保险公司的负债。站在保险年度第 1 年的年末，需要重新评估未来给付责任形成的负债，一般不会修改死亡率假设。站在时刻 1，可以将这个时刻设为评估的 0 时刻，相应的后面的四个现金流对应时间依次改成 1，2，3，4。由于本例中建模的是趸缴保费产品，所以保险人没有未来现金流流入（inflow），只有未来给付的预期现金流流出（outflow）。

在后来的各个评估时刻都不去修改对未来给付现金流的假设，有哪些依据呢？

这是个引发长期争议的锁定假设问题，即假定未来各个评估时刻仍然使用在 0 时刻建立的对未来的假设。表 9－5 展示的是在 0 时刻假设的，在时刻 1 和时刻 2 对未来的想象。但是在实际营业过程中，进展到新的保险年度以后，对未来的想象往往是应该进行调整的。需要说明的是，我们目前使用的是团体型公式，可以计算出一系列时刻的责任准备金总额，实际使用的时候要把这个总额转化成单个有效保单的年末责任准备金。总额会随着实际营业过程中的有效保单组而变化，但是年末责任准备金的金额不会随着当前假设而变化。IFRS 17 认为对保险合同负债的估计应当采用当前假设，即每次评估都要重新计算对未来的预期。

表 9－5　在时刻 1 和时刻 2 对未来的想象

	保单年度末				
	1	2	3	4	5
0 时刻预期金额	42 490	46 133	49 874	53 696	57 562
1 时刻的新时间轴		1	2	3	4
1 时刻预期金额		46 133	49 874	53 696	57 562
2 时刻的新时间轴			1	2	3
2 时刻预期金额			49 874	53 696	57 562

表 9－6 是工作表“教材用表模型 1”中计算保单组责任准备金的公式，公式出现在 C25：G25 中，与之对比的是来自表 9－2 的期末保险基金。可以注意到，行 25 和行 26 的数字几乎相等，但是存在着差异，约等于 52。几乎相等的原因是做营业预测的时候，对未来投资收益率的假设是每年都等于 4%，而我们选择的负债评估利率也等于 4%，两者选择的死亡率假设也相同，所以在数学意义下这两组数字应该恰好对应相等。差异的原因在于，表 9－2 模型中单元格 B6 中的给付保费（实际为有效位数很多的 22.105 755 06）只保留两位有效数字，这是刻意而为，因为实际交易中都只能精确到小数点后两位，即角和分。这样的给付保费导致的后果就是最后一年的年末保险基金余额不会恰好等于 0。实际营业中总有办法抹平这种因为四舍五入造成的微小误差，读者知道实际中有这个小问题就可以了。如果不考虑四舍五入，就可以用折现现金流法得到趸缴给付保费、一系列年末责任准备金和保险基金总额，同一时刻的金额在模型中就是严格相等的。

表 9－6　计算保单组责任准备金的公式

	A	B	C	D	E	F	G
22	评估利率 i	4.00%	折现率 v	0.961 5			
23	v^k	0	1	2	3	4	5
24		1	0.961 5	0.924 6	0.889 0	0.854 8	0.821 9
25	保单组责任准备金		187 410	148 773	104 850	55 348	0
26	期末保险基金		187 454	148 819	104 898	55 398	52

以 D25 中数字为例，计算公式为：

$$148\ 773=49\ 874\times 0.961\ 5+53\ 696\times 0.924\ 6+57\ 562\times 0.889\ 0$$

由于长期资产和负债的价值包含了很强的随机性，所以折现现金流方法在实际应用中总存在一些不尽如人意的地方。问题是，我们很难找到更好的替代方案，而这些方法的实用效果还是能够接受的。所以在 IFRS 17 里，评估保险合同的未尽责任负债，仍然不反对使用传统的评估方法。

9.2.7 保险公司的预计资产负债表：取数

从比较抽象的角度来看，保险公司的主要任务是收集和处理数据，因此信息管理系统是保险公司的生命力与竞争力所在。在这一点上，统计、精算和会计学科是高度一致的，都认为自己在实务中的根本任务是“建立一个信息系统”。公司建立有效的信息系统有很多原则，其中一个是“单一数据源，不同视图”。从这个角度来看，统计、精算和会计也是基于同一组数据，提供不同的视图和解释。视图在这里可以简单理解为各种报表和计算结果。所以，本节建立的业务预测表能够成为数据源。

这里说的“取数”，就是把合适的业务数据和评估数据放在财务报表的合适位置上。

在收到所有保费并形成保险基金的 0 时刻，保险公司接受委托管理的资金金额为 221 100 元，我们假定这笔钱是以银行存款形式存在。在银行和保险公司的交易中，这笔钱表现为保险公司的资产和银行的负债。在保险公司和保单组的交易中，这笔钱表现为保险公司的负债和保单组的资产。从概念上理解资产和负债，始终利用交易双方原则就可以了。比如，和负债对应的资产是由保险公司控制和管理，但它们具有返还性，在业务逻辑上的所有人还是保单组，会随着业务过程的展开逐期返还给保单组，所以其所有人不是保险公司。这就是所谓的，资产是可见的蛋糕，而负债是想象中的蛋糕分配方案。

在工作簿“寿险精算模型一 . xlsx”中，工作表“有利的营业假设”（见表 9 - 7）中沿用了资产份额计算表，但是修改了两个假设，以模拟实际的营业过程。两项改动如下：将实际年投资收益率改成了 5%，当然也可以改成一条收益率曲线；增加了一个死亡率调整因子，该因子可以超过或者低于 100%，然后用这个比率乘以所有的预计死亡率。这里设定为 90%，即模拟实际死亡率低于评估预测的情形，由于这是死亡保险，所以这也是有利的营业假设。这些营业假设的变动会影响资产的积累，但是不会影响对个别保单的责任准备金的评估计算。

在表 9 - 7 中，第 25 行是历年年末资产，这个数据引用自本工作表的第 18 行的相应数字。第 26 行的负债计算相对复杂一点，比如 B26 单元格中是第 1 年年末的责任准备金总额，等于营业假设下的实际有效保单数乘以评估假设下的当年年末责任准备金；第二个数字必须从评估假设下的资产份额表中抓取，这里是来自“教材用表模型 1”工作表（见表 9 - 2）。B26 中的公式为“=B17 * 教材用表模型 1！B18”。这就是取数的实现方式。

Excel 工作表模型在执行循环语句或者迭代计算的时候，比代码的循环语句要笨拙，但是其优点在于所见即所得。此外，要增加新的变量也不困难。在这些工作表中，通过插入行和改写有关公式，就可以增加费用和退保等因素，而不用对模型本身进行改写。有兴趣的同学可以参考“包含费用”工作表，这里不再赘述。

表 9-7　有利的营业假设

	A	B	C	D	E	F
1	投保年龄	50	保险期间	5		
2	投保性别	男	缴费方式	趸缴		
3	保单组规模	10000	保额	1000		
4	投资收益率	5.00%	5.00%	5.00%	5.00%	5.00%
5	死亡率调整因子	90%				
6	死亡率	0.0038241	0.0041697	0.0045288	0.0049005	0.0052821
7	给付保费	22.11				
8						
9	时间	1	2	3	4	5
10	期初保险基金	221100	193914	162072	125249	83118
11	期初保单组规模	10000	9962	9920	9875	9827
12	本期死亡率	0.0038241	0.0041697	0.0045288	0.0049005	0.0052821
13	本期死亡人数	38.2	41.5	44.9	48.4	51.9
14	本期死亡给付	38241	41538	44927	48394	51907
15	本期投资收益率	5.00%	5.00%	5.00%	5.00%	5.00%
16	本期投资收益	11055	9696	8104	6262	4156
17	期末保单组规模	9962	9920	9875	9827	9775
18	期末保险基金	193914	162072	125249	83118	35367
19	期末资产份额	19.47	16.34	12.68	8.46	3.62
20	银行存款对比	23.22	24.38	25.60	26.87	28.22
21						
22						
23	A	B	C	D	E	F
24	时间	1	2	3	4	5
25	资产	193914	162072	125249	83118	35367
26	负债	187534	148952	105044	55506	52
27	所有者权益	6380	13120	20205	27612	35315
28	报告利润	6380	6740	7084	7407	7703

9.3　基于 IFRS 17 的寿险合同利润核算介绍

IFRS 17 要求以合同组（contract group）为核算单位，这里的合同组与现行的保单组原则上差异很小，我们暂时不展开界定保险合同与合同组的细节，只是假定已经形成了一个合理的合同组。该合同组的生效时刻是 IFRS 17 规定的初始确认（initial recognition）时刻，IFRS 17 有一个很有特色的规定：必须在初始确认时刻估算该合同组的盈利前景。如果在合理预期之下估算的未来利润大于 0，则该合同组在未来将逐期释放利润；反之，如果估算的未来利润小于 0，则应当在初始确认时刻确认损失，其金额绝对值和估算的负的利润相等。IFRS 17 如此重视合同组的盈利前景，看似很有个性，其实符合常识。无论在哪个行业，企业在启动一项业务或者产品线之前，都会认真评估盈利前景。一般说来，只有在盈利前景非常明确的时候，或者说有大概率会盈利的时候，企业才会投入这一场冒险。

IFRS 17 的基本精神是原则导向，实现这些原则的具体算法可能有多种方式，只要符合 IFRS 17 的基本精神就可以。这给学习设置了很多障碍。为了保证正确理解 IFRS 17

的精神，我们采用的学习方法是根据自己的理解，再现 IE（illustrative examples）部分的一些算例。由于 IFRS 17 官方没有提供计算公式，也没有提供得到算例的计算表，而只是提供了计算结果和对计算过程的解释，所以我们只能采用逆向工程的手法来反推可能有效的计算公式。

9.3.1 在初始确认时刻预计能够盈利的合同组

我们使用的示例险种具备如下基本特征：保单生效时刻的趸缴保费 900 元，保险期间 3 年，预计每年年末发生保险金给付 200 元（见表 9－8）。

表 9－8　示例险种的相关数据

	时刻		
	1	2	3
预期现金流出	200	200	200
折现率@5%	0.952	0.907	0.864
现金流现值	190	181	173

在初始确认时刻需要评估预期现金流出的折现现值，可以采用的算法是折现现金流法，假设采用的年利率是 5%。从上表的计算可以得到的现值（*PVFCF*）为三个现金流的现值之和，即 545 元。预期现金流收入的现值是 900 元，两个现值的差额为 900－545＝355 元。

怎样理解这个差额？从计算的逻辑来看，这个现值 355 元是对未来盈利前景的一个综合计算结果。那么是否可以将这笔现值视为可能实现的利润？原则上可以。从传统精算方法中我们已经看到，具体计算结果不仅取决于所使用的计算原理和公式，还取决于所使用的精算假设。如果使用比较保守的精算假设，就会得到很一般的盈利前景预测；如果使用中性或者激进的精算假设，就会得到很好的盈利前景。目前的精算方法采取的是“隐式”（implicit）方法，为了贯彻谨慎原则，会采用比较保守的精算假设，从而得到一个偏低的盈利前景预测。这样就会在保障期间的早期年份里压低财务报表上的利润数字，降低现金分红，从而增厚保险公司的资产积累，为抵消不利营业过程的负面冲击做好准备。在确定最终的毛保费之前，进行利润测试的时候采用保守假设也会导致偏高的保费水平，但仍然有助于提升保险公司的抗风险能力。当然，在合同组的整个生命周期内有可能不会发生严重的不利影响，从事后来看，上述可以压低早期报告利润的做法有点过于保守了。不过，监管机构、大众和管理层都能够接受这种谨慎态度。

在保险公司的内部管理中，通常会比较几种不同假设（这些假设的组合可以称为场景）之下的利润测试结果。比如划分成三类：乐观、中性和悲观（谨慎）。显然，乐观场景下的结果会优于中性场景下的结果，中性场景下的结果会优于悲观场景下的结果。这些结果的计算工作本身并不复杂，不过在传统的精算报表和会计报表制度下，并没有要求保险公司披露这方面的数据。报表的外部使用者看不到隐含在精算假设中的预期利润，也看不到这些预期利润随着营业过程的展开而逐期实现（或释放）的过程。此外，场景中包含金融变量和非金融变量，现有方法中也很少要求严格区分金融和非金融变量的影响。

IFRS 17 在这个问题上有其独特的处理方式，它要求必须用“显性”（explicit）的方式分别报告两个数字，一个是在中性假设下得到的未来现金流期望现值，另一个是单独列示并独立逐期释放的非金融风险调整。也就是说，在对比场景的时候仅仅考虑非金融因素造成的影响，比如死亡率和退保率等。当然，金融变量造成的影响也要考虑。

非金融风险调整的目的是实现谨慎原则，它是用来调低前一个数字的。我们可以使用负债的会计定义来理解非金融风险调整，评估非金融风险调整的原因是这些因素在未来可能会造成经济资源的流出，因此它在性质上可以划分为负债。将非金融风险调整确认为负债，我们需要回答两个基本问题：

第一，和非金融风险调整这个负债项对应的资产从哪里来？非金融风险调整来源于有效保单，因此和它对应的资产来自保费收入。用复式记账法的原理来理解，就是有效保单带来了保费收入，由此增加了资产，有效保单还带来了未来的给付责任以及未来的风险，其中有一部分可以用非金融风险调整来计量。

第二，非金融风险调整的变动如何影响以后各年的报告利润？根据利润计量的资产份额法，负债项的变动会影响到权益，进而影响利润。单个负债项对利润的贡献可以描述为：某个负债项的减少会对利润做出正的贡献，某个负债项的增加则会对利润有负的贡献。当然，整个公司的利润总额是所有的资产负债变动造成的。假设在 0 时刻，这样就可以确认第一年的利润为 40 元。这个过程可以抽象为利润“随风险释放”的过程。

对盈利前景良好的合同组而言，两个项目的符号相反，它们的和被称为履约现金流（fulfilment cash flows）。履约现金流基本相当于在传统精算方法下，在偏于保守的精算假设之下得到的合同组预计利润水平（以现值表达）。IFRS 17 对履约现金流的确切定义是：基于企业在履行保险合同时产生的未来现金流出的现值减去未来现金流入的现值的明晰、无偏、概率加权的估计（期望值），企业应当考虑未来现金流的估计、货币时间价值及未包含在未来现金流估计中的与未来现金流有关的金融风险调整，同时考虑非金融风险调整。

非金融风险调整，是指企业在履行保险合同义务时由于承担非金融风险导致的未来现金流在金额和时间方面的不确定性而要求得到的补偿。我们可以做如下解读：根据资产和负债的定义，非金融风险调整符合广义的负债定义，具体数字的计算则可以使用现行的情境对比法。IFRS 17 的做法相当于将原来的单一数字 665 拆分成 545 和 120 这两个数字，从而为财务报表的外部使用者提供更多信息（见表 9－9）。这种列示方法对公司内部管理基本没有意义，因为公司内部有更加详细的信息，拆分成两个数字并不会增加信息。

表 9－9　合同组在初始确认时刻的预计资产负债表

900	545	未来现金流出的现值
	120	非金融风险调整
	235	合同服务边际

在 IFRS 17 的示例中是直接给出非金融风险调整的数字而没有提供算法。按照相关规定，保险公司在实务中需要自己决定要使用的算法。从精算实务的经验来看，现行的情境对比法是比较合适的选择。由此可以得到该合同组对资产和负债的贡献，我们仍然用左边资产右边负债和权益的方式来列示所得到的计算结果。

在表 9-9 中，在期望现值的意义下，利润有望在后续年度中逐渐释放出来。为年度报告利润做出正贡献的一共是两项：非金融风险调整与合同服务边际（contract service margin）。再次回顾一下计算利润的资产负债法，权益是资产减去负债的余项，负债项的减少会带来权益的增加，负债项的增加会带来权益的减少。当然，真实的营业过程和假设的总是有些区别，因此每个年度都要根据当年的营业成果调节这三项负债的年底余额，从而得到这三项对利润的贡献。

我们也可以从毛保费的结构分解来理解这张想象的资产负债表，在合同组生效时刻收取的保费，其预计用途无非三种：支付未来的营业费用和保险金；提供非金融风险准备；为股东带来利润。简单说来就是：成本＋风险准备＋利润。IFRS 17 的确有很多让人费解的点，在学习过程中我们可以试着回到常识，回到基本的精算方法和会计概念上来，认真体会 IFRS 17 的理念和算法对已有成果的继承和创新。

9.3.2 第 1 年年末的调节表与合同服务边际的细节处理

从建模理念和方法来看，IFRS 17 在初始确认时刻的资产和负债评估与传统的寿险精算和寿险会计并无明显差异，在比较抽象的意义下，甚至可以说异曲同工。真正的区别要从第 1 年年末的利润核算和利源分析开始，以后每年年末都是如此，其中的核心问题是合同服务边际的处理。精算方法的延续表现在要进行利源分析，即将利润分解为可以解释的多个来源。所应用的基本会计方法主要包括：用流量调节存量，将存量的变动视为收入或者费用之类的流量。

下面我们来看在第 1 年年末如何核算本年利润。IFRS 17 确立的基本原则是识别和计量在这一年中对履约现金流造成变动的各种来源，分析的关键是确定这种变动是否能够用来调节合同服务边际。这就是说，有些造成履约现金流变动的来源不应当用来调节合同服务边际。比如，本例中的非金融风险调整的变动会影响本年的报告利润，但是不会影响本年年末的合同服务边际。下面是 IFRS 17 的示例部分给出的调节表（reconciliation）（见表 9-10）。调节表是一个会计术语，用来记录某个存量从期初余额开始，经过本期的各种流量调整，形成期末余额的计算细节。它的主要优点是能够披露更多的细节而不仅仅是一个隐藏了加减乘除的数字。

表 9-10 调节表

	未来现金流现值估计	非金融风险调整	合同服务边际	保险合同负债
期初余额	0	0	0	0
与未来服务有关的变动：新合同	−355	120	235	0
现金流入	900	0	0	900
保险金融费用（@5%）	27	0	12	39
与本期服务有关的变动	0	−40	−82	−122
现金流出	−200	0	0	−200
期末余额	372	80	165	617

下面结合表 9-10 中的计算结果解释 IFRS 17 的原则和使用方式。

首先明确这是第 1 年年末，因此所有四个项目的期初余额都等于 0，最后一行的期末余额等于同一列的其上各项之和，这个就是对流量调节存量的代数表达，不需要更多解释。需要解释的是在期初和期末余额之间出现的这些流量，而解释自然要结合业务过程和计算公式。

在解释计算过程之前，需要说明 IFRS 17 中对服务的理解和运用，而服务的概念涉及保险业的功能定位和保险公司获得利润的合法性。按照常识，企业获得利润的基本依据是它提供了服务，那么什么是保险公司提供的服务呢？保险业提供的产品是保单，提供的服务是给付，而给付中通常会包含保险成分和投资成分。IFRS 17 最为关注的目标之一是能够合理地分解保险成分和投资成分，它是否能够达成这个目标，我们暂且不论。我们要关注的是 IFRS 17 在具体的确认和计量中会强调服务的概念，会始终关心能否在这个项目与“保险服务”之间建立直接的合理的关联。初学者感到困惑的时候，不妨试着回到这个基本原则，也许能够解开疑惑。

我们从左到右分别考察未来现金流现值估计、非金融风险调整和合同服务边际这三列，每一列按照从上至下的顺序加以解释。

与未来服务有关的变动：新合同。这一项的值是－355，其来源是初始确认时刻计算的非金融风险调整与合同服务边际之和。它的作用是将与未来服务相匹配的现金流的现值从 0 时刻的收入现值中扣除，在这一列中，其效果是 900－355＝545。

保险金融费用（insurance finance expenses）为 27(＝(900－355)×5%)。乘式中的 900－355，它不是真正的现金流，而属于 IFRS 17 所称的“名义现金流”。为什么要在这笔金额的基础上计算利息呢？这里可以沿用对责任准备金的理解：相当于保险公司对这个合同组的负债，该负债的起始时刻也就是 0 时刻，或者初始确认时刻。

计息的本金不是 900 而是 545，其理由是：这一列要计算的是分摊给第一年的负担，所以要扣除匹配未来责任的 355，剩余的金额才是本年度需要承担的责任。

适用利率 5%从何而来？根据 IFRS 17 的规定，对于没有直接分红条款的保险合同，跟任何基础资产的收益率无关的名义现金流适用的利率是在初始确认时刻确定的利率。本例中确定的是年利率 5%。如何确定利率？这是一个永恒的难题，IFRS 17 提出的建议和考虑因素跟现行的实务差别不大。

按照假定，现金流出都发生在年末，可以直接看到其符号和金额就是所发生的现金流出。接下来看非金融风险调整这一列。

在“与未来服务有关的变动：新合同”这一行，我们看到结果是 120。这是因为在初始确认时刻，因为承担了新的合同组的未来给付责任，我们需要计提一笔金额为 120 的负债。我们预期随着业务过程的展开，这笔负债的金额会逐年下降，从而给年度报告利润带来正的影响。第一年的情况果然如此。

在“现金流入和现金流出”这两行，非金融风险调整和现金流量无关，这是显而易见的。

在“保险金融费用（@5%）”这一行，交叉格上的数字还是 0，这需要解释。首先，这也是负债，根据和“未来现金流现值估计”类似的逻辑，应当计算本期为这笔名义现金流所承担的利息费用。不过根据 IFRS 17 的规定，企业无须将非金融风险调整的变动分解为保险服务业绩与保险合同金融变动额，可以将非金融风险调整的全部变动计入保险服务业绩。也就是说，在调节表的计算过程中，可以对非金融风险调整做一点简化处理。

在“与本期服务有关的变动”这一行，交叉格上的数字是－40。其业务解释是，随着第1个保单年度的结束，保险公司认为自己面临的非金融风险减少了，归功于第1年的金额为40。因为这里有一个负债项减少了，所以这个变动会对本年的报告利润产生正的影响。至于计算的次序，是先有期末余额80，还是先有存量的变动－40，IFRS 17并无明确规定。从IE部分前面一张表的计算来看，首先计算的还是第1年年末的非金融风险调整余额，然后用期末余额80减去期初余额120，就得到－40。这个做法符合精算实务，可行性比较高，同时与利润核算的资产负债法在逻辑上也是一致的，即用存量的变动来计算流量。

对会计的操作流程不大熟悉的人，应该知道这里没有循环计算的问题。因为调节表的用途是利用分项目的利源分析方式披露更多细节，它未必要求每一列的计算都要从上往下走。可以在得到所有必要的数字之后，再整理成表格形式，表格的目的是让财务报表的使用者获得更多的相关信息。

现在看“合同服务边际”这一列的调节过程。年初余额235来自初始确认时刻的计量，这个负债项和现金流入以及现金流出都没有关系，所以在相应交叉格中的金额都是0。

在“保险金融费用（@5%）”这一行的交叉格里，既然合同服务边际也是负债，其计算逻辑与未来现金流现值估计相同，具体计算公式也相同，就是期初余额乘以5%。由于合同服务边际也是所谓的名义现金流，它的计息利率按照IFRS 17的规定，也锁定为初始确认时刻的5%。

在“与本期服务有关的变动”这一行的交叉格里，我们将会看到IFRS 17真正不同于传统方法的一个要点。这个要点的基本理念和澳大利亚的服务边际法（Margin on Service，MoS）是非常相似的。服务边际法这个词与合同服务边际高度重合，这并非出于巧合，我们不展开这个话题，只是指出IFRS 17的理念和计算方法都有历史渊源，把它视为某种集大成的努力成果是比较合适的。

根据IFRS 17的有关规定，企业应该将期初确认的合同服务边际在保险合同组期限内进行摊销，然后将分摊至本期的合同服务边际金额计入当期损益，也就是从当期期初的合同服务边际中扣除这个分摊的金额。这里的具体计算过程包括如下步骤：

（1）识别合同组中的保障责任单元（coverage unit）。合同组中的保障责任单元的数量为合同组中的合同所提供的保障的数量，通过考虑每项合同所提供的利益金额或数量及其预期保险责任期限确定。IFRS 17没有规定具体的计算方法，实际上可以有多种计量方法，而且在计量的时候也不一定要考虑时间价值。

（2）将合同服务边际（包括本期应该计提的利息）的金额平均分摊至当期和未来预期提供的每一保障责任单元。

（3）将分摊至当期提供的保障责任单元的金额计入当期损益。具体到本例的合同组，我们可以考虑两种分配方法。首先是比较简单的处理方法。由于预计合同组在所有3个保单年度内都提供相同金额的保障，所以预计本年（当期）提供的保障单元占全部保障单元数量的1/3，因此分摊给本年度的合同服务边际金额为（235＋12）/3＝82。这里要注意正负号和利润确认的问题，确认利润的途径是从当期期初的合同服务边际余额中扣减82元，负债项合同服务边际的减少会对利润做出正的贡献。

我们也可以使用包含货币时间价值的保障单元计量方法来分摊合同服务边际。

$$86.3235\times(1+0.05)\div(1+1\div1.05+1\div1.05^2)$$

追根溯源，合同服务边际的这种分摊原则来自澳大利亚的服务边际法。

有了中间三列的所有中间结果之后，最底行和最右侧的都是通过同一列或者同一行求和得到，不再赘述。

9.3.3 处理履约现金流的变动

继续前面的例子，进入第2个保险年度，然后来到第2年年末。发生了如下变化：

（1）第2年的实际理赔额为150，比初始确认时刻的预计水平低50。

（2）企业修正了对第3年的未来现金流出的估计，从初始确认时刻的200下调至140。在第2年年末的期望现值分别是191（＝200÷(1＋0.05)）和133，这里使用的折现率仍然是5%，和初始确认时刻的5%相同，但这仅仅是巧合。因为IFRS 17要求在任何时刻计算未来现金流现值的时候使用折现率的当前假设，而到了第2年年末，企业可能会觉得另一个折现率更为合适。总之，在第2年年末与未来服务相关的变动中，对未来现金流现值的估计出现了下调，金额为57（具体计算中有四舍五入）。

（3）企业修正了与未来现金流相关的非金融风险调整，这是在第2年年末做的修正，因此实际上只需考虑第3年的情形，从初始确认时刻的40下调为30。因此，在与未来服务有关的变动中，非金融风险调整下调了10。这个下调是一个负债项的减少，因此对本期报告利润的贡献是正的。

根据前面的调节表，我们可以得到第2年从期初到期末的调节表（见表9-11）。注意：表9-11与表9-10相比有一定差异，少了“与未来服务有关的变动：新合同”与“现金流入”这两行。少了前一行的原因是，初始确认时刻才有新合同带来的与未来服务有关的变动，在续期会代之以“与未来服务有关的变动”，其位置也下移到“保险金融费用（@5%）”的后面。少了后一行的原因是，本例中的产品是趸缴保费的，所以第2年年初没有保费收入。

表9-11 第2年从期初到期末的调节表

	未来现金流现值估计	非金融风险调整	合同服务边际	保险合同负债
期初余额	372	80	165	617
保险金融费用（@5%）	19	0	8	27
与未来服务有关的变动	−57	−10	67	0
与当期服务有关的变动	−50	−40	−120	−210
现金流出	−150	0	0	−150
期末余额	133	30	120	283

以如表9-10所示的调节表为基础，我们将逐行考察，在每一行中按照从左向右的次序，逐个说明这些数字的计算原理和计算方法。

先看第1行“期初余额”。所有四个数字都是从上一张表（表9-10），即第1年年末的期末余额转回的，这是会计的操作流程，把上期期末的存量数字都抄写过来即可。

第2行是“保险金融费用（@5%）”，这里的要点是对名义现金流锁定为初始时刻确定的利率，这里仍然是5%。在这一点上，IFRS 17沿用了传统的精算方法。

第3行和第4行是IFRS 17的新方法所在，其焦点是合同服务边际的调节和分摊。

第3行是“与未来服务有关的变动”，我们已经解释了前两列中的－57和－10的计算过程，然后涉及运用IFRS 17的一个核心理念，即这些变动要用来调节合同服务边际，调节金额等于前两项调节之和的相反数。从代数效果上来看，这一行的变动仅仅是拆东墙补西墙的操作，对保险合同负债的净影响等于0，对本期报告利润的影响也等于0。真正的影响要通过合同服务边际分摊来完成。

第4行是“与当期服务有关的变动”。第1列中的－50的来源是，在上一期的预计中，给本期的现金流出准备的预计水平是200，但实际发生的是150，这个差额50从逻辑上会对本期的报告利润产生正的影响。在调节表中，就把这个50视为向下调节期初负债余额的一个流量，因此在交叉格上出现了－50这个数字。非金融风险调整在本期扣除40，其业务逻辑还是因为经过了一年，企业承担的风险减少了，为应对风险计提的负债就可以“释放”，进入本期可以确认的利润。下面进入IFRS 17最具特色的理念与相应计算，即合同服务边际分摊到当期的金额，也就是表中的－120这个数字。

按照表9-10中计算合同服务边际分摊的步骤，计算如下：第一步，计算等待分摊的合同服务边际总额，即合同服务边际这一列前三行的总和，即165＋8＋67＝240。第二步，按照比较简单的保障单元数分摊逻辑（不考虑现金流出的货币时间价值），在最后两年中平均分摊这笔合同服务边际，其绝对值等于240÷2＝120，在调节表中的符号为负数。取负数的业务逻辑是，合同服务边际在概念上相当于等待确认的未实现利润，第2年已经结束，所以在第2年年末能够将分摊给第2年的合同服务边际确认为利润，也就应当表示为对这个负债项的减项。乍看之下，这种处理方法有些绕，但它其实是一个值得认真体会的理念，即在长期寿险合同组的利润确认中，对未来的预期会影响当期报告利润。这个理念其实很正常，因为保险公司要对合同组在整个生命周期内的安全运营负责任，必须建立一种在整个生命周期内，或者说在整个保障期间内，系统地分摊利润的机制。

那么，与未来服务有关的变动是怎样进入当期报告利润的呢？我们可以对比两种方法。第一种，不通过合同服务边际这个中介。未来现金流现值估计和非金融风险调整这两项负债的变动之和对保险合同负债期末余额的影响是－57－10＝－67，同时合同服务边际的待分摊金额是165＋8＝173，分摊到当期的金额是（－173)÷2＝－86.5。三项合计，对负债的影响是－67－86.5＝－153.5。第二种，通过合同服务边际这个中介来影响本期的报告利润变动。进入合同服务边际的方式是173－(－67)＝240，分摊给本期的变动是－120。四个交叉格里的数字合计，对负债的影响是－57－10＋67－120＝－120。两种计算方法造成的差异是33.5，它是67的一半，这并非巧合，其内在机制是通过合同服务边际，当期确认的负债减少并不是所有与未来服务有关的变动，而是利用与合同服务边际相同的分摊机制在当期和剩余的未来保险年度之间进行分摊。

这里需要提醒两点。第一，上面这个过程是一种恒等变换，可以用代数符号推导这种分配关系，不过符号比较烦琐。第二，这里的例子是营业过程比较有利，能够提升当期报告利润，如果反过来，实际营业过程不利，基本逻辑也是如此。但有一点需要注意，我们现在处理的是一个预期能够盈利的合同组。假设营业过程非常糟糕，以至于在第 2 年年末可以预计它变成了亏损合同组，就必须马上确认所有亏损，然后继续处理，在这个过程中合同服务边际不得变成负数。本书暂不涉及上述问题。

现在利用利润核算的资产负债法，我们可以为这个合同组建立两个年度的简化版财务报表（见表 9-12）。

表 9-12　简化的历年年末财务报表

	第 1 年	第 2 年
资产负债表		
资产	700	550
保险合同负债	617	283
所有者权益	83	267
利润表		
与当期服务有关的变动	122	210
与未来服务有关的变动	0	0
保险财务费用	−39	−27
利润	83	183

9.4　资产负债法下的利源分析

企业的经营活动都建立在对未来的预期之上，随着时间的推移，营业结果和预算出现差异是一种常见现象，在管理会计中早已形成分析这种差异成因的方法，成本会计中的差异分析就是其代表。

现有利源分析的对象是一个保单年度内的报告利润，分析起点是假设在年初时刻该保单组不赔不赚的状态。理解这种利源分析的时候，切记将分析期间限制在一个年度之内。

在平准净保费（NLP）法下，记第 k 保险年度末的到达年龄为 x，评估净保费为 P，评估利率为 i，则在保单生效之前，相当于初始确认时刻，可以计算出生效保单在未来一系列时点上的年末责任准备金 $\{V_j: j=1, 2, \cdots, n\}$。在传统责任准备金方法下，这些产品参数是不能修改的。为简化记号，我们使用 P，l_x，V_0，d_x，l_{x+1}，V_1 描述根据评估假设得到的上年末和本年末参数。通常用未来法得到年末责任准备金序列，在同一组假设下，还可以建立基于过去法的递推公式：

$$(l_xV_0+l_xP)(1+i)-d_x=l_{x+1}V_1$$

式中：

$$l_{x+1}=l_x-d_x$$

过去法和将来法在数学上是等价变换，在给定假设下会输出相同结果。过去法的主要优点在于，它是对实际营业过程的数学描述，所得到的金额都是当前累积值，用户更容易理解。此外，过去法的计算原理和资产份额法一致，其团体型公式能够直接融合到通用的营业预算体系之中。

用 $\hat{e}$，$\hat{i}$，$\hat{d}_x$，$\hat{l}_{x+1}$ 分别表示本保险年度内实际发生的费用、投资收益率、死亡索赔数和年末有效保单数，其中 $\hat{l}_{x+1}=l_x-\hat{d}_x$，$G$ 表示毛保费。

下面这个假设是推导利源分析公式的关键：这个保单组的年初资产 $A_0=l_xV_0$，年初负债 $L_0=l_xV_0$，所有者权益为 0。这个设定意味着，每年年初该保单组都是从零开始，拥有的资产总额等于上一年年末转回的责任准备金。对于股东来说，这相当于不赔不赚的一个起点，在这个起点的所有者权益等于 0。然后考察一年之后运营成果对资产和负债的影响，利用资产变动减去负债变动，就可以得到权益变动额。由于期初权益为 0，这个变动额就等于该年度的利润。

年末资产：$A_1=(l_xV_0+l_xG-\hat{e})(1+\hat{i})-\hat{d}_x$

年末负债：$L_1=\hat{l}_{x+1}V_1=(l_x-\hat{d}_x)V_1$

年末所有者权益：$E_1=A_1-L_1=(l_xV_0+l_xG-\hat{e})(1+\hat{i})-\hat{d}_x-(l_x-\hat{d}_x)V_1$

由于年初所有者权益为 0，所以本年度报告利润等于权益的变动 E_1。为简化计算需要用到“减一项加一项”的技巧，在管理会计的差异分析中这是常用手法。“减一项加一项”来源于责任准备金过去法递推公式的两边，即

$$[(l_xV_0+l_xP)(1+i)-d_x]-(l_x-d_x)V_1=0$$

两边去负号，变成下面这个形式能够降低推导的难度：

$$-(l_xV_0+l_xP)(1+i)+d_x+(l_x-d_x)V_1=0$$

把这个等于 0 的左边的项代入 E_1 中，然后进行合并与分组即可：

$$\begin{aligned}E_1&=(l_xV_0+l_xG-\hat{e})(1+\hat{i})-\hat{d}_x-(l_x-\hat{d}_x)V_1\\&\quad-(l_xV_0+l_xP)(1+i)+d_x+(l_x-d_x)V_1\\&=l_x(V_0+P)(\hat{i}-i)+(l_xG-l_xP-\hat{e})+(d_x-\hat{d}_x)(1-V_1)+\hat{i}(l_xG-l_xP-\hat{e})\\&=a+b+c+d\end{aligned}$$

结合资产负债观的模型设定和差异分析的数学变换，能够让利差、费差和死差损益以比较自然的方式从公式变换中浮现出来。利源分析的基本假设是将经验数据和准备金评估假设进行对比，戴帽子的变量都是经验数据，不戴帽子的是准备金评估假设中的参数。各项利差损益的解释为：

第一项 $l_x(V_0+P)(\hat{i}-i)$ 是利差损益的主项。它的本金在金额上等于上年年末的责任准备金和期初保费中的净保费部分，也就是在年初归属于该保单组的资产和新增

加的净保费部分，收益率是实际收益率减去准备金评估利率得到的利差。如果实际收益率超过评估利率，则形成利差益，反之形成利差损。利差损益的个体模型形式为 $(V_0+P)(\hat{i}-i)$。

第二项 $l_xG-l_xP-\hat{e}$ 或者 $l_x(G-P)-\hat{e}$ 是费差损益的主项。平准净保费方法没有直接处理毛保费中的费用部分，但隐含规定了所有毛保费中包含一个等额的"费用保费" $G-P$。费差损益 $l_xG-l_xP-\hat{e}$ 中的数字也都是保单组的汇总数据，因为发生在年初，所以有效保单数是在年初给定的 l_x（不戴帽子）。如果发生的实际费用低于包含在毛保费中的预计费用水平，就形成费差益，反之形成费差损。费差损益的个体模型形式为$(G-P)-\hat{e}/l_x$。

第三项 $(d_x-\hat{d}_x)(1-V_1)$ 是死差损益。$1-V_1$ 称为风险净额，原因在于出险保单的死亡给付中有一部分来自归属于该保单的年末责任准备金，这里假定死亡给付等于保额，因此由保险公司完成的转移支付金额为保额和年末责任准备金的差额 $1-V_1$。从承担风险的角度来看，如果死亡索赔数超出预期，则超出预期的部分是超出人数乘以 $1-V_1$，所以这才是保险公司真正承担的风险。如果发生的实际索赔数 $\hat{d}_x$ 低于准备金评估假设推算出来的索赔数，则形成死差益，反之形成死差损。死差损益的个体模型形式为$(q_x-\hat{q}_x)(1-V_1)$。

第四项 $\hat{i}(l_xG-l_xP-\hat{e})$ 是费差和实际投资收益率的交叉项。形成这个交叉项的数学原因很简单，利润计算公式不是所有变量的线性可加函数，分解出主项之后会剩下一些交叉项。按重要性原则，$\hat{i}(l_xG-l_xP-\hat{e})$ 是费差乘以实际投资收益率，也就是说，这个交叉项的大小只相当于费差损益的百分之几，把它计入费差损益合乎情理。由此可以得到费差损益 $(l_xG-l_xP-\hat{e})(1+\hat{i})$，也就是年初的费差到年底连本带利造成的费差损益，利息用实际投资收益率来计算符合常识。

需要说明的是，进行利源分析的目的和原理都是在保单组或者合同组层面完成的，实际中首先得到的数据也是合同组层面的投资收益、费用和索赔数，而不是相应的投资收益率、费用率和死亡率。

目前要求寿险公司提交的精算报表中，利源分析是一项重要内容。平常所说的三差损益分析包括利差损益、费差损益和死差损益分析，从字面可以看到造成利润差异的因素分别为投资收益、费用和死亡。不过退保也会对利润产生直接影响，所以实际上还要考虑退保损益。这里不再展开细节。

下面我们用上述利源分析公式来分析一个虚拟的营业过程数据，其中的关键是"取数"，即找到概念上正确的数据代入利源分析公式。营业过程数据在"包含费用"工作表中（见表 9－13）。在给定任意保费水平和未来营业场景之后，仍然是通过存量、流量和流率递推计算得到整个营业过程的数据。比较简单的建模操作是把计算责任准备金的表格整个拷贝到"包含费用"工作表中，然后修改主要营业场景数据，包括：将投资收益率都调整为 5%，所有整数年龄上的死亡率都乘以 90%，在第 12 行插入"期初发生费用"，这一行的数据可以引用另一张费用表，也可以直接输入一些费用支出。经过这些调整，原来的给付保费可能不够用，为此我们将 A7 的给付保费修改为毛保费，B7 的保费取值修改为 30。可能大家觉得这个修改有点随意，在实际工作中，评估净保费是受到严格监管的，但毛保费的水平有比较大的调整空间，通常要考虑代理人的意见，最终拿出一个毛保费水平来。

表 9－13　包含费用

	A	B	C	D	E	F
1	投保年龄	50	保险期间	5		
2	投保性别	男	缴费方式	趸缴		
3	保单组规模	10000	保额	1000		
4	投资收益率	5.00%	5.00%	5.00%	5.00%	5.00%
5	死亡率调整因子	90%				
6	死亡率	0.0038241	0.0041697	0.0045288	0.0049005	0.0052821
7	毛保费	30				
8						
9	时间	1	2	3	4	5
10	期初保险基金	300000	224259	183434	137179	85145
11	期初保单组规模	10000	9961.8	9920	9875	9827
12	期初发生费用	50000	10000	10000	10000	10000
13	本期死亡率	0.0038241	0.0041697	0.0045288	0.0049005	0.0052821
14	本期死亡人数	38.2	41.5	44.9	48.4	51.9
15	本期死亡给付	38241	41538	44927	48394	51907
16	本期投资收益率	5.00%	5.00%	5.00%	5.00%	5.00%
17	本期投资收益	12500	10713	8672	6359	3757
18	期末保单组规模	9962	9920	9875	9827	9775
19	期末保险基金	224259	183434	137179	85145	26995
20	期末资产份额	22.51	18.49	13.89	8.66	2.76
21	银行存款对比	31.50	33.08	34.73	36.47	38.29
22						
23						
24	A	B	C	D	E	F
25	时间	1	2	3	4	5
26	资产	224259	183434	137179	85145	26995
27	负债	187534	148952	105044	55506	52
28	所有者权益	36725	34483	32135	29639	26943
29	报告利润	36725	-2242	-2348	-2496	-2696
30	利差损益	2211	2203	2193	2183	2173
31	费差损益	30345	-10500	-10500	-10500	-10500
32	死差损益	188254	4546	4939	5347	5767
33	三差之和	220810	-3751	-3368	-2970	-2560
34	上年盈余在本年的收益		1836	1724	1607	1482
35	四项之和		-1915	-1644	-1363	-1078

经过这些场景设定后（我们没有考虑退保因素），表 9－13 在结构上更加接近真实营业过程。

尽管在上述营业场景和毛保费 30 元的假设下，保单组整体上是盈利的，但是第 1 年的报告利润很高，而其余年份的报告利润都是负数。这是怎么造成的呢？直觉上的解释应该是：该产品是趸缴保费，而责任准备金评估又没有做任何修正。下面我们从第 1 年开始做利源分析。

利源分析的主要困难是取数，不过第 1 年的数据比较容易找。我们把基本公式写下来，供参考。

$$l_x(V_0+P)(\hat{i}-i)+(l_xG-l_xP-\hat{e})+(d_x-\hat{d}_x)(1-V_1)+\hat{i}(l_xG-l_xP-\hat{e})$$

按照利差损益、费差损益和死差损益的次序计算如下：

计算利差损益需要的数据包括：

$$l_x=10\,000, \quad V_0=0, \quad P=22.11, \quad \hat{i}=0.05, \quad i=0.04$$

戴帽子的是实际数据，不带帽子的除了 l_x 都来自准备金评估假设或准备金评估结果。

利差损益为 10 000×(0＋22.11)×0.01＝2 211 元，这是一个看起来比较合理的结果。

计算费差损益需要的数据包括：

$$l_x=10\,000, \quad G=30, \quad P=22.11, \quad \hat{e}=50\,000, \quad \hat{i}=0.05$$

这里带帽子的费用 $\hat{e}$ 是第 1 年年初发生的费用总额，毛保费是趸缴保费，这意味着以后各年是没有保费收入的。

费差损益为[10 000×(30－22.11)－50 000]×(1＋0.05)＝30 345 元。

计算死差损益需要的数据包括：

$$l_x=10\,000, \quad q_x=0.004\,249, \quad \hat{q}_x=0.003\,824, \quad V_1=18.83$$

在这里使用 $l_x(q_x-\hat{q}_x)(1-V_1)$ 的形式更不容易犯错，保额 1 要替换成我们这里使用的保额 1 000。由此得到死差损益为 10 000×(0.004 249－0.003 824)×(1 000－18.83)＝4 169 元。

虽然费差益看起来很不合理，但是我们将三差加起来，恰好等于用资产负债法计算得到的第 1 年报告利润 36 725 元。这也是会计上常用的一种验算方法，采用两种不同的计算路线，如果得到的结果能对上，就说明大概率得到了正确结果。注意，即使如此也不能完全保证结果正确，但是我们知道，用不同的两种计算方法可以得到相同的结果，如果犯错的话，两种条件下均犯相同错误是小概率事件。

接下来我们就能看到，为什么简单的平准净保费法会对报告利润产生明显的影响，由此知道修正制准备金的基本功能是平滑利润，也可以避免过早释放利润，损害公司的长期偿付能力。

第 2 年还是用以下公式：

$$l_x(V_0+P)(\hat{i}-i)+(l_xG-l_xP-\hat{e})+(d_x-\hat{d}_x)(1-V_1)+\hat{i}(l_xG-l_xP-\hat{e})$$

要注意，利源分析的做法是假设每一年都是从不赔不赚的状态开始的，起点的有效保单数是在实际营业过程中得到的结果。假设一开始是不赔不赚，实际上不大合理，因为这个保单组在第 1 年的年末积累了很大一笔资产，而这项资产已经远远超过剩余的有效保单组所需的责任准备金。因此，这个假设实际上是说，如果我们把第 1 年的核算利润全部分配，那么该保单组剩下的资产就刚好等于它的责任准备金总额，而利源分析仅仅揭示它在第 2 年的营业活动形成的利润过程，并不考虑该保单组在第 1 年的历史贡献。在这个假设下，我们会发现，单独看第 2 年，居然是亏损的，造成“亏损”的是费差损益计算公式。

根据利源分析公式，按照利差损益、费差损益和死差损益的次序计算如下：

计算利差损益需要的数据包括：

$$l_x=9\,962,\quad V_0=18.83,\quad P=0,\quad \hat{i}=0.05,\quad i=0.04$$

戴帽子的是实际数据，不带帽子的除了 l_x 都来自准备金评估假设或准备金评估结果。注意，因为是趸缴保费，所以从第 2 年起评估净保费等于 0。

利差损益为 $9\,962\times(18.83+0)\times0.01=1\,875.8$ 元，这是一个大于零的数，表明本年的投资收益比预期的好，实现了利差益。因为四舍五入，这个结果和工作表上的数字有 0.5 的差异。

计算费差损益需要的数据包括：

$$l_x=9\,962,\quad G=0,\quad P=0,\quad \hat{e}=10\,000,\quad \hat{i}=0.05$$

费差损益为 $[9\,962\times0-10\,000]\times(1+0.05)=-10\,500$ 元。这里带帽子的费用 $\hat{e}$ 是第 2 年年初发生的费用总额。第 2 年没有保费收入，也没有采取特殊的会计处理让第 2 年分享第 1 年的趸缴保费，从而导致了第二年的巨大费差损。

计算死差损益需要的数据包括：

$$l_x=9\,962,\quad q_x=0.004\,633,\quad \hat{q}_x=0.004\,169\,7,\quad V_1=15.01$$

在这里使用 $l_x(q_x-\hat{q}_x)(1-V_1)$ 的形式更不容易犯错，保额 1 要替换成我们这里使用的保额 1 000 元。死差损益为 $9\,962\times(0.004\,633-0.004\,169\,7)\times(1\,000-15.01)=4\,546.0$ 元，这是一个大于零的数，表明本年的实际死亡数低于预期，实现了死差益。

三差之和为 $-4\,078.2$，不等于报告利润 $-2\,242$。

上述计算过程揭示了完全归属于第 2 年的营业过程的表现，而不是包含保单组历史贡献的利源分析结果。如果希望反映该保单组历史贡献的影响，我们还需要把第 1 年年末资产超过责任准备金的部分（也就是年末的所有者权益）的利息收入计入第 2 年的利润。即便如此，还是无法抵消费差损带来的影响。

这样，我们就得到了表 9 - 14 所示的利源分析表，参考表 9 - 13 的 26～35 行：

表 9 - 14　利源分析表

时间	1	2	3	4	5
资产	224 259	183 434	137 179	85 145	26 995
负债	187 534	148 952	105 044	55 506	52
所有者权益	36 725	34 483	32 135	29 639	26 943
报告利润	36 725	−2 242	−2 348	−2 496	−2 696
利差损益	2 211	1 875	1 490	1 050	555
费差损益	30 345	−10 500	−10 500	−10 500	−10 500
死差损益	4 169	4 546	4 939	5 347	5 767
三差之和	36 725	−4 079	−4 072	−4 103	−4 178
上年盈余在本年的收益		1 836	1 724	1 607	1 482
四项之和		−2 242	−2 348	−2 496	−2 696

上年盈余在本年的收益是上一年年末的所有者权益乘以本年的实际投资收益率。

这样处理之后，四项之和与报告利润刚好都能够对上。四项之和的分析目的不同于利源分析，四项之和是在模拟对整个公司的利润进行分解，其假设条件是所有年份都不分配利润。而利源分析本质上是把所研究的保单组完全独立出来，按照它在年初不赔不赚的状态进行利润贡献分解。

现在还有一个遗留问题，就是趸缴保费产品该如何在所有年度上分摊所发生的费用。这里可能涉及很多会计的技术细节。不过我们也可以设想一下用 IFRS 17 确立的原则，按照服务进度来确认利润或者收入。

9.5 本章工作簿指导

掌握了编程能力的人可能会倾向于贬低 Excel 建模的优点。在 2000 年之前，很多保险公司仍然大量使用电子表格建模完成产品的定价和评估，辅以 VBA 编程的 Excel 也曾经在金融工程领域发挥重要作用。让 Excel 在实务中逐渐后退的主要原因是，单纯依赖工作表建模的 Excel 很难实现比较复杂的算法，也很难处理比较大的数据集。不过，这些缺点主要体现在难以承担实际工作。对于在校学习的大学生来说，Excel 工作表仍然能够轻松实现在金融数学、精算数学或者统计学中大部分可以用表格实现的例题和习题。这意味着，Excel 是很好的教学和演示工具。实际上，随着数据科学的成熟和普及，近年来数学科学的教学也开始用 Excel 作为教学工具。

表面上看，Excel 建模的主要优点是门槛低，实际上，它的真正优点是以下两个：第一，能够直观展现算法的整个过程；第二，用 Excel 实现算法的感觉更接近手推公式，通过 Excel 建模能够将整个模型落实到加减乘除的运算上。下面结合本章内容说明 Excel 建模的实现过程，同时对 Excel 的建模要领和最佳实务做简单说明。

9.5.1 Excel 建模要领

Excel 建模的英文是 Spreadsheet Modeling，其中的 Spreadsheet 译为电子表格。这种翻译未体现出其中的 Spread，而该单词的展开之意才是 Excel 建模的核心所在。所谓 Spreadsheet 就是把整张表格的计算过程和结果完全展现为模型。比如循环 100 次在 Excel 中就必须表现为 100 行或者 100 列，而在编程语言中只需要一段循环语句，这段循环语句的行数和循环次数无关。了解循环语句的人难免会因此觉得 Excel 工作表笨拙。不过，在金融交易计算和精算模型中，循环次数可能只有几十或者几百，Excel 工作表并不影响建模，却可以展开所有计算细节。在金融和精算教材里，我们经常会看到这种表格。下面结合常用公式的 Excel 实现来说明 Excel 的建模要领。

完整的模型包含输入、模块和输出三个部分，Excel 建模也不例外。有趣的是，对模型有一个刻板印象，即模型的运行是顺着时间箭头的：输入→模块→输出，但是建模工作并不需要严格遵循时间箭头。无论是在编程还是在 Excel 建模的过程中，都可以从任一点开始，只需建模者保证最终版本能够跑通。所以，在大型软件工程中，经过合理的功能分解之后，各个模块可以同时展开。对于比较简单的教学型 Excel 建模任务，一般会遵循时间箭头原则；比较熟练的 Excel 建模者则能够将大型模型分解成较小的模块，然后分别完成或者分配给更多的建模者分头完成。(较大型的 Excel 模型通常包含多个工作簿，每个工作簿的大小都有数兆，有时需要用 VBA 代码来整合这些工作簿。)

以折现现值计算公式的实现为例。折现现值公式的最简单的数学形式为 $PV=\sum_{k=1}^{n}CF_kv^k$，其中 CF_k 为第 k 个现金流的值（包含正负号），$v=1/(1+i)$，i 为有效利率。

Excel 建模的思考方式既不同于编程，也不是对公式的简单翻译。在给定 n 的条件下，建模者要马上建立形成模型的表格形式，确定“输入”的位置、“输出”的位置和“模块”的位置。Excel 建模中称这种表格为视图或者布局。在给定现金流的数量和时间后，用 Excel 计算折现现值的工作表布局就是把已知条件和所有计算结果排列成易于理解的形式。工作表模型的布局形式并不唯一，只要具有很好的可读性即可，通常的做法是按照教材上的表格形式。可以说，Excel 建模的入门阶段的工作就是套模板。但是，不能因此就停留在套模板阶段，否则很难建立更大的具有实用价值的 Excel 模型，初学者要引以为戒。

表 9-15 是常见的折现现值工作表布局之一。其中 A5：F8 的模块部分是将时间轴横向设置的，显然，时间轴纵向摆放也是可以的。

表 9-15 固定支付次数的折现现值计算表

	A	B	C	D	E	F
1						
2	有效年利率	4.50%				
3	折现现值	491.41				
4						
5	年份	1	2	3	4	5
6	贴现因子	0.957	0.916	0.876	0.839	0.802
7	年末现金流	100	80	70	120	200
8	单笔现值	95.69	73.26	61.34	100.63	160.49

表 9-15 显示的是模型的计算结果，其中有些单元格是包含公式的，那么，该如何让 Excel 显示公式而不是结果呢？这里要掌握 Excel 建模的一个基本操作：用切换键实现公式或结果的显示。所谓切换键就是开关功能，共有两种模式，按一下就变成另一种，再按一下就变回来。表 9-16 显示了所有包含公式的单元格中的公式，读者根据表 9-16 能够完整再现整个模型。再次强调：Excel 建模过程和编程一样，没有必要严格按照时间箭头进行，也没有必要坚持从左向右，从上到下的次序。当然，总体上保持从左向右，从上到下的次序是个好习惯，但是在处理复杂模型的时候，有些中间模块一下子解决不了，可暂时放下来先搭建其他部分。

表 9-16　固定支付次数的折现现值计算表（显示公式）

	A	B	C	D	E	F
1						
2	有效年利率	0.045				
3	折现现值	=SUM(B8:F8)				
4						
5	年份	1	2	3	4	5
6	贴现因子	=1/(1+$B2)^B5	=1/(1+$B2)^C5	=1/(1+$B2)^D5	=1/(1+$B2)^E5	=1/(1+$B2)^F5
7	年末现金流	100	80	70	120	200
8	单笔现值	=B7*B6	=C7*C6	=D7*D6	=E7*E6	=F7*F6

那么该如何实现公式和结果的切换呢？Excel 提供了两种方式，一种是用鼠标点击菜单栏，另一种是用快捷键 Ctrl＋～实现。在菜单栏中的路径是“公式—公式审核—显示公式”。我们建议大家采用快捷键，因为在 Excel 建模中，Ctrl＋～的地位和 Ctrl＋C、Ctrl＋V 相同。

表 9-16 中一共有 11 个公式，如果全都手工录入，十分不方便。公式复制是 Excel 建模的利器。其难点是如何在公式中利用＄符来有效控制行列变化。对于简单的公式复制，以 B8：F8 中的公式为例，首先在 B8 中录入“＝B7＊B6”，然后选择 B8，向右复制到 F8。选择和复制的操作方式也有键盘和鼠标两种。

键盘操作如下：移动光标到 B8，使用 Ctrl＋C 复制公式，然后选择 B8：F8，最后用 Ctrl＋V 粘贴公式。

鼠标操作如下：左键单击 B8，移动鼠标对准 B8 右下角，这时光标形状会变成小的黑十字，按住左键向右拖拽，到 F8 停止，松开鼠标即可。说明：利用黑十字的双击可以自动复制公式，不过复制的方向默认为从上到下，而表 9-16 中需要从左向右复制公式，操作上就没有这么便利。有经验的用户能够在必要的时候将复制的默认项修改为从左到右，不过初学者的模型都很小，没有这个必要。

建模的时候，可以先完成 B8：F8 中的公式，不过显示的结果都是 0，等到其他部分完成，自然就会显示正确的结果。单元格中的公式本质上是函数关系。

下面以 B6：F6 中的公式为例说明＄符在公式复制中的作用。

首先在 B6 中录入“＝1/(1＋＄B2)^B5”，回车后把公式复制到 B6：F6 中，观察 B＄2 和 B5 在复制过程中的变化。可以看到，在从左向右的复制过程中＄B2 始终不变，原因如下：从左向右发生在同一行，所以原有的行号 2 不变化；列标 B 前面有一个＄符，也被限制了，不再变化。而 B5 的列标和行号都是自由的，在从左向右复制的过程中，行号 5 自然保持不变，列标则会逐列加 1，依次变成 C、D、E、F。

要理解＄符在公式复制中的妙用，可以使用下面这个经典例子，用一个公式通过复制生成九九乘法表。模型的部分如表 9-17 所示。

表 9-17　九九乘法表中的部分公式

	A	B	C
1		1	2
2	1	=$A2*B$1	=$A2*C$1
3	2	=$A3*B$1	=$A3*C$1
4	3	=$A4*B$1	=$A4*C$1

模型在工作表“九九乘法表”中的操作如下：

1. 生成1～9的横行和竖列，形成一个交叉表格的形式。

2. 在B2中录入“＝$A2*B$1”，向下复制可以通过双击黑十字完成，然后向右复制即可。

对比C2和B2中的公式可以发现，向右复制的时候$A2中的$符固定住了A列，不让其自动加1，而B$1中的$符出现在行号前，不会影响列标的变化。同理，对比B3和B2中的公式，也可以看到$符是分别控制列和行的。

9.5.2 用单变量求解功能求保费

从数学建模角度出发，Excel模型本质上是包含多个输入变量和多个输出结果的函数。改变一个或多个输入变量的值，模型会自动重算，得到新的输出结果。在这里需要对“输出”做广义的理解，它不仅仅是你希望计算的最终结果，还包括所有中间的计算结果，由于Excel模型是“所见即所得”，所以原则上所有包含公式的单元格都在输出。修改输入进而影响输出，这是沿着模型的因果关系向前推理，那么，是否可以从输出反推输入呢？答案是可以。

让我们从简单情形出发，反推一个输入变量的值。假设我们希望某个输出结果达到一个目标值，而某个输入变量能够影响这个输出结果，用数学语言描述，这就是一个单变量方程 $y=f(x)$。不过精算模型往往包含很多参数，所以更实用的求解方法是求数值解，而不一定要得到公式解。这是精算实务中的常见情形，也是数学建模任务的特点。在Excel建模中，利用已有模型能够求单变量方程的数值解。最简单的求解方法是，不断修改输入变量 x 的值，让输出结果 y 的值越来越接近目标值，但这种手工方法太过笨拙。更专业的方法是写一段代码（使用Excel中的VBA代码）来求解。但这种专业方法门槛太高，比较简单的自动求解方法是Excel提供的单变量求解功能。

下面以工作簿“9.5节例题.xlsx”中的两张工作表“根据利润求保费（趸缴）”（见表9-18）和“根据利润求保费（期缴）”（见表9-19）为例说明单变量求解的实现。这两张表的区别仅仅是趸缴和期缴，原则上和建模上都可以统一处理，不过趸缴情形更容易处理。

我们先熟悉一下表9-18“根据利润求保费（趸缴）”中的函数关系。这里可以使用Excel的公式调试功能，菜单的操作次序是：选择单元格B7，操作路径是“公式—公式审核—追踪从属单元格”。可以看到如图9-1所示的箭头，它们用可视化的方式展示了单元格之间的因果关系。

因果关系包括直接的和间接的函数关系。直接关系的例子是，B10和B21的公式中都包含B7。单击“追踪从属单元格”，就可以看到从自变量指向因变量的箭头。如果再次单击“追踪从属单元格”，则公式中包含单元格B10和B21的会继续成为箭头的终点。以此类推，可以得到用一系列首尾相连的箭头表示的可视化的函数关系。

表 9-18　根据利润求保费（趸缴）

	A	B	C	D	E	F
1	投保年龄	50	保险期间	5		
2	投保性别	男	缴费方式	趸缴		
3	保单组规模	10000	保额	1000		
4	投资收益率	5.00%	5.00%	5.00%	5.00%	5.00%
5	死亡率调整因子	90%				
6	死亡率	0.0038241	0.0041697	0.004529	0.004901	0.005282
7	毛保费	27.88				
8						
9	时间	1	2	3	4	5
10	期初保险基金	278849	202050	160115	112694	59435
11	期初保单组规模	10000	9961.8	9920	9875	9827
12	期初发生费用	50000	10000	10000	10000	10000
13	本期死亡率	0.0038241	0.0041697	0.004529	0.004901	0.005282
14	本期死亡人数	38.2	41.5	44.9	48.4	51.9
15	本期死亡给付	38241	41538	44927	48394	51907
16	本期投资收益率	5.00%	5.00%	5.00%	5.00%	5.00%
17	本期投资收益	11442	9603	7506	5135	2472
18	期末保单组规模	9962	9920	9875	9827	9775
19	期末保险基金	202050	160115	112694	59435	0
20	期末资产份额	20.28	16.14	11.41	6.05	0.00
21	银行存款对比	29.28	30.74	32.28	33.89	35.59

表 9-19　根据利润求保费（期缴）

	A	B	C	D	E	F
1	投保年龄	50	保险期间	5		
2	投保性别	男	缴费期			
3	保单组规模	10000	保额	1000		
4	投资收益率	4.00%	4.00%	4.00%	4.00%	4.00%
5	死亡率	0.004249	0.004633	0.005032	0.005445	0.005869
6	保费交纳因子	0	0	0	0	0
7	给付保费	8.26				
8						
9	时间	1	2	3	4	5
10	期初保险基金	0	-42490	-90323	-143810	-203258
11	期初保单组规模	10000	9958	9911	9862	9808
12	期初保费收入	0	0	0	0	0
13	保费缴纳后的基金	0	-42490	-90323	-143810	-203258
14	本期死亡率	0.004249	0.004633	0.005032	0.005445	0.005869
15	本期死亡人数	42.5	46.1	49.9	53.7	57.6
16	本期死亡给付	42490	46133	49874	53696	57562
17	本期投资收益率	4.00%	4.00%	4.00%	4.00%	4.00%
18	本期投资收益	0	-1700	-3613	-5752	-8130
19	期末保单组规模	9958	9911	9862	9808	9750
20	期末保险基金	-42490	-90323	-143810	-203258	-268950
21	期末资产份额	-4.27	-9.11	-14.58	-20.72	-27.58
22	银行存款对比	8.59	8.94	9.30	9.67	10.05

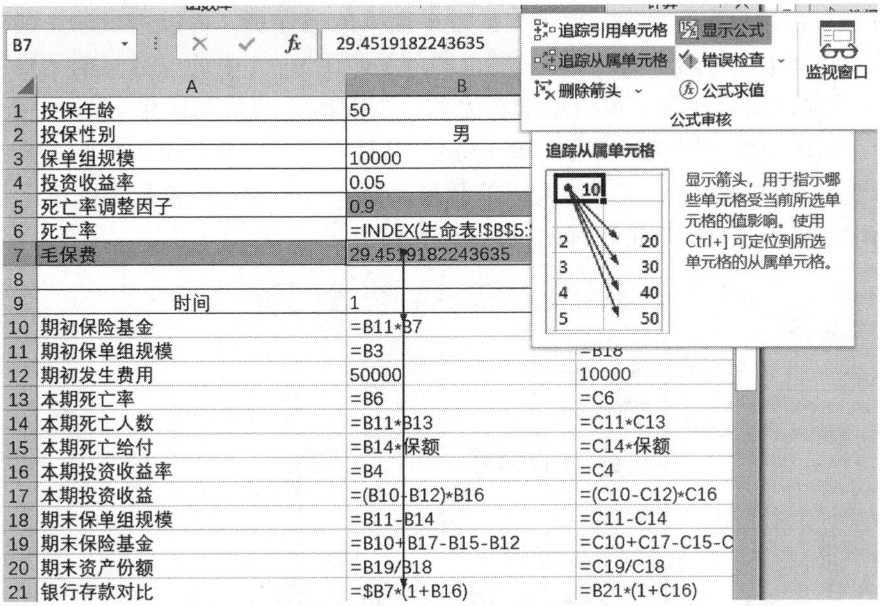

图 9-1　用“追踪从属单元格”和“显示公式”可视化模型的函数关系

由此可以清晰地看到，给定其他单元格的数字，单元格 B7 中的毛保费决定了 F19 中的期末保险基金。F19 中的金额是最后一年年末剩余的金额，也就是保险公司最终能够得到的现金收入，所以将 F19 中的数字作为该保单组盈利能力的指标是比较合理的。在给定死亡率、费用假设和投资收益率假设之后，有一个最终盈亏平衡的毛保费公式，也就是大家在前面学习过的公式。从数值计算的角度来看，要得到具体的计算结果仍然需要编程或者建模实现这个公式，所以公式解通常并不是最终解答。下面用 Excel 的单变量求解功能得到盈亏平衡的毛保费结果。

调用单变量求解的操作次序是：数据—预测—模拟分析—单变量求解（见图 9-2）。

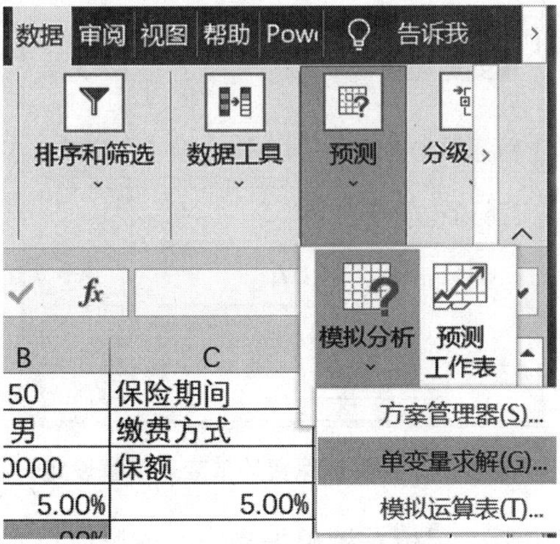

9-2　调用单变量求解的操作

单击“单变量求解”之后，就可以看到如图 9-3 所示的对话框。在“单变量求解”对话框中，“目标单元格”对应于 $y=f(x)$ 中的因变量 y，“可变单元格”对应于自变量

x，“目标值”由用户自行设定。要求出盈亏平衡下的毛保费，可以用鼠标左键单击“目标值”后面的文本框，然后输入 0。需要说明的是，图 9-3 中的“目标单元格”自动显示为 H2。这是因为，在启动单变量求解之前，当前的活动单元格是 H2。一般操作是，首先选择目标单元格（因变量所在的单元格），然后再启动单变量求解功能。当然，也可以利用单变量求解对话框重新选择目标单元格。操作步骤为：用鼠标左键单击目标单元格后面的空白区域，然后单击正确的目标单元格。

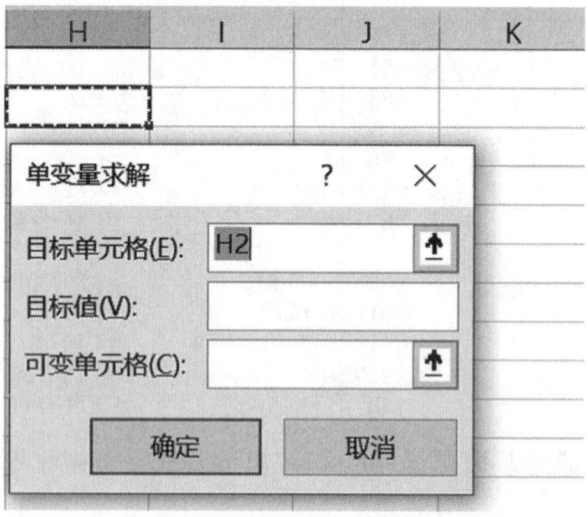

图 9-3　单变量求解对话框

我们要求的是在最后一年年末达到盈亏平衡，所以目标单元格为 F19，目标值为 0，可变单元格为 B7。两个单元格的地址可以通过鼠标点击确定，也可以在选择输入框之后用键盘录入。图 9-4 显示了两种录入方法的结果，其中可变单元格后面的 b7 是手工录入的。

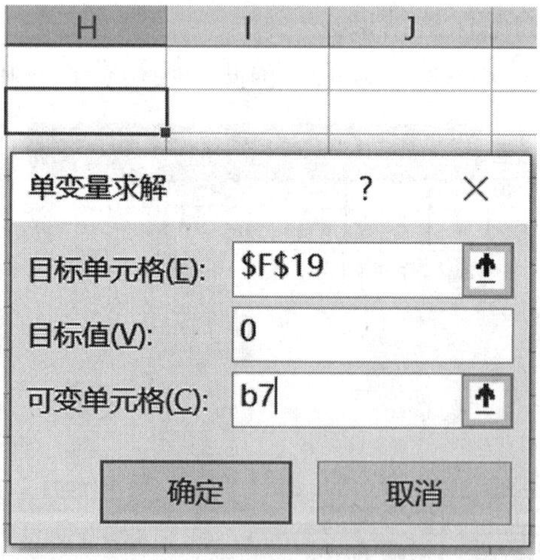

图 9-4　反解毛保费的单变量求解设定

完成三个要素的定义之后，鼠标左键单击确定，就可以得到相应的毛保费水平。

这个例子的要点是，Excel 建模的数学门槛很低，称其为“加减乘除算保费”也不过分。此外，这个例子还践行了一个通用的数学建模观念：建模的时候无须考虑已知数和未知数的问题，或者说 Excel 模型就是一个没有未知数的模型。单元格之间的函数关系是用户定义的，每个单元格里面的数字都是已知的，如果用户对某些数字不满意，不断修改这些数字就可以了。具体的技术手段有三种：手工调整、VBA 代码、单变量求解。如果需要求解多变量方程，可以通过调用 Excel 的“规划求解”加载宏来实现，这里不再赘述。

习　题

1. 将下列术语分别归入流量、存量或流率：死亡率、本年保费收入、本年利润、年末责任准备金、年末有效保单数、年末资产总额、本年利息收入、银行账户余额。

2. 在常见的企业财务报表中，与存量有关的和与流量有关的分别是哪些？

3. 取数训练。在表 9－2 中找到合适的数据代入准备金的团体型递推公式，该公式的数学形式为 $(l_xV_0+l_xP)(1+i)-d_x=l_{x+1}V_1$。要求如下：找到到达年龄 $x=52$ 的相关数据，然后代入其中。

4. 准备金评估利率是在产品上市之前就确定下来的，不得变动，营业过程中实现的实际收益率肯定会和准备金评估利率产生差异，这种差异是造成利差损益的根源。请用资产负债表的变化，利用表 9－7 的数据，说明利差损益的形成过程。

5. 在 IFRS 17 之下，合同组在初始确认时刻的预计资产负债表和精算的毛保费定价原理之间有何联系？

6. 保障责任单元是基于 IFRS 17 用来分摊利润的基本工具，但是 IFRS 17 并没有指定具体的保障责任单元。请根据它的设计思想，举出至少两种保障责任单元并比较它们的优劣。

7. 在 IFRS 17 的计算过程中，我们发现，在确认长期寿险合同组的利润时，对未来的预期会影响当期报告利润。这种做法在传统的精算和保险会计中是否也会出现？这种做法的合理程度如何？如果不合理，是否有更好的替代方案？

8. 深入研讨。在寿险利润核算原理中，“随风险释放”（release with risk）是个很有吸引力的理念，在传统精算和 IFRS 17 中也都有一定的体现。请结合资产负债法的思想描述随风险释放的实现过程，思考这种理念在实现过程中需要克服的障碍。

附　录

现金流现值计算的 Excel 建模过程演示

用单变量求解功能计算保费演示

附录1

标准正态分布表 $P(0<Z<z)$

z	0.00	0.01	0.02	0.03	0.04	0.05	0.06	0.07	0.08	0.09
0.0	0.00000	0.00399	0.00798	0.01197	0.01596	0.01994	0.02393	0.02791	0.03189	0.03586
0.1	0.03983	0.04380	0.04776	0.05172	0.05567	0.05962	0.06356	0.06750	0.07143	0.07535
0.2	0.07926	0.08317	0.08707	0.09096	0.09484	0.09871	0.10257	0.10642	0.11026	0.11410
0.3	0.11791	0.12172	0.12552	0.12930	0.13308	0.13683	0.14058	0.14431	0.14803	0.15174
0.4	0.15543	0.15910	0.16276	0.16641	0.17003	0.17365	0.17724	0.18083	0.18439	0.18794
0.5	0.19147	0.19498	0.19847	0.20195	0.20540	0.20884	0.21226	0.21566	0.21905	0.22241
0.6	0.22575	0.22907	0.23237	0.23566	0.23892	0.24216	0.24538	0.24857	0.25175	0.25491
0.7	0.25804	0.26115	0.26424	0.26731	0.27035	0.27337	0.27637	0.27935	0.28231	0.28524
0.8	0.28815	0.29103	0.29389	0.29673	0.29955	0.30234	0.30511	0.30785	0.31057	0.31327
0.9	0.31594	0.31859	0.32122	0.32382	0.32639	0.32895	0.33147	0.33398	0.33646	0.33891
1.0	0.34135	0.34375	0.34614	0.34850	0.35083	0.35314	0.35543	0.35769	0.35993	0.36214
1.1	0.36434	0.36650	0.36864	0.37076	0.37286	0.37493	0.37698	0.37900	0.38100	0.38298
1.2	0.38493	0.38686	0.38877	0.39065	0.39251	0.39435	0.39617	0.39796	0.39973	0.40148
1.3	0.40320	0.40490	0.40658	0.40824	0.40988	0.41149	0.41309	0.41466	0.41621	0.41774
1.4	0.41924	0.42073	0.42220	0.42364	0.42507	0.42647	0.42786	0.42922	0.43056	0.43189
1.5	0.43319	0.43448	0.43575	0.43699	0.43822	0.43943	0.44062	0.44179	0.44295	0.44408
1.6	0.44520	0.44630	0.44738	0.44845	0.44950	0.45053	0.45154	0.45254	0.45352	0.45449
1.7	0.45544	0.45637	0.45728	0.45819	0.45907	0.45994	0.46080	0.46164	0.46246	0.46327
1.8	0.46407	0.46485	0.46562	0.46638	0.46712	0.46784	0.46856	0.46926	0.46995	0.47062
1.9	0.47128	0.47193	0.47257	0.47320	0.47381	0.47441	0.47500	0.47558	0.47615	0.47670
2.0	0.47725	0.47778	0.47831	0.47882	0.47933	0.47982	0.48030	0.48077	0.48124	0.48169
2.1	0.48214	0.48257	0.48300	0.48341	0.48382	0.48422	0.48461	0.48500	0.48537	0.48574
2.2	0.48610	0.48645	0.48679	0.48713	0.48745	0.48778	0.48809	0.48840	0.48870	0.48899
2.3	0.48928	0.48956	0.48983	0.49010	0.49036	0.49061	0.49086	0.49111	0.49134	0.49158
2.4	0.49180	0.49202	0.49224	0.49245	0.49266	0.49286	0.49305	0.49324	0.49343	0.49361
2.5	0.49379	0.49396	0.49413	0.49430	0.49446	0.49461	0.49477	0.49492	0.49506	0.49520
2.6	0.49534	0.49547	0.49560	0.49573	0.49585	0.49598	0.49609	0.49621	0.49632	0.49643
2.7	0.49653	0.49664	0.49674	0.49683	0.49693	0.49702	0.49711	0.49720	0.49728	0.49736
2.8	0.49744	0.49752	0.49760	0.49767	0.49774	0.49781	0.49788	0.49795	0.49801	0.49807
2.9	0.49813	0.49819	0.49825	0.49831	0.49836	0.49841	0.49846	0.49851	0.49856	0.49861
3.0	0.49865	0.49869	0.49874	0.49878	0.49882	0.49886	0.49889	0.49893	0.49897	0.49900
3.1	0.49903	0.49906	0.49910	0.49913	0.49916	0.49918	0.49921	0.49924	0.49926	0.49929
3.2	0.49931	0.49934	0.49936	0.49938	0.49940	0.49942	0.49944	0.49946	0.49948	0.49950
3.3	0.49952	0.49953	0.49955	0.49957	0.49958	0.49960	0.49961	0.49962	0.49964	0.49965
3.4	0.49966	0.49968	0.49969	0.49970	0.49971	0.49972	0.49973	0.49974	0.49975	0.49976
3.5	0.49977	0.49978	0.49978	0.49979	0.49980	0.49981	0.49981	0.49982	0.49983	0.49983
3.6	0.49984	0.49985	0.49985	0.49986	0.49986	0.49987	0.49987	0.49988	0.49988	0.49989
3.7	0.49989	0.49990	0.49990	0.49990	0.49991	0.49991	0.49992	0.49992	0.49992	0.49992
3.8	0.49993	0.49993	0.49993	0.49994	0.49994	0.49994	0.49994	0.49995	0.49995	0.49995
3.9	0.49995	0.49995	0.49996	0.49996	0.49996	0.49996	0.49996	0.49996	0.49997	0.49997
4.0	0.49997	0.49997	0.49997	0.49997	0.49997	0.49997	0.49998	0.49998	0.49998	0.49998

中国人身保险业经验生命表（2010—2013）

年龄	非养老类业务一表		非养老类业务二表		养老类业务表	
	男（CL1）	女（CL2）	男（CL3）	女（CL4）	男（CL5）	女（CL6）
0	0.000867	0.000620	0.000620	0.000455	0.000566	0.000453
1	0.000615	0.000456	0.000465	0.000324	0.000386	0.000289
2	0.000445	0.000337	0.000353	0.000236	0.000268	0.000184
3	0.000339	0.000256	0.000278	0.000180	0.000196	0.000124
4	0.000280	0.000203	0.000229	0.000149	0.000158	0.000095
5	0.000251	0.000170	0.000200	0.000131	0.000141	0.000084
6	0.000237	0.000149	0.000182	0.000119	0.000132	0.000078
7	0.000233	0.000137	0.000172	0.000110	0.000129	0.000074
8	0.000238	0.000133	0.000171	0.000105	0.000131	0.000072
9	0.000250	0.000136	0.000177	0.000103	0.000137	0.000072
10	0.000269	0.000145	0.000187	0.000103	0.000146	0.000074
11	0.000293	0.000157	0.000202	0.000105	0.000157	0.000077
12	0.000319	0.000172	0.000220	0.000109	0.000170	0.000080
13	0.000347	0.000189	0.000240	0.000115	0.000184	0.000085
14	0.000375	0.000206	0.000261	0.000121	0.000197	0.000090
15	0.000402	0.000221	0.000280	0.000128	0.000208	0.000095
16	0.000427	0.000234	0.000298	0.000135	0.000219	0.000100
17	0.000449	0.000245	0.000315	0.000141	0.000227	0.000105
18	0.000469	0.000255	0.000331	0.000149	0.000235	0.000110
19	0.000489	0.000262	0.000346	0.000156	0.000241	0.000115
20	0.000508	0.000269	0.000361	0.000163	0.000248	0.000120
21	0.000527	0.000274	0.000376	0.000170	0.000256	0.000125
22	0.000547	0.000279	0.000392	0.000178	0.000264	0.000129
23	0.000568	0.000284	0.000409	0.000185	0.000273	0.000134
24	0.000591	0.000289	0.000428	0.000192	0.000284	0.000139
25	0.000615	0.000294	0.000448	0.000200	0.000297	0.000144

续表

年龄	非养老类业务一表		非养老类业务二表		养老类业务表	
	男（CL1）	女（CL2）	男（CL3）	女（CL4）	男（CL5）	女（CL6）
26	0.000644	0.000300	0.000471	0.000208	0.000314	0.000149
27	0.000675	0.000307	0.000497	0.000216	0.000333	0.000154
28	0.000711	0.000316	0.000526	0.000225	0.000354	0.000160
29	0.000751	0.000327	0.000558	0.000235	0.000379	0.000167
30	0.000797	0.000340	0.000595	0.000247	0.000407	0.000175
31	0.000847	0.000356	0.000635	0.000261	0.000438	0.000186
32	0.000903	0.000374	0.000681	0.000277	0.000472	0.000198
33	0.000966	0.000397	0.000732	0.000297	0.000509	0.000213
34	0.001035	0.000423	0.000788	0.000319	0.000549	0.000231
35	0.001111	0.000454	0.000850	0.000346	0.000592	0.000253
36	0.001196	0.000489	0.000919	0.000376	0.000639	0.000277
37	0.001290	0.000530	0.000995	0.000411	0.000690	0.000305
38	0.001395	0.000577	0.001078	0.000450	0.000746	0.000337
39	0.001515	0.000631	0.001170	0.000494	0.000808	0.000372
40	0.001651	0.000692	0.001270	0.000542	0.000878	0.000410
41	0.001804	0.000762	0.001380	0.000595	0.000955	0.000450
42	0.001978	0.000841	0.001500	0.000653	0.001041	0.000494
43	0.002173	0.000929	0.001631	0.000715	0.001138	0.000540
44	0.002393	0.001028	0.001774	0.000783	0.001245	0.000589
45	0.002639	0.001137	0.001929	0.000857	0.001364	0.000640
46	0.002913	0.001259	0.002096	0.000935	0.001496	0.000693
47	0.003213	0.001392	0.002277	0.001020	0.001641	0.000750
48	0.003538	0.001537	0.002472	0.001112	0.001798	0.000811
49	0.003884	0.001692	0.002682	0.001212	0.001967	0.000877
50	0.004249	0.001859	0.002908	0.001321	0.002148	0.000950
51	0.004633	0.002037	0.003150	0.001439	0.002340	0.001031
52	0.005032	0.002226	0.003409	0.001568	0.002544	0.001120
53	0.005445	0.002424	0.003686	0.001709	0.002759	0.001219
54	0.005869	0.002634	0.003982	0.001861	0.002985	0.001329
55	0.006302	0.002853	0.004297	0.002027	0.003221	0.001450
56	0.006747	0.003085	0.004636	0.002208	0.003469	0.001585
57	0.007227	0.003342	0.004999	0.002403	0.003731	0.001736
58	0.007770	0.003638	0.005389	0.002613	0.004014	0.001905
59	0.008403	0.003990	0.005807	0.002840	0.004323	0.002097
60	0.009161	0.004414	0.006258	0.003088	0.004660	0.002315
61	0.010065	0.004923	0.006742	0.003366	0.005034	0.002561
62	0.011129	0.005529	0.007261	0.003684	0.005448	0.002836
63	0.012360	0.006244	0.007815	0.004055	0.005909	0.003137
64	0.013771	0.007078	0.008405	0.004495	0.006422	0.003468
65	0.015379	0.008045	0.009039	0.005016	0.006988	0.003835
66	0.017212	0.009165	0.009738	0.005626	0.007610	0.004254
67	0.019304	0.010460	0.010538	0.006326	0.008292	0.004740

续表

年龄	非养老类业务一表		非养老类业务二表		养老类业务表	
	男（CL1）	女（CL2）	男（CL3）	女（CL4）	男（CL5）	女（CL6）
68	0.021691	0.011955	0.011496	0.007115	0.009046	0.005302
69	0.024411	0.013674	0.012686	0.008000	0.009897	0.005943
70	0.027495	0.015643	0.014192	0.009007	0.010888	0.006660
71	0.030965	0.017887	0.016106	0.010185	0.012080	0.007460
72	0.034832	0.020432	0.018517	0.011606	0.013550	0.008369
73	0.039105	0.023303	0.021510	0.013353	0.015387	0.009436
74	0.043796	0.026528	0.025151	0.015508	0.017686	0.010730
75	0.048921	0.030137	0.029490	0.018134	0.020539	0.012332
76	0.054506	0.034165	0.034545	0.021268	0.024017	0.014315
77	0.060586	0.038653	0.040310	0.024916	0.028162	0.016734
78	0.067202	0.043648	0.046747	0.029062	0.032978	0.019619
79	0.074400	0.049205	0.053801	0.033674	0.038437	0.022971
80	0.082220	0.055385	0.061403	0.038718	0.044492	0.026770
81	0.090700	0.062254	0.069485	0.044160	0.051086	0.030989
82	0.099868	0.069880	0.077987	0.049977	0.058173	0.035598
83	0.109754	0.078320	0.086872	0.056157	0.065722	0.040576
84	0.120388	0.087611	0.096130	0.062695	0.073729	0.045915
85	0.131817	0.097754	0.105786	0.069596	0.082223	0.051616
86	0.144105	0.108704	0.115900	0.076863	0.091239	0.057646
87	0.157334	0.120371	0.126569	0.084501	0.100900	0.064084
88	0.171609	0.132638	0.137917	0.092504	0.111321	0.070942
89	0.187046	0.145395	0.150089	0.100864	0.122608	0.078241
90	0.203765	0.158572	0.163239	0.109567	0.134870	0.086003
91	0.221873	0.172172	0.177519	0.118605	0.148212	0.094249
92	0.241451	0.186294	0.193067	0.127985	0.162742	0.103002
93	0.262539	0.201129	0.209999	0.137743	0.178566	0.112281
94	0.285129	0.216940	0.228394	0.147962	0.195793	0.122109
95	0.309160	0.234026	0.248299	0.158777	0.214499	0.132540
96	0.334529	0.252673	0.269718	0.170380	0.234650	0.143757
97	0.361101	0.273112	0.292621	0.183020	0.256180	0.155979
98	0.388727	0.295478	0.316951	0.196986	0.279025	0.169421
99	0.417257	0.319794	0.342628	0.212604	0.303120	0.184301
100	0.446544	0.345975	0.369561	0.230215	0.328401	0.200836
101	0.476447	0.373856	0.397652	0.250172	0.354803	0.219242
102	0.506830	0.403221	0.426801	0.272831	0.382261	0.239737
103	0.537558	0.433833	0.456906	0.298551	0.410710	0.262537
104	0.568497	0.465447	0.487867	0.327687	0.440086	0.287859
105	1.000000	1.000000	1.000000	1.000000	1.000000	1.000000

附录3

中国人身保险业重大疾病经验发生率表（2020）

附表 3-1　6病种（2007版定义）经验发生率表（CI1）　单位：1/1000

年龄	男	女	年龄	男	女	年龄	男	女
0	0.313	0.242	26	0.804	1.371	52	7.034	7.084
1	0.269	0.225	27	0.883	1.502	53	7.679	7.279
2	0.231	0.198	28	0.972	1.643	54	8.391	7.527
3	0.198	0.169	29	1.071	1.801	55	9.167	7.826
4	0.171	0.142	30	1.177	1.980	56	10.004	8.164
5	0.150	0.123	31	1.288	2.182	57	10.896	8.532
6	0.136	0.113	32	1.407	2.407	58	11.839	8.923
7	0.131	0.113	33	1.537	2.653	59	12.825	9.334
8	0.134	0.121	34	1.681	2.915	60	13.850	9.767
9	0.144	0.137	35	1.841	3.187	61	14.905	10.228
10	0.160	0.156	36	2.015	3.463	62	15.984	10.727
11	0.178	0.177	37	2.197	3.742	63	17.082	11.274
12	0.194	0.197	38	2.382	4.029	64	18.195	11.876
13	0.207	0.216	39	2.566	4.331	65	19.324	12.541
14	0.215	0.235	40	2.729	4.618	66	20.657	13.273
15	0.222	0.257	41	2.900	4.920	67	22.037	14.072
16	0.233	0.291	42	3.091	5.231	68	23.474	14.935
17	0.253	0.340	43	3.313	5.533	69	24.979	15.855
18	0.284	0.408	44	3.571	5.808	70	26.566	16.825
19	0.330	0.498	45	3.895	6.092	71	28.001	17.835
20	0.389	0.609	46	4.252	6.325	72	29.514	18.874
21	0.454	0.730	47	4.632	6.504	73	31.110	19.935
22	0.524	0.860	48	5.036	6.637	74	32.792	21.010
23	0.594	0.991	49	5.467	6.739	75	34.560	22.096
24	0.663	1.120	50	5.936	6.832	76	36.415	23.190
25	0.732	1.246	51	6.455	6.94	77	38.352	24.294

续表

年龄	男	女	年龄	男	女	年龄	男	女
78	40.370	25.415	88	64.881	39.219	98	99.767	59.442
79	42.465	26.558	89	67.844	40.973	99	103.824	61.748
80	44.635	27.733	90	70.923	42.796	100	107.948	64.103
81	46.878	28.949	91	74.121	44.684	101	112.124	66.509
82	49.197	30.216	92	77.441	46.632	102	116.336	68.968
83	51.592	31.541	93	80.881	48.639	103	120.567	71.484
84	54.067	32.932	94	84.442	50.700	104	124.797	74.062
85	56.627	34.393	95	88.118	52.812	105	129.008	76.705
86	59.279	35.928	96	91.903	54.974			
87	62.028	37.537	97	95.789	57.184			

附表3-2　25病种（2007版定义）经验发生率表（CI2）　　单位：1/1000

年龄	男	女	年龄	男	女	年龄	男	女
0	0.429	0.350	30	1.324	2.078	60	14.884	10.632
1	0.375	0.333	31	1.444	2.278	61	16.035	11.186
2	0.327	0.301	32	1.577	2.499	62	17.244	11.806
3	0.285	0.263	33	1.725	2.749	63	18.516	12.501
4	0.250	0.226	34	1.887	3.027	64	19.853	13.278
5	0.224	0.197	35	2.063	3.321	65	21.263	14.139
6	0.207	0.178	36	2.249	3.616	66	22.957	15.089
7	0.200	0.170	37	2.442	3.905	67	24.764	16.131
8	0.203	0.173	38	2.641	4.196	68	26.693	17.270
9	0.214	0.186	39	2.845	4.504	69	28.754	18.511
10	0.230	0.206	40	3.033	4.802	70	30.957	19.860
11	0.248	0.228	41	3.233	5.125	71	33.026	21.322
12	0.266	0.252	42	3.453	5.460	72	35.220	22.904
13	0.282	0.273	43	3.700	5.785	73	37.547	24.612
14	0.295	0.294	44	3.975	6.079	74	40.012	26.451
15	0.309	0.316	45	4.319	6.383	75	42.625	28.425
16	0.328	0.348	46	4.696	6.641	76	45.390	30.536
17	0.353	0.395	47	5.104	6.854	77	48.315	32.783
18	0.387	0.465	48	5.543	7.026	78	51.408	35.166
19	0.433	0.562	49	6.018	7.166	79	54.676	37.683
20	0.490	0.682	50	6.534	7.293	80	58.126	40.336
21	0.554	0.814	51	7.100	7.433	81	61.766	43.127
22	0.625	0.951	52	7.722	7.611	82	65.605	46.060
23	0.700	1.085	53	8.406	7.844	83	69.648	49.144
24	0.778	1.213	54	9.153	8.135	84	73.903	52.387
25	0.857	1.336	55	9.964	8.475	85	78.374	55.796
26	0.938	1.457	56	10.835	8.851	86	83.065	59.377
27	1.024	1.587	57	11.764	9.253	87	87.976	63.129
28	1.115	1.732	58	12.749	9.678	88	93.105	67.045
29	1.215	1.896	59	13.790	10.134	89	98.448	71.110

续表

年龄	男	女	年龄	男	女	年龄	男	女
90	103.996	75.301	96	140.622	101.072	102	178.319	122.704
91	109.736	79.587	97	147.045	105.112	103	184.077	125.663
92	115.652	83.930	98	153.469	108.997	104	189.547	128.454
93	121.724	88.291	99	159.854	112.707	105	194.67	131.097
94	127.929	92.627	100	166.156	116.230			
95	134.239	96.900	101	172.327	119.562			

附表 3-3　6 重度疾病病种（2020 版定义）经验发生率表（CI3）　单位：1/1000

年龄	男	女	年龄	男	女	年龄	男	女
0	0.312	0.239	33	0.896	1.165	66	20.697	12.938
1	0.269	0.222	34	1.008	1.312	67	22.127	13.777
2	0.230	0.196	35	1.135	1.466	68	23.614	14.686
3	0.195	0.167	36	1.276	1.631	69	25.166	15.658
4	0.168	0.140	37	1.429	1.813	70	26.793	16.685
5	0.148	0.121	38	1.596	2.022	71	28.259	17.754
6	0.136	0.110	39	1.775	2.264	72	29.791	18.853
7	0.131	0.107	40	1.969	2.541	73	31.397	19.971
8	0.134	0.113	41	2.183	2.847	74	33.080	21.099
9	0.142	0.125	42	2.42	3.169	75	34.844	22.230
10	0.154	0.140	43	2.686	3.493	76	36.692	23.362
11	0.167	0.155	44	2.982	3.806	77	38.624	24.498
12	0.180	0.169	45	3.310	4.095	78	40.642	25.642
13	0.191	0.179	46	3.669	4.353	79	42.744	26.804
14	0.199	0.185	47	4.062	4.575	80	44.930	27.993
15	0.207	0.188	48	4.487	4.764	81	47.201	29.222
16	0.214	0.190	49	4.950	4.928	82	49.557	30.501
17	0.222	0.194	50	5.454	5.086	83	51.999	31.840
18	0.233	0.203	51	6.006	5.262	84	54.528	33.247
19	0.249	0.217	52	6.614	5.484	85	57.148	34.726
20	0.268	0.239	53	7.282	5.773	86	59.860	36.280
21	0.292	0.268	54	8.014	6.136	87	62.668	37.909
22	0.320	0.301	55	8.811	6.567	88	65.576	39.612
23	0.350	0.336	56	9.673	7.050	89	68.588	41.385
24	0.382	0.375	57	10.594	7.563	90	71.706	43.223
25	0.416	0.416	58	11.568	8.090	91	74.935	45.124
26	0.452	0.463	59	12.589	8.619	92	78.274	47.082
27	0.491	0.520	60	13.649	9.149	93	81.726	49.095
28	0.535	0.590	61	14.739	9.686	94	85.288	51.158
29	0.586	0.676	62	15.854	10.243	95	88.960	53.270
30	0.646	0.779	63	16.989	10.833	96	92.738	55.429
31	0.716	0.897	64	18.143	11.472	97	96.614	57.635
32	0.799	1.026	65	19.316	12.171	98	100.583	59.886

续表

年龄	男	女	年龄	男	女	年龄	男	女
99	104.634	62.184	102	117.16	69.374	105	129.905	77.060
100	108.756	64.531	103	121.408	71.876			
101	112.936	66.926	104	125.664	74.437			

附表3-4　28重度疾病病种（2020版定义）经验发生率表（CI4）　单位：1/1000

年龄	男	女	年龄	男	女	年龄	男	女
0	0.438	0.352	36	1.522	1.762	72	35.868	22.742
1	0.381	0.331	37	1.694	1.967	73	38.252	24.478
2	0.330	0.298	38	1.880	2.200	74	40.779	26.354
3	0.286	0.261	39	2.081	2.464	75	43.457	28.374
4	0.251	0.227	40	2.299	2.758	76	46.294	30.541
5	0.225	0.199	41	2.538	3.077	77	49.297	32.857
6	0.208	0.180	42	2.803	3.411	78	52.473	35.322
7	0.201	0.171	43	3.096	3.748	79	55.829	37.939
8	0.203	0.170	44	3.421	4.076	80	59.373	40.708
9	0.211	0.177	45	3.778	4.385	81	63.111	43.629
10	0.225	0.187	46	4.168	4.666	82	67.051	46.703
11	0.241	0.200	47	4.593	4.920	83	71.197	49.929
12	0.259	0.213	48	5.054	5.151	84	75.556	53.305
13	0.275	0.224	49	5.555	5.368	85	80.129	56.828
14	0.289	0.235	50	6.101	5.587	86	84.920	60.492
15	0.302	0.245	51	6.699	5.823	87	89.928	64.289
16	0.313	0.256	52	7.354	6.092	88	95.149	68.210
17	0.326	0.269	53	8.070	6.407	89	100.580	72.241
18	0.340	0.285	54	8.852	6.777	90	106.209	76.365
19	0.358	0.304	55	9.698	7.205	91	112.027	80.565
20	0.380	0.328	56	10.610	7.689	92	118.017	84.818
21	0.407	0.355	57	11.584	8.225	93	124.159	89.100
22	0.439	0.386	58	12.619	8.806	94	130.431	93.386
23	0.474	0.419	59	13.713	9.428	95	136.805	97.646
24	0.511	0.457	60	14.865	10.086	96	143.253	101.851
25	0.551	0.500	61	16.075	10.779	97	149.738	105.969
26	0.592	0.552	62	17.343	11.510	98	156.224	109.970
27	0.637	0.614	63	18.673	12.282	99	162.668	113.818
28	0.687	0.690	64	20.067	13.104	100	169.027	117.481
29	0.745	0.779	65	21.531	13.985	101	175.250	120.922
30	0.812	0.882	66	23.280	14.937	102	181.287	124.107
31	0.891	0.999	67	25.141	15.970	103	187.081	126.999
32	0.985	1.127	68	27.124	17.097	104	192.573	129.560
33	1.095	1.266	69	29.240	18.328	105	197.700	131.754
34	1.222	1.416	70	31.498	19.674			
35	1.364	1.580	71	33.620	21.143			

附表 3-5　6 重度疾病病种（2020 版定义）经验发生率表（大湾区专属参考）（CI5）

单位：1/1000

年龄	男	女	年龄	男	女	年龄	男	女
0	0.300	0.235	22	0.313	0.266	44	2.797	3.186
1	0.259	0.219	23	0.343	0.295	45	3.079	3.473
2	0.221	0.193	24	0.374	0.328	46	3.386	3.757
3	0.188	0.164	25	0.405	0.364	47	3.732	4.029
4	0.162	0.138	26	0.436	0.407	48	4.132	4.290
5	0.142	0.119	27	0.469	0.459	49	4.584	4.545
6	0.131	0.108	28	0.505	0.523	50	5.084	4.798
7	0.127	0.106	29	0.545	0.603	51	5.616	5.059
8	0.134	0.113	30	0.592	0.698	52	6.161	5.340
9	0.146	0.129	31	0.647	0.808	53	6.714	5.653
10	0.161	0.150	32	0.709	0.929	54	7.274	6.003
11	0.177	0.171	33	0.780	1.059	55	7.847	6.387
12	0.190	0.188	34	0.860	1.198	56	8.442	6.794
13	0.199	0.198	35	0.952	1.342	57	9.068	7.212
14	0.204	0.200	36	1.059	1.490	58	9.732	7.623
15	0.205	0.196	37	1.189	1.645	59	10.433	8.012
16	0.206	0.191	38	1.348	1.808	60	11.169	8.387
17	0.210	0.188	39	1.539	1.983	61	11.938	8.769
18	0.220	0.191	40	1.761	2.177	62	12.743	9.185
19	0.236	0.200	41	2.006	2.393	63	13.608	9.666
20	0.258	0.217	42	2.263	2.637	64	14.564	10.234
21	0.284	0.239	43	2.527	2.904	65	15.609	10.891

附表 3-6　28 重度疾病病种（2020 版定义）经验发生率表（大湾区专属参考）（CI6）

单位：1/1000

年龄	男	女	年龄	男	女	年龄	男	女
0	0.397	0.324	16	0.278	0.263	32	0.861	1.015
1	0.345	0.305	17	0.288	0.269	33	0.942	1.144
2	0.299	0.275	18	0.304	0.277	34	1.032	1.284
3	0.259	0.241	19	0.326	0.288	35	1.136	1.436
4	0.227	0.209	20	0.354	0.301	36	1.258	1.599
5	0.204	0.184	21	0.387	0.318	37	1.404	1.772
6	0.189	0.166	22	0.422	0.339	38	1.582	1.955
7	0.182	0.158	23	0.457	0.365	39	1.795	2.146
8	0.187	0.161	24	0.491	0.397	40	2.042	2.352
9	0.197	0.173	25	0.525	0.438	41	2.313	2.577
10	0.211	0.192	26	0.558	0.487	42	2.598	2.829
11	0.226	0.212	27	0.593	0.545	43	2.887	3.103
12	0.241	0.230	28	0.632	0.614	44	3.182	3.394
13	0.254	0.244	29	0.677	0.696	45	3.488	3.695
14	0.264	0.253	30	0.729	0.791	46	3.821	3.999
15	0.271	0.258	31	0.790	0.897	47	4.200	4.303

续表

年龄	男	女	年龄	男	女	年龄	男	女
48	4.639	4.612	54	8.119	6.659	60	12.396	9.338
49	5.139	4.934	55	8.750	7.038	61	13.265	9.870
50	5.692	5.266	56	9.401	7.445	62	14.201	10.452
51	6.282	5.605	57	10.085	7.885	63	15.233	11.103
52	6.887	5.948	58	10.812	8.355	64	16.399	11.842
53	7.499	6.299	59	11.580	8.837	65	17.702	12.671

附表3-7　恶性肿瘤——重度（2020版定义）经验发生率表（CI7）　单位：1/1000

年龄	男	女	年龄	男	女	年龄	男	女
0	0.280	0.222	36	0.671	1.518	72	18.980	10.674
1	0.245	0.207	37	0.766	1.694	73	19.786	11.154
2	0.212	0.182	38	0.869	1.896	74	20.600	11.652
3	0.182	0.154	39	0.969	2.127	75	21.459	12.321
4	0.157	0.129	40	1.059	2.389	76	22.246	12.779
5	0.137	0.111	41	1.151	2.676	77	22.991	13.233
6	0.123	0.099	42	1.261	2.975	78	23.682	13.675
7	0.115	0.096	43	1.402	3.272	79	24.312	14.104
8	0.113	0.100	44	1.575	3.550	80	24.880	14.516
9	0.119	0.107	45	1.774	3.796	81	25.395	14.912
10	0.131	0.117	46	1.994	4.001	82	25.864	15.293
11	0.148	0.127	47	2.237	4.162	83	26.300	15.662
12	0.162	0.136	48	2.510	4.283	84	26.712	16.021
13	0.169	0.142	49	2.816	4.377	85	27.111	16.376
14	0.170	0.146	50	3.157	4.462	86	27.503	16.729
15	0.167	0.149	51	3.531	4.558	87	27.894	17.086
16	0.164	0.152	52	3.940	4.686	88	28.288	17.449
17	0.164	0.158	53	4.389	4.861	89	28.688	17.823
18	0.166	0.168	54	4.889	5.087	90	29.094	18.208
19	0.171	0.182	55	5.448	5.362	91	29.505	18.607
20	0.179	0.201	56	6.072	5.674	92	29.916	19.021
21	0.191	0.225	57	6.758	6.007	93	30.323	19.450
22	0.208	0.252	58	7.500	6.344	94	30.722	19.894
23	0.227	0.282	59	8.286	6.671	95	31.108	20.352
24	0.246	0.316	60	9.101	6.978	96	31.477	20.823
25	0.262	0.355	61	9.928	7.261	97	31.828	21.307
26	0.278	0.401	62	10.750	7.521	98	32.159	21.801
27	0.296	0.457	63	11.556	7.764	99	32.470	22.304
28	0.320	0.526	64	12.337	8.000	100	32.761	22.815
29	0.351	0.611	65	13.092	8.238	101	33.034	23.333
30	0.388	0.710	66	13.948	8.489	102	33.289	23.855
31	0.427	0.823	67	14.799	8.765	103	33.527	24.381
32	0.465	0.946	68	15.654	9.072	104	33.750	24.908
33	0.503	1.077	69	16.525	9.417	105	33.960	25.436
34	0.544	1.215	70	17.421	9.800			
35	0.597	1.360	71	18.190	10.220			

附表 3－8 较重急性心肌梗死（2020 版定义）经验发生率表（CI8） 单位：1/1000

年龄	男	女	年龄	男	女	年龄	男	女
0	0.007	0.004	26	0.053	0.008	52	1.586	0.277
1	0.005	0.003	27	0.061	0.008	53	1.689	0.316
2	0.004	0.002	28	0.072	0.009	54	1.794	0.359
3	0.003	0.001	29	0.086	0.011	55	1.902	0.407
4	0.002	0.001	30	0.106	0.013	56	2.012	0.459
5	0.002	0.001	31	0.131	0.015	57	2.121	0.516
6	0.002	0.002	32	0.163	0.017	58	2.229	0.578
7	0.002	0.002	33	0.200	0.020	59	2.335	0.645
8	0.002	0.003	34	0.242	0.023	60	2.437	0.718
9	0.003	0.004	35	0.287	0.026	61	2.537	0.797
10	0.003	0.004	36	0.335	0.029	62	2.633	0.883
11	0.004	0.005	37	0.384	0.032	63	2.728	0.979
12	0.004	0.007	38	0.435	0.034	64	2.823	1.083
13	0.005	0.008	39	0.488	0.038	65	2.922	1.198
14	0.006	0.009	40	0.546	0.042	66	3.056	1.325
15	0.007	0.009	41	0.609	0.049	67	3.202	1.464
16	0.008	0.010	42	0.678	0.058	68	3.366	1.616
17	0.011	0.010	43	0.755	0.07	69	3.552	1.782
18	0.014	0.010	44	0.838	0.084	70	3.765	1.961
19	0.018	0.009	45	0.925	0.101	71	3.973	2.155
20	0.022	0.009	46	1.016	0.119	72	4.212	2.364
21	0.027	0.008	47	1.109	0.139	73	4.482	2.586
22	0.032	0.007	48	1.202	0.161	74	4.786	2.822
23	0.037	0.007	49	1.296	0.185	75	5.123	3.073
24	0.042	0.007	50	1.390	0.212			
25	0.047	0.007	51	1.487	0.243			

附表 3－9 严重脑中风后遗症（2020 版定义）经验发生率表（CI9） 单位：1/1000

年龄	男	女	年龄	男	女	年龄	男	女
0	0.007	0.006	14	0.008	0.007	28	0.031	0.010
1	0.006	0.004	15	0.009	0.007	29	0.037	0.011
2	0.003	0.003	16	0.010	0.007	30	0.043	0.011
3	0.003	0.003	17	0.011	0.007	31	0.05	0.012
4	0.003	0.003	18	0.012	0.007	32	0.058	0.014
5	0.003	0.003	19	0.012	0.007	33	0.066	0.016
6	0.004	0.004	20	0.013	0.008	34	0.075	0.018
7	0.005	0.004	21	0.013	0.008	35	0.086	0.021
8	0.005	0.005	22	0.014	0.008	36	0.098	0.024
9	0.005	0.005	23	0.015	0.009	37	0.112	0.028
10	0.005	0.005	24	0.016	0.009	38	0.128	0.033
11	0.005	0.006	25	0.019	0.009	39	0.147	0.038
12	0.006	0.006	26	0.022	0.009	40	0.169	0.045
13	0.007	0.007	27	0.026	0.010	41	0.194	0.053

续表

年龄	男	女	年龄	男	女	年龄	男	女
42	0.221	0.064	54	0.751	0.456	66	1.412	1.674
43	0.252	0.076	55	0.808	0.520	67	1.534	1.825
44	0.284	0.092	56	0.862	0.591	68	1.680	1.987
45	0.319	0.110	57	0.912	0.669	69	1.853	2.162
46	0.356	0.133	58	0.958	0.754	70	2.057	2.353
47	0.396	0.158	59	1.000	0.846	71	2.275	2.561
48	0.437	0.188	60	1.041	0.944	72	2.527	2.790
49	0.482	0.221	61	1.082	1.049	73	2.817	3.040
50	0.530	0.258	62	1.126	1.160	74	3.149	3.315
51	0.581	0.300	63	1.177	1.277	75	3.526	3.615
52	0.636	0.346	64	1.237	1.401			
53	0.693	0.398	65	1.310	1.533			

附表 3－10　严重阿尔茨海默病及严重原发性帕金森病（2020 版定义）经验发生率参考表（CI10）

单位：1/1000

年龄	男	女	年龄	男	女	年龄	男	女
50	0.015	0.009	69	0.738	1.009	88	16.576	20.539
51	0.020	0.015	70	0.926	1.241	89	18.424	22.616
52	0.025	0.018	71	1.155	1.539	90	20.381	24.814
53	0.031	0.021	72	1.440	1.920	91	22.428	27.076
54	0.036	0.025	73	1.787	2.400	92	24.543	29.334
55	0.043	0.034	74	2.203	2.989	93	26.698	31.517
56	0.052	0.049	75	2.688	3.694	94	28.865	33.566
57	0.064	0.071	76	3.245	4.514	95	31.018	35.443
58	0.079	0.100	77	3.873	5.441	96	33.130	37.132
59	0.098	0.134	78	4.573	6.461	97	35.177	38.634
60	0.121	0.171	79	5.345	7.557	98	37.135	39.960
61	0.149	0.214	80	6.191	8.710	99	38.983	41.121
62	0.182	0.262	81	7.117	9.910	100	40.702	42.119
63	0.220	0.320	82	8.130	11.151	101	42.272	42.946
64	0.266	0.388	83	9.240	12.444	102	43.675	43.582
65	0.321	0.469	84	10.458	13.807	103	44.895	43.991
66	0.391	0.566	85	11.795	15.271	104	45.913	44.122
67	0.479	0.683	86	13.258	16.866	105	46.714	43.913
68	0.592	0.828	87	14.852	18.619			

附表 3－11　3 轻度疾病病种（2020 版定义）经验发生率与 28 重度疾病病种（2020 版定义）经验发生率比例参考表（MI）

年龄	男	女	年龄	男	女	年龄	男	女
0	2.23%	2.42%	4	2.23%	2.42%	8	3.31%	5.87%
1	2.23%	2.42%	5	2.23%	2.42%	9	3.31%	5.87%
2	2.23%	2.42%	6	3.31%	5.87%	10	3.31%	5.87%
3	2.23%	2.42%	7	3.31%	5.87%	11	8.34%	23.53%

续表

年龄	男	女	年龄	男	女	年龄	男	女
12	8.34%	23.53%	29	59.63%	142.76%	46	13.11%	37.40%
13	8.34%	23.53%	30	59.63%	142.76%	47	13.11%	37.40%
14	8.34%	23.53%	31	55.21%	108.60%	48	13.11%	37.40%
15	8.34%	23.53%	32	55.21%	108.60%	49	13.11%	37.40%
16	20.73%	74.94%	33	55.21%	108.60%	50	13.11%	37.40%
17	20.73%	74.94%	34	55.21%	108.60%	51	7.50%	25.56%
18	20.73%	74.94%	35	55.21%	108.60%	52	7.50%	25.56%
19	20.73%	74.94%	36	37.77%	83.04%	53	7.50%	25.56%
20	20.73%	74.94%	37	37.77%	83.04%	54	7.50%	25.56%
21	47.68%	140.88%	38	37.77%	83.04%	55	7.50%	25.56%
22	47.68%	140.88%	39	37.77%	83.04%	56	5.48%	14.00%
23	47.68%	140.88%	40	37.77%	83.04%	57	5.48%	14.00%
24	47.68%	140.88%	41	22.90%	53.66%	58	5.48%	14.00%
25	47.68%	140.88%	42	22.90%	53.66%	59	5.48%	14.00%
26	59.63%	142.76%	43	22.90%	53.66%	60	5.48%	14.00%
27	59.63%	142.76%	44	22.90%	53.66%			
28	59.63%	142.76%	45	22.90%	53.66%			

附表 3-12 因重大疾病死亡比例一表（K1）

（适用 CI1、CI3、CI5）

年龄	男	女	年龄	男	女	年龄	男	女
0	18.73%	16.87%	22	16.43%	21.16%	44	46.97%	55.96%
1	18.45%	17.07%	23	16.91%	22.12%	45	48.03%	56.33%
2	19.17%	18.01%	24	17.57%	23.64%	46	49.09%	56.71%
3	20.22%	19.65%	25	18.41%	25.61%	47	50.16%	57.14%
4	21.16%	21.85%	26	19.43%	27.87%	48	51.23%	57.65%
5	21.83%	24.32%	27	20.64%	30.24%	49	52.29%	58.25%
6	22.23%	26.73%	28	22.06%	32.53%	50	53.34%	58.91%
7	22.48%	28.75%	29	23.69%	34.64%	51	54.34%	59.62%
8	22.68%	30.15%	30	25.52%	36.52%	52	55.28%	60.33%
9	22.86%	30.85%	31	27.49%	38.22%	53	56.17%	61.01%
10	22.98%	30.90%	32	29.54%	39.84%	54	57.00%	61.62%
11	22.94%	30.42%	33	31.58%	41.50%	55	57.78%	62.13%
12	22.65%	29.59%	34	33.54%	43.26%	56	58.55%	62.50%
13	22.06%	28.53%	35	35.38%	45.15%	57	59.30%	62.73%
14	21.21%	27.35%	36	37.08%	47.13%	58	60.04%	62.79%
15	20.16%	26.12%	37	38.64%	49.06%	59	60.78%	62.68%
16	19.06%	24.87%	38	40.07%	50.83%	60	61.47%	62.41%
17	18.02%	23.65%	39	41.39%	52.33%	61	62.11%	61.99%
18	17.16%	22.51%	40	42.61%	53.51%	62	62.66%	61.45%
19	16.55%	21.57%	41	43.75%	54.40%	63	63.08%	60.81%
20	16.22%	20.95%	42	44.84%	55.06%	64	63.34%	60.12%
21	16.19%	20.78%	43	45.91%	55.56%	65	63.40%	59.39%

续表

年龄	男	女	年龄	男	女	年龄	男	女
66	63.23%	58.65%	80	40.22%	32.72%	94	22.97%	15.83%
67	62.82%	57.92%	81	38.64%	31.09%	95	22.07%	15.01%
68	62.16%	56.83%	82	37.13%	29.54%	96	21.21%	14.23%
69	61.04%	55.52%	83	35.67%	28.07%	97	20.38%	13.49%
70	59.75%	54.00%	84	34.27%	26.66%	98	19.58%	12.79%
71	58.30%	52.27%	85	32.93%	25.32%	99	18.81%	12.12%
72	56.89%	50.18%	86	31.64%	24.05%	100	18.07%	11.49%
73	55.45%	48.56%	87	30.40%	22.83%	101	17.36%	10.88%
74	53.08%	46.01%	88	29.21%	21.68%	102	16.68%	10.31%
75	50.70%	43.50%	89	28.06%	20.58%	103	16.03%	9.76%
76	48.32%	41.03%	90	26.96%	19.53%	104	15.40%	9.24%
77	45.95%	38.60%	91	25.90%	18.54%			
78	43.57%	36.22%	92	24.89%	17.59%			
79	41.86%	34.42%	93	23.91%	16.69%			

注：105岁的K值（k）根据定价或评估时所使用的重疾率（i）和死亡率（q）假设确定，使满足$i+q-k\times q=1$。

附表3-13　因重大疾病死亡比例二表（K2）

（适用CI2、CI4、CI6）

年龄	男	女	年龄	男	女	年龄	男	女
0	26.52%	26.31%	24	20.71%	27.83%	48	55.49%	60.88%
1	25.91%	25.98%	25	21.64%	29.92%	49	56.46%	61.40%
2	25.45%	26.12%	26	22.70%	32.22%	50	57.44%	62.03%
3	25.27%	26.93%	27	23.92%	34.53%	51	58.39%	62.73%
4	25.40%	28.41%	28	25.36%	36.69%	52	59.29%	63.44%
5	25.83%	30.38%	29	27.02%	38.63%	53	60.10%	64.11%
6	26.45%	32.51%	30	28.92%	40.33%	54	60.82%	64.69%
7	27.14%	34.42%	31	31.02%	41.90%	55	61.47%	65.14%
8	27.73%	35.79%	32	33.22%	43.45%	56	62.07%	65.44%
9	28.05%	36.45%	33	35.44%	45.07%	57	62.65%	65.58%
10	27.97%	36.40%	34	37.60%	46.81%	58	63.22%	65.56%
11	27.45%	35.74%	35	39.63%	48.65%	59	63.80%	65.39%
12	26.52%	34.65%	36	41.50%	50.55%	60	64.36%	65.08%
13	25.29%	33.30%	37	43.23%	52.39%	61	64.90%	64.67%
14	23.91%	31.83%	38	44.81%	54.09%	62	65.37%	64.18%
15	22.52%	30.33%	39	46.26%	55.56%	63	65.73%	63.63%
16	21.25%	28.85%	40	47.59%	56.77%	64	65.93%	63.04%
17	20.19%	27.44%	41	48.80%	57.73%	65	65.94%	62.43%
18	19.39%	26.17%	42	49.90%	58.48%	66	65.72%	61.80%
19	18.91%	25.16%	43	50.91%	59.04%	67	65.24%	61.16%
20	18.74%	24.55%	44	51.86%	59.47%	68	64.48%	60.49%
21	18.88%	24.46%	45	52.76%	59.81%	69	63.30%	58.87%
22	19.30%	24.99%	46	53.65%	60.12%	70	61.96%	57.13%
23	19.92%	26.14%	47	54.55%	60.46%	71	60.47%	55.28%

续表

年龄	男	女	年龄	男	女	年龄	男	女
72	59.01%	53.47%	83	43.78%	35.82%	94	33.62%	24.55%
73	57.52%	51.66%	84	42.75%	34.63%	95	32.83%	23.70%
74	55.86%	49.72%	85	41.73%	33.47%	96	32.05%	22.88%
75	54.08%	47.71%	86	40.74%	32.35%	97	31.29%	22.09%
76	52.39%	45.79%	87	39.78%	31.27%	98	30.55%	21.32%
77	50.83%	44.02%	88	38.83%	30.21%	99	29.82%	20.58%
78	49.32%	42.32%	89	37.91%	29.19%	100	29.12%	19.86%
79	47.75%	40.59%	90	37.01%	28.20%	101	28.42%	19.16%
80	47.05%	39.62%	91	36.13%	27.25%	102	27.75%	18.48%
81	45.94%	38.31%	92	35.28%	26.32%	103	27.09%	17.83%
82	44.85%	37.05%	93	34.44%	25.42%	104	26.33%	17.11%

注：105岁的K值（k）根据定价或评估时所使用的重疾率（i）和死亡率（q）假设确定，使满足 $i+q-k\times q=1$。